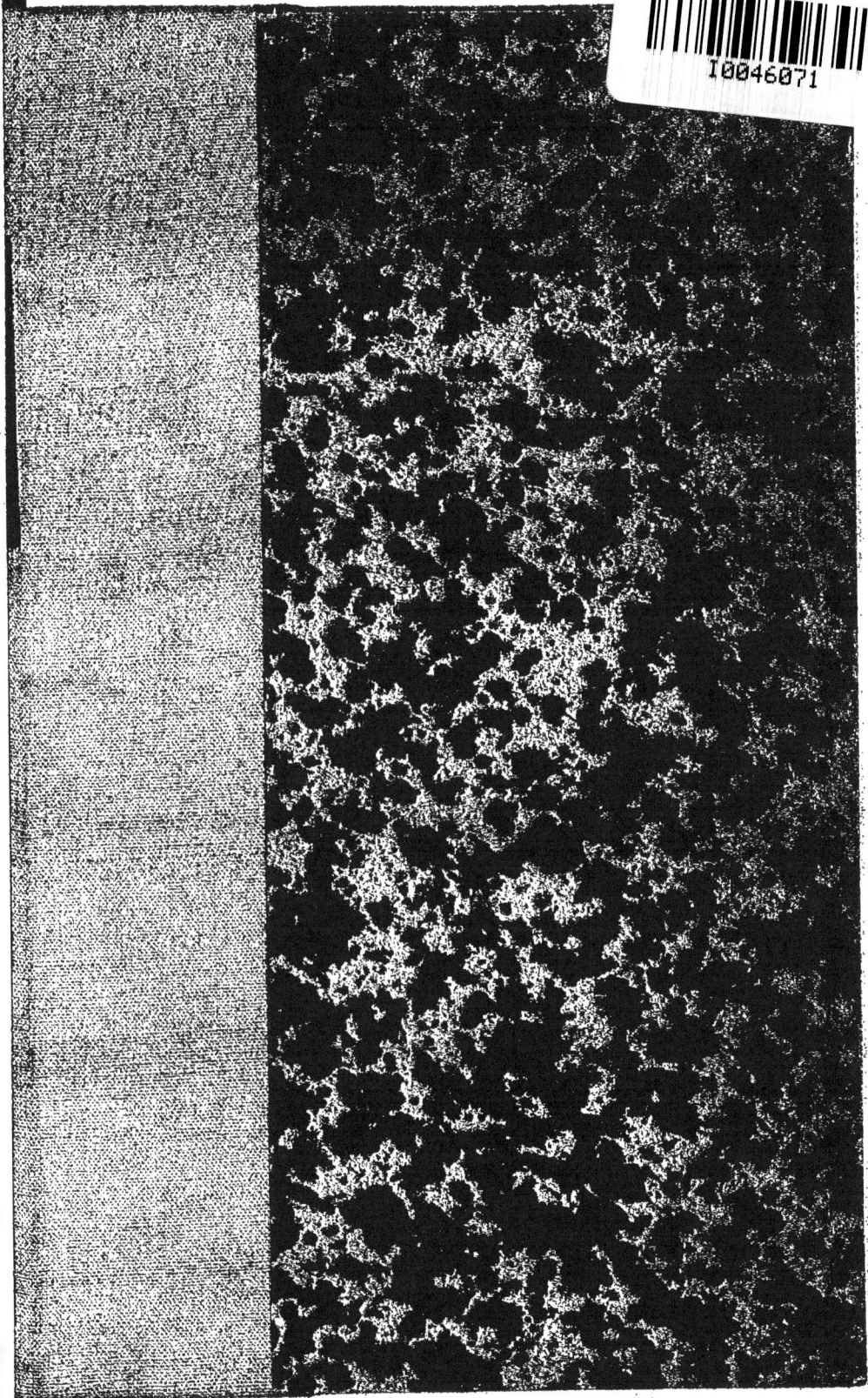

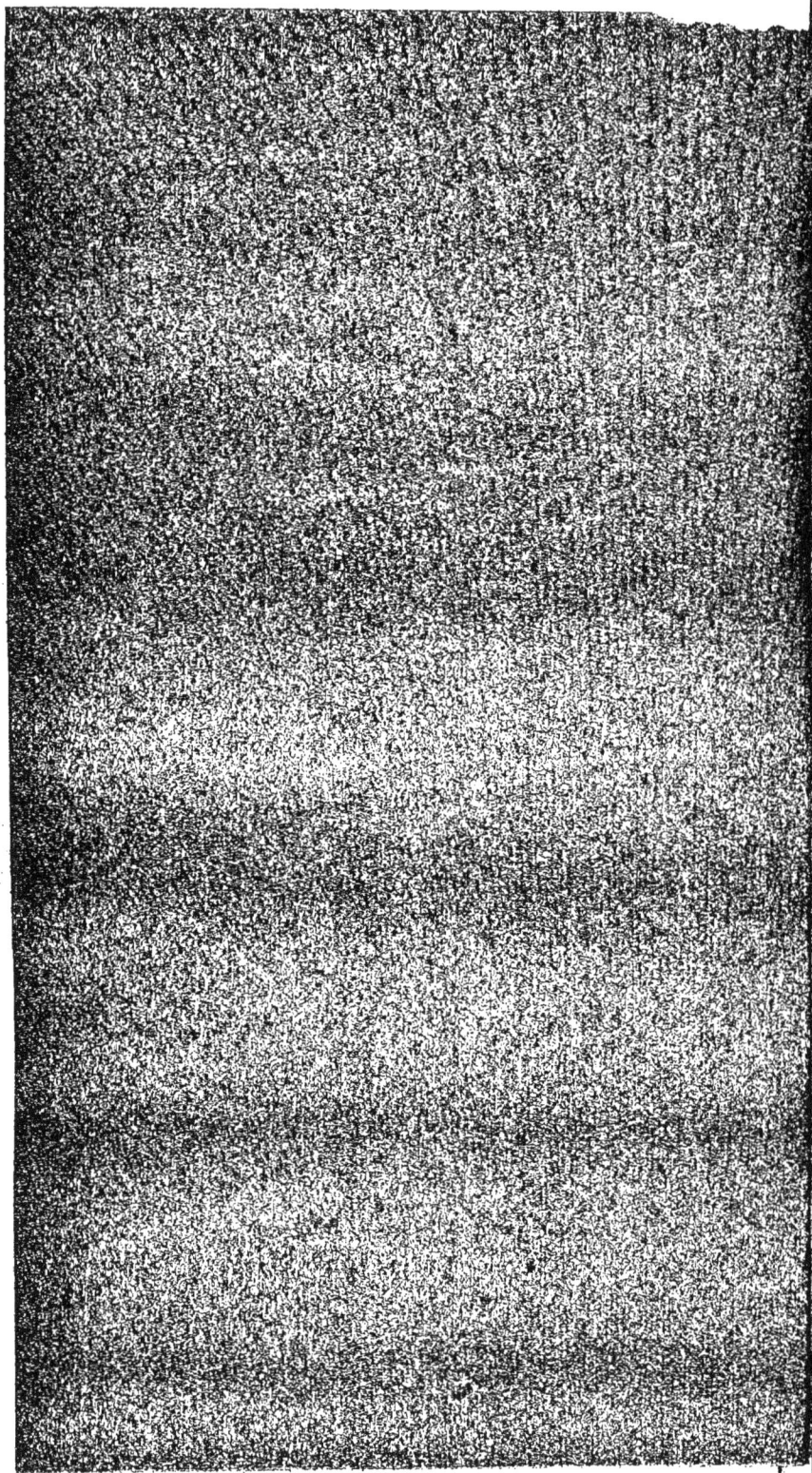

A. PERRET-MAISONNEUVE

TÉLÉGRAPHIE SANS FIL
ET LA LOI
1° Réglementation — 2° Technique usuelle

PRÉFACE DE M. BRANLY
AVANT-PROPOS DE M. DALIMIER

LIBRAIRIE H. DESFORGES
PARIS

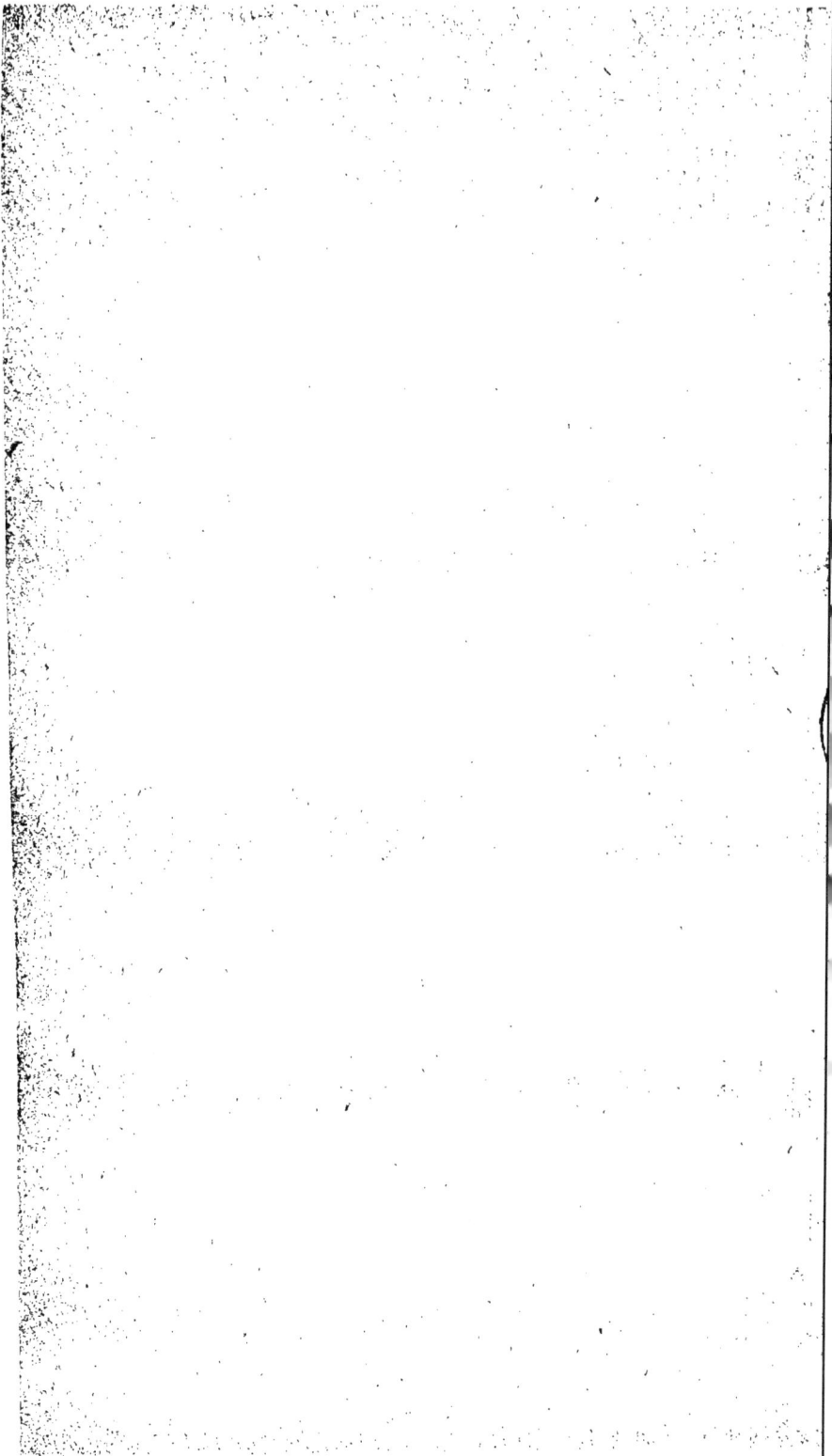

LA TÉLÉGRAPHIE SANS FIL

ET LA LOI

939

8°

37362

La Télégraphie aérienne,
précurseur de la T. S. F., fut une des conquêtes pacifiques
de la Révolution Française.

Spécimen d'une dépêche télégraphique de Chappe.

LA
TÉLÉGRAPHIE SANS FIL
ET LA LOI

PAR

A. PERRET-MAISONNEUVE

Ancien Élève de l'École de Télégraphie Militaire de Paris (Latour-Maubourg),
Ancien Procureur de la République,
Juge au Tribunal Civil d'Amiens.

TÉLÉGRAPHIE OFFICIELLE ET PRIVÉE

LIBERTÉ DE LA RÉCEPTION DES SIGNAUX RADIOTÉLÉGRAPHIQUES
ET POSSIBILITÉ DU CAPTAGE DES ONDES

PRÉFACE DE M. LE PROFESSEUR BRANLY,
Membre de l'Institut.

AVANT-PROPOS DE M. DALIMIER,
Député de Seine-et-Oise, Rapporteur des P. T. T. et de la T. S. F.

PARIS
LIBRAIRIE GÉNÉRALE SCIENTIFIQUE ET INDUSTRIELLE
H. DESFORGES
29, QUAI DES GRANDS-AUGUSTINS, 29

1914

PRÉFACE

Sortie du laboratoire, la télégraphie sans fil est devenue une réalité pratique; trait d'union entre les régions les plus éloignées, elle est sur l'océan le suprême espoir et elle dicte l'heure au monde entier; elle est certainement appelée à faire mieux encore. A tous les points de vue, elle mérite d'être connue et, d'autre part, son développement demande une réglementation.

Il faut savoir gré à M. Perret-Maisonneuve d'avoir mis sa science juridique au service de la télégraphie sans fil et d'avoir, en outre, contribué à la vulgariser.

Son ouvrage constitue un travail de jurisprudence de grande valeur et un précis scientifique très documenté; il sera profitable à tous ceux qu'intéresse la télégraphie sans fil.

C'est d'ailleurs l'œuvre d'un fin lettré, son succès est assuré.

EDOUARD BRANLY.

AVANT-PROPOS

Dans toutes les branches, la Science déborde le Droit; le progrès, dans sa marche rapide, surprend le législateur. C'est ainsi qu'on attend le *Code de la Route*, et cependant, les automobiles, dont le nombre dépassera bientôt celui des voitures attelées, sillonnent le pays dans tous les sens et à toutes les allures. Le *Code de l'Air* est à faire, et cependant, sphériques, dirigeables et aéroplanes s'entrecroisent dans l'espace, constituant déjà un facteur important de notre défense nationale, en attendant de devenir un mode pratique de transport, un engin de tourisme. Le *Code Radiotélégraphique* n'existe pas, et cependant la T. S. F. est déjà en plein essor; elle unit les deux mondes, rend les plus grands services sur terre comme sur mer, et ne connaissant aucun obstacle, transmet en un instant la pensée au bout de l'univers, comme le soleil transmet sa lumière.

Sans doute, en cette matière, quelques textes ont été élaborés, mais que de lacunes encore! que d'incertitudes de toute part! Pas de méthode, aucun esprit de suite : le décret de 1907 a défait l'œuvre de celui

de 1903. La commission interministérielle est une
institution inutile, dans la forme qu'on lui a donnée,
malgré de nombreux remaniements; il manque un
comité technique spécial pour l'examen et la réception des appareils; le service commercial de l'État
n'a pas l'ampleur à laquelle il pourrait prétendre;
les relations entre les divers ministères utilisant la
T. S. F. sont mal définies, l'harmonie fait défaut;
notre réseau intercolonial est à faire; les droits et les
obligations des particuliers, en matière radiotélégraphique, ne sont pas délimités.

Il est temps d'instituer le statut de la T. S. F.
mais, comme pour le *Code de la Route* ou le *Code
de l'Air*, le législateur, s'il veut faire œuvre utile
et durable et ne pas suivre aveuglément l'avis de
quelques ingénieurs ou d'une commission, devrait
avoir une compétence technique et des connaissances pratiques spéciales : c'est malheureusement
une quasi-impossibilité. Aussi, est-ce une véritable
bonne fortune que de rencontrer des hommes érudits
et compétents voulant bien apporter à l'élaboration
de ces réglementations particulières, la contribution
précieuse de leur travail et de leur expérience.

C'est ce qu'a fait M. PERRET-MAISONNEUVE, auteur
de plusieurs ouvrages de droit appréciés, magistrat
distingué, qui, pour mettre sur pied l'important travail qu'on va lire, a dû fournir un labeur considérable. Ce n'est pas, en vérité, une chose banale, que
ce livre de droit bourré d'observations scientifiques
du plus haut intérêt, appuyé d'une documentation

technique irréfutable, ou ce livre de science et de pratique, à l'allure juridique où la formule chimique et même l'algèbre confine la référence de jurisprudence !

Ne voulant pas allonger outre mesure cet avant-propos, je ne m'appesantirai pas sur la partie scientifique de l'ouvrage, j'aurais cependant grand plaisir à le faire, à raison de l'intérêt qu'elle présente, du caractère de nouveauté et d'utilité pratique qu'elle revêt : le moins que j'en puisse dire, c'est qu'elle rendra service à tous ceux qui s'occupent de T. S. F. quel que soit le cadre dans lequel ils évoluent. Je regrette également de ne pouvoir faire ressortir comme il conviendrait, la méthode et la clarté, la tournure littéraire et humoristique du livre qui, en dépit de la sévérité du sujet, en rendent la lecture attrayante, mais je tiens à affirmer combien la *Télégraphie sans fil et la Loi* sera utile au point de vue réglementation.

C'est une mine de renseignements contrôlés, d'aperçus inattendus, dans laquelle on puisera d'autant plus volontiers que l'ouvrage est plus précis, l'argumentation plus irréfutable.

Après avoir codifié tous les textes existant, l'auteur les a analysés, critiqués lorsqu'il y avait lieu, et je dois le dire, avec un discernement remarquable, souvent même, en indiquant le moyen de remédier au vice signalé; ou en comparant avec les errements de l'étranger et, comme conclusion, il a formulé des propositions, émis des vœux, la plupart très intéressants, poussant le scrupule dans le travail, jusqu'à faire une étude d'adaptation à la Radiotélégraphie, de la législation actuelle.

L'œuvre de M. PERRET-MAISONNEUVE qui, par certains côtés, rendra en outre de véritables services à la Défense nationale, est donc une œuvre utile, qui vient à son heure et dont lui seront reconnaissants tous ceux que ces problèmes attirent.

ALBERT DALIMIER,

Député de Seine-et-Oise,
Rapporteur des P. T. T. et de la T. S. F.

TABLE DES MATIÈRES

TROISIÈME PARTIE

ÉTUDE SUR LA RÉGLEMENTATION LÉGALE A VENIR DU DROIT DE RÉCEPTION

ANNEXES

LA TÉLÉGRAPHIE SANS FIL
ET LA LOI

PREMIÈRE PARTIE
STATUT DE LA TÉLÉGRAPHIE SANS FIL EN FRANCE

CHAPITRE PREMIER
Généralités.

Vulgarisation de la T. S. F.

La Télégraphie sans fil qui, hier encore, paraissait incompréhensible et déconcertante est depuis quelque temps tombée en France dans le domaine public. Non seulement des idées théoriques sur cette matière si fertile et si intéressante se sont répandues un peu partout, mais on est vite passé du domaine abstrait des principes à leur réalisation et à leur application pratique. Il n'est pas une ville, il n'y aura peut-être pas, dans un avenir rapproché, un village chez nous, sans dispositifs, tout au moins de réception de T. S. F.

Ce résultat est dû en grande partie à l'œuvre de vulgarisation entreprise par divers auteurs, qui, dans des livres simples et pratiques, ont déchiré le voile et démontré que la Radiotélégraphie était beaucoup moins complexe que la Télégraphie avec fil, que ses applications étaient infinies, les services qu'elle pouvait rendre incalculables et indiqué qu'elle était à la portée de tous.

1

Bibliographie radiotélégraphique.

Parmi ces ouvrages et en dehors des journaux scientifiques : *Le Cosmos* et *La Nature* qui ont consacré à la science nouvelle de nombreux articles, je citerai : *La Télégraphie sans fil et les Ondes électriques*, de MM. J. Boulanger et G. Ferrié ; *Le Manuel élémentaire de Télégraphie sans fil*, de M. C. Tissot ; *La Télégraphie sans fil et les Applications pratiques des ondes électriques*, de M. Turpain ; *La Télégraphie sans fil*, de MM. Petit et Bouthillon, livre clair et de grande portée scientifique ; *La Réception des Signaux radiotélégraphiques transmis par la Tour Eiffel*, du Bureau des Longitudes ; *La Télégraphie sans fil, la Télémécanique et la Téléphonie sans fil à la portée de tout le monde*, de M. Monier où se trouve exposée l'œuvre primordiale de Branly ; *Le Manuel pratique de Télégraphie sans fil terrestre et maritime*, de M. Galopin ; *La Télégraphie sans fil*, de M. Fournier ; *La Télégraphie sans fil pour tous*, de M. Duroquier ; *Les Applications de la Télégraphie sans fil*, de M. Jégou ; *La Téléphonie sans fil et la Télégraphie sans fil*, de M. Berthier ; *Les Applications de la Télégraphie sans fil*, de M. Rothé ; *Les Notions générales sur la radiotélégraphie et la radiotéléphonie*, de M. R. de Valbreuze ; *Le Traité pratique pour le montage des principaux Appareils de réception en usage dans la T. S. F.*, de A. Goüj, et enfin le pratique opuscule de *Télégraphie sans fil*, du Dr Pierre Corret qui, paru depuis quelques mois seulement, a déjà atteint le tirage formidable de 12.000 exemplaires.

Grâce à ces publications et à bien d'autres encore, la T. S. F. n'est plus un mystère pour personne : tout le monde la connaît, tout le monde veut en faire, et, en réalité, tout le monde en fait.

Elle rend les plus grands services : non seulement elle supplée à la Télégraphie ordinaire et la remplace là où cette dernière ne peut être installée comme sur mer et en montagne, pour l'échange de la correspondance officielle ou privée ; non seulement, elle permet de créer des relations rapides entre les pouvoirs publics et les établissements lointains, entre la métropole et les colonies; mais elle est devenue un élément d'information mondiale. Grâce à elle, les événements de l'univers entier sont connus sur la surface du globe avec une rapidité qui tient du prodige. Les passagers des transatlantiques sont renseignés sur les cours de Bourse comme s'ils n'avaient pas quitté la terre ferme. L'heure exacte est envoyée aux quatre coins du monde; les prévisions du temps, les avertissements d'orages, de crues, de tempêtes sont lancés à travers l'espace aux intéressés. Et ce résultat merveilleux est si simple à obtenir que partout les antennes se sont dressées, les dispositifs se sont construits pour profiter, dans la mesure du possible, de tous ces avantages.

Mouvement en faveur de la T. S. F.

Les Observatoires, les Instituts, les Laboratoires, quelques Chambres de commerce et Municipalités, un grand nombre d'Ecoles et de Collèges, les grandes Compagnies de chemins de fer, des navires, des phares, des électriciens, des horlogers, des agriculteurs et enfin des milliers d'amateurs en sont pourvus. Les appareils de réception se sont vendus par milliers, une véritable industrie nouvelle est née qui occupe déjà un grand nombre d'ouvriers; les grands fabricants d'appareils électriques ont vu leur chiffre d'affaires croître dans d'importantes proportions; de nouvelles firmes sont nées; les bazars spéciaux, les grands magasins eux-mêmes vendent maintenant comme jouets des appareils radiotélégraphiques et la poussée est tellement forte qu'en dépit du grand nombre de maisons françaises qui se sont spécialisées, notre clientèle n'hésite pas à acheter à l'étranger les appareils correspondant à ses goûts. C'est ainsi qu'en avril dernier le directeur d'une importante maison de Bruxelles m'écrivait : « Nos stocks « ne parviennent plus à suffire aux commandes et le « nombre d'amateurs français de T. S. F. a dû s'accroître

« d'une façon anormale, car la quantité d'ordres que
« nous recevons de France est incroyable. »

Une certaine inquiétude règne.

Ils seraient bien plus nombreux encore, si une certaine inquiétude n'existait sur le point de droit qui régit
la matière. Y a-t-il, en effet, un texte législatif applicable? A-t-on réellement le droit de recevoir les radiotélégrammes, peut-on en émettre, ne risque-t-on pas, en
s'occupant de T. S. F., d'attirer chez soi la foudre.....
administrative? Voilà un sujet qui mérite évidemment
de retenir l'attention; et cela d'autant plus que les textes
en matière radiotélégraphique sont incomplets ou inap-
plicables et, je ne crains pas de le dire, au début de
cet ouvrage, qu'en somme, la législation en matière de
T. S. F. est entièrement à faire.

*Quelle est donc la situation juridique actuelle de la
Télégraphie sans fil?* — Pour répondre d'une façon
utile et complète à cette question, je donnerai tout
d'abord le texte intégral ou le sommaire de tous les
documents législatifs régissant la matière, puis j'en
ferai le commentaire. Je publierai également les circulaires ou instructions s'y rattachant et je les analyserai.

CHAPITRE II

Code radiotélégraphique.

A. — Textes législatifs

Décret-Loi du 27 décembre 1851-10 janvier 1852 sur les Lignes télégraphiques.

TITRE PREMIER

ÉTABLISSEMENT ET USAGES DES LIGNES DE TÉLÉGRAPHIE

Article premier. — Aucune ligne télégraphique ne peut être établie ou employée à la transmission des correspondances que par le Gouvernement et avec son autorisation. Quiconque transmettra sans autorisation des signaux d'un lieu à un autre, soit à l'aide de machines télégraphiques, soit par tout autre moyen, sera puni d'un emprisonnement d'un mois à un an et d'une amende de 1.000 à 10.000 francs. En cas de condamnation, le Gouvernement pourra ordonner la destruction des appareils et machines télégraphiques.

TITRE II

DES CONTRAVENTIONS, DÉLITS ET CRIMES RELATIFS AUX LIGNES TÉLÉGRAPHIQUES

Art. 2. — Quiconque aura par imprudence ou involontairement commis un fait matériel pouvant compromettre le service de la télégraphie électrique; quiconque aura dégradé ou détérioré de quelque manière que ce soit les appareils des lignes de télégraphie aérienne sera puni d'une amende de 16 à 300 francs.

Art. 3. — Quiconque, par la rupture des fils, par la détérioration des appareils, ou par tout autre moyen aura volontairement causé l'interruption de la correspondance télégraphique électrique ou aérienne sera puni d'un emprisonnement de trois mois à deux ans et d'une amende de 100 à 1.000 francs.

Art. 4. — Crimes en cas d'insurrection . . . .

. . . .

Art. 5. — Toute attaque, toute résistance avec violence et voies de fait envers les inspecteurs et les agents de surveillance des lignes télégraphiques ou aériennes dans l'exercice de leurs fonctions sera punie des peines appliquées à la rébellion, suivant les distinctions établies au Code pénal.

TITRE III

DES CONTRAVENTIONS COMMISES PAR LES CONCESSIONNAIRES OU FERMIERS DE CHEMINS DE FER OU DE CANAUX

Art. 6. — . . . .

Art. 7. — . . . .

Art. 8. — . . . .

TITRE IV

DISPOSITION PARTICULIÈRE CONCERNANT LES TÉLÉGRAPHES AÉRIENS

Art. 9. — . . . .

TITRE V

DISPOSITIONS GÉNÉRALES

Art. 10. — Les crimes, délits ou contraventions prévus dans la présente loi, pourront être constatés par les procès-verbaux dressés concurremment par les officiers de police judiciaire, les commissaires et sous-commissaires préposés à la surveillance des chemins de fer, les inspecteurs des lignes télégraphiques, les agents de surveillance nommés ou agréés par l'Administration et dûment assermentés. Ces procès-verbaux feront foi jusqu'à preuve contraire.

Art. 11. — Les procès-verbaux dressés en vertu de l'article précédent seront visés pour timbre et enregistrés en debet. Ceux qui auront été dressés par des agents de surveillance assermentés, devront être affirmés dans les trois jours, à peine de nullité devant le juge de paix ou le maire, soit du lieu du délit ou de la contravention, soit de la résidence de l'agent.

Art. 12. — L'Administration pourra prendre immédiatement toutes les mesures provisoires pour faire cesser les dommages résultant des crimes, délits ou contraventions et le recouvrement des frais qu'entraînera l'exécution de ces mesures sera poursuivi administrativement, le tout ainsi qu'il est procédé en matière de grande voirie.

Art. 13. — L'article 463 du Code pénal est applicable.

Art. 14. — En cas de conviction de plusieurs crimes ou délits prévus par la présente loi ou le Code pénal, la peine la plus forte sera seule prononcée.

Décret du 7 février 1903.

Article premier. — L'Administration des postes et des télégraphes est seule chargée de l'établissement et de l'exploitation des postes de Télégraphie sans fil destinés à l'échange de la correspondance officielle ou privée. Toutefois les divers services de l'État pourront, après entente avec l'Administration des postes et des télégraphes, établir et exploiter directement des postes de Télégraphie sans fil destinés exclusivement à la correspondance officielle.

Art. 2. — Des postes destinés à l'échange des correspondances d'intérêt privé pourront être établis et exploités par des particuliers après autorisation donnée par le ministre du commerce, de l'industrie, des postes et des télégraphes, par application du Décret-Loi du 27 décembre 1851. Les arrêtés d'autorisation détermineront les conditions d'établissement et d'exploitation de ces installations.

Décret du 27 février 1904 relatif aux Postes côtiers de Télégraphie sans fil.

Article premier. — Le choix des emplacements des postes de Télégraphie sans fil à établir sur les côtes doit, dans chaque cas, faire l'objet d'une entente entre l'Administration des postes et des télégraphes et l'Administration de la marine.

Art. 2. — Les concessions à des particuliers de postes côtiers de Télégraphie sans fil destinés à l'échange de la correspondance d'intérêt privé, prévues par l'article 2 du 7 février 1903, ne pourront être accordées par le ministre du commerce, de l'industrie, des postes et des télégraphes qu'après avis conforme du ministre de la marine.

ART. 3. — En cas de mobilisation, tous les postes de télégraphie sans fil appartenant à l'Administration des postes et des télégraphes et établis sur le littoral, ainsi que ceux concédés sur les côtes à des particuliers, seront placés, au point de vue de l'exploitation, sous la direction de l'Administration de la marine.

ART. 4. — L'Administration des postes et des télégraphes assure l'exploitation des postes de Télégraphie sans fil sur le littoral. Le département de la marine lui cédera, à cet effet, les constructions existant et le matériel dont il pourra disposer.

ART. 5. — Les ministres du commerce, de l'industrie, des postes et des télégraphes et le ministre de la marine sont chargés, chacun en ce qui le concerne, de l'exécution du présent décret qui sera publié au *Journal officiel* et au *Bulletin des Lois*.

Décret du 5 mars 1907, relatif à l'établissement et à l'exploitation des Postes de Télégraphie sans fil destinés à l'échange de la correspondance officielle ou privée.

RAPPORT

Les perfectionnements apportés à la Télégraphie sans fil et l'extension des applications de ce mode de correspondance ont attiré depuis longtemps l'attention du Gouvernement. Aussi, chacun dans son domaine, tous les divers départements intéressés se sont efforcés de se constituer un outillage approprié et d'établir les postes dont l'utilité immédiate avait été reconnue par eux. Toutefois, si une telle dispersion d'efforts avait peu d'inconvénients tant que la Télégraphie sans fil était encore, en quelque sorte, une science de laboratoire, il n'en saurait plus être de même aujourd'hui où les services rendus par elle deviennent susceptibles d'une régularité véritablement commerciale.

Il est nécessaire, dans ces conditions, que le réseau en formation ne soit plus simplement la résultante de nécessités particulières, mais réponde à un plan d'ensemble et à tous les besoins généraux qui sont en cause.

A cet effet, un accord a été établi entre les divers départements intéressés au sujet de la constitution présente du réseau. Cet accord doit être complété par des dispositions assurant, à l'avenir une entière coordination des efforts, qu'il s'agisse du mode d'exploitation ou de l'établissement de nouveaux postes.

Le décret que j'ai l'honneur de soumettre à votre haute approbation résume les règles arrêtées à cet effet. Elles ont recueilli l'assentiment de tous les ministres intéressés et permettront, tout en facilitant l'essor de la Télégraphie sans fil, de procurer à celle-ci les conditions d'unité et d'harmonie nécessaires à tout service public.

ARTICLE PREMIER. — Les stations radiotélégraphiques établies ou à établir sur des emplacements fixes en France, Algérie et Tunisie, sont classées en quatre catégories, savoir :

Stations côtières ou intérieures spéciales au service commercial;

Stations côtières spéciales au service de la marine de guerre;

Stations spéciales aux communications militaires;

Stations spéciales au service des phares et balises.

Des stations privées peuvent être, en outre, établies dans certains cas et en vertu d'autorisations temporaires.

ART. 2. — Les stations spéciales au service commercial sont établies, entretenues et exploitées par l'Administration des postes et des télégraphes.

Les stations côtières spéciales au service de la marine de guerre sont établies, entretenues et exploitées par le ministère de la marine.

Les stations spéciales aux communications militaires sont établies, entretenues et exploitées par le ministère de la guerre.

Les stations spéciales au service des phares et balises sont établies, entretenues et exploitées par les soins du ministère des travaux publics, des postes et des télégraphes.

En cas de mobilisation, toutes les stations sans exception sont soumises à l'autorité des départements de la marine et de la guerre.

ART. 3. — Le choix de l'emplacement, la détermination de portée d'une station quelconque et, d'une manière générale, les conditions techniques applicables à toute station projetée sont soumis à l'examen d'une Commission interministérielle instituée comme il est dit à l'article 4 ci-après. Cette Commission a pour mission d'apprécier les desiderata des divers services et d'indiquer aux Administrations intéressées dans quelles conditions il lui paraît possible de concilier leurs intérêts respectifs.

ART. 4. — Il est institué, auprès du ministre des travaux publics des postes et des télégraphes une Commission technique interministérielle comprenant les membres suivants :

1 président désigné par décret présidentiel, et choisi en dehors des Administrations intéressées;

2 représentants techniques du ministère de la marine;

2 représentants techniques du ministère de la guerre;

1 représentant du ministère des travaux publics, des postes et des télégraphes (T. Publics);

1 représentant du ministère des colonies;

1 représentant du ministère des affaires étrangères;

2 représentants de l'Administration des postes et des télégraphes.

1 secrétaire pris dans l'Administration des postes et des télégraphes et n'ayant pas voix délibérative.

Art. 5. — Les attributions de la Commission technique sont les suivantes :

Examen à titre consultatif des emplacements et conditions techniques afférentes à toutes stations destinées à constituer le réseau radiotélégraphique français;

Examen des réclamations d'ordre technique relatives au fonctionnement des stations françaises formulées soit par des services de l'Etat, soit par des services privés, soit par des puissances étrangères.

Institution d'expériences d'intérêt général.

La Commission est informée par les soins des Administrations intéressées des résultats obtenus à l'aide des divers types d'appareils ou de montage utilisés par les postes en fonctionnement.

Art. 6. — En dehors des périodes de mobilisation, toutes les stations côtières radiotélégraphiques et les stations spéciales au service commercial, à l'exception de celles qui fonctionnent à titre d'essai ou d'exercice, sont ouvertes à la télégraphie privée.

Art. 7. — L'Administration des postes et des télégraphes est chargée de centraliser toutes les affaires concernant la perception des taxes et les relations administratives avec les stations étrangères et le Bureau international de Berne. Elle vérifie, sur le vu d'états transmis par les stations des Administrations intéressées, la perception des taxes appliquées. Elle contrôle l'exécution des règlements internationaux en ce qui concerne les transmissions commerciales dans les postes fixes de la France, de l'Algérie et de la Tunisie et dans les postes établis à bord des navires de commerce.

Art. 8. — Les autorisations d'installations de postes privés sont accordées par l'Administration des postes et des télégraphes sur avis de la Commission technique prévue à l'article 4. Ces installations ne peuvent être que temporaires et ne doivent en aucun cas troubler le service des autres stations.

Art. 9. — Les frais d'expériences à exécuter sur la demande de la Commission technique sont imputés sur un crédit spécial inscrit au budget de l'Administration des postes et des télégraphes.

Art. 10. — Les ministres des travaux publics, des postes et des télégraphes, de la guerre, de la marine, des colonies et des affaires étrangères sont chargés, chacun en ce qui le concerne, de l'exécution du présent décret.

Art. 11. — Les dispositions du décret du 7 février 1903 et du décret du 27 Février 1904 sont abrogées.

Décret du 26 avril 1910, modifiant les attributions et la composition de la Commission interministérielle.

(*Officiel* du 30 avril 1910.)

Article premier. — Les articles 4, 5, 8 et 9 du décret du 5 mars 1907 sont modifiés ainsi qu'il suit :

Art. 4. — Il est institué auprès du ministre des travaux publics, des postes et télégraphes, une Commission interministérielle comprenant les membres suivants :
1 président et 1 vice-président désignés par décret présidentiel et choisis en dehors des Administrations intéressées ;
3 représentants du ministère de la marine ;
3 représentants du ministère de la guerre ;
2 représentants du ministère des colonies ;
1 représentant du ministère des affaires étrangères ;
1 représentant du ministère du commerce et de l'industrie ;
4 représentants du ministère des travaux publics et 3 pour l'Administration des postes et des télégraphes ;
1 secrétaire pris dans l'Administration des postes et des télégraphes et n'ayant pas voix délibérative.

Art. 5. — Les attributions de la Commission sont les suivantes :
Examen à titre consultatif des emplacements et conditions techniques afférentes à toutes stations destinées à constituer le réseau radiotélégraphique français ;
Examen des réclamations d'ordre technique relatives au fonc-

tionnement des stations françaises formulées soit par des services
de l'État, soit par des services privés, soit par des puissances
étrangères;

Examen des questions administratives intéressant le service de
la Télégraphie sans fil, que le ministre des travaux publics, des
postes et des télégraphes juge utile de soumettre à la Commission.

Institution d'expériences d'intérêt général.

La Commission est informée par les soins des Administrations
intéressées des résultats obtenus à l'aide des divers types d'appareils ou de montage utilisés par les postes en fonctionnement.

ART. 8. — Les autorisations d'installations de postes privés sont
accordées par l'Administration des postes et des télégraphes sur
avis de la Commission prévue à l'article 4.

Ces installations ne peuvent être que temporaires et ne doivent
en aucun cas troubler le service des autres stations.

ART. 9. — Les frais d'expériences à exécuter sur la demande
de la Commission sont imputés sur un crédit spécial inscrit au
budget de l'Administration des postes et des télégraphes.

ART. 10. — Les ministres des travaux publics, des postes et des
télégraphes, de la guerre, de la marine, des colonies, des affaires
étrangères et du commerce et de l'industrie sont chargés, chacun
en ce qui le concerne, de l'exécution du présent décret.

**Décret du 12 mai 1910 portant promulgation de la Convention
radiotélégraphique internationale signée à Berlin le 3 novembre 1906, conclue entre l'Allemagne, les Etats-Unis
d'Amérique, l'Argentine, l'Autriche, la Hongrie, la Belgique,
le Brésil, la Bulgarie, le Chili, le Danemark, l'Espagne, la
France, la Grande-Bretagne, la Grèce, l'Italie, le Japon, le
Mexique, Monaco, la Norvège, les Pays-Bas, la Perse, le Portugal, la Roumanie, la Russie, la Suède, la Turquie et l'Uruguay.**

ARTICLE PREMIER. — Les Hautes Parties contractantes s'engagent à appliquer les dispositions de la présente Convention
dans toutes les stations radiotélégraphiques — stations côtières et
station de bord — ouvertes au service de la correspondance

publique entre la terre et les navires en mer qui sont établies ou exploitées par les Parties contractantes.

Elles s'engagent, en outre, à imposer l'observation de ces dispositions aux exploitations privées autorisées, soit à établir ou à exploiter des stations côtières radiotélégraphiques ouvertes au service de la correspondance publique entre la terre et les navires en mer, soit à établir ou à exploiter des stations radiotélégraphiques ouvertes ou non au service de la correspondance publique à bord des navires qui portent leur pavillon.

Art. 2. — Est appelée station côtière toute station radiotélégraphique établie sur terre ferme ou à bord d'un navire ancré à demeure et utilisée pour l'échange de la correspondance avec les navires en mer.

Toute station radiotélégraphique établie sur un navire autre qu'un bateau fixe est appelée station de bord.

Art. 3. — Les stations côtières et les stations de bord sont tenues d'échanger réciproquement les radiotélégrammes sans distinction du système radiotélégraphique adopté par ces stations.

Art. 4. — Nonobstant les dispositions de l'article 3, une station peut être affectée à un service de correspondance publique restreinte déterminé par le but de la correspondance ou par d'autres circonstances indépendantes du système employé.

Art. 5. — Chacune des Hautes Parties contractantes s'engage à faire relier les stations côtières au réseau télégraphique par des fils spéciaux ou, tout au moins, à prendre d'autres mesures assurant un échange rapide entre les stations côtières et le réseau télégraphique.

Art. 6. — Les Hautes Parties contractantes se donnent mutuellement connaissance des noms des stations côtières et des stations de bord visées à l'article premier, ainsi que de toutes les indications propres à faciliter et accélérer les échanges radiotélégraphiques qui seront spécifiées dans le Règlement.

Art. 7. — Chacune des Hautes Parties contractantes se réserve la faculté de prescrire ou d'admettre que dans les stations visées à l'article premier, indépendamment de l'installation dont les indications sont publiées conformément à l'article 6, d'autres dispositifs soient établis et exploités en vue d'une transmission radiotélégraphique spéciale sans que les détails de ces dispositifs soient publiés.

Art. 8. — L'exploitation des stations radiotélégraphiques est organisée autant que possible, de manière à ne pas troubler le service d'autres stations de l'espèce.

ART. 9. — Les stations radiotélégraphiques sont obligées d'accepter par priorité absolue les appels de détresse provenant des navires, de répondre de même à ces appels et d'y donner la suite qu'ils comportent.

ART. 10. — La taxe totale des radiotélégrammes comprend :

1° La taxe afférente au parcours maritime, savoir :
a) La « taxe côtière » qui appartient à la station côtière ;
b) La « taxe de bord » qui appartient à la station de bord.

2° La taxe pour la transmission sur les lignes du réseau télégraphique calculée d'après les règles générales.

Le taux de la taxe côtière est soumis à l'approbation du Gouvernement dont relève la station côtière ; celui de la taxe de bord, à l'approbation du Gouvernement dont le navire porte le pavillon.

Chacune de ces deux taxes doit être fixée suivant le tarif par mot pur et simple, avec minimum facultatif de taxe par radiotélégramme, sur la base de la rémunération équitable du travail radiotélégraphique. Chacune d'elles ne peut dépasser un maximum à fixer par les Hautes Parties contractantes.

Toutefois chacune des Hautes Parties contractantes a la faculté d'autoriser des taxes supérieures à ce maximum dans le cas de stations d'une portée dépassant 800 kilomètres, ou de stations exceptionnellement onéreuses en raison des conditions matérielles de leur installation et de leur exploitation.

Pour les radiotélégrammes originaires ou à destination d'un pays et échangés directement avec les stations côtières de ce pays, les Hautes Parties contractantes se donnent mutuellement connaissance des taxes applicables à la transmission sur les lignes de leurs réseaux télégraphiques. — Ces taxes sont celles qui résultent du principe que la station côtière doit être considérée comme station d'origine ou de destination.

ART. 11. — Les dispositions de la présente Convention sont complétées par un Règlement qui a la même valeur et entre en vigueur en même temps que la Convention.

Les prescriptions de la présente Convention et du Règlement y relatif peuvent être à toute époque modifiées d'un commun accord avec les Hautes Parties contractantes. Des Conférences de plénipotentiaires ou de simples Conférences administratives, selon qu'il s'agira de la Convention ou du Règlement, auront lieu périodiquement ; chaque Conférence fixera elle-même le lieu et l'époque de la réunion suivante.

ART. 12. — Ces Conférences sont composées de délégués des Gouvernements des pays contractants.

Dans les délibérations, chaque pays dispose d'une seule voix.

Si un Gouvernement adhère à la Convention pour ses colonies, possessions ou protectorats, les Conférences ultérieures peuvent décider que l'ensemble ou une partie de ces colonies, possessions ou protectorats est considéré comme un pays pour l'application de l'alinéa précédent. Toutefois le nombre des voix dont dispose un Gouvernement, y compris ses colonies, possessions ou protectorats, ne peut dépasser six.

ART. 13. — Un Bureau international est chargé de réunir, de coordonner, de publier les renseignements de toute nature relatifs à la radiotélégraphie, d'instruire les demandes de modification à la Convention et au Règlement, de faire promulger les changements adoptés et, en général, de procéder à tous travaux administratifs dont il serait saisi dans l'intérêt de la radiotélégraphie internationale.

Les frais de cette institution sont supportés par tous les pays contractants.

ART. 14. — Chacune des Hautes Parties contractantes se réserve la faculté de fixer les conditions dans lesquelles elle admet les radiotélégrammes en provenance ou à destination d'une station, soit de bord, soit côtière, qui n'est pas soumise aux dispositions de la présente Convention.

Si un radiotélégramme est admis, les taxes ordinaires doivent lui être appliquées.

Il est donné cours à tout radiotélégramme provenant d'une station de bord et reçu par une station côtière d'un pays contractant ou accepté en transit par l'Administration d'un pays contractant.

Il est également donné cours à tout radiotélégramme à destination d'un navire, si l'Administration d'un pays contractant en a accepté le dépôt ou si l'Administration d'un pays contractant l'a accepté en transit d'un pays non contractant, sous réserve du droit de la station côtière de refuser la transmission à une station de bord relevant d'un pays non contractant.

ART. 15. — Les dispositions des articles 8 et 9 de cette Convention sont également applicables aux installations radiotélégraphiques autres que celles visées à l'article premier.

ART. 16. — Les gouvernements qui n'ont point pris part à la présente Convention sont admis à y adhérer sur leur demande.

Cette adhésion est notifiée par la voie diplomatique à celui des

Gouvernements contractants au sein duquel la dernière Conférence a été tenue et par celui-ci à tous les autres États.

Elle emporte de plein droit accession à toutes les clauses de la présente Convention et admission à tous les avantages y stipulés.

ART. 17. — Les dispositions des articles 1, 2, 3, 5, 7, 8, 11, 12 et 17 de la Convention télégraphique internationale de Saint-Pétersbourg du 10/22 juillet 1875 sont applicables à la radiotélégraphie internationale.

ART. 18. — En cas de dissentiment entre deux ou plusieurs Gouvernements contractants relativement à l'interprétation ou à l'exécution, soit de la présente Convention, soit du règlement prévu par l'article 2, la question en litige peut, d'un commun accord, être soumise à un jugement arbitral. Dans ce cas, chacun des Gouvernements en cause en choisit un autre non intéressé dans la question.

La décision des arbitres est prise à la majorité absolue des voix.

En cas de partage des voix, les arbitres choisissent, pour trancher le différend, un autre gouvernement contractant également désintéressé dans le litige. A défaut d'une entente concernant ce choix, chaque arbitre propose un Gouvernement contractant désintéressé; il est tiré au sort entre les Gouvernements proposés. Le tirage au sort appartient au Gouvernement sur le territoire duquel fonctionne le Bureau international prévu à l'article 13.

ART. 19. — Les Hautes Parties contractantes s'engagent à prendre ou à proposer à leurs législatures respectives les mesures nécessaires pour assurer l'exécution de la présente Convention.

ART. 20. — Les Hautes Parties contractantes se communiqueront les lois qui auraient déjà été rendues ou qui viendraient à l'être dans leurs pays relativement à l'objet de la présente Convention.

ART. 21. — Les Hautes Parties contractantes conservent leur entière liberté relativement aux installations radiotélégraphiques non prévues à l'article premier et, notamment, aux installations navales et militaires, lesquelles restent soumises uniquement aux obligations prévues aux articles 8 et 9 de la présente Convention.

Toutefois, lorsque ces installations font de la correspondance publique, elles se conforment, pour l'exécution de ce service, aux prescriptions du Règlement en ce qui concerne le mode de transmission et la comptabilité.

ART. 22. — La présente Convention sera mise à exécution à

partir du 1er juil... 1908, et demeurera en vigueur pendant un temps indé... miné, et jusqu'à l'expiration d'une année à partir du jour où la ... ... tion en sera faite.

La dénon... ... ne produit son effet qu'à l'égard du Gouvernement au nom duquel elle a été faite. Pour les autres Parties contractantes, la Convention reste en vigueur.

ART. 23. — La présente Convention sera ratifiée et les ratifications en seront déposées à Berlin dans le plus bref délai possible.

En foi de quoi les plénipotentiaires respectifs ont signé la Convention en un exemplaire qui restera déposé aux archives du Gouvernement impérial d'Allemagne et dont une copie sera remise à chaque Partie.

Décret du 5 février 1911,
modifiant la composition de la Commission interministérielle.

(*Officiel* du 18 février 1911.)

ARTICLE PREMIER. — L'article 4 du décret du 5 mars 1907 est modifié ainsi qu'il suit :

ART. 4. — Il est institué, auprès du ministre des travaux publics, des postes et des télégraphes, une Commission interministérielle comprenant les membres suivants :

1 président et 1 vice-président désignés par décret présidentiel et choisis en dehors des Administrations intéressées ;

3 représentants du ministère de la marine ;

3 représentants du ministère de la guerre ;

2 représentants du ministère des colonies ;

1 représentant du ministère du commerce et de l'industrie ;

2 représentants du ministère de l'instruction publique et des beaux-arts ;

4 représentants du ministère des travaux publics, des postes et des télégraphes, dont un pour l'Administration des travaux publics et trois pour l'Administration des postes et des télégraphes ;

1 secrétaire pris dans l'Administration des postes et des télégraphes et n'ayant pas voix délibérative.

ART. 2. — Les ministres des travaux publics, des postes et des télégraphes, de la guerre, de la marine, des colonies, des affaires étrangères, du commerce et de l'industrie et de l'instruction publique et des beaux-arts sont chargés, chacun en ce qui le concerne, de l'exécution du présent décret.

Décret du 27 mai 1911,
modifiant la composition de la Commission interministérielle.

(*Officiel* du 30 mai 1911.)

ARTICLE PREMIER. — L'article 4 du décret du 5 mars 1907 est modifié ainsi qu'il suit :

ART. 4. — Il est institué, auprès du ministre des travaux publics, des postes et des télégraphes, une Commission interministérielle comprenant les membres suivants :
1 président et 1 vice-président désignés par décret présidentiel et choisis en dehors des Administrations intéressées ;
3 représentants du ministère de la marine ;
3 représentants du ministère de la guerre ;
2 représentants du ministère des colonies ;
1 représentant du ministère des affaires étrangères ;
2 représentants du ministère du commerce et de l'industrie ;
2 représentants du ministère de l'instruction publique et des beaux-arts ;
1 représentant du ministère de l'intérieur et des cultes ;
4 représentants du ministère des travaux publics et des télégraphes, dont 1 pour l'Administration des travaux publics et 3 pour l'Administration des postes et des télégraphes.
1 secrétaire pris dans l'Administration des postes et des télégraphes et n'ayant pas voix délibérative.

ART. 2. — Le président du Conseil, ministre de l'intérieur et des cultes, les ministres des travaux publics, des postes et des télégraphes, de la guerre, de la marine, des colonies, des affaires étrangères, du commerce et de l'industrie, de l'instruction publique et des beaux-arts sont chargés chacun en ce qui le concerne de l'exécution du présent décret.

Décret du 20 novembre 1911,
modifiant la composition de la Commission interministérielle.

(*Officiel du 24 novembre.*)

ARTICLE PREMIER. — L'article 4 du décret du 5 mars 1907 est modifié ainsi qu'il suit :

ART. 4. — Il est institué, auprès du ministre des travaux publics, des postes et des télégraphes, une Commission interministérielle comprenant les membres suivants :

1 président et 1 vice-président désignés par décret présidentiel et choisis en dehors des Administrations intéressées ;

3 représentants du ministère de la marine ;

3 représentants du ministère de la guerre ;

2 représentants du ministère des colonies ;

2 représentants du ministère des affaires étrangères ;

2 représentants du ministère du commerce et de l'industrie ;

2 représentants du ministère de l'instruction publique et des beaux-arts ;

1 représentant du ministère de l'intérieur ;

4 représentants du ministère des travaux publics, des postes et des télégraphes, dont un pour l'Administration des travaux publics, et trois pour l'Administration des postes et des télégraphes ;

1 secrétaire pris dans l'Administration des postes et des télégraphes et n'ayant pas voix délibérative.

ART. 2. — Le président du Conseil, ministre de l'intérieur, les ministres des travaux publics, des postes et des télégraphes, de la guerre, de la marine, des colonies, des affaires étrangères, du commerce et de l'industrie, de l'instruction publique et des beaux-arts, sont chargés, chacun en ce qui le concerne, de l'exécution du présent décret.

Décret du 17 juin 1912 instituant le Service de la T. S. F.

(*Officiel du 22 juin 1912*).

ARTICLE PREMIER. — Le service de la Télégraphie sans fil est chargé de l'établissement, de l'entretien et de l'exploitation des stations radiotélégraphiques relevant de l'Administration des postes et des télégraphes. Il assure le contrôle des stations établies à bord des navires des compagnies françaises de navigation et des postes d'intérêt privé ou d'expériences concédés à des particuliers.

Il a son siège à Paris et est classé dans les services extérieurs de l'Administration des postes et des télégraphes.

ART. 2. — Les cadres du service de la Télégraphie sans fil comprennent : deux ingénieurs ordinaires; un inspecteur; un rédacteur; deux expéditionnaires.

Les lecteurs de cet ouvrage auront la primeur du décret qui sera prochainement promulgué pour l'approbation de la Convention radiotélégraphique internationale de Londres du 5 juillet 1912.

En voici le projet :

Projet de loi portant approbation de la Convention radiotélégraphique internationale et de ses annexes, arrêtées par la Conférence internationale de Londres, le 5 juillet 1912.

(Renvoyé à la Commission des postes et des télégraphes.)

Présenté au nom de M. Raymond Poincaré, président de la République française; par M. Stéphen Pichon, ministre des affaires étrangères; par M. Alfred Massé, ministre du commerce, de l'industrie, des postes et des télégraphes; par M. Jean Morel, ministre des colonies; et par M. Charles Dumont, ministre des finances.

EXPOSÉ DES MOTIFS

Messieurs,

L'Article 11 de la Convention radiotélégraphique internationale de Berlin stipule que des Conférences de plénipotentiaires ou des Conférences administratives, selon qu'il s'agit de la Convention ou du Règlement, auront lieu périodiquement en vue de reviser les Actes en vigueur. Chaque Conférence fixe elle-même le lieu et l'époque de la réunion suivante.

La ville de Londres avait été choisie par le congrès de Berlin

(1906) pour le siège de la Conférence qui devait se tenir en 1912.

Le programme des travaux de cette Conférence, qui se réunit du 4 juin au 5 juillet 1912, comprenait l'examen d'environ 200 propositions formulées par les Etats adhérents; celles dues à l'initiative de la France entraient dans le nombre pour un sixième.

Toutes ces propositions avaient été inspirées par le souci de rendre plus pratique et plus sûre l'application de la radiotélégraphie et de faire concourir plus efficacement ce nouveau mode de communication à la sécurité de la navigation maritime.

Les modifications qui ont été adoptées portent sur tous les actes qui avaient été arrêtés à la Conférence de Berlin :

La Convention radiotélégraphique internationale ;

L'Engagement additionnel ;

Le Protocole final ;

Et le Règlement de service.

Il serait trop long d'énumérer ici l'ensemble des réformes accomplies; il nous suffira d'indiquer ci-après les innovations principales, en les classant en deux catégories, selon qu'elles ont été faites dans l'intérêt du public ou dans l'intérêt des Administrations.

A. — AMÉLIORATIONS DANS L'INTÉRÊT DU PUBLIC

Sécurité de la navigation maritime.

Il convient de placer en tête de cet exposé les mesures qui ont déjà fait l'objet des préoccupations du Parlement; nous voulons parler de celles qui ont trait à la protection des existences humaines contre les dangers de la navigation, à leur défense en cas de sinistre et accessoirement au sauvetage des navires et de leur cargaison.

Les dispositions qui furent examinées et adoptées dans cet ordre d'idées sont les suivantes :

1° *Principe de l'obligation pour les navires transportant des passagers d'avoir la T. S. F. à bord*. — La Conférence exprima à l'unanimité l'avis que, dans l'intérêt général de la navigation, il y avait lieu d'imposer à certaines catégories de navires l'obligation d'avoir à bord des appareils de T. S. F., mais elle estima que l'imposition de cette obligation n'était pas de sa compétence et elle exprima le vœu que les mesures nécessaires à cet effet fussent provoquées par les Gouvernements.

2° *Obligation de l'intercommunication en haute mer*. — Jusqu'à présent, l'obligation d'intercommunication existait pour les relations entre les stations de bord et les stations côtières, mais non entre les navires en haute mer. Cette grave lacune a été heureusement comblée par la Conférence de Londres.

La nouvelle disposition entraîne la suppression de l'engagement additionnel qui visait spécialement cette intercommunication et auquel un certain nombre de pays signataires de la Convention n'avait pas été jusqu'à ce jour en mesure d'adhérer.

Il convient d'ajouter que la France a pris une grande part dans l'adoption de l'intercommunication obligatoire en haute mer dont les conséquences sont énormes au point de vue de la sécurité des navires. Ceux-ci ne se trouvant plus isolés sur l'Océan pourront ainsi, lorsqu'ils sont hors du rayon d'action des stations côtières, demander des secours à d'autres navires à proximité.

3° *Classification des stations de bord en trois catégories.* — Il fut décidé que les stations de bord seraient classées dans les trois catégories ci-après, en vue de délimiter l'étendue de leurs obligations en matière de T. S. F., et notamment en matière d'écoute :

1° Stations ayant un service permanent ;
2° Stations ayant un service de durée limitée ;
3° Stations n'ayant pas de vacations déterminées (art. 13).

4° *Réglementation étroite des obligations d'écoute.* — Il importe de signaler que la T. S. F., à bord des navires, a un double but à remplir au point de vue de la sécurité : elle offre les moyens de demander des secours et elle permet à un navire de porter secours à un bâtiment en détresse.

Or, pour qu'une demande de secours soit efficace, il faut qu'elle puisse être entendue, ce qui exige la réglementation très précise d'un service d'écoute à bord de chaque navire.

L'obligation d'un service régulier et permanent d'écoute est surtout importante pour les grosses unités maritimes qui, en raison de leurs puissants moyens d'action, peuvent être d'une très grande utilité pour porter rapidement et efficacement secours à un bâtiment en péril.

La réglementation du service d'écoute doit être complétée par l'obligation de desservir les stations de bord au moyen de bons opérateurs.

La permanence de l'écoute a été imposée aux stations de la première catégorie et à celles de la seconde catégorie durant les heures de service. En dehors de ces heures, ces dernières stations devront rester sur écoute pendant les dix premières minutes de chaque heure.

Les stations de la troisième catégorie ne sont astreintes à aucun service régulier d'écoute.

Dans la pensée de la Conférence, la troisième catégorie ne doit comprendre que de petits navires, tels que les yachts, les chalutiers qui, en raison de leurs faibles moyens d'action, seraient insuffisants pour porter secours à d'autres bâtiments.

D'autre part, afin d'assurer, dans les meilleures conditions possibles, la réception des signaux de détresse, la Conférence a décidé (art. 32) que les stations côtières et de bord occupées à transmettre de longs radiotélégrammes devaient suspendre le travail à la fin de chaque période de quinze minutes et écouter pendant trois minutes avant de poursuivre la transmission.

5° *Classification des radiotélégraphistes en deux classes.* — En vue d'assurer la permanence de l'écoute dans les meilleures conditions possibles, les radiotélégraphistes seront classés en deux catégories suivant leur capacité professionnelle (art. 10).

Les stations ayant un service permanent devront avoir au moins deux radiotélégraphistes de 1re classe ; celles ayant un service de durée limitée devront avoir au moins un radiotélégraphiste de 1re classe auquel pourront être adjoints, comme suppléants, un ou plusieurs radiotélégraphistes de 2e classe.

Il convient de remarquer que la Conférence, en créant une 2e classe de radiotélégraphistes, a surtout envisagé une mesure provisoire en raison de la difficulté de former dans de courts délais tous les opérateurs qui seraient nécessaires.

6° *Installation de secours.* — Toutes les stations de bord comprises dans les deux premières catégories susvisées devront avoir, en outre, des installations radiotélégraphiques de secours dont tous les éléments seront placés dans des conditions de sécurité aussi grandes que possible et à déterminer par les Gouvernements dont dépendent ces stations.

7° *Autorité du commandant du navire sur les stations de bord.* — Il a été spécifié que le service radiotélégraphique à bord serait placé sous l'autorité supérieure du commandant du navire.

8° *Signaux de détresse.* — La Conférence a déterminé d'une façon précise et absolument uniforme les signaux des appels de détresse afin d'éviter toute confusion avec les autres signaux. Elle a, en outre, prescrit la priorité absolue et générale de ces signaux.

9° *Organisation des transmissions de signaux horaires et d'observations météorologiques.* — Elle a enfin prévu l'organisation d'un service de transmission aux navires de signaux horaires et d'observations météorologiques intéressant la région des stations côtières transmettrices (art. 45).

Acheminement du trafic.

1° *Longueurs d'onde.* — Pendant la durée de son ouverture, chaque station côtière ou de bord devra être en état de recevoir les appels faits au moyen de sa longueur d'onde normale. Toutefois, une longueur d'onde spéciale a été fixée (art. 11) pour l'échange des radiotélégrammes avec une station côtière qui se trouve ne pas être la plus rapprochée du navire correspondant.

Cette mesure a une très grande importance au point de vue de la sûreté des transmissions. Elle consacre le principe de l'obligation imposée à toute station de bord de correspondre avec la station côtière la plus rapprochée, sauf dans le cas où elle peut disposer d'une longueur d'onde spéciale qui permettra d'éviter les troubles résultant des transmissions échangées avec des stations côtières qui ne sont pas le plus rapprochées de la station de bord. Il convient d'ailleurs de remarquer que cette exception à la règle générale n'a lieu qu'au profit des échanges entre stations de bord et côtières d'un même pays et à condition d'observer certaines distances fixées par le règlement (art. 35).

2° *Rédaction de l'adresse.* — L'expéditeur aura la faculté de remplacer le nom du navire, lorsqu'il ne le connaît pas, par l'indication du parcours effectué par ce navire et déterminé par les ports d'origine et de destination ou par toute autre mention équivalente (art. 15).

3° *Echange de la correspondance par l'intermédiaire d'une ou de deux stations côtières ou de bord.* — C'est une facilité nouvelle donnée aux expéditeurs pour l'acheminement de leurs radiotélégrammes. Dans tous les cas, le destinataire n'aura aucune taxe à acquitter au moment de la remise de la correspondance (art. 17).

Radiotélégrammes spéciaux.

De nouvelles catégories de radiotélégrammes spéciaux ont été admises.

Ce sont :

Les radiotélégrammes avec réponse payée ;

Les radiotélégrammes avec collationnement ;

Les radiotélégrammes à remettre par exprès ou par poste ;

Les radiotélégrammes transmis à un navire par une station côtière ou par un autre navire en vue d'une réexpédition par la voie postale à effectuer à partir d'un port d'atterrissement du navire réceptionnaire ;

Les radiotélégrammes avec accusé de réception;
Les radiotélégrammes urgents;
Les avis de service taxés (art. 38).

B. — AMÉLIORATIONS DANS L'INTÉRÊT DES ADMINISTRATIONS

Voix attribuées aux colonies, possessions et protectorats. —
Parmi les modifications intéressant plus particulièrement les
Administrations, il convient de citer celle relative au nombre de
voix dont dispose chaque pays dans les délibérations des Conférences.

Aux termes de l'article 12 de la Convention de Berlin, les
pays adhérents disposent chacun d'une seule voix, mais conformément à l'article premier du protocole final, un certain nombre
d'entre eux : France, Allemagne, Belgique, Grande-Bretagne,
Japon, Pays-Bas, Portugal, avaient, dans les délais impartis par
l'acte susvisé (six mois au moins avant la date de réunion de la
Conférence de Londres), formulé des demandes de voix pour
leurs colonies, possessions ou protectorats.

Ces demandes devaient être soumises aux délibérations de la
Conférence.

En vue de remédier aux inconvénients résultant des discus-
sions qu'entraînait au début de chaque Conférence l'examen des
demandes de voix pour les possessions des États contractants, il
fut décidé qu'on indiquerait d'une façon précise, dans un article
de la Convention, comme cela a lieu dans les Congrès postaux,
les noms des colonies, possessions ou protectorats qui disposent
d'une voix dans les scrutins.

Cette liste comprend, à la suite des décisions de Londres,
34 colonies, possessions ou protectorats, 31 pays métropolitains.

Elle ne pourra pas être modifiée pendant tout le temps que la
Convention de Londres sera en vigueur.

La France, l'Allemagne, les États-Unis d'Amérique, la Grande-
Bretagne et la Russie possèdent chacune six voix : c'est le maximum permis par la Convention.

Relations entre stations fixes. — Une autre question, qui a été
également discutée au Congrès de Londres, a été celle de l'utilisation de la réglementation de stations radiotélégraphiques
affectées à la correspondance entre points fixes. Les délégués ont
estimé qu'il convenait de laisser à une Conférence ultérieure le
soin de poser les bases particulièrement délicates du fonctionnement de ces stations et la Conférence de Londres s'est bornée à
imposer à celles-ci (art. 21 de la Convention) l'obligation de ne pas
troubler le service d'autres stations et l'obligation de donner

suite aux appels de détresse qui pourraient leur parvenir. Elle a, ensuite, posé le principe que l'intercommunication ne pourra pas être refusée par ces stations à cause du système radiotélégraphique employé.

Taxes. — Au point de vue financier, une taxe de transit a été prévue pour les radiotélégrammes transitant par une ou deux stations côtières ou de bord intermédiaires.

On a voulu ainsi, par une juste rémunération du service rendu, en assurer l'exécution d'une manière plus certaine.

Modifications diverses. — Enfin, certaines modifications ont été apportées au Règlement de service en vue de simplifier les règles de la transmission, de la remise et de la comptabilité des radiotélégrammes.

*
* *

Il nous reste à dire quelques mots des progrès réalisés dans la voie de l'extension du nombre des pays adhérents à la Convention radiotélégraphique internationale et au Règlement de service y annexé.

La première Convention élaborée à la Conférence de Berlin en 1906 a été ratifiée par les 24 pays, sauf un, le Chili, qui avaient participé à ladite Conférence.

Deux grands États, les États-Unis et l'Italie, qui, par suite de diverses circonstances, n'avaient pu adhérer à la Convention de Berlin, ont ratifié au moment de l'ouverture de la Conférence de Londres.

A ce dernier Congrès, 43 États, colonies, possessions ou protectorats étaient représentés, et il n'est pas douteux que les actes qui ont été arrêtés ne soient également ratifiés par l'unanimité de ces pays.

Avant de se séparer, la Conférence de Londres a décidé que la prochaine Conférence aurait lieu à Washington en 1917.

*
* *

Nous joignons, Messieurs, au présent exposé, le texte de la Convention et de ses annexes qui ont été signées par les membres plénipotentiaires de la Conférence.

Nous avons l'espoir que vous voudrez bien approuver ces actes et nous autoriser à les appliquer.

En conséquence, nous avons l'honneur de vous présenter le projet de loi ci-après :

PROJET DE LOI

Le Président de la République française,

　　Décrète :

Le projet de loi dont la teneur suit sera présenté à la Chambre des députés par le ministre des affaires étrangères, par le ministre du commerce, de l'industrie, des postes et des télégraphes, par le ministre des colonies et par le ministre des finances, qui sont chargés d'en exposer les motifs et d'en soutenir la discussion :

ARTICLE UNIQUE. — Le Président de la République française est autorisé à ratifier, et, s'il y a lieu, à faire exécuter la Convention radiotélégraphique internationale et ses annexes, arrêtées à Londres le 5 juillet 1912, entre la France et l'Algérie, l'Allemagne et les protectorats allemands, les États-Unis d'Amérique et les possessions des États-Unis d'Amérique, la République Argentine, l'Autriche, la Hongrie, la Bosnie-Herzégovine, la Belgique, le Congo belge, le Brésil, la Bulgarie, le Chili, le Danemark, l'Égypte, l'Espagne et les colonies espagnoles, l'Afrique Occidentale française, l'Afrique Équatoriale française, l'Indo-Chine, Madagascar, la Tunisie, la Grande-Bretagne et diverses colonies et protectorats britanniques, l'Union de l'Afrique du Sud, la Fédération Australienne, le Canada, les Indes Britanniques, la Nouvelle-Zélande, la Grèce, l'Italie et les colonies italiennes, le Japon et Chosen, Formose, le Sakhalin japonais et le territoire loué de Kwantoung, le Maroc, Monaco, la Norvège, les Pays-Bas, les Indes Néerlandaises et la colonie de Curaçao, la Perse, le Portugal et les colonies portugaises, la Roumanie, la Russie et les possessions et protectorats russes, la République de Saint-Marin, le Siam, la Suède, la Turquie et l'Uruguay.

Une copie authentique de cette Convention et de ses annexes demeurera annexée à la présente loi.

Fait à Paris, le 17 mai 1913.

　　　　　　　　　　　　　　　　　Signé : R. POINCARÉ.

Par le Président de la République :

Le ministre des affaires étrangères,

　　Signé : S. PICHON.

　　　　　　　　　Le ministre du commerce, de l'industrie,
　　　　　　　　　　des postes et des télégraphes,
　　　　　　　　　　Signé : A. MASSÉ.

Le ministre des colonies,

　　Signé : Jean MOREL.

　　　　　　　　　　Le ministre des finances,
　　　　　　　　　　Signé : Charles DUMONT.

ANNEXE

I. — CONVENTION RADIOTÉLÉGRAPHIQUE INTERNATIONALE

Conclue entre l'Allemagne et les protectorats allemands, les États-Unis d'Amérique et les possessions des États-Unis d'Amérique, la République Argentine, l'Autriche, la Hongrie, la Bosnie-Herzégovine, la Belgique, le Congo belge, le Brésil, la Bulgarie, le Chili, le Danemark, l'Egypte, l'Espagne et les colonies espagnoles, la France et l'Algérie, l'Afrique occidentale française, l'Afrique équatoriale française, l'Indo-Chine, Madagascar, la Tunisie, la Grande-Bretagne et diverses colonies et protectorats britanniques, l'Union de l'Afrique du Sud, la Fédération Australienne, le Canada, les Indes Britanniques, la Nouvelle-Zélande, la Grèce, l'Italie et les colonies italiennes, le Japon et Chosen, Formose, le Sakhalin japonais et le territoire loué de Kwantoung, le Maroc, Monaco, la Norvège, les Pays-Bas, les Indes Néerlandaises et la colonie de Curaçao, la Perse, le Portugal et les colonies portugaises, la Roumanie, la Russie et les possessions et protectorats russes, la République de Saint-Marin, le Siam, la Suède, la Turquie et l'Uruguay.

Les soussignés, plénipotentiaires des Gouvernements des pays ci-dessus énumérés, s'étant réunis en Conférence à Londres, ont, d'un commun accord et sous réserve de ratification, arrêté la Convention suivante :

ARTICLE PREMIER. — Les Hautes Parties contractantes s'engagent à appliquer les dispositions de la présente Convention dans toutes les stations radiotélégraphiques (stations côtières et stations de bord) qui sont établies ou exploitées par les Parties contractantes et ouvertes au service de la correspondance publique entre la terre et les navires en mer.

Elles s'engagent, en outre, à imposer l'observation de ces dispositions aux exploitations privées autorisées, soit à établir ou à exploiter des stations côtières radiotélégraphiques ouvertes au service de la correspondance publique entre la terre et les navires en mer, soit à établir ou à exploiter des stations radiotélégraphiques ouvertes ou non au service de la correspondance publique à bord des navires qui portent leur pavillon.

ART. 2. — Est appelée station côtière toute station radiotélégraphique établie sur terre ferme ou à bord d'un navire ancré à demeure et utilisée pour l'échange de la correspondance avec les navires en mer.

Toute station radiotélégraphique établie sur un navire autre qu'un bateau fixe est appelée station de bord.

ART. 3. — Les stations côtières et les stations de bord sont tenues d'échanger réciproquement les radiotélégrammes sans distinction du système radiotélégraphique adopté par ces stations.

Chaque station de bord est tenue d'échanger les radiotélégrammes avec toute autre station de bord sans distinction du système radiotélégraphique adopté par ces stations.

Toutefois, afin de ne pas entraver les progrès scientifiques, les dispositions du présent article n'empêchent pas l'emploi éventuel d'un système radiotélégraphique incapable de communiquer avec d'autres systèmes, pourvu que cette incapacité soit due à la nature spécifique de ce système et qu'elle ne soit pas l'effet de dispositifs adoptés uniquement en vue d'empêcher l'intercommunication.

ART. 4. — Nonobstant les dispositions de l'article 3, une station peut être affectée à un service de correspondance publique restreinte déterminé par le but de la correspondance ou par d'autres circonstances indépendantes du système employé.

ART. 5. — Chacune des Hautes Parties contractantes s'engage à faire relier les stations côtières au réseau télégraphique par des fils spéciaux ou, tout au moins, à prendre d'autres mesures assurant un échange rapide entre les stations côtières et le réseau télégraphique.

ART. 6. — Les Hautes Parties contractantes se donnent mutuellement connaissance des noms des stations côtières et des stations de bord visées à l'article premier, ainsi que de toutes les indications propres à faciliter et à accélérer les échanges radiotélégraphiques qui seront spécifiés dans le règlement.

ART. 7. — Chacune des Hautes Parties contractantes se réserve la faculté de prescrire ou d'admettre que dans les stations visées à l'article premier, indépendamment de l'installation dont les indications sont publiées conformément à l'article 6, d'autres dispositifs soient établis et exploités en vue d'une transmission radiotélégraphique spéciale sans que les détails de ces dispositifs soient publiés.

ART. 8. — L'exploitation des stations radiotélégraphiques est organisée, autant que possible, de manière à ne pas troubler le service d'autres stations de l'espèce.

ART. 9. — Les stations radiotélégraphiques sont obligées

d'accepter par priorité absolue les appels de détresse quelle qu'en soit la provenance, de répondre de même à ces appels et d'y donner la suite qu'ils comportent.

Art. 10. — La taxe d'un radiotélégramme comprend, selon le cas :

1° a) La « taxe côtière » qui appartient à la station côtière,
b) La « taxe de bord » qui appartient à la station de bord ;

2° La taxe pour la transmission sur les lignes télégraphiques, calculée d'après les règles ordinaires ;

3° Les taxes de transit des stations côtières ou de bord intermédiaires et les taxes afférentes aux services spéciaux demandés par l'expéditeur.

Le taux de la taxe côtière est soumis à l'approbation du Gouvernement dont dépend la station côtière; celui de la taxe de bord, à l'approbation du Gouvernement dont dépend le navire.

Art. 11. — Les dispositions de la présente Convention sont complétées par un Règlement qui a la même valeur et entre en vigueur en même temps que la Convention.

Les prescriptions de la présente Convention et du Règlement y relatif peuvent être à toute époque modifiées d'un commun accord par les Hautes Parties contractantes. Des Conférences de plénipotentiaires ayant le pouvoir de modifier la Convention et le Règlement auront lieu périodiquement; chaque Conférence fixera elle-même le lieu et l'époque de la réunion suivante.

Art. 12. — Ces Conférences sont composées de délégués des Gouvernements des pays contractants.

Dans les délibérations, chaque pays dispose d'une seule voix.

Si un Gouvernement adhère à la Convention pour ses colonies, possessions ou protectorats, les Conférences ultérieures peuvent décider que l'ensemble ou une partie de ces colonies, possessions ou protectorats, est considéré comme formant un pays pour l'application de l'alinéa précédent. Toutefois le nombre des voix dont dispose un Gouvernement, y compris ses colonies, possessions ou protectorats, ne peut dépasser six.

Sont considérés comme formant un seul pays pour l'application du présent article :

L'Afrique orientale allemande;

L'Afrique allemande du Sud-Ouest;

Le Cameroun;

Le Togo;

Les Protectorats allemands du Pacifique;

L'Alaska;

Hawaï et les autres possessions américaines de la Polynésie;
Les Iles Philippines;
Porto-Rico et les possessions américaines dans les Antilles;
La Zone du Canal de Panama;
Le Congo belge;
La Colonie espagnole du Golfe de Guinée;
L'Afrique occidentale française;
L'Afrique équatoriale française;
L'Indo-Chine;
Madagascar;
La Tunisie;
L'Union de l'Afrique du Sud;
La Fédération australienne;
Le Canada;
Les Indes britanniques;
La Nouvelle-Zélande;
L'Erythrée;
La Somalie italienne;
Chosen, Formose, le Sakhalin japonais et le territoire loué de Kwantoung;
Les Indes néerlandaises;
La Colonie de Curaçao;
L'Afrique occidentale portugaise;
L'Afrique orientale portugaise et les possessions portugaises asiatiques;
L'Asie centrale russe (littoral de la Mer Caspienne);
Boukhara;
Khiva;
La Sibérie occidentale (littoral de l'Océan Glacial);
La Sibérie orientale (littoral de l'Océan Pacifique).

Art. 13. — Le Bureau international de l'Union télégraphique est chargé de réunir, de coordonner et de publier les renseignements de toute nature relatifs à la radiotélégraphie, d'instruire les demandes de modification à la Convention et au Règlement, de faire promulguer les changements adoptés et, en général, de procéder à tous travaux administratifs dont il serait saisi dans l'intérêt de la radiotélégraphie internationale.

Les frais de cette institution sont supportés par tous les pays contractants.

Art. 14. — Chacune des Hautes Parties contractantes se réserve la faculté de fixer les conditions dans lesquelles elle admet les radiotélégrammes en provenance ou à destination d'une station, soit de bord, soit côtière, qui n'est pas soumise aux dispositions de la présente Convention.

Si un radiotélégramme est admis, les taxes ordinaires doivent lui être appliquées.

Il est donné cours à tout radiotélégramme provenant d'une station de bord et reçu par une station côtière d'un pays contractant.

Il est également donné cours à tout radiotélégramme à destination d'un navire, si l'Administration d'un pays contractant en a accepté le dépôt ou si l'Administration d'un pays contractant l'a accepté en transit d'un pays non contractant, sous réserve du droit de la station côtière de refuser la transmission à une station de bord relevant d'un pays non contractant.

Art. 15. — Les dispositions des articles 8 et 9 de cette Convention sont également applicables aux installations radiotélégraphiques autres que celles visées à l'article premier.

Art. 16. — Les Gouvernements qui n'ont point pris part à la présente Convention sont admis à y adhérer sur leur demande.

Cette adhésion est notifiée par la voie diplomatique à celui des Gouvernements contractants au sein duquel la dernière Conférence a été tenue et par celui-ci à tous les autres.

Elle emporte de plein droit accession à toutes les clauses de la présente Convention et admission à tous les avantages y stipulés.

L'adhésion à la Convention du Gouvernement d'un pays ayant des colonies, possessions ou protectorats ne comporte pas l'adhésion de ses colonies, possessions ou protectorats, à moins d'une déclaration à cet effet de la part de ce Gouvernement. L'ensemble de ces colonies, possessions et protectorats ou chacun d'eux séparément peut faire l'objet d'une adhésion distincte ou d'une dénonciation distincte dans les conditions prévues au présent article et à l'article 22.

Art. 17. — Les dispositions des articles 1, 2, 3, 5, 6, 7, 8, 11, 12 et 17 de la Convention télégraphique internationale de Saint-Pétersbourg du 10/22 juillet 1875 sont applicables à la radiotélégraphie internationale.

Art. 18. — En cas de dissentiment entre deux ou plusieurs Gouvernements contractants relativement à l'interprétation ou à l'exécution, soit de la présente Convention, soit du Règlement prévu par l'article 11, la question en litige peut, d'un commun accord, être soumise à un jugement arbitral. Dans ce cas, chacun des Gouvernements en cause en choisit un autre non intéressé dans la question.

La décision des arbitres est prise à la majorité absolue des voix.

En cas de partage des voix, les arbitres choisissent, pour

trancher le différend, un autre Gouvernement contractant également désintéressé dans le litige. A défaut d'une entente concernant ce choix, chaque arbitre propose un Gouvernement contractant désintéressé ; il est tiré au sort entre les Gouvernements proposés. Le tirage au sort appartient au Gouvernement sur le territoire duquel fonctionne le Bureau international prévu à l'article 13.

Art. 19. — Les Hautes Parties contractantes s'engagent à prendre ou à proposer à leurs législatures respectives les mesures nécessaires pour assurer l'exécution de la présente Convention.

Art. 20. — Les Hautes Parties contractantes se communiqueront les lois qui auraient déjà été rendues ou qui viendraient à l'être dans leur pays relativement à l'objet de la présente Convention.

Art. 21. — Les Hautes Parties contractantes conservent leur entière liberté relativement aux installations radiotélégraphiques non prévues à l'article premier et, notamment, aux installations navales et militaires ainsi qu'aux stations assurant des communications entre points fixes. Toutes ces installations et stations restent soumises uniquement aux obligations prévues aux articles 8 et 9 de la présente Convention.

Toutefois, lorsque ces installations et stations font un échange de correspondance publique maritime, elles se conforment, pour l'exécution de ce service, aux prescriptions du Règlement en ce qui concerne le mode de transmission et la comptabilité.

Si, d'autre part, des stations côtières assurent, en même temps que la correspondance publique avec les navires en mer, des communications entre points fixes, elles ne sont pas soumises, pour l'exécution de ce dernier service, aux dispositions de la Convention, sous réserve de l'observation des articles 8 et 9 de cette Convention.

Cependant les stations fixes qui font de la correspondance entre terre et terre ne doivent pas refuser l'échange de radiotélégrammes avec une autre station fixe à cause du système adopté par cette station ; toutefois la liberté de chaque pays reste entière en ce qui concerne l'organisation du service de la correspondance entre points fixes et la détermination des correspondances à faire par les stations affectées à ce service.

Art. 22. — La présente Convention sera mise à exécution à partir du 1er juillet 1913, et demeurera en vigueur pendant un temps indéterminé et jusqu'à l'expiration d'une année à partir du jour où la dénonciation en sera faite.

La dénonciation ne produit son effet qu'à l'égard du Gouverne-

3

ment au nom duquel elle a été faite. Pour les autres Parties contractantes, la Convention reste en vigueur.

ART. 23. — La présente Convention sera ratifiée et les ratifications en seront déposées à Londres dans le plus bref délai
possible.

Dans le cas où une ou plusieurs des Hautes Parties contractantes ne ratifieraient pas la Convention, celle-ci n'en sera pas
moins valable pour les parties qui l'auront ratifiée.

En foi de quoi, les plénipotentiaires respectifs ont signé la
Convention en un exemplaire qui restera déposé aux archives du
Gouvernement britannique et dont une copie sera remise à chaque
Partie.

Fait à Londres, le 5 juillet 1912.

Pour la France et l'Algérie,
A. FROUIN.

Pour l'Afrique occidentale française,
A. DUCHÊNE.

Pour l'Afrique équatoriale française,
A. DUCHÊNE.

Pour l'Indo-Chine,
A. DUCHÊNE.

Pour Madagascar,
A. DUCHÊNE,

Pour la Tunisie,
ET. DE FELCOURT.

II. — PROTOCOLE FINAL

Au moment de procéder à la signature de la Convention arrêtée
par la Conférence radiotélégraphique internationale de Londres,
les plénipotentiaires soussignés sont convenus de ce qui suit :

I. — La nature exacte de l'adhésion notifiée de la part de la
Bosnie-Herzégovine n'étant pas encore déterminée, il est reconnu
qu'une voix est attribuée à la Bosnie-Herzégovine, une décision
devant intervenir ultérieurement sur le point de savoir si cette
voix lui appartient en vertu du second paragraphe de l'article 12
de la Convention, ou si cette voix lui est accordée conformément aux dispositions du troisième paragraphe de cet article.

II. — Il est pris acte de la déclaration suivante :
La Délégation des Etats-Unis déclare que son Gouvernement se

trouve dans la nécessité de s'abstenir de toute action concernant les tarifs, parce que la transmission des radiotélégrammes ainsi que celle des télégrammes dans les Etats-Unis est exploitée, soit entièrement, soit en partie, par des compagnies commerciales ou particulières.

III. — Il est également pris acte de la déclaration suivante :
Le Gouvernement du Canada se réserve la faculté de fixer séparément, pour chacune de ses stations côtières, une taxe maritime totale pour les radiotélégrammes originaires de l'Amérique du Nord et destinés à un navire quelconque, la taxe côtière s'élevant aux trois cinquièmes et la taxe de bord aux deux cinquièmes de cette taxe totale.

En foi de quoi, les plénipotentiaires respectifs ont dressé le présent protocole final qui aura la même force et la même valeur que si ses dispositions étaient insérées dans le texte même de la Convention à laquelle il se rapporte, et ils l'ont signé en un exemplaire qui restera déposé aux archives du Gouvernement britannique et dont une copie sera remise à chaque Partie.

Fait à Londres, le 5 juillet 1912.

III. — Règlement de service

(Annexé à la Convention radiotélégraphique internationale.)

1. Organisation des stations radiotélégraphiques.

Article premier. — Le choix des appareils et des dispositifs radiotélégraphiques à employer par les stations côtières et les stations de bord est libre. L'installation de ces stations doit répondre, autant que possible, aux progrès scientifiques et techniques.

Art. 2. — Deux longueurs d'onde, l'une de 600 mètres et l'autre de 300 mètres, sont admises pour le service de la correspondance publique générale. Toute station côtière ouverte à ce service doit être équipée de façon à pouvoir utiliser ces deux longueurs d'onde, dont l'une est désignée comme la longueur d'onde normale de la station. Pendant toute la durée de son ouverture, chaque station côtière doit être en état de recevoir les appels faits au moyen de sa longueur d'onde normale. Toutefois, pour les correspondances visées au paragraphe 2 de l'article 35, il est fait usage d'une longueur d'onde de 1.800 mètres. En outre, chaque Gouvernement peut autoriser l'emploi, dans une station côtière, d'autres longueurs d'onde destinées à assurer un service de longue portée, ou un service autre que celui de la correspondance publique générale et établie conformément aux dispositions de la Convention, sous la réserve que ces longueurs d'onde ne dépassent pas 600 mètres ou qu'elles soient supérieures à 1.600 mètres.

En particulier, les stations utilisées exclusivement pour l'envoi de signaux destinés à déterminer la position des navires ne doivent pas employer des longueurs d'onde supérieures à 150 mètres.

Art. 3. — 1. Toute station de bord doit être équipée de façon à pouvoir se servir des longueurs d'onde de 600 mètres et de 300 mètres. La première est la longueur d'onde normale et ne peut être dépassée dans la transmission, hormis le cas de l'article 35 (paragraphe 2).

Il peut être fait usage d'autres longueurs d'onde, inférieures à 600 mètres, dans des cas spéciaux, et moyennant l'approbation des Administrations dont dépendent les stations côtières et les stations de bord intéressées.

2. Pendant toute la durée de son ouverture, chaque station de bord doit pouvoir recevoir les appels effectués au moyen de sa longueur d'onde normale.

3. Les navires de faible tonnage qui seraient dans l'impossibilité matérielle d'utiliser la longueur d'onde de 600 mètres pour la transmission peuvent être autorisés à employer exclusivement la longueur d'onde de 300 mètres; ils doivent être en mesure de recevoir au moyen de la longueur d'onde de 600 mètres.

Art. 4. — Les communications entre une station côtière et une station de bord, ou entre deux stations de bord, doivent être échangées de part et d'autre au moyen de la même longueur d'onde. Si, dans un cas particulier, la communication est difficile, les deux stations peuvent, d'un commun accord, passer de la longueur d'onde au moyen de laquelle elles correspondent à l'autre longueur d'onde réglementaire. Les deux stations reprennent leurs longueurs d'onde normales lorsque l'échange radiotélégraphique est terminé.

Art. 5. — 1. Le Bureau international dresse, publie et revise périodiquement une carte officielle mentionnant les stations côtières, leurs portées normales, les principales lignes de navigation et le temps employé normalement par les navires pour la traversée entre les divers ports d'atterrissage.

2. Il établit et publie une nomenclature des stations radiotélégraphiques visées à l'article premier de la Convention, ainsi que

des suppléments périodiques pour les additions et modifications. Cette nomenclature donne pour chaque station les renseignements suivants :

1° Pour les stations côtières : le nom, la nationalité et la position géographique indiquée par la subdivision territoriale et par la longitude et la latitude du lieu; pour les stations de bord : le nom et la nationalité du navire; le cas échéant, le nom et l'adresse de l'exploitant;

2° L'indicatif d'appel (les indicatifs doivent être différenciés les uns des autres, et chacun doit être formé d'un groupe de trois lettres);

3° La portée normale;

4° Le système radiotélégraphique avec les caractéristiques du système d'émission (étincelles musicales, tonalité exprimée par le nombre de vibrations doubles, etc.);

5° Les longueurs d'onde utilisées (la longueur d'onde normale est soulignée);

6° La nature des services effectués;

7° Les heures d'ouverture;

8° Le cas échéant, l'heure et le mode d'envoi des signaux horaires et des télégrammes météorologiques;

9° La taxe côtière ou de bord.

3. Sont compris également dans la nomenclature les renseignements relatifs aux stations radiotélégraphiques autres que celles visées à l'article premier de la Convention qui sont communiqués au Bureau international par l'Administration dont dépendent ces stations, pourvu qu'il s'agisse, soit d'Administrations adhérentes à la Convention, soit d'Administrations non adhérentes à la Convention, soit d'Administrations non adhérentes, mais ayant fait la déclaration prévue à l'article 48.

4. Les notations suivantes sont adoptées dans les documents à l'usage du service international pour désigner les stations radiotélégraphiques :

PG station ouverte à la correspondance publique générale;

PR station ouverte à la correspondance publique restreinte;

P station d'intérêt privé;

O station ouverte seulement à la correspondance officielle;

N station ayant un service permanent;

X station n'ayant pas de vacations déterminées.

5. Le nom d'une station de bord indiqué à la première colonne de la nomenclature doit être suivi, en cas d'homonymie, de l'indicatif d'appel de cette station.

ART. 6. — L'échange de signaux et de mots superflus est interdit aux stations visées à l'article premier de la Convention.

Des essais et des exercices ne sont tolérés dans ces stations qu'autant qu'ils ne troublent point le service d'autres stations.

Les exercices doivent être effectués avec des longueurs d'onde différentes de celles admises pour la correspondance publique et avec le minimum de puissance nécessaire.

ART. 7. — 1. Toutes les stations sont tenues d'échanger le trafic avec le minimum d'énergie nécessaire pour assurer une bonne communication.

2. Toute station côtière ou de bord doit satisfaire aux conditions suivantes :

a) Les ondes émises doivent être aussi pures et aussi peu amorties que possible.

En particulier, l'usage de dispositifs transmetteurs dans lesquels la production des ondes émises est obtenue en déchargeant directement l'antenne par étincelles (plain aerial) n'est pas autorisé, sauf dans les cas de détresse.

Il peut cependant être admis pour certaines stations spéciales (par exemple celles des petits bateaux) dans lesquelles la puissance primaire ne dépasse pas 50 watts.

b) Les appareils doivent être à même de transmettre et de recevoir à une vitesse au moins égale à 20 mots par minute, le mot étant compté à raison de 5 lettres.

Les installations nouvelles mettant en jeu une énergie de plus de 50 watts seront équipées de telle sorte qu'il soit possible d'obtenir facilement plusieurs portées inférieures à la portée normale, la plus faible étant de 15 milles nautiques environ. Les installations anciennes mettant en jeu une énergie de plus de 50 watts seront transformées, autant que possible, de manière à satisfaire aux prescriptions précédentes.

c) Les appareils récepteurs doivent permettre de recevoir, avec le maximum possible de protection contre les perturbations, les transmissions sur les longueurs d'onde prévues au présent Règlement, jusqu'à 600 mètres.

3. Les stations servant exclusivement à déterminer la position des navires (radiophares) ne doivent pas opérer dans un rayon supérieur à 30 milles nautiques.

ART. 8. — Indépendamment des conditions générales spécifiées à l'article 7, les stations de bord doivent également satisfaire aux conditions suivantes :

a) La puissance transmise à l'appareil radiotélégraphique, mesurée aux bornes de la génératrice de la station, ne doit pas, dans les circonstances normales, dépasser un kilowatt.

b) Sous réserve des prescriptions de l'article 35, paragraphe 2, une puissance supérieure à un kilowatt peut être employée, si le navire se trouve dans la nécessité de correspondre à une distance de plus de 200 milles nautiques de la station côtière la plus rapprochée, ou si, par suite de circonstances exceptionnelles, la communication ne peut être réalisée qu'au moyen d'une augmentation de puissance.

ART. 9. — 1. Aucune station de bord ne peut être établie ou exploitée par une entreprise privée sans une licence délivrée par le Gouvernement dont dépend le navire.

Les stations à bord des navires ayant leur port d'attache dans une colonie, possession ou protectorat peuvent être désignées comme dépendant de l'autorité de cette colonie, possession ou protectorat.

2. Toute station de bord titulaire d'une licence délivrée par l'un des Gouvernements contractants doit être considérée par les autres Gouvernements comme ayant une installation remplissant les conditions prévues par le présent Règlement.

Les autorités compétentes des pays où le navire fait escale peuvent exiger la production de la licence. A défaut de cette production, ces autorités peuvent s'assurer que les installations radiotélégraphiques du navire satisfont aux conditions imposées par le présent Règlement.

Lorsqu'une Administration reconnaît par la pratique qu'une station de bord ne remplit pas ces conditions, elle doit, dans tous les cas, adresser une réclamation à l'Administration du pays dont dépend le navire. Il est ensuite procédé, le cas échéant, comme le prescrit l'article 12, paragraphe 2.

ART. 10. — 1. Le service de la station de bord doit être assuré par un télégraphiste possesseur d'un certificat délivré par le Gouvernement dont dépend le navire, ou, en cas d'urgence et seulement pour une traversée, par un autre Gouvernement adhérent.

2. Il y a deux classes de certificats :

Celui de 1re classe constate la valeur professionnelle du télégraphiste en ce qui concerne :

a) Le réglage des appareils et la connaissance de leur fonctionnement ;

b) La transmission et la réception auditive à une vitesse qui ne doit pas être inférieure à 20 mots par minute ;

c) La connaissance des règlements applicables à l'échange des communications radiotélégraphiques ;

Le certificat de seconde classe peut être délivré à un télégraphiste n'atteignant qu'une vitesse de transmission et de réception de 12 à 19 mots par minute, tout en satisfaisant aux autres conditions susmentionnées. Les télégraphistes possesseurs d'un certificat de seconde classe peuvent être admis :

a) Sur les navires qui n'emploient la radiotélégraphie que pour leur service propre et pour la correspondance de l'équipage, en particulier sur les bateaux de pêche;

b) Sur tous les navires, à titre de suppléants, pourvu que ces navires aient à bord au moins un télégraphiste possesseur d'un certificat de première classe. Toutefois, sur les navires classés dans la première catégorie indiquée à l'article 13, le service doit être assuré par au moins deux télégraphistes possesseurs de certificats de première classe.

Dans les stations de bord, les transmissions ne pourront être faites que par un télégraphiste muni d'un certificat de première ou de seconde classe, exception faite des cas d'urgence où il serait impossible de se conformer à cette disposition.

3. En outre, le certificat constate que le Gouvernement a soumis le télégraphiste à l'obligation du secret des correspondances.

4. Le service radiotélégraphique de la station de bord est placé sous l'autorité supérieure du commandant du navire.

Art. 11. — Les navires dotés d'installations radiotélégraphiques et classés dans les deux premières catégories indiquées à l'article 13 sont tenus d'avoir des installations radiotélégraphiques de secours, dont tous les éléments sont placés dans des conditions de sécurité aussi grandes que possible et à déterminer par le Gouvernement qui délivre la licence. Ces installations de secours doivent disposer d'une source d'énergie qui leur soit propre, pouvoir être mises rapidement en marche, fonctionner pendant six heures au moins et avoir une portée minima de 80 milles nautiques pour les navires de première catégorie et de 50 milles pour ceux de la deuxième catégorie. Cette installation de secours n'est pas exigée pour les navires dont l'installation normale remplit les conditions du présent article.

Art. 12. — 1. Si une Administration a connaissance d'une infraction à la Convention ou au Règlement commise dans une des stations qu'elle a autorisées, elle constate les faits et fixe les responsabilités.

En ce qui concerne les stations de bord, si la responsabilité incombe au télégraphiste, l'Administration prend les mesures nécessaires et, le cas échéant, retire le certificat. S'il est constaté que l'infraction résulte de l'état des appareils ou d'instructions données au télégraphiste, il est procédé de même à l'égard de la licence accordée au navire.

2. Dans le cas d'infractions réitérées à la charge du même

navire, si les représentations faites à l'Administration dont dépend le navire par une autre Administration restent sans effet, celle-ci a la faculté, après en avoir donné avis, d'autoriser ses stations côtières à ne pas accepter les communications provenant du navire en cause. En cas de différend entre les deux Administrations, la question est soumise à un jugement arbitral à la demande de l'un des Gouvernements intéressés. La procédure est indiquée à l'article 18 de la Convention.

2. *Durée du service des stations.*

Art. 13. — a) Stations côtières :

1. Le service des stations côtières est, autant que possible, permanent, le jour et la nuit, sans interruptions.

Toutefois, certaines stations côtières peuvent avoir un service de durée limitée. Chaque Administration fixe les heures de service.

2. Les stations côtières dont le service n'est point permanent ne peuvent prendre clôture avant d'avoir transmis tous leurs radiotélégrammes aux navires qui se trouvent dans leur rayon d'action et avant d'avoir reçu de ces navires tous les radiotélégrammes annoncés. Cette disposition est également applicable lorsque des navires signalent leur présence avant la cessation effective du travail.

b) Stations de bord :

3. Les stations de bord sont classées en trois catégories :

1° Stations ayant un service permanent ;
2° Stations ayant un service de durée limitée ;
3° Stations n'ayant pas de vacations déterminées.

Pendant la navigation, doivent rester en permanence sur écoute : 1° les stations de la première catégorie ; 2° celles de la deuxième catégorie, durant les heures d'ouverture du service ; en dehors de ces heures, ces dernières stations doivent rester sur écoute les dix premières minutes de chaque heure. Les stations de la troisième catégorie ne sont astreintes à aucun service régulier d'écoute.

Il appartient aux Gouvernements qui délivrent les licences spécifiées par l'article 9 de fixer la catégorie dans laquelle est classé le navire au point de vue de ses obligations en matière d'écoute. Mention de cette classification est faite dans la licence.

3. *Rédaction et dépôt des radiotélégrammes.*

Art. 14. — 1. Les radiotélégrammes portent, comme premier mot du préambule, la mention de service « radio. »

2. Dans la transmission de radiotélégrammes originaires d'un navire en mer, la date et l'heure du dépôt à la station de bord sont indiquées dans le préambule.

3. A la réexpédition sur le réseau télégraphique, la station côtière inscrit, comme indication du bureau d'origine, le nom du navire d'origine tel qu'il figure à la nomenclature, et aussi, le cas échéant, celui du dernier navire qui a servi d'intermédiaire. Ces indications sont suivies du nom de la station côtière.

ART. 15. — 1. L'adresse des radiotélégrammes destinés aux navires doit être aussi complète que possible. Elle est obligatoirement libellée comme suit :

a) Nom ou qualité du destinataire, avec indication complémentaire, s'il y a lieu ;

b) Nom du navire, tel qu'il figure dans la première colonne de la nomenclature ;

c) Nom de la station côtière, tel qu'il figure à la nomenclature.

Toutefois, le nom du navire peut être remplacé, aux risques et périls de l'expéditeur, par l'indication du parcours effectué par ce navire et déterminé par les noms des ports d'origine et de destination ou par toute autre mention équivalente.

2. Dans l'adresse, le nom du navire, tel qu'il figure dans la première colonne de la nomenclature, est, dans tous les cas et indépendamment de sa longueur, compté pour un mot.

3. Les radiotélégrammes rédigés à l'aide du Code international de signaux sont transmis à destination sans être traduits.

4. Taxation.

ART. 16. — 1. La taxe côtière et la taxe de bord sont fixées suivant le tarif par mot pur et simple, sur la base d'une rémunération équitable du travail radiotélégraphique, avec application facultative d'un minimum de taxe par radiotélégramme.

La taxe côtière ne peut dépasser 60 centimes par mot, et celle de bord 40 centimes par mot. Toutefois, chacune des Administrations a la faculté d'autoriser des taxes côtières et de bord supérieures à ces maxima dans le cas de stations d'une portée dépassant 400 milles nautiques, ou de stations exceptionnellement onéreuses en raison des conditions matérielles de leur installation et de leur exploitation.

Le minimum facultatif de taxe par radiotélégramme ne peut être supérieur à la taxe côtière ou de bord d'un radiotélégramme de 10 mots.

2. En ce qui concerne les radiotélégrammes originaires ou à destination d'un pays et échangés directement avec les stations

côtières de ce pays, la taxe applicable à la transmission sur les lignes télégraphiques ne doit pas dépasser, en moyenne, celle du régime intérieur de ce pays.

Cette taxe est calculée par mot pur et simple, avec un minimum facultatif de perception ne dépassant pas la taxe afférente à dix mots. Elle est notifiée en francs par l'administration du pays dont relève la station côtière.

Pour les pays du régime européen, à l'exception de la Russie et de la Turquie, il n'y a qu'une taxe unique pour le territoire de chaque pays.

ART. 17. — 1. Lorsqu'un radiotélégramme originaire d'un navire et à destination de la terre ferme transite par une ou deux stations de bord, la taxe comprend, outre celles du bord d'origine, de la station côtière et des lignes télégraphiques, la taxe de bord de chacun des navires ayant participé à la transmission.

2. L'expéditeur d'un radiotélégramme originaire de la terre ferme et destiné à un navire peut demander que son message soit transmis par l'intermédiaire d'une ou de deux stations de bord ; il dépose à cet effet le montant des taxes radiotélégraphiques et télégraphiques, et en outre, à titre d'arrhes, une somme à fixer par le bureau d'origine en vue du payement, aux stations de bord intermédiaires, des taxes de transit fixées au paragraphe premier ; il doit encore verser, à son choix, la taxe d'un télégramme de 5 mots ou le prix d'affranchissement d'une lettre à expédier par la station côtière au bureau d'origine pour donner les renseignements nécessaires à la liquidation des arrhes déposées.

Le radiotélégramme est alors accepté aux risques et périls de l'expéditeur ; il porte avant l'adresse l'indication éventuelle taxée : « X retransmissions télégraphe » ou « X retransmissions lettre » (X représentant le nombre des retransmissions demandées par l'expéditeur), selon que l'expéditeur désire que les renseignements nécessaires à la liquidation des arrhes soient fournis par le télégraphe ou par lettre.

3. La taxe des radiotélégrammes ordinaires d'un navire, à destination d'un autre navire, et acheminés par l'intermédiaire d'une ou de deux stations côtières, comprend :

Les taxes de bord des deux navires, la taxe de la station côtière ou des deux stations côtières, selon le cas, et éventuellement la taxe télégraphique applicable au parcours entre les deux stations côtières.

4. La taxe des radiotélégrammes échangés entre les navires en dehors de l'intervention d'une station côtière comprend les

taxes de bord des navires d'origine et de destination augmentées des taxes de bord des stations intermédiaires.

5. Les taxes côtière et de bord dues aux stations de transit sont les mêmes que celles fixées pour ces stations lorsque ces dernières sont stations d'origine ou de destination. Dans tous les cas, elles ne sont perçues qu'une fois.

6. Pour toute station côtière intermédiaire, la taxe à percevoir pour le service de transit est la plus élevée des taxes côtières afférentes à l'échange direct avec les deux navires en cause.

ART. 18. — Le pays sur le territoire duquel est établie une station côtière servant d'intermédiaire pour l'échange de radio-télégrammes entre une station de bord et un autre pays est considéré, en ce qui concerne l'application des taxes télégraphiques, comme pays de provenance ou de destination de ces radiotélégrammes et non comme pays de transit.

5. Perception des taxes.

ART. 19. — 1. La taxe totale des radiotélégrammes est perçue sur l'expéditeur, à l'exception : 1° des frais d'exprès (art. 58, § 1er, du Règlement télégraphique); 2° des taxes applicables aux réunions ou altérations de mots non admises, constatées par le bureau ou la station de destination (art. 19, § 9, du Règlement télégraphique), ces taxes étant perçues sur le destinataire.

Les stations de bord doivent posséder à cet effet les tarifs utiles. Elles ont, toutefois, la faculté de se renseigner auprès des stations côtières au sujet de la taxation de radiotélégrammes pour lesquels elles ne possèdent pas toutes les données nécessaires.

2. Le compte des mots du bureau d'origine est décisif au sujet des radiotélégrammes à destination de navires et celui de la station de bord d'origine est décisif au sujet des radiotélégrammes originaires de navires, tant pour la transmission que pour les comptes internationaux. Toutefois, quand le radiotélégramme est rédigé totalement ou partiellement, soit dans une des langues du pays de destination, en cas de radiotélégrammes originaires de navires, soit dans une des langues du pays dont dépend le navire, s'il s'agit de radiotélégrammes à destination de navires, et que le radiotélégramme contient des réunions ou des altérations de mots contraires à l'usage de cette langue, le bureau ou la station de bord de destination, suivant le cas, a la faculté de recouvrer sur le destinataire le montant de la taxe non perçue. En cas de refus de payement, le radiotélégramme peut être arrêté.

6. *Transmission des radiotélégrammes.*

a) Signaux de transmission :

ART. 20. — Les signaux employés sont ceux du Code Morse international.

ART. 21. — Les navires en détresse font usage du signal suivant : ● ● ● ▬ ▬ ▬ ▬ ● ● ● répété à de courts intervalles, suivi des indications nécessaires.

Dès qu'une station perçoit le signal de détresse, elle doit suspendre toute correspondance et ne la reprendre qu'après avoir acquis la certitude que la communication motivée par l'appel de secours est terminée.

Les stations qui perçoivent un appel de détresse doivent se conformer aux indications données par le navire qui fait l'appel, en ce qui concerne l'ordre des communications ou leur cessation.

Dans le cas où à la fin de la série des appels de secours est ajouté l'indicatif d'appel d'une station déterminée, la réponse à l'appel n'appartient qu'à cette dernière station, à moins que celle-ci ne réponde pas. A défaut de l'indication d'une station déterminée dans l'appel de secours, chaque station qui perçoit cet appel est tenue d'y répondre.

ART. 22 — Pour donner ou demander des renseignements concernant le service radiotélégraphique, les stations doivent faire usage des signaux contenus dans la liste annexée au présent Règlement.

b) Ordre de transmission :

ART. 23. — Entre deux stations, les radiotélégrammes de même rang sont transmis isolément dans l'ordre alternatif ou par séries de plusieurs radiotélégrammes suivant l'indication de la station côtière, à la condition que la durée de la transmission de chaque série ne dépasse pas 15 minutes.

c) Appel des stations et transmission des radiotélégrammes :

ART. 24. — 1. En règle générale, c'est la station de bord qui appelle la station côtière, qu'elle ait ou non à transmettre des radiotélégrammes.

2. Dans les eaux où le trafic radiotélégraphique est intense (la Manche, etc.), l'appel d'un navire à une station côtière ne peut, en règle générale, s'effectuer que si cette dernière se trouve dans

la portée normale de la station de bord et lorsque celle-ci arrive à une distance inférieure à 75 pour cent de la portée normale de la station côtière.

3. Avant de procéder à un appel, la station côtière ou la station de bord doit régler le plus sensiblement possible son système récepteur et s'assurer qu'aucune autre communication ne s'effectue dans son rayon d'action; s'il en est autrement, elle attend la première suspension, à moins qu'elle ne reconnaisse que son appel n'est pas susceptible de troubler les communications en cours. Il en est de même dans le cas où elle veut répondre à un appel.

4. Pour l'appel, toute station fait emploi de l'onde normale de la station à appeler.

5. Si, malgré ces précautions, une transmission radiotélégraphique est entravée, l'appel doit cesser à la première demande d'une station côtière ouverte à la correspondance publique. Cette station doit alors indiquer la durée approximative de l'attente.

6. La station de bord doit faire connaître à chaque station côtière à laquelle elle a signalé sa présence le moment où elle se propose de cesser ses opérations, ainsi que la durée probable de l'interruption.

ART. 25. — 1. L'appel comporte le signal ▄▄▄ ▄ ▄▄▄ ▄ ▄▄▄ , l'indicatif de la station appelée, émis trois fois, et le mot « de » suivi de l'indicatif de la station expéditrice, émis trois fois.

2. La station appelée doit répondre en donnant le signal ▄▄▄ ▄ ▄▄▄ ▄ ▄▄▄ , suivi de l'indicatif, émis trois fois, de la station correspondante, du mot « de », de son propre indicatif et du signal ▄▄▄ ▄ ▄▄▄ .

3. Les stations qui désirent entrer en communication avec des navires, sans cependant connaître les noms de ceux qui se trouvent dans leur rayon d'action, peuvent employer le signal ▄▄▄ ▄ ▄▄▄ ▄   ▄▄▄ ▄▄▄ ▄ ▄▄▄ (signal de recherche). Les dispositions des paragraphes 1 et 2 sont également applicables à la transmission du signal de recherche et à la réponse à ce signal.

ART. 26. — Si une station appelée ne répond pas à la suite de l'appel (art. 25), émis trois fois à des intervalles de deux minutes, l'appel ne peut être repris qu'après un intervalle de quinze minutes, la station faisant l'appel s'étant d'abord assurée du fait qu'aucune communication radiotélégraphique n'est en cours.

ART. 27. — Toute station qui doit effectuer une transmission nécessitant l'emploi d'une grande puissance émet d'abord trois fois le signal d'avertissement ▬▬ ▬▬ ▬ ▬ ▬▬ ▬▬ , avec la puissance minima nécessaire pour atteindre les stations voisines. Elle ne commence ensuite à transmettre avec la grande puissance que 30 secondes après l'envoi du signal d'avertissement.

ART. 28. — 1. Aussitôt que la station côtière a répondu, la station de bord lui fournit les renseignements qui suivent si elle a des messages à lui transmettre; ces renseignements sont également donnés lorsque la station côtière en fait la demande :

a) La distance approximative, en milles nautiques, du navire à la station côtière ;

b) La position du navire indiquée sous une forme concise et adaptée aux circonstances respectives ;

c) Le prochain port auquel touchera le navire ;

d) Le nombre de radiotélégrammes, s'ils sont de longueur normale, ou le nombre de mots, si les messages ont une longueur exceptionnelle.

La vitesse du navire en milles nautiques est indiquée spécialement à la demande expresse de la station côtière.

2. La station côtière répond en indiquant, comme il est dit au paragraphe premier, soit le nombre de radiotélégrammes, soit le nombre de mots à transmettre au navire, ainsi que l'ordre de transmission.

3. Si la transmission ne peut avoir lieu immédiatement, la station côtière fait connaître à la station de bord la durée approximative de l'attente.

4. Si une station de bord appelée ne peut momentanément recevoir, elle informe la station appelante de la durée approximative de l'attente.

5. Dans les échanges entre deux stations de bord, il appartient à la station appelée de fixer l'ordre de transmission.

ART. 29. — Lorsqu'une station côtière est saisie d'appels provenant de plusieurs stations de bord, elle décide de l'ordre dans lequel ces stations seront admises à échanger leur correspondance.

Pour régler cet ordre, la station côtière s'inspire uniquement de la nécessité de permettre à toute station intéressée d'échanger le plus grand nombre possible de radiotélégrammes.

ART. 30. — Avant de commencer l'échange de la correspondance, la station côtière fait connaître à la station de bord si la transmission doit s'effectuer dans l'ordre alternatif ou par séries (art. 23) ; elle commence ensuite la transmission ou fait suivre ces indications du signal ▬▬ ▬ ▬▬ .

ART. 31. — La transmission d'un radiotélégramme est précédée du signal ▬■▬■▬ et terminée par le signal ■▬■▬■ suivi de l'indicatif de la station expéditrice et du signal ▬■▬■.

Dans le cas d'une série de radiotélégrammes, l'indicatif de la station expéditrice et le signal ▬■▬■ ne sont donnés qu'à la fin de la série.

ART. 32. — Lorsque le radiotélégramme à transmettre contient plus de 40 mots, la station expéditrice interrompt la transmission par le signal ■▬■▬■▬■■ après chaque série de 20 mots environ, et elle ne reprend la transmission qu'après avoir obtenu de la station correspondante la répétition du dernier mot bien reçu, suivi dudit signal, ou, si la réception est bonne, le signal ■▬■▬.

Dans le cas de transmission par séries, l'accusé de réception est donné après chaque radiotélégramme.

Les stations côtières occupées à transmettre de longs radiotélégrammes doivent suspendre la transmission à la fin de chaque période de 15 minutes, et rester silencieuses pendant une durée de 3 minutes avant de continuer la transmission.

Les stations côtières et de bord qui travaillent dans les conditions prévues à l'article 35, paragraphe 2, doivent suspendre le travail à la fin de chaque période de 15 minutes et faire l'écoute sur la longueur d'onde de 600 mètres pendant une durée de 3 minutes avant de continuer la transmission.

ART. 33. — 1. Lorsque les signaux deviennent douteux, il importe d'avoir recours à toutes les ressources possibles pour l'achèvement de la transmission. A cet effet, le radiotélégramme est transmis trois fois au plus, à la demande de la station réceptrice. Si, malgré cette triple transmission, les signaux sont toujours illisibles, le radiotélégramme est annulé.

Si l'accusé de réception n'est pas reçu, la station transmettrice appelle de nouveau la station correspondante. Lorsqu'aucune réponse n'est faite après trois appels, la transmission n'est pas poursuivie. Dans ce cas, la station transmettrice a la faculté d'obtenir l'accusé de réception par l'intermédiaire d'une autre station radiotélégraphique, en utilisant, le cas échéant, les lignes du réseau télégraphique.

2. Si la station réceptrice juge que, malgré une réception défectueuse, le radiotélégramme peut être remis, elle inscrit à la fin du préambule la mention de service : « réception douteuse » et donne cours au radiotélégramme. Dans ce cas, l'Administration dont relève la station côtière réclame les taxes, conformément à l'article 42 du présent Règlement. Toutefois, si la station de bord transmet ultérieurement le radiotélégramme

à une autre station côtière de la même Administration, celle-ci ne peut réclamer que les taxes afférentes à une seule transmission.

d) Accusé de réception et fin du travail :

ART. 34. — 1. L'accusé de réception se donne dans la forme prescrite par le Règlement télégraphique international ; il est précédé de l'indicatif de la station transmettrice et suivi de l'indicatif de la station réceptrice.

2. La fin du travail entre deux stations est indiquée par chacune d'elles au moyen du signal ▪▪▪■■■■ suivi de son propre indicatif.

e) Direction à donner aux radiotélégrammes :

ART. 35. — 1. En principe, la station de bord transmet ses radiotélégrammes à la station côtière la plus rapprochée.

Cependant, si la station de bord peut choisir entre plusieurs stations côtières se trouvant à distances égales ou à peu près égales, elle donne la préférence à celle qui est établie sur le territoire du pays de destination ou de transit normal de ses radiotélégrammes.

2. Toutefois un expéditeur à bord d'un navire a le droit d'indiquer la station côtière par laquelle il désire que son radiotélégramme soit expédié. La station de bord attend alors jusqu'à ce que cette station côtière soit la plus rapprochée.

Exceptionnellement, la transmission peut s'effectuer à une station côtière plus éloignée, pourvu que :

a) Le radiotélégramme soit destiné au pays où est située cette station côtière et émane d'un navire dépendant de ce pays ;

b) Pour les appels et la transmission, les deux stations utilisent une longueur d'onde de 1.800 mètres ;

c) La transmission par cette longueur d'onde ne trouble pas une transmission effectuée, au moyen de la même longueur d'onde, par une station côtière plus rapprochée ;

d) La station de bord se trouve à une distance de plus de 50 milles nautiques de toute station côtière indiquée dans la nomenclature. La distance de 50 milles peut être réduite à 25 milles sous la réserve que la puissance maxima aux bornes de la génératrice n'excède pas 5 kilowatts et que les stations de bord soient établies en conformité des articles 7 et 8. Cette réduction de distance n'est pas applicable dans les mers, baies ou golfes dont les rives appartiennent à un seul pays et dont l'ouverture sur la haute mer a moins de 100 milles.

4

7. Remise des radiotélégrammes à destination.

ART. 36. — Lorsque, pour une cause quelconque, un radiotélégramme provenant d'un navire en mer et destiné à la terre ferme ne peut être remis au destinataire, il est émis un avis de non-remise. Cet avis est transmis à la station côtière qui a reçu le radiotélégramme primitif. Cette dernière, après vérification de l'adresse, réexpédie l'avis au navire, s'il est possible, au besoin par l'intermédiaire d'une autre station côtière du même pays ou d'un pays voisin.

Lorsqu'un radiotélégramme parvenu à une station de bord ne peut être remis, cette station en fait part au bureau ou à la station de bord d'origine par avis de service. Dans le cas des radiotélégrammes émanant de la terre ferme, cet avis est transmis, autant que possible, à la station côtière par laquelle a transité le radiotélégramme, ou, le cas échéant, à une autre station côtière du même pays ou d'un pays voisin.

ART. 37. — Si le navire auquel est destiné un radiotélégramme n'a pas signalé sa présence à la station côtière dans le délai indiqué par l'expéditeur ou, à défaut d'une telle indication, jusqu'au matin du huitième jour suivant, cette station côtière en donne avis au bureau d'origine, qui en informe l'expéditeur.

Celui-ci a la faculté de demander par avis de service taxé, télégraphique ou postal, adressé à la station côtière, que son radiotélégramme soit retenu pendant une nouvelle période de 9 jours pour être transmis au navire et ainsi de suite. A défaut d'une telle demande, le radiotélégramme est mis au rebut à la fin du neuvième jour (jour de dépôt non compris).

Cependant, si la station côtière a la certitude que le navire est sorti de son rayon d'action avant qu'elle ait pu lui transmettre le radiotélégramme, elle en informe immédiatement le bureau d'origine, qui avise sans retard l'expéditeur de l'annulation du message. Toutefois, l'expéditeur peut, par avis de service taxé, demander à la station côtière de transmettre le radiotélégramme au plus prochain passage du navire.

8. Radiotélégrammes spéciaux.

ART. 38. — Sont seuls admis :

1° Les radiotélégrammes avec réponse payée. Ces radiotélégrammes portent, avant l'adresse, l'indication « Réponse payée » ou « RP » complétée par la mention du montant payé d'avance pour la réponse, soit : « Réponse payée Fr. x » : RP Fr. x. »

Le bon de réponse émis à bord d'un navire donne la faculté d'expédier, dans la limite de sa valeur, un radiotélégramme à une destination quelconque à partir de la station de bord qui a émis ce bon ;

2° *Les radiotélégrammes avec collationnement;*

3° *Les radiotélégrammes à remettre par exprès.* Mais seulement dans le cas où le montant des frais d'exprès est perçu sur le destinataire. Les pays qui ne peuvent adopter ces radiotélégrammes doivent en faire la déclaration au Bureau international. Les radiotélégrammes à remettre par exprès avec frais perçus sur l'expéditeur peuvent être admis lorsqu'ils sont destinés au pays sur le territoire duquel se trouve la station côtière correspondante ;

4° *Les radiotélégrammes à remettre par poste;*

5° *Les radiotélégrammes multiples;*

6° *Les radiotélégrammes avec accusé de réception.* Mais seulement en ce qui concerne la notification de la date et de l'heure auxquelles la station côtière a transmis à la station de bord le radiotélégramme adressé à cette dernière;

7° *Les avis de service taxés.* Sauf ceux qui demandent une répétition ou un renseignement. Toutefois, tous les avis de service taxés sont admis sur le parcours des lignes télégraphiques;

8° *Les radiotélégrammes urgents.* Mais seulement sur le parcours des lignes télégraphiques et sous réserve de l'application du Règlement télégraphique international.

Art. 39. — Les radiotélégrammes peuvent être transmis par une station côtière à un navire, ou par un navire à un autre navire, en vue d'une réexpédition par la voie postale à effectuer à partir d'un port d'atterrissage du navire réceptionnaire.

Ces radiotélégrammes ne comportent aucune transmission radiotélégraphique.

L'adresse de ces radiotélégrammes doit être libellée ainsi qu'il suit :

1° Indication taxée « poste » suivie du nom du port où le radiotélégramme doit être remis à la poste;

2° Nom et adresse complète du destinataire;

3° Nom de la station de bord qui doit effectuer le dépôt à la poste;

4° Le cas échéant, nom de la station côtière.

Exemple : Poste Buenosaires Martinez 14 Calle Prat Valparaiso Avon Lizard.

La taxe comprend, outre les taxes radiotélégraphiques et télégraphiques, une somme de 25 centimes pour l'affranchissement postal du radiotélégramme.

9. *Archives.*

ART. 40. — Les originaux des radiotélégrammes, ainsi que les documents y relatifs retenus par les Administrations, sont conservés avec toutes les précautions nécessaires au point de vue du secret au moins pendant 15 mois, à compter du mois qui suit celui du dépôt des radiotélégrammes.

Ces originaux et documents sont, autant que possible, envoyés au moins une fois par mois, par les stations de bord, aux Administrations dont elles relèvent.

10. *Détaxes et remboursements.*

ART. 41. — 1. En ce qui concerne les détaxes et remboursements, il est fait application du Règlement télégraphique international, en tenant compte des restrictions indiquées aux articles 38 et 39 du présent Règlement, et sous les réserves suivantes :

Le temps employé à la transmission radiotélégraphique, ainsi que la durée du séjour du radiotélégramme dans la station côtière pour les radiotélégrammes à destination des navires, ou dans la station de bord pour les radiotélégrammes originaires des navires, ne comptent pas dans les délais concernant les détaxes et remboursements.

Si la station côtière fait connaître au bureau d'origine qu'un radiotélégramme ne peut être transmis au navire destinataire, l'Administration du pays d'origine provoque aussitôt le remboursement à l'expéditeur des taxes côtière et de bord relatives à ce radiotélégramme. Dans ce cas, les taxes remboursées n'entrent pas dans les comptes prévus par l'article 42, mais le radiotélégramme y est mentionné pour mémoire.

Le remboursement est supporté par les différentes Administrations et exploitations privées qui ont participé à l'acheminement du radiotélégramme, chacune d'elles abandonnant sa part de taxe. Toutefois, les radiotélégrammes auxquels sont applicables les articles 7 et 8 de la Convention de Saint-Pétersbourg restent soumis aux dispositions du Règlement télégraphique international, sauf lorsque l'acceptation de ces radiotélégrammes est le résultat d'une erreur de service.

2. Lorsque l'accusé de réception d'un radiotélégramme n'est pas parvenu à la station qui a transmis le message, la taxe n'est remboursée que lorsqu'il a été établi que le radiotélégramme donne lieu à remboursement.

11. *Comptabilité.*

ART. 42. — 1. Les taxes côtières et de bord n'entrent pas dans les comptes prévus par le Règlement télégraphique international.

Les comptes concernant ces taxes sont liquidés par les Administrations des pays intéressés. Ils sont établis par les Administrations dont dépendent les stations côtières et communiqués par elles aux Administrations intéressées. Dans le cas où l'exploitation des stations côtières est indépendante de l'Administration du pays, l'exploitant de ces stations peut être substitué, en ce qui concerne les comptes, à l'Administration de ce pays.

2. Pour la transmission sur les lignes télégraphiques, le radiotélégramme est traité, au point de vue des comptes, conformément au Règlement télégraphique.

3. Pour les radiotélégrammes originaires des navires, l'Administration dont dépend la station côtière débite l'Administration dont dépend la station de bord d'origine des taxes côtières et télégraphiques ordinaires, des taxes totales perçues pour les réponses payées, des taxes côtières et télégraphiques perçues pour le collationnement, des taxes afférentes à la remise par exprès (dans le cas prévu par l'article 38) ou par poste et de celles perçues pour les copies supplémentaires (TM). L'Administration dont dépend la station côtière crédite, le cas échéant, par la voie des comptes télégraphiques et par l'intermédiaire des Offices ayant participé à la transmission des radiotélégrammes, l'Administration dont dépend le bureau de destination, des taxes totales relatives aux réponses payées. En ce qui concerne les taxes télégraphiques et les taxes relatives à la remise par exprès ou par poste et aux copies supplémentaires, il est procédé conformément au Règlement télégraphique, la station côtière étant considérée comme bureau télégraphique d'origine.

Pour les radiotélégrammes à destination d'un pays situé au delà de celui auquel appartient la station côtière, les taxes télégraphiques à liquider conformément aux dispositions ci-dessus sont celles qui résultent, soit des tableaux « A » et « B » annexés au Règlement télégraphique international, soit d'arrangements spéciaux conclus entre les Administrations de pays limitrophes et publiés par ces Administrations, et non les taxes qui pourraient être perçues d'après les dispositions particulières des articles 23, paragraphe premier, et 27, paragraphe premier, du Règlement télégraphique.

Pour les radiotélégrammes et les avis de service taxés à destination des navires, l'Administration dont dépend le bureau d'origine est débitée directement par celle dont dépend la station côtière des taxes côtières et de bord. Toutefois, les taxes totales afférentes aux réponses payées sont créditées, s'il y a lieu, de pays à pays, par la voie des comptes télégraphiques, jusqu'à l'Administration dont dépend la station côtière. En ce qui concerne les taxes télégraphiques et les taxes relatives à la remise par poste et aux copies supplémentaires, il est procédé conformément au Règlement télégraphique. L'Administration dont dépend la station côtière crédite celle dont dépend le navire destinataire de la taxe de bord, s'il y a lieu des taxes revenant aux stations de bord intermédiaires, de la taxe totale perçue pour les réponses payées, de la taxe de bord relative au collationnement, ainsi que des taxes perçues pour l'établissement de copies supplémentaires et pour la remise par poste.

Les avis de service taxés et les réponses payées elles-mêmes sont traités dans les comptes radiotélégraphiques, sous tous les rapports, comme les autres radiotélégrammes.

Pour les radiotélégrammes acheminés au moyen d'une ou de deux stations de bord intermédiaires, chacune de celle-ci débite la station de bord d'origine, s'il s'agit d'un radiotélégramme provenant d'un navire, ou celle de destination, s'il s'agit d'un radiotélégramme destiné à un navire, de la taxe de bord lui revenant pour le transit.

4. En principe, la liquidation des comptes afférents aux échanges entre stations de bord se fait directement entre les compagnies exploitant ces stations, la station d'origine étant débitée par la station de destination.

5. Les comptes mensuels servant de base à la comptabilité spéciale des radiotélégrammes sont établis radiotélégramme par radiotélégramme avec toutes les indications utiles et dans un délai de six mois à partir du mois auquel ils se rapportent.

6. Les Gouvernements se réservent la faculté de prendre entre eux et avec des compagnies privées (entrepreneurs exploitant des stations radiotélégraphiques, compagnies de navigation, etc.) des arrangements spéciaux en vue de l'adoption d'autres dispositions concernant la comptabilité.

12. Bureau international.

ART. 43. — Les dépenses supplémentaires résultant du fonctionnement du Bureau international, en ce qui concerne la radiotélégraphie, ne doivent pas dépasser 80.000 francs par an, non compris les frais spéciaux auxquels donne lieu la réunion d'une Conférence internationale. Les Administrations des Etats contractants sont, pour la contribution aux frais, réparties en six classes ainsi qu'il suit :

1re classe : Union de l'Afrique du Sud; Allemagne; États-Unis d'Amérique; Alaska; Hawaï et les autres possessions américaines de la Polynésie; Iles Philippines; Porto-Rico et les possessions américaines dans les Antilles; zone du Canal de Panama; République Argentine; Australie; Autriche; Brésil; Canada; France; Grande-Bretagne; Hongrie; Indes Britanniques; Italie; Japon; Nouvelle-Zélande; Russie; Turquie.

2e classe : Espagne..

3e classe : Asie centrale russe (littoral de la mer Caspienne); Belgique; Chili; Chosen, Formose, Sakhalin japonais et le territoire loué de Kwantoung; Indes Néerlandaises; Norvège; Pays-Bas; Portugal; Roumanie; Sibérie occidentale (littoral de l'Océan Glacial); Sibérie orientale (littoral de l'Océan Pacifique); Suède.

4e classe : Afrique orientale allemande; Afrique allemande du Sud-Ouest; Cameroun; Togo; protectorats allemands du Pacifique; Danemark; Egypte; Indo-Chine; Mexique; Siam; Uruguay.

5e classe : Afrique occidentale française; Bosnie-Herzégovine; Bulgarie; Grèce; Madagascar; Tunisie.

6e classe : Afrique équatoriale française; Afrique occidentale portugaise; Afrique orientale portugaise et possessions asiatiques; Boukhara; Congo belge; colonie de Curaçao; colonie espagnole du Golfe de Guinée; Erythrée; Khiva; Maroc; Monaco; Perse; Saint-Marin; Somalie italienne.

ART. 44. — Les différentes Administrations font parvenir au Bureau international un tableau conforme au modèle ci-joint et contenant les indications énumérées dans ledit tableau pour les stations visées à l'article 5 du Règlement. Les modifications survenues et les suppléments sont communiqués par les Administrations au Bureau international du 1er au 10 de chaque mois. A l'aide de ces communications, le Bureau international dresse la nomenclature prévue par l'article 5. La nomenclature est distribuée aux Administrations intéressées. Elle peut également, avec les suppléments y relatifs, être vendue au public au prix de revient.

Le Bureau international veille à ce que l'adoption d'indicatifs identiques pour les stations radiotélégraphiques soit évitée.

13. *Transmissions météorologiques, horaires et autres.*

ART. 45. — 1. Les Administrations prennent les dispositions nécessaires pour faire parvenir à leurs stations côtières les télégrammes météorologiques contenant les indications intéressant la région de ces stations. Ces télégrammes, dont le texte ne doit pas dépasser 20 mots, sont transmis aux navires qui en font la demande. La taxe de ces télégrammes météorologiques est portée au compte des navires destinataires.

2. Les observations météorologiques, faites par certains navires désignés à cet effet par le pays dont ils dépendent, peuvent être transmises une fois par jour, comme avis de service taxés, aux stations côtières autorisées à les recevoir par les Administrations intéressées, qui désignent également les bureaux météorologiques auxquels ces observations sont adressées par les stations côtières.

3. Les signaux horaires et les télégrammes météorologiques sont transmis à la suite les uns des autres de manière que la durée totale de leur transmission n'excède pas dix minutes. En principe, pendant cet envoi, toutes les stations radiotélégraphiques dont la transmission peut troubler la réception de ces signaux et télégrammes font silence, de façon à permettre à toutes les stations qui le désirent de recevoir ces télégrammes et signaux. Exception est faite pour les cas de détresse et les télégrammes d'État.

4. Les Administrations facilitent la communication aux agences d'information maritimes qu'elles agréent des renseignements concernant les avaries et sinistres maritimes ou présentant un intérêt général pour la navigation dont les stations côtières peuvent régulièrement donner communication.

14. *Dispositions diverses.*

ART. 46. — Les transmissions échangées entre les stations de bord doivent s'effectuer de manière à ne pas troubler le service des stations côtières, celles-ci devant avoir, en règle générale, le droit de priorité pour la correspondance publique.

ART. 47. — Les stations côtières et les stations de bord sont tenues de participer à la retransmission des radiotélégrammes dans le cas où la communication ne peut s'établir directement entre les stations d'origine et de destination.

Le nombre des retransmissions est toutefois limité à deux.

En ce qui concerne les radiotélégrammes destinés à la terre ferme, il ne peut être fait usage des retransmissions que pour atteindre la station côtière la plus rapprochée.

La retransmission est dans tous les cas subordonnée à la condition que la station intermédiaire qui reçoit le radiotélégramme en transit soit en mesure de lui donner cours.

ART. 48. — Si le parcours d'un radiotélégramme s'effectue en partie sur des lignes télégraphiques ou par des stations radiotélégraphiques relevant d'un Gouvernement non contractant, il peut être donné cours à ce radiotélégramme, sous la réserve, tout au moins, que les Administrations dont dépendent ces lignes ou ces stations aient déclaré vouloir appliquer, le cas échéant, les dispositions de la Convention et du Règlement qui sont indispensables pour l'acheminement régulier des radiotélégrammes et que la comptabilité soit assurée.

Cette déclaration est faite au Bureau international et portée à la connaissance des offices de l'Union télégraphique.

ART. 49. — Les modifications du présent Règlement qui seraient rendues nécessaires par suite des décisions des Conférences télégraphiques ultérieures seront mises en vigueur à la date fixée pour l'application des dispositions arrêtées par chacune de ces dernières Conférences.

ART. 50. — Les dispositions du Règlement télégraphique international sont applicables, par analogie, à la correspondance radiotélégraphique en tant qu'elles ne sont pas contraires aux dispositions du présent Règlement.

Sont applicables, en particulier, à la correspondance radiotélégraphique les prescriptions de l'article 27, paragraphes 3 à 6, du Règlement télégraphique, relatives à la perception des taxes, celles des articles 36 et 41 relatives à l'indication de la voie à suivre, celles des articles 75, paragraphes 1, 78, paragraphes 2 à 4, et 79, paragraphes 2 et 4, relatives à l'établissement des comptes. Toutefois : 1° le délai de six mois prévu par le paragraphe 2 de l'article 79 du Règlement télégraphique pour la vérification des comptes est porté à neuf mois en ce qui concerne les radiotélégrammes ; 2° les dispositions de l'article 16, paragraphe 2, ne sont pas considérées comme autorisant la transmission gratuite, par les stations radiotélégraphiques, des télégrammes de service concernant exclusivement le service télégraphique non plus que la transmission en franchise, sur les lignes télégraphiques, des télégrammes de service exclusivement relatifs au service radiotélégraphique ; 3° les dispositions de l'article 79, paragraphes 3 et 5, ne sont pas applicables à la comptabilité radiotélégraphique. En vue de l'application des dispositions du Règlement télégraphique, les stations côtières sont considérées comme bureaux de transit, sauf quand le Règlement radiotélégraphique stipule expressément que ces stations doivent être considérées comme bureaux d'origine ou de destination.

Conformément à l'article 11 de la Convention de Londres, le présent Règlement entrera en vigueur le 1er juillet 1913.

En foi de quoi, les plénipotentiaires respectifs ont signé ce Règlement en un exemplaire qui restera déposé aux archives du Gouvernement britannique et dont une copie sera remise à chaque Partie.

Liste des abréviations à employer dans les transmissions radiotélégraphiques.

ABRÉVIATION	QUESTION	RÉPONSE OU AVIS
1	2	3
▬ ▬ ■ ■ ▬ ■ ■ ▬ ▬ (C Q)		Signal de recherche employé par une station qui désire entrer en correspondance.
▬ ■ ■ ▬ ■ (T R)		Signal annonçant l'envoi d'indications concernant une station de bord (art. 28).
▬ ■ ■ ■ ■ ▬ (?)		Signal indiquant qu'une station émettre avec une grande puissance.
P R B	Désirez-vous communiquer avec ma station à l'aide du Code international de signaux?	Je désire communiquer avec votre station à l'aide du Code international de signaux.
Q R A	Quel est le nom de votre station?	Ici la station....
Q R B	A quelle distance vous trouvez-vous de ma station?	La distance entre nos stations est de.... milles nautiques.
Q R C	Quel est votre vrai relèvement?	Mon vrai relèvement est de.... degrés.
Q R D	Où allez-vous?	Je vais à....
Q R F	D'où venez-vous?	Je viens de....
Q R G	A quelle compagnie ou ligne de navigation appartenez-vous?	J'appartiens à....
Q R H	Quelle est votre longueur d'onde?	Ma longueur d'onde est de.... mètres.
Q R J	Combien de mots avez-vous à transmettre?	J'ai.... mots à transmettre.
Q R K	Comment recevez-vous?	Je reçois bien.
Q R L	Recevez-vous mal? Dois-je transmettre 20 fois : ■ ■ ▬ ■ pour permettre le réglage de vos appareils?	Je reçois mal. Transmettez 20 fois : ■ ■ ▬ ■ pour que je puisse régler mes appareils.
Q R M	Êtes-vous troublé?	Je suis troublé.
Q R N	Les atmosphériques sont-elles très fortes?	Les atmosphériques sont très fortes.
Q R O	Dois-je augmenter l'énergie?	Augmentez l'énergie.
Q R P	Dois-je diminuer l'énergie?	Diminuez l'énergie.
Q R Q	Dois-je transmettre plus vite?	Transmettez plus vite.
Q R S	Dois-je transmettre plus lentement?	Transmettez plus lentement.
Q R T	Dois-je cesser la transmission?	Cessez la transmission.
Q R U	Avez-vous quelque chose pour moi?	Je n'ai rien pour vous.
Q R V	Êtes-vous prêt?	Je suis prêt, tout est en ordre.
Q R W	Êtes-vous occupé?	Je suis occupé avec une autre station [ou : avec...]. Prière de ne pas troubler.
Q R X	Dois-je attendre?	Attendez. Je vous appellerai à.... heures [ou : au besoin].
Q R Y	Quel est mon tour?	Votre tour est numéro....
Q R Z	Mes signaux sont-ils faibles?	Vos signaux sont faibles.
Q S A	Mes signaux sont-ils forts?	Vos signaux sont forts.
Q S B	Mon ton est-il mauvais?	Le ton est mauvais.
Q S C	Mon étincelle est-elle mauvaise?	L'étincelle est mauvaise.
Q S C	Les intervalles de transmission sont-ils mauvais?	Les intervalles de transmission sont mauvais.
Q S D	Comparons nos montres. J'ai.... heures; quelle heure avez-vous?	L'heure est....
Q S F	Les radiotélégrammes doivent-ils être transmis dans l'ordre alternatif ou par séries?	La transmission sera faite dans l'ordre alternatif.

ABRÉVIATION	QUESTION	RÉPONSE OU AVIS
1	2	3
Q S G	. . . .	La transmission sera faite par séries de 5 radiotélégrammes.
Q S H	. . . .	La transmission sera faite par séries de 10 radiotélégrammes.
Q S J	Quelle est la taxe à percevoir pour....?	La taxe à percevoir est de....
Q S K	Le dernier radiotélégramme est-il annulé?	Le dernier radiotélégramme est annulé.
Q S L	Avez-vous reçu quittance?	Prière donner quittance.
Q S M	Quelle est votre vraie route?	Ma vraie route est de.... degrés.
Q S N	Communiquez-vous avec terre ferme?	Je ne communique pas avec terre ferme.
Q S O	Etes-vous en communication avec une autre station [ou : avec....]?	Je suis en communication avec.... [par l'intermédiaire de....].
Q S P	Dois-je signaler à.... que vous l'appelez?	Informez.... que je l'appelle.
Q S Q	Suis-je appelé par....?	Vous êtes appelé par ...
Q S R	Expédierez-vous le radiotélégramme....?	J'expédierai le radiotélégramme....
Q S T	Avez-vous reçu un appel général?	Appel général à toutes stations.
Q S U	Prière m'appeler dès que vous aurez fini [ou : à.... heures]?	Je vous appellerai dès que j'aurai fini.
Q S V	Correspondance publique est-elle engagée?	Correspondance publique est engagée. Prière de ne pas la troubler.
Q S W	Dois-je augmenter ma fréquence d'étincelle?	Augmentez la fréquence d'étincelle.
Q S X	Dois-je diminuer ma fréquence d'étincelle?	Diminuez la fréquence d'étincelle.
Q S Y	Dois-je transmettre avec la longueur d'onde de.... mètres?	Passons à l'onde de.... mètres.

Lorsqu'une abréviation est suivie d'un point d'interrogation, elle s'applique à la question indiquée en regard de cette abréviation.

Exemples :

A Q R A ? = Quel est le nom de votre station?
B Q R A Campania = Ici la station de Campania.
A Q R G ? = A quelle compagnie ou ligne de navigation appartenez-vous?
B Q R G Cunard Q R Z = J'appartiens à la Cunard Line. Vos signaux sont faibles.

La station A augmente alors l'énergie de son transmetteur et lance :

A Q R K ? = Comment recevez-vous?
B Q R K = Je reçois bien.
 Q R B 80 = La distance entre nos stations est de 80 milles nautiques.
 Q R C 62 = Mon vrai relèvement est de 62 degrés, etc.

(Annexe à l'article 44 du Règlement.)

ADMINISTRATION DE.........

Etat signalétique des stations radiotélégraphiques.

a) *Stations côtières.*

Nom.	Nationalité.	Position géographique. E = longitude orientale. O = longitude occidentale. N = latitude septentrionale. S = latitude méridionale. Subdivisions territoriales.	Indicatif d'appel.	Portée normale en milles nautiques.	Système radiotélégraphique avec les caractéristiques du système émetteur.	Longueurs d'onde en mètres (la longueur d'onde normale est soulignée).

Nature des services effectués.	Heures d'ouverture (heure du fuseau).	TAXE CÔTIÈRE		OBSERVATIONS (éventuellement heure et mode d'envoi des signaux horaires et des télégrammes météorologiques).
		par mot, en francs.	minimum par radiotélégramme, en francs.	

b) *Stations de bord.*

Nom.	Nationalité.	Indicatif d'appel.	Portée normale en milles nautiques.	Système radiotélégraphique avec les caractéristiques du système émetteur.	Longueurs d'onde en mètres (la longueur d'onde normale est soulignée).

Nature des services effectués.	Heures d'ouverture.	TAXE DE BORD		OBSERVATIONS (éventuellement nom et adresse de l'exploitant).
		par mot, en francs.	minimum par radiotélégramme, en francs.	
		1° Navires de guerre.		
		2° Navires de commerce.		

B. — DOCUMENTS PARLEMENTAIRES (Chambre).

(Journal Officiel du 17 sept. 1913.)

ANNEXE N° 2904

(Session ord. — Séance du 23 juillet 1913.)

RAPPORT fait au nom de la Commission des postes et des télégraphes chargée d'examiner le projet de loi portant approbation de la *Convention radiotélégraphique internationale* et de ses annexes, arrêtées par la Conférence internationale de Londres, le 5 juillet 1912, par M. Bouctot, député[1].

Messieurs, dans ses dernières années, Jules Simon, attentif à tous les événements de la vie, les commentait au jour le jour; et, en un de ses « billets » quotidiens, tout empreint de souriante philosophie, il a donné, pour l'avenir, cette définition caractéristique du dix-neuvième siècle : « Il restera le siècle des savants. » S'il vivait encore, Jules Simon, à voir la façon dont le vingtième siècle s'est annoncé depuis son origine, ne manquerait pas de le qualifier « le siècle des réalisations scientifiques. »

La synthèse des phénomènes naturels a fourni aux générations qui nous ont immédiatement précédés de puissants moyens d'action, grâce auxquels les découvertes, à peine sorties du laboratoire, trouvèrent les plus larges applications. La machine à vapeur, par la division du travail et la concentration de l'effort, a provoqué cette évolution du vieux monde économique que l'électricité continue de nos jours. L'asservissement de l'énergie sous sa triple forme, chaleur, lumière, électricité, fut le point de départ d'un immense mouvement industriel.

Ainsi, cent années de méthode scientifique ont plus fait pour le progrès que deux mille ans d'empirisme. Et, à l'aube de ce siècle, le monde civilisé connaissait des moyens merveilleux de traction; il savait fixer sur le papier ou reproduire sur l'écran la forme et l'allure des objets monochromes ou polychromes, tant fixes que mobiles; enfin, chose admirable, il voyait la pensée humaine circuler à travers l'espace et se transmettre instantanément de ville à ville, de continent à continent.

C'est surtout dans cet ordre d'idées qu'inventeurs et techniciens opèrent des miracles.

L'émission et l'échange de signaux conventionnels ont existé dans tous les temps. Les armées de l'antiquité communiquaient par ce procédé; et l'on peut avoir dans les vedettes gauloises, pla-

1. Voir le n° 2797.

cées à la cime des arbres, la première indication du télégraphe
aérien que Chappe organisa définitivement; de même que les
signaux de feu de César furent l'ébauche du télégraphe optique,
dont nos soldats de l'Afrique du Nord tirent encore de si grands
avantages.

A ces procédés si imparfaits se substitua la télégraphie électrique. Inventée par Morse et Wheastone, elle se vit octroyer son
brevet officiel dans le rapport Arago de 1845. Trente ans plus tard,
Graham Bell utilisait les phénomènes d'induction pour reproduire
enfin la parole. Le vieil Hughes, inventeur du premier télégraphe
« imprimant, » construisait son microphone; et nous étions aussitôt dotés de la téléphonie, qui, en France, fut d'abord exploitée
par une société industrielle, et devint, après rachat, monopole
d'Etat en 1889.

Chemin faisant, les spécialistes de l'électricité se demandèrent
s'il ne serait pas possible de supprimer un jour le fil conducteur
du courant. Graham Bell et Summer Tainter, en 1878, puis Mer-
cadier, recherchèrent les lois de la radiophonie, étudiant les effets
des vibrations de la lumière. Ils constatèrent qu' « un faisceau
lumineux intermittent frappant une plaque très mince appliquée
contre l'oreille produit un son dont le nombre de vibrations en un
temps donné est égal à celui des intermittences du rayon lumineux pendant le même temps. »

Le docteur Hertz (mort à Bonn, âgé seulement de trente-sept
ans) fut amené à prouver que les vibrations de l'électricité dans
l'éther sont soumises aux mêmes règles que celles de la lumière
et du son dans une ambiance liquide ou gazeuse. La radiation
électrique se propage par ondes à raison de 300.000 kilomètres à
la seconde — c'est-à-dire à la vitesse de la lumière. Certains
savants la croient plus rapide encore, et l'un d'eux s'occupe
d'ailleurs à la mesurer d'une façon précise.

Le résonateur de Hertz, dont la fonction consiste à déceler
les ondes électriques, n'est pas un détecteur pratiquement utilisable. C'est au professeur Branly qu'on doit le premier « cohéreur
d'ondes, » ce fameux tube à limaille (1895) (I) perfectionné par

---

(I). NOTE DE L'AUTEUR. — La date de 1895 est erronée,
c'est en 1890 que Branly créa son *radioconducteur à
limaille* (Compte rendu de l'Académie des Sciences,
24 novembre 1890). Dans sa communication à l'Académie, Branly signalait déjà à cette date, le retour à la
résistance par le choc. Cette même année (1890) il se
servait déjà, pour ses expériences, d'une *antenne* (Compte
rendu de l'Académie des Sciences, 13 janvier 1891).

Popoff, puis par Marconi, et dont on a pu dire qu'il est un véritable « œil électrique ; » grâce à lui les trains de vibrations du poste d'émission sont perçus à distance sous forme de points et de traits, qui, selon l'alphabet Morse, composent des mots et des phrases. D'autres détecteurs ont été imaginés depuis.

Seulement, ce système exige, pour la production des ondes, des étincelles d'un bruit assourdissant. Le directeur de la station militaire de la Tour Eiffel, M. le commandant Ferrié, dont l'observation critique n'est jamais prise en défaut, avait dénoncé cet inconvénient dès 1904. Les ondes de provenances diverses se trouvent parfois si mélangées que leur réception devient extrêmement difficile. Divers ingénieurs, et en particulier un jeune inventeur français, M. Béthenod, ont entrepris d'y remédier, en cherchant à obtenir des trains d'ondes ininterrompues ; on est sur le point de réussir, et c'est, à bref délai, la suppression des étincelles.

Cependant que la Télégraphie sans fil se perfectionne de jour en jour, la Téléphonie sans fil n'avance que très lentement. La parole se compose d'une série de radiations connexes dont les périodes sont tellement rapides, qu'elles ne peuvent être transmises comme celles des traits et des points de la Télégraphie. Le danois Poulsen et la compagnie berlinoise Telefunken ont tenté de résoudre le problème ; l'ingénieur américain de Forest, en 1908, a de son côté fait des essais entre la Tour Eiffel et Villejuif ; il convient de signaler également les expériences des lieutenants de vaisseau Colin et Jeance. Les résultats ont été appréciables, mais on ne peut pas encore réellement compter sur ce nouveau mode de communication.

En résumé, l'emploi de la radiophonie dans les services publics ne saurait être envisagé, quant à présent, que sous la forme de Télégraphie sans fil. Dans une conférence à l'Ecole supérieure des postes, des télégraphes et des téléphones (décembre 1912), le commandant Ferrié a fait, en toute impartialité, le départ entre ses avantages et ses défauts : « Il paraît certain, a-t-il dit, que le réseau radiotélégraphique ne pourra pas concurrencer gravement le réseau des câbles sous-marins. Et il est juste de dire que, si la télégraphie sans fil est inférieure à la Télégraphie avec fil pour les communications ordinaires (à tel point que, si elle avait été inventée la première, on considérerait l'emploi du fil comme une immense amélioration) (1), elle permet néanmoins d'établir

---

(1). Note de l'auteur. — La Télégraphie avec fil date de 70 ans (1844) ; quand la radiotélégraphie aura été étudiée et perfectionnée pendant autant d'années, cette opinion ne sera plus permise ; dans cet ordre d'idées,

une liaison précieuse dans le cas où il n'est pas possible de poser un fil. »

Selon la même autorité, les inconvénients que présentait la Télégraphie sans fil, vers 1901, « n'ont été que très peu diminués jusqu'à maintenant. » Le bilan des perfectionnements techniques, depuis la période des tâtonnements du début, « est assez maigre. »

Quoi qu'il en soit, et en dépit de la délicatesse et de la complication des appareils, on ne saurait contester la possibilité de communications périodiques établies, sans conducteur intermédiaire, au-dessus des terres et des mers, même par les temps de pluie, de vent et de brouillard.

Sans doute, il reste à trouver la loi de la variation des portées, à mettre à l'abri des influences telluriques et des phénomènes d'induction les antennes progressivement abaissées; il faut encore parer à la confusion des communications simultanées à petites distances; mais ne devons-nous pas faire crédit à la science?... Elle ne manquera pas d'achever bientôt ce qu'elle a si heureusement commencé.

Pour le moment, parmi les divers systèmes entre lesquels les services de Télégraphie sans fil peuvent choisir, en existe-t-il un qui s'affirme nettement supérieur aux autres?

Nous avons, sur ce point, une indication aussi précise que récente. Elle nous est donnée par le comité que nomma à Londres, en janvier 1913, le postmaster général, dans le but de répondre à la question formulée plus haut.

Ce comité, où figurèrent les personnalités les plus compétentes du Royaume-Uni, déposa son rapport le 30 avril dernier après avoir consacré onze jours à entendre les représentants des compagnies Goldschmidt, Poulsen, Marconi, et à recueillir les opinions de plusieurs amiraux et de nombreux savants. Des expériences tout à fait sérieuses ont en outre été suivies.

Voici, résumés, les termes du rapport :

Les systèmes de Télégraphie sans fil peuvent se diviser en deux classes suivant le type du générateur à haute fréquence employé :

---

la diligence pourrait être également considérée comme un progrès sur l'automobile, en ce sens qu'elle permettait de mieux admirer les paysages. Au surplus, la réflexion dont il s'agit doit être considérée plutôt comme une spirituelle boutade, que retenue comme le jugement définitif du commandant Ferrié sur la T. S. F. On trouvera, du reste, au chapitre VI des *Annexes*, l'opinion complète du commandant Ferrié sur la T. S. F.

1° appareils où le courant est donné par des chargements produisant des groupes d'oscillations (en voie de perfectionnement);
2° appareils où le générateur produit des trains d'ondes continues.

De la première catégorie sont les systèmes Marconi et Telefunken.

Résultat des observations :

Marconi : communications pratiquement continues et manquant de rapidité, 60 mots seulement à la minute (expériences Clifden-Glace-Bay, 2.310 milles).

Telefunken : peu utilisable commercialement pour des distances supérieures à 2.000 milles bien qu'on ait pu communiquer occasionnellement la nuit sur 4.000 milles (expériences Nauen-Togo).

Systèmes de la seconde catégorie : Poulsen, Goldchsmidt, Galletti.

Résultats des observations :

Poulsen : puissance des antennes insuffisante, les récepteurs manquent de sensibilité (expériences San-Francisco-Honolulu, sur 2.100 milles).

Goldschmidt : installations incomplètes, organisation générale de premier ordre, résultats encore non décisifs (Hanovre).

Galletti : peu d'indications.

En résumé, les appareils Marconi semblent mériter jusqu'à présent les préférences du comité, qui insiste sur l'opportunité d'user d'antennes de hauteur moindre au-dessus du sol, et de récepteurs qui puissent s'adapter alternativement à ces enregistreurs télégraphiques, téléphoniques, phonographiques et même photographiques.

Les conclusions du rapport nous fournissent les indications suivantes :

Aucun appareil ne s'impose par une supériorité indiscutable. Il est possible et même probable que de prochains perfectionnements guideront le choix des pouvoirs publics, qui auront le devoir, dans l'intérêt général, de favoriser les expériences par de larges subventions.

Les stations pourront servir constamment à ces expériences, pour lesquelles il sera nécessaire d'avoir un personnel d'élite. L'ingénieur appelé à le diriger aura toutes facilités de combiner des dispositifs conjointement avec l'Administration.

Dût-il prévoir de gros dédits et d'onéreux achats de brevets, l'État se réservera, dans ses contrats avec les compagnies particulières, des clauses de résiliation lui permettant de profiter de toutes les découvertes qui comporteraient des avantages importants.

Voici maintenant ce qui a été fait et ce qui se prépare en vue de l'organisation des services publics radiotélégraphiques de France et des colonies françaises.

1° *France.*

La Télégraphie sans fil n'a été organisée qu'assez tardivement. Elle intéresse à la fois les ministères de la défense nationale et celui des postes. La guerre et la marine avaient déjà installé des stations quand l'Administration des postes, des télégraphes et des téléphones se décida à construire des postes ouverts au service de la correspondance générale. Invoquant le monopole télégraphique, elle s'attribua, par un décret du 7 février 1903, la prééminence pour l'établissement et l'exploitation des stations ouvertes au service de la correspondance officielle ou privée. Grâce à ce décret, l'Administration pouvait prendre sous sa direction les postes édifiés par la marine. Ce dernier département protesta, un premier décret intervint le 29 février 1904, mais sans que le ministère de la guerre eût été consulté. Celui-ci protesta à son tour. De son côté, la marine estima que les postes qu'elle avait cédés ne lui rendaient plus les mêmes services qu'antérieurement. Un accord fut sanctionné par un décret du 5 mars 1907, qui est encore en vigueur, mais sera sans doute modifié à bref délai.

Ce décret constitua une Commission interministérielle, dont la composition a été ultérieurement remaniée.

Actuellement cette Commission comprend :

Un président et un vice-président désignés par décret présidentiel et choisis en dehors des Administrations intéressées :

Trois représentants du ministère de la marine ;

Trois représentants du ministère de la guerre ;

Deux représentants du ministère des colonies ;

Deux représentants du ministère des affaires étrangères ;

Deux représentants du ministère du commerce et de l'industrie ;

Deux représentants du ministère de l'instruction publique et des beaux-arts ;

Un représentant du ministère de l'intérieur ;

Quatre représentants du ministère des travaux publics, des postes et des télégraphes, dont un pour l'Administration des travaux publics et trois pour l'Administration postale ;

Un secrétaire pris dans l'Administration des postes, des télégraphes et des téléphones et n'ayant pas voix délibérative.

Ses attributions, définies par l'article 5 du décret de 1907, sont les suivantes :

Examen, à titre consultatif, des emplacements et conditions techniques afférentes à toutes stations destinées à constituer le réseau radiotélégraphique français ;

Examen des réclamations d'ordre technique, relatives au fonctionnement des stations françaises, et formulées soit par des services de l'État, soit par des services privés, soit par des puissances étrangères ;

Institution d'expériences d'intérêt général.

La Commission, par les soins des Administrations intéressées, est tenue au courant des résultats obtenus à l'aide des divers types d'appareils ou de montage utilisés par les postes en fonctionnement.

Aux termes du décret de 1907, les stations de télégraphie sans fil de France, d'Algérie et de Tunisie sont divisées en cinq catégories :

1º Les stations côtières ou intérieures spéciales au service des postes ;

2º Les stations côtières spéciales au service de la marine de guerre établies, exploitées et entretenues par le ministère de la marine ;

3º Les stations spéciales aux communications militaires placées sous l'autorité du ministre de la guerre ;

4º Les stations spéciales au service des phares et balises relevant du ministère des travaux publics ;

5º Enfin, les stations privées établies en vertu d'autorisations temporaires accordées par l'Administration des postes, sur avis de la Commission interministérielle.

En cas de mobilisation, toutes les stations passent sous l'autorité des ministères de la guerre et de la marine.

En temps ordinaire, les stations côtières et les stations spéciales au service commercial sont ouvertes à la Télégraphie privée.

L'Administration des postes centralise toutes les affaires concernant la perception des taxes et les relations administratives avec les stations étrangères et le bureau de Berne. De plus, elle contrôle l'exécution des Règlements internationaux, en ce qui concerne les transmissions commerciales dans les postes fixes de la France, de l'Algérie et de la Tunisie, et dans les stations de bord du commerce.

Il n'est pas sans inconvénient que la direction du service de la Télégraphie sans fil soit partagée entre plusieurs Administrations. On ne se trouve pas ici en présence de lignes d'exploitation ayant chacune leur individualité parfaitement définie. Le conducteur commun des ondes envoyées par les diverses stations est l'éther ambiant et, jusqu'à présent, on n'a pas trouvé le moyen d'empêcher les troubles produits dans les échanges entre deux postes par des émissions différentes, volontaires ou non.

Il importe donc qu'une transaction intervienne. Le décret modificatif de celui de 1907, et que l'on prépare en ce moment, permettra peut-être de réaliser un accord.

Des 13 stations côtières citées par la Direction des postes, les 6 premières seules sont exploitées par elle, les 7 autres appartiennent à la marine.

La station de l'Administration des postes du Bouscat est loin encore d'assurer un service satisfaisant. Une station est en construction au Havre. Deux autres, l'une dans la région de Cherbourg, l'autre dans la région de Saint-Nazaire, compléteront notre réseau côtier.

2° Colonies.

La question de l'organisation de la Télégraphie sans fil dans les colonies fut soulevée au Congrès colonial de 1904 où elle donna lieu à un rapport de MM. Magne, Ferrié et Victor Dops.

Aujourd'hui, les postes établis par nos colonies sont déjà assez nombreux.

En Algérie, la marine projette, paraît-il, d'établir des postes à Ténès, Bougie et Bône.

Le réseau marocain comprend les postes non ouverts à la correspondance privée de Tanger, Rabat, Casablanca, Mogador, Fez et Taourirt. Ce dernier correspondant avec Oran.

L'Afrique occidentale française possède des postes à la baie du Lévrier (Port-Etienne), Rufisque, Dakar, Monrovia. D'autres sont en achèvement à Conakry, Rahou, Grand-Bassam. Ces différents postes doublent les câbles côtiers par une nouvelle ligne de communication continue.

En Afrique équatoriale fonctionne le poste de Loango. Il formera avec celui de Brazzaville les deux premières mailles d'une chaîne qui reliera le Chari au Gabon.

Sur la côte orientale d'Afrique, nous avons les deux postes de Dzaoudzi et de Majunga.

L'Indo-Chine exploite les trois stations de Cap Saint-Jacques, Hanoï, Kien-Su.

Mais, depuis longtemps déjà, les progrès de la Télégraphie sans fil ont permis d'envisager le jour où les colonies pourront être reliées à la métropole par un vaste réseau à larges mailles. L'Angleterre, les Etats-Unis nous ont devancé dans la préparation de projets analogues. En France, c'est seulement le 11 juillet 1912 que le programme d'établissement d'un réseau intercolonial a été soumis au Parlement. La Commission du budget en a été saisie, et l'honorable M. Dalimier a déjà déposé son rapport.

Organisation internationale.

C'est vers 1903 que l'Allemagne a pris l'initiative d'une entente internationale, mais les pourparlers n'aboutirent qu'en 1906.

M. Marconi avait fait connaître en 1895 les résultats de ses premières expériences. Ils indiquaient que la Télégraphie sans fil est un moyen de communication de plus, ne remplaçant pas les autres, d'où nécessité impérieuse de réglementer son emploi, surtout dans le domaine maritime.

D'abord il s'agissait, dans le cas où plusieurs stations doivent correspondre, de leur donner à toutes la même « longueur d'onde[1] » pour établir l'accord indispensable entre le nombre des vibrations des appareils émetteurs et récepteurs (antennes).

Il fallait ensuite éviter le trouble des communications urgentes à l'heure convenue.

Et surtout, il était nécessaire de trouver un *modus vivendi* pour tous les États, quel que fût le système adopté pour chacun d'eux.

La compagnie Marconi jouissait, en effet, d'un véritable monopole aux États-Unis et possédait en Europe, notamment sur les côtes anglaises, plusieurs stations bien outillées. De nombreux navires étaient pourvus d'appareils de son système. Or, les postes Marconi ne correspondaient qu'entre eux, et la compagnie Telefunken avait, dès 1903, protesté contre le refus opposé par les stations côtières Marconi à la proposition d'échange de radiotélégrammes commerciaux avec les transatlantiques allemands. La France, bien qu'à cette époque son service de Télégraphie sans fil fût à l'état embryonnaire, était favorable à la thèse de l'intercommunication soutenue par l'Allemagne. L'Angleterre ayant enfin accepté le principe d'une organisation internationale, une Conférence à laquelle prirent part toutes les grandes puissances eut lieu, à Berlin, en septembre-octobre 1906.

Dans cette Conférence furent examinées six questions administratives et trois questions techniques.

Questions administratives :

1° Suppression de tout monopole et obligation pour toute station ouverte au service international de transmettre ou recevoir un télégramme, quelle que soit la station destinataire ou expéditrice ;

2° Division de toutes les stations radiographiques en plusieurs catégories, à savoir :

Stations ouvertes au service international ;

Stations spéciales nécessaires aux besoins des États, qui se subdivisent elles-mêmes en stations civiles et en stations militaires, ces dernières échappant à tout contrôle international ;

3° Étude préliminaire du Règlement, fixant, en cas de guerre, les droits des neutres et des belligérants en matière de Télégraphie sans fil. Ce Règlement semble ne pouvoir être homologué définitivement que par le Tribunal de la Haye ;

4° Fixation des tarifs dans les diverses circonstances, et des parts attribuées à la station expéditrice et à la station destinataire ;

5° Élaboration des règles de service à observer pour l'échange des télégrammes ;

---

1. On appelle longueur d'onde l'espace parcouru par le mouvement vibratoire pendant l'accomplissement d'une vibration complète.

6° Création d'un Bureau international permanent et d'un Comité technique se réunissant périodiquement.

Questions techniques :

1° Fixation de la longueur d'onde des stations ouvertes à la correspondance internationale. Ces stations seront de deux espèces : stations à faible portée et stations à très grande portée. La longueur d'onde de ces dernières sera beaucoup plus grande que celles des premières;

2° Détermination des conditions à satisfaire pour les stations spéciales, créées pour les besoins particuliers des Etats, de manière à ne pas apporter d'entrave au service international;

3° Conditions techniques à remplir pour les appareils employés dans les stations ouvertes au service international.

La Conférence établit une Convention à laquelle sont joints un Engagement additionnel, un Protocole final et un Règlement, dont les points essentiels, en dehors du principe de l'intercommunication, se résument ainsi :

a) Les taxes côtières et de bord doivent être fixées sur la base de la rémunération équitable du travail télégraphique. Toutefois, la taxe côtière ne peut dépasser 60 centimes par mot, celle de bord 40 centimes par mot, sauf dans le cas d'échange avec des stations de portée supérieure à 800 kilomètres ou des postes dont l'installation et l'exploitation sont particulièrement onéreuses.

b) La perception de l'intégralité des taxes dues a toujours lieu sur l'expéditeur.

c) Deux longueurs d'onde — et deux seules — sont utilisées pour le service de la correspondance publique : l'une de 600 mètres, l'autre de 300 mètres.

d) Toutes les stations doivent accepter, par priorité absolue, les signaux de détresse.

e) Le Bureau international de l'Union télégraphique siégeant à Berne, servira, pour la radiotélégraphie ordinaire, d'organe centralisateur.

f) Les Gouvernements contractants ont la faculté de recourir à l'arbitrage pour régler tout différend survenant au sujet de l'interprétation ou de l'exécution de la Convention ou du Règlement du service.

g) Dans les Conférences ultérieures, un Gouvernement — y compris ses colonies — peut disposer de six voix.

Au cours des séances, il est apparu que l'Italie soutenait seule l'Angleterre, intransigeante dans sa fidélité à la firme Marconi, et que la France et le Japon adoptaient les vues de l'Allemagne.

Le 3 novembre 1906, la Convention radiotélégraphique internationale investissait le Bureau télégraphique international de Berne; et les navires des nations signataires eurent droit à l'échange des transmissions par Télégraphie sans fil avec toutes les stations des différents Etats, à dater du 1er juillet 1908.

La Convention radiotélégraphique fut approuvée en France par la loi du 15 mai 1910. Dans les premiers mois de 1911, le Gouvernement conclut avec la compagnie Marconi un accord assurant l'intercommunication entre les navires ou les stations côtières pourvues d'appareils de ce système et les stations employant d'autres appareils.

Convention de Londres.

Les résolutions de la Convention du 5 juillet 1912, dont l'approbation fait l'objet du présent rapport, sont la suite de celles de l'Acte de Berlin, dont l'article 11 spécifiait que des réunions périodiques auraient lieu pour l'examen et la modification possible des textes en vigueur, chaque Conférence fixant elle-même la date et le lieu de la réunion suivante. D'après cet article 11, qui n'a pas été modifié, le prochain Congrès aura lieu à Washington, en 1917.

L'article 12, limitant à six le nombre de voix dont peut disposer un Gouvernement avec l'appoint de ses possessions et colonies, a été conservé.

La Convention de Londres, signée le 6 juillet 1912, a reçu l'adhésion de 54 Etats.

Les pays contractants, en vertu de l'article premier, s'engagent à en appliquer les dispositions dans toutes les stations radiotélégraphiques ouvertes au service de la correspondance publique entre la terre et les navires en mer, et à imposer aux sociétés concessionnaires l'observation des dispositions prescrites.

La durée quotidienne du service est définie par l'article 13 du Règlement : 1° pour les stations côtières; 2° pour les stations de bord. Ces dernières sont classées en trois catégories, quant au service d'écoute : service permanent, service de durée limitée, vacations non déterminées. De cette façon, des stations de deuxième et troisième catégories seront créées, dont les appareils, plus maniables et moins coûteux que ceux de la première, pourront être confiés à des non-professionnels.

Les stations côtières et de bord sont définies par l'article 2.

L'article 3 contient une innovation importante : l'obligation de l'intercommunication entre stations de bord, qui, à Berlin, n'avait pas été admise par certains pays — l'Angleterre et l'Italie entre autres — et a été acceptée à Londres par tous les pays contractants.

La Télégraphie sans fil obligatoire.

Les États-Unis contraignent toutes les embarcations pouvant porter cinquante personnes, équipage compris, à être munies d'appareils radiotélégraphiques. Les délégués à Londres de cette nation demandèrent à toutes les puissances de prendre la même mesure. Les Australiens vinrent à la rescousse, et ils proposèrent même, pour chaque État, la création d'un fonds commun, à l'effet de subventionner les propriétaires de bateaux qui n'auraient pas les ressources nécessaires pour faire les frais d'une installation de Télégraphie sans fil; le sauvetage du *Republic* et celui d'un tiers des passagers du *Titanic* ont démontré la nécessité, pour tous les navires, de recevoir les radiotélégrammes. La Conférence n'a pu que formuler un vœu dans ce sens, et s'en rapporter à la bonne volonté de tous les pays représentés. Il ne faut pas se dissimuler, d'ailleurs, que l' « obligation » en pareille matière soulève bien des difficultés pratiques. Comme l'a écrit notre distingué collègue M. Guernier dans *le Parlement et l'Opinion* (n° 6, 28 février 1913) : « En se plaçant au simple point de vue humain, il semblerait légitime que, du moment que des vies humaines sont en perdition, le cri d'alarme puisse toujours être poussé et que, par conséquent, sur tout navire la Télégraphie sans fil devrait être imposée. Mais tout de suite, à côté du sentiment généreux, il faut tenir compte des charges qu'impose l'établissement de semblables appareils, de la place qu'ils réclament, de la compétence professionnelle que doit avoir celui qui s'en sert. »

A ce propos, il est bon de présenter les remarques suivantes :

a) La loi du 17 avril 1907 et le Règlement d'Administration publique du 21 septembre 1908, prévu par l'article 53 de ladite loi, ont indiqué minutieusement les clauses dictées, dans l'intérêt général, par les pouvoirs publics à l'armement.

La Télégraphie sans fil ne figure pas dans l'énumération limitative des engins de sauvetage prescrits aux bâtiments de mer. Aussi, M. Houbé, notre honorable collègue d'Alger, demande-t-il, dans sa proposition de loi n° 2520, déposée le 10 février 1913, une modification importante au texte de la loi du 17 avril 1907.

Déjà, les grandes compagnies subventionnées se sont vu imposer cette obligation dans leurs cahiers de charges. Les textes diffèrent un peu selon l'époque de préparation des contrats, parmi lesquels nous citerons ceux qui concernent les services suivants :

Extrême-Orient, Australie, Nouvelle-Calédonie, Côte orientale d'Afrique et Méditerranée orientale (art. 47 à 54 inclus);

Brésil et la Plata (art. 46 à 53 inclus);

Antilles (art. 57 à 65 inclus);

Le Havre à New-York (art. 46 à 54 inclus);

Elles sont d'ailleurs tenues d'avoir un service d'écoute permanent, de soumettre à l'approbation de l'Etat leurs tarifs, le choix de leur personnel, et de se fournir d'appareils fabriqués en France[1].

Seuls les cahiers des charges relatifs aux lignes de la Corse, de l'Algérie et de la Tunisie rédigés à une époque (1896) où la Télégraphie sans fil entrait à peine dans la phase d'expérimentation, ne contiennent aucune stipulation relative à la radiotélégraphie. Mais à la suite du naufrage du *Saint-Augustin* les compagnies concessionnaires se sont décidées à munir leurs paquebots de Télégraphie sans fil.

b) Le sous-secrétariat de la marine marchande et le ministère des postes et télégraphes sont d'accord pour répartir de la façon suivante entre les trois catégories prévues par l'article 13 de la Convention, les navires des compagnies subventionnées, astreintes à l'obligation de la Télégraphie sans fil.

Seront rangés dans la première catégorie :

Tous les navires à propulsion mécanique de plus de 1.000 tonneaux de jauge brute, ayant une vitesse moyenne en service de plus de 15 nœuds et aménagés pour avoir à bord ou ayant à bord au moins 200 personnes, s'il s'étend plus de 500 milles marins entre deux escales consécutives de leur parcours.

Seront rangés dans la deuxième catégorie :

Tous les navires à propulsion mécanique de plus de 1.000 tonneaux de jauge brute et aménagés pour avoir à bord ou ayant à bord au moins 50 personnes, s'il s'étend entre deux escales consécutives de leur parcours, une distance comprise entre 200 et 500 milles marins.

Pour les compagnies non subventionnées, une réglementation

---

[1]. A l'étranger plusieurs pays ont établi l' « obligation. »

En Autriche, les navires faisant le service des passagers au delà de Gibraltar et Aden sont astreints à l'installation de Télégraphie sans fil.

Aux Etats-Unis, depuis le 1er juillet 1911, les bâtiments transportant 50 personnes au moins sont pourvus d'appareils de Télégraphie sans fil permettant la transmission à une distance d'au moins 100 milles, de jour et de nuit. La compagnie qui installe les postes doit s'engager à échanger des messages avec les stations côtières et de bord pourvues d'autres systèmes radiotélégraphiques.

En Uruguay, tous les navires (décret du 8 janvier 1910) faisant le service des passagers entre les ports de l'Uruguay et l'étranger ont dû, à partir du 1er mai 1912, se munir d'installations de Télégraphie sans fil. Le service de station s'effectue conformément aux dispositions de la Convention de Berlin.

En Argentine, un projet de loi vient d'être voté par le Sénat (M. Guernier, le *Parlement et l'Opinion*, 1913, n° 6).

de cette question qui relève du département de la marine est actuellement à l'étude.

c) Une Commission interministérielle de « sécurité de la navigation maritime » a commencé des études en vue de la réglementation définitive qui doit être établie d'un commun accord entre toutes les puissances. Son but est la promulgation de mesures d'ensemble imposant l'emploi de la radiotélégraphie et à tous les navires de quelque importance, comme nous avons vu, d'autre part, les Etats-Unis le demander.

d) Les représentants du Congo belge à la Conférence de Londres ont proposé que les correspondances fussent rendues obligatoires entre les stations terrestres (ou stations fixes). Les congressistes ont estimé, à leur grand regret, qu'il était prématuré de se prononcer sur ce point.

Signal de détresse.

L'article 9 des Conventions de Berlin et de Londres, et l'article 21 du Règlement de Londres, ont prescrit l'adoption d'un signal uniforme SOS à l'exclusion du CQD (procès-verbaux de la troisième séance plénière, Londres 1912), sur la proposition des membres allemands du Congrès, appuyée par M. le président Babington Smith et M. Frouin, représentant de la France. Ces délégués, auxquels se sont joints ceux des Etats-Unis[1], furent d'avis qu'il serait utile, pour assurer les signaux de détresse, de

---

1. En ce sens, une feuille scientifique allemande (*Zeitschrift für Schwachstromtechnik*, décembre 1912) fait observer que « les Etats-Unis de l'Amérique du Nord et l'Italie sont les seules grandes puissances qui, récemment encore, ne possédaient pas de stations côtières officiellement chargées d'échanger des communications avec la flotte marchande. En Amérique, il existait bien un certain nombre de stations privées, mais celles-ci se bornaient exclusivement à chercher un bénéfice dans la transmission des dépêches du commerce aux entrants et sortants, et ne servaient que rarement d'intermédiaires à des nouvelles d'intérêt général, telles que l'annonce des tempêtes. En outre, la concurrence commerciale s'opposait à toute tentative de coopération, chaque société utilisait son propre système et avait toute liberté de transmettre et de recevoir des télégrammes suivant son bon plaisir. Ce manque d'entente se manifesta notamment au moment de la catastrophe du *Titanic*. Les quelques stations exploitées par l'Etat se bornaient strictement à la transmission des dépêches militaires et maritimes.

« C'est pour remédier aux inconvénients de cette situation que le Gouvernement des Etats-Unis de l'Amérique du Nord a fait, tout récemment, construire une station par le département de la marine, à Fort-Meyer (Virginie). »

décréter dans l'avenir la tenue obligatoire de registres de contrôle.

Longueur d'onde.

L'article 2 du Règlement de Berlin prévoyait deux longueurs d'onde : 300 et 600 mètres. La première était normale pour les stations de bord, d'après l'article 3, la seconde simplement permise à titre occasionnel. Quant aux navires de faible tonnage, ils étaient autorisés à employer des longueurs d'onde inférieures.

Le Règlement de Londres, dans son article 2, admet aussi 600 et 300 mètres. Mais l'article 3 déclare normale la longueur de 600 mètres, car l'expérience a démontré qu'avec 300 mètres on n'obtient une portée un peu grande qu'au prix de réelles difficultés.

Il sera désormais fait usage d'une longueur d'onde de 1.800 mètres pour les appels et transmissions nécessités par les correspondances visées au deuxième paragraphe de l'article 35, c'est-à-dire entre une station de bord et une station côtière indiquée par l'expéditeur.

Chaque Gouvernement peut autoriser l'emploi, dans une station côtière, d'autres longueurs d'ondes destinées à assurer les services à distance considérable ou tous ceux qui n'ont rien de commun avec la correspondance publique « établie conformément aux dispositions de la Convention ; » mais ces longueurs ne devront pas être comprises entre 600 et 1.600 mètres[1]. Cette disposition satisfait aux réclamations des puissances européennes, dont les postes ne pourraient, s'il en était autrement, recevoir de communications directes de leurs propres navires circulant dans l'Atlantique; exemple : un bateau hollandais voulant correspondre avec Scheveningue, ou des bâtiments austro-hongrois demandant Pola (Istrie).

De cette clause il résulte un avantage pour les pays de l'hinterland européen; mais la France et l'Angleterre y gagneront de voir désencombrés leurs grands postes de l'Atlantique.

Le paragraphe 3 de l'article 3, autorisant pour les petites embarcations la longueur d'onde de 300 mètres à l'exclusion de toute autre, est la reproduction textuelle du paragraphe 3 de l'article 3 du Règlement de Berlin.

1. Les mots « établi conformément aux dispositions de la Convention » s'appliquent aux services autres que celui de la correspondance publique générale, mais soumis cependant aux dispositions de la Convention, par exemple la correspondance limitée entre une station côtière et les paquebots d'une ligne de navigation déterminée.

Les longueurs d'onde comprises entre 600 et 1.600 mètres sont interdites, parce qu'elles sont réservées à des stations spéciales, par exemple les stations navales et militaires.

En outre, la seconde partie de l'article 2 du Règlement de Londres spécifie 150 mètres pour l'envoi des signaux destinés à déterminer la position des navires. Il s'agit des phares « hertziens » ou radiophares, utilisés à Ouessant et dans les ports de la côte atlantique française.

Taxes et trafics.

La Convention énonce trois ordres de taxes :

1° a) Taxe côtière, appartenant à la station côtière et soumise à l'approbation du Gouvernement dont dépend la station,

b) Taxe de bord appartenant à la station de bord et soumise à l'approbation du gouvernement dont dépend le navire ;

2° Taxe pour transmission télégraphique, calculée d'après les tarifs de chaque pays ;

3° Taxes de transit des stations côtières ou de bord intermédiaires et taxes afférentes aux services spéciaux demandés par l'expéditeur.

Dans l'article 16 du Règlement est indiqué le coût des radiotélégrammes.

Le minimum par dépêche est facultatif, mais ne doit jamais dépasser le prix total de dix mots. Chaque mot est payé au maximum 60 centimes à la station côtière et 40 centimes à la station de bord : l'abaissement des tarifs dépend des conditions du travail radiotélégraphique.

Dans le cas où la portée d'une station est supérieure à 400 milles nautiques, le tarif maximum par mot peut être dépassé.

Les stations de bord, dit l'article 19, doivent fournir tous les tarifs utiles à l'expéditeur auquel incombent les frais du radiotélégramme. Les frais accessoires (exprès, suppléments pour réunions ou altérations de mots non permises), sont à la charge du destinataire.

Les délégations des États-Unis et du Canada ont déclaré ne pouvoir s'engager à l'observation de ces tarifs (Protocole final, II et III) par suite de concessions à des compagnies fermières ; et rien, jusqu'à ce jour, n'est venu modifier cet état de choses.

Les stations côtières et de bord sont tenues (art. 47) à la retransmission des radiotélégrammes, si les lieux d'origine et de destination ne se trouvent pas reliés directement. Le nombre des retransmissions est limité à deux.

Il n'est peut-être pas inutile de jeter un regard en arrière, pour examiner par quelles variations ont passé les tarifs français de Télégraphie sans fil depuis leur origine.

Au moment où les premiers postes côtiers ont été ouverts à la correspondance privée, la taxe côtière a été fixée à 75 centimes par mot (décret du 23 septembre 1904).

Elle subsista jusqu'à la mise en vigueur des actes de la Conférence de Berlin. Un décret du 4 janvier 1910 la réduisit à 40 centimes, et fixa celle des stations de bord à la même somme. Le même décret abaissa la taxe côtière à 15 centimes pour les radiotélégrammes échangés par les stations côtières de la Méditerranée avec les navires effectuant un service régulier entre la France, d'une part, la Corse, l'Algérie et la Tunisie d'autre part. En outre, pour ces mêmes navires, la taxe de bord fut fixée à 10 centimes.

Un décret du 14 janvier 1911 abaissa à 5 centimes la taxe de bord des radiotélégrammes privés originaires ou à destination des navires de guerre.

Enfin, un décret du 5 décembre 1911 réduisit : 1° à 15 centimes la taxe côtière des stations de la Manche pour les correspondances échangées avec les navires faisant un service régulier entre la France et l'Angleterre, et 2° à 15 centimes la taxe de bord de ces mêmes navires.

Observations. — *a*) Le 5e *Bulletin mensuel des postes et des télégraphes* a publié pour la France les conditions dans lesquelles sont acceptés les radiotélégrammes originaires ou à destination des stations côtières ou de bord, et ne figurant pas à la nomenclature des stations radiotélégraphiques, c'est-à-dire non soumises aux dispositions de la Convention.

I. — *Radiotélégrammes originaires ou à destination de la France.*

1° Radiotélégrammes à destination d'une station de bord relevant d'un pays non contractant et transmis par une station côtière relevant d'un pays contractant :

Le bureau taxateur perçoit la taxe télégraphique ordinaire et la taxe côtière. Il introduit dans le préambule du radiotélégramme la mention de service non taxée : « Percevoir taxe de bord. »

2° Radiotélégramme à destination d'une station de bord relevant d'un pays adhérent ou d'un pays non adhérent, et transmis par une station côtière relevant d'un pays non contractant :

Le bureau taxateur ne perçoit que la taxe télégraphique ordinaire afférente au parcours compris entre le bureau d'origine et la première station côtière.

Il introduit dans le préambule la mention de service non taxée : « Taxes maritimes non perçues. »

3° Radiotélégramme originaire d'une station de bord relevant d'un pays contractant et transmis à une station côtière française :

Le radiotélégramme est accepté et acheminé dans les mêmes conditions qu'un radiotélégramme originaire d'une station de bord notifiée. Il est porté dans les comptes des radiotélégrammes échangés avec le pays auquel appartient le navire transmetteur.

4° Radiotélégramme originaire d'une station de bord relevant d'un pays non adhérent et transmis à une station côtière française :

Il y a lieu, dans ce cas, de percevoir sur le destinataire la taxe côtière et la taxe télégraphique ordinaire. Dans ce but, la station côtière inscrit avant l'adresse la mention de service non taxée : « Pev..... fr..... » (montant des deux taxes susvisées).

II. — *Radiotélégrammes originaires ou à destination de l'étranger et transitant par une station côtière française.*

1° Radiotélégramme à destination d'une station de bord relevant d'un pays contractant ou non contractant :

La taxe côtière seule est portée au débit de l'office d'origine du radiotélégramme.

2° Radiotélégramme originaire d'une station de bord relevant d'un pays contractant :

La taxe côtière et la taxe télégraphique sont portées par la station côtière au compte de l'office dont relève le navire.

3° Radiotélégramme originaire d'une station de bord relevant d'un pays non contractant :

Les radiotélégrammes de l'espèce sont acceptés ; mais la taxe côtière et la taxe télégraphique ordinaire sont perçues sur le destinataire. A cet effet, la station côtière inscrit en préambule la mention du service : « Pev..... fr..... » (montant des deux taxes susvisées).

b) Pour l'Angleterre, les renseignements nous sont fournis par un extrait des *Annales des postes, des télégraphes et des téléphones* (4 septembre 1912) :

« Depuis le 1er mai dernier, le public peut déposer dans tous les bureaux télégraphiques du Royaume-Uni des télégrammes adressés au Canada et aux Etats-Unis et destinés à être transmis par la Télégraphie sans fil. La taxe des télégrammes à destination de New-York et de Montréal est de 80 centimes, alors que celle des câblogrammes est de 1 fr. 20 par mot. Une réduction semblable est admise dans la taxe des télégrammes destinés aux autres villes de l'Amérique. La taxe des télégrammes différés en langage clair pour New-York est de 40 centimes par mot, celle des câblogrammes étant de 60 centimes ; des réductions correspondantes sont également admises dans la taxe des télégrammes différés, à destination d'autres villes de l'Amérique. »

D'autre part, le rapport annuel du Postmaster General (*The Electrician*, 13 décembre 1912) donne des détails intéressants sur le développement du trafic britannique :

En ce qui concerne la Télégraphie sans fil, il y a lieu de signaler une importante augmentation de trafic, qui dépasse de 8 p. 100

celle de l'année dernière. Cette augmentation provient surtout des messages originaires et à destination des navires, et est due pour une part au nombre plus grand de navires munis d'installation de Télégraphie sans fil, et, pour une autre part, à une réduction de tarifs pour les navires qui effectuent de faibles parcours. Pratiquement, toutes les stations de Télégraphie sans fil du pays sont entre les mains du Post-Office; les seules stations commerciales privées qui existent encore sont les stations à longues distances de la compagnie Marconi à Clifden et à Poldhu.

Il faut noter que 153 autorisations ont été accordées pendant l'année. Bien qu'un grand nombre de ces autorisations s'appliquent probablement à des postes dont les concessionnaires ne font qu'écouter avec curiosité les messages transmis par ailleurs, il n'en reste pas moins qu'une assez grande proportion des autorisations accordées concernent des personnes s'intéressant plus ou moins sérieusement aux principes de la Télégraphie sans fil et que, par suite, des progrès seront certainement enregistrés dans cette branche des connaissances électriques.

Police ordinaire de la Télégraphie sans fil.
Défense nationale. — Secret des communications.

La Convention de Londres (art. 17) déclare applicable à la Télégraphie sans fil les articles 1, 2, 3, 5, 6, 7, 8, 11, 12 et 17 de la Convention télégraphique internationale de Saint-Pétersbourg du 10/22 juillet 1875:

Les puissances contractantes conservent leur entière liberté pour les installations radiotélégraphiques navales et militaires.

On sent, ici, que les congressistes de Londres n'ont pas voulu s'engager dans une voie difficile; dès qu'il s'agit de défense nationale, les susceptibilités ne s'émeuvent que trop vite. En somme, la Convention laisse à chaque pays le soin de faire luimême sa police dans cet ordre d'idées, car déjà, l'emploi de la Télégraphie sans fil a soulevé des incidents en cours d'hostilités.

En effet, vers le commencement de juin 1904, un bâtiment américain s'était engagé dans les eaux des belligérants russes et japonais. Ce navire possédait des appareils de Télégraphie sans fil et échangeait des nouvelles avec la flotte de l'amiral Togo. La Russie crut, en conséquence, devoir communiquer cette note aux Gouvernements :

« Dans le cas où des bâtiments neutres ayant à leur bord des correspondants qui peuvent communiquer les nouvelles de la guerre à l'ennemi au moyen d'appareils perfectionnés, et qui n'ont pas encore été prévus par les Conventions existantes, viendraient à être arrêtés près des côtes de Kouang-Toung ou dans la zone des opérations de la flotte russe, ces correspondants seraient considérés comme espions et les bâtiments pourvus d'appareils de Télégraphie sans fil seraient saisis en qualité de prise de guerre. »

Le fait ne s'étant pas renouvelé, il n'y eut aucune sanction.

D'autre part, on sait que tous les éléments d'une flotte moderne sont reliés entre eux par radiotélégraphie. Il tombe sous le sens que si un bâtiment intercepte une dépêche émise par l'un des combattants, et la réexpédie au parti adverse pour le renseigner, il viole la neutralité et engage la responsabilité de son propre pays.

Incidemment, il y aurait aussi beaucoup à dire sur l'insuffisance des Règlements interdisant aux particuliers, en France et dans les colonies, sinon l'interception des radiotélégrammes officiels[1], tout au moins leur divulgation. Les dépêches ont beau être chiffrées, des spécialistes un peu exercés parviennent, en peu de temps, à les transcrire en clair, et l'espionnage peut y trouver son compte. De même, rien n'empêcherait, en cas de mobilisation, un agent ennemi de recevoir de son Gouvernement un signal lui enjoignant, par exemple, de faire sauter un pont de chemin de fer ou de couper des fils télégraphiques. Les pouvoirs publics ne sont pas, pour le moment, en mesure de parer à ce grave danger, car la loi ne réprime que la transmission de signaux[2] ou de correspondance télégraphique.

---

1. En matière postale et télégraphique la violation du secret des correspondances par un particulier ne relève que de l'article 1382 du Code civil et, peut-être, le cas échéant, de la loi du 18 avril 1886 sur l'espionnage; ou encore des dispositions du Code pénal relatives aux crimes et délits contre la sûreté extérieure de l'État, notamment en cas de guerre, de l'article 7 (I) ainsi conçu :

« Si la correspondance avec les sujets d'une puissance ennemie a eu néanmoins pour résultat de fournir aux ennemis des instructions nuisibles à la situation militaire ou politique de la France ou de ses alliés, ceux qui auront entretenu cette correspondance seront punis de la détention, sans préjudice de plus forte peine dans le cas où ces instructions auraient été la suite d'un concert constituant un fait d'espionnage. »

2. Loi du 2 mai 1837 (II). — *Article unique.* — Quiconque transmettra sans autorisation des signaux d'un lieu à un autre, soit à l'aide de machines télégraphiques, soit par tout autre moyen, sera puni, etc.

Décret, loi du 27 décembre 1851. — *Article premier.* — Aucune ligne

---

(I). NOTE DE L'AUTEUR. — L'article visé est l'article 78, Liv. III, Titre 1er du Code Pénal et non l'article 7.

(II). NOTE DE L'AUTEUR. — La citation de la loi de 1837 est archaïque, cette loi, dont le texte a été repris dans le décret-loi de 1851, n'existe plus dans nos codes.

On objectera qu'il est interdit à tout particulier d'installer chez lui une antenne réceptrice sans autorisation (1), et que cette autorisation n'est accordée que si l'installation justifie d'un intérêt « scientifique ou industriel. » Or, est-ce bien là un obstacle sérieux pour les services étrangers de renseignements, à une époque où de toutes parts surgissent chez nous des établissements aux appellations bien françaises, mais dont la direction effective est au delà de nos frontières?

D'ailleurs, il peut exister des postes clandestins [1]; une loi tendant à la déclaration et à la réglementation des postes privés est donc indispensable, et l'Administration l'a si bien compris qu'elle est en train d'élaborer un projet.

En ce qui concerne le personnel, le secret est assuré par l'article 2 de la Convention de Saint-Pétersbourg. Les radiotélégraphistes sont tenus au serment.

M. Barthou, à son passage au ministère des travaux publics, tenta le premier de réglementer par décret la création et l'exploitation des postes de Télégraphie sans fil. Il prévoyait déjà la nécessité d'autorisation pour les postes privés.

Actuellement, l'Administration est souvent saisie de demandes d'autorisations à l'effet d'installer des postes de Télégraphie sans fil destinés à recevoir les signaux horaires de la Tour Eiffel. Elle n'accorde ces autorisations, concernant un service public, qu'aux conditions énoncées par l'arrêté pris le 22 juin 1911, par M. Chaumet, sous-secrétaire d'État aux postes et télégraphes, et dont voici les articles essentiels :

ARTICLE PREMIER. — *Installations radiotélégraphiques.* — L'installation radiotélégraphique ne peut être établie, ou employée à la transmission des correspondances, que par le Gouvernement ou avec son autorisation.

Quiconque transmettra sans autorisation des signaux d'un lieu à un autre, soit à l'aide de machines télégraphiques, soit par tout autre moyen, sera puni d'un emprisonnement d'un mois à un an et d'une amende de 100 à 1.000 francs.

En cas de condamnation, le Gouvernement pourra ordonner la destruction des appareils et machines télégraphiques.

1. Il est très facile de capter les radiotélégrammes, émanant soit de postes nationaux, soit de postes étrangers. Les constructeurs four-

---

(1). NOTE DE L'AUTEUR. — Il n'existe aucune disposition légale promulguée dans les termes des ordonnances du 27 novembre 1816 et 18 janvier 1817 et par conséquent, exécutoire interdisant l'installation d'une antenne réceptrice, par les particuliers. En l'état actuel de la législation, seules les installations susceptibles de transmettre sont soumises à la formalité de l'autorisation.

6

stallation radiotélégraphique sera soumise, avant toute mise en service, à l'approbation préalable de l'Administration des postes et télégraphes.

Sauf exception autorisée par l'Administration des postes et des télégraphes, il ne pourra être employé, dans la constitution des postes, que des appareils construits en France et des matériaux fournis par des constructeurs ou manufacturiers ayant leurs usines en France.

Le pétitionnaire devra fournir à bref délai, à l'Administration, au cours du fonctionnement de son poste, tous les renseignements qui lui seront demandés.

Installation, Entretien des postes. — Les postes seront installés et entretenus par les soins et aux frais du pétitionnaire.

Les appareils seront placés dans un local fermant à clef et inaccessible à toute personne étrangère au service du pétitionnaire.

Toutes les modifications qui seront apportées ultérieurement aux installations devront être notifiées à l'Administration des postes et télégraphes.

Art. 2. — *Utilisation du poste.* — Les postes de réception des signaux horaires ne pourront être utilisés que pour la réception des signaux horaires transmis par le poste de la Tour Eiffel. Toute transmission de signaux sera formellement interdite.

Art. 3. — *Secret des correspondances.* — Le contenu des télégrammes transmis par la Télégraphie sans fil qui seraient perçus par les postes de réception des signaux horaires ne devra être divulgué à qui que ce soit, en dehors des fonctionnaires désignés par l'Administration ou des officiers de police judiciaire compétents.

Il ne devra être fait aucun usage de ces télégrammes.

Art. 4. — *Contrôle.* — L'Administration des postes et télégraphes se réserve d'exercer sur les postes autorisés un contrôle permanent ou temporaire, à son gré, et de la façon qui lui sem-

nissent à des prix relativement peu élevés l'installation nécessaire. On a même décrit (M. Dosne, *La Nature*) un système extrêmement simple qui permettrait de recevoir les signaux émis par la Tour Eiffel dans un rayon de 3 kilomètres autour de cette station. Rien ne décèle à l'extérieur cette installation domestique (1).

(1). NOTE DE L'AUTEUR. — On verra au cours de cet ouvrage que c'est dans la France entière que l'on peut recevoir les signaux de la Tour sans dispositif extérieur.

blera la plus convenable. Les frais de toute nature auxquels ce contrôle pourrait donner lieu seront remboursés par le pétitionnaire.

Ce contrôle pourra être exercé dès le moment où commencera l'édification des postes.

Les agents de l'Administration des postes et télégraphes auront le droit de pénétrer à toute heure dans les locaux où sont installés les appareils pour exercer toutes les opérations de contrôle jugées nécessaires.

ART. 5. — *Irresponsabilité de l'État.* — L'État ne sera soumis à aucune responsabilité à raison des difficultés qui pourraient surgir entre le pétitionnaire et les particuliers, sociétés ou compagnies, à qui l'autorisation d'exploiter des postes de Télégraphie sans fil aurait été accordée, ou, en général, avec qui que ce soit et pour quelque cause que ce soit.

ART. 6. — *Caractère de l'autorisation. Révocation.* — Les autorisations d'installer des postes de Télégraphie sans fil destinés à la réception des signaux horaires ne sont accordées qu'à titre essentiellement précaire et révocable.

Elles ne comportent aucun privilège et ne sauraient faire obstacle à ce que des autorisations de même nature fussent accordées à qui que ce soit.

Aucun poste de Télégraphie sans fil autorisé ne peut être cédé sans le consentement exprès et par écrit de l'Administration des postes et télégraphes.

Celle-ci pourra, à toute époque et pour quelque cause que ce soit, suspendre ou révoquer les autorisations accordées par elle, sans qu'elle soit tenue de payer une indemnité quelconque ou de faire connaître les motifs de sa décision.

A la première réquisition de l'Administration des postes et télégraphes, le pétitionnaire devra immédiatement mettre son poste hors d'état de fonctionnement.

Un délai de un mois pourra être accordé pour la suppresion des postes visés dans le présent arrêté.

Si ce délai était dépassé, l'Administration des postes et télégraphes pourrait faire procéder à cette opération aux frais du pétitionnaire.

ART. 7. — *Lois et Règlements à intervenir.* — Le pétitionnaire devra se soumettre à toutes les dispositions d'actes législatifs et administratifs à intervenir en matière d'échange de signaux par ondulations électriques ou d'établissement de postes de Télégraphie sans fil.

Paris, 22 juin 1912.

Signé : CHAUMET.

Les conditions d'autorisation des postes d'expériences ont été fixées par un arrêté du 6 septembre 1911. Elles ont été modifiées en 1912, quant aux heures pendant lesquelles les stations privées peuvent être utilisées.

Ajoutons que, si les installations privées doivent être contrôlées d'une façon sévère à certains points de vue, le Règlement de Londres (art. 45) prévoit toutes facilités pour les transmissions météorologiques, horaires et autres, dont la durée n'excède pas dix minutes.

Les radiotélégrammes donnant l'état de l'atmosphère, et qui sont si précieux pour l'agriculture, peuvent être reçus par un dispositif poinçonné par l'Administration. Ce dispositif, comportant un fil de 25 mètres, inutilisable pour les très grandes distances ne permettrait pas l'interception des dépêches intéressant l'armée ou la marine (I).

Conclusions.

De l'exposé que nous venons de vous présenter, il résulte que les Conventions et Règlements internationaux de Berlin (3 novembre 1906) et de Londres (5 juillet 1912), relatifs à la Télégraphie sans fil, marquent un progrès réel dans les relations économiques du monde entier.

A Berlin, les parties contractantes s'étaient prononcées sur ces points principaux :

1° Périodicité des Conférences; indication par chaque Congrès du lieu et de la date de ses prochaines réunions ; institution à Berne du Bureau international de Télégraphie sans fil; limitation à six du nombre des voix dont peut disposer un État, y compris ses colonies et ses protectorats.

2° Fixation de la longueur d'onde normale à 300 mètres pour les stations de bord.

3° Vœux concernant l'intercommunication avec réserves de l'Angleterre et de l'Italie.

4° Priorité absolue des signaux de détresse.

5° Établissement de taxes côtières, de bord et de transmission.

Décidée à introduire dans ses résolutions plus de précision, la Conférence de Londres a arrêté les mesures suivantes :

(I). NOTE DE L'AUTEUR. — Le dispositif ci-dessus est parfaitement susceptible de recevoir les dépêches d'FL, qui intéressent l'armée et la marine, à 200 kilomètres de Paris. On a reçu la Tour, à Boulogne-sur-Mer sans accord, sur une antenne de 15 mètres (réception de nuit).

1° Classement des stations de bord en trois catégories avec engagement, par tous les signataires, d'intercommunication entre toutes stations de bord (adhésion formelle de l'Angleterre et de l'Italie).

2° Unification du signal de détresse.

3° Fixation de la longueur d'onde normale à 600 mètres, sauf exceptions prévues pour stations éloignées et pour radiophares.

4° Etablissement de tarifs de transit entre stations de bord; transmission et retransmission assurées.

Messieurs, en vertu de la loi constitutionnelle du 16 juillet 1875, article 8, paragraphe 2, les stipulations ci-dessus énoncées, engageant les finances de l'Etat, doivent être soumises à votre approbation.

La création de taxes radiotélégraphiques quand elle ne vise que le service intérieur reste, en effet, dans les attributions des ministres statuant par décret (assimilation aux taxes sous-marines et sémaphoriques). Mais dès que ces taxes sont susceptibles d'une application internationale comme celle que prévoit le Règlement de Londres (art. 13, *in fine*), le Gouvernement doit, avant de les mettre en vigueur, y être autorisé par les Chambres.

Et la même obligation s'impose à lui pour le payement de sa quote-part de frais à solder au Bureau international de Berne.

C'est pourquoi votre Commission des postes et télégraphes vous demande de voter, tel qu'il nous est présenté, le projet de loi portant ratification de la Convention radiotélégraphique internationale et de ses annexes, arrêtées par la Conférence internationale de Londres le 3 juillet 1912.

Il est ainsi conçu :

PROJET DE LOI

Article unique. — Le Président de la République française est autorisé à ratifier et, s'il y a lieu, à faire exécuter la Convention radiotélégraphique internationale et ses annexes, arrêtées à Londres le 5 juillet 1912, entre la France et l'Algérie, l'Allemagne et les protectorats allemands, les Etats-Unis d'Amérique, et les possessions des Etats-Unis d'Amérique, la République Argentine, l'Autriche, la Hongrie, la Bosnie-Herzégovine, la Belgique, le Congo belge, le Brésil, la Bulgarie, le Chili, le Danemark, l'Egypte, l'Espagne et les colonies espagnoles, l'Afrique occidentale française, l'Afrique équatoriale française, l'Indo-Chine, Madagascar, la Tunisie, la Grande-Bretagne et diverses colonies et protectorats britanniques, l'Union de l'Afrique du Sud, la Fédération Australienne, le Japon et Chosen, Formose, le Sakhalin japonais et le territoire loué de Kouang-toung, le Maroc, Monaco, la Norvège, les Pays-Bas, les Indes Néerlandaises et la colonie de Curaçao, la Perse, le Portugal et les colonies portugnises, la Roumanie, la Russie et les possessions et protectorats russes, la République de Saint-Marin, le Siam, la Suède, la Turquie et l'Uruguay.

Une copie authentique de cette Convention et de ses annexes demeurera annexée à la présente loi.

Nota. — La Convention radiotélégraphique internationale de Londres (5 juillet 1902), le Protocole final et le Règlement sont annexés au projet de loi n° 2797 (Séance du 4 juin 1913).

C. — Taxation

Taxes des Radiotélégrammes.
(Décrets du 4 janvier 1910 et du 5 décembre 1911.)

La taxe d'un radiotélégramme comprend, selon le cas :
1° La taxe côtière ;
2° La taxe de bord ;
3° La taxe télégraphique, pour la transmission sur les lignes télégraphiques ;
4° Les taxes de transit des stations côtières ou de bord intermédiaires et les taxes afférentes aux services spéciaux demandés.

La taxe côtière en France est de 0 fr. 40 par mot[1].

La taxe de bord varie d'un navire à l'autre, cependant, dans la plupart des cas, elle est de 0 fr. 40 par mot. La taxe de bord des navires faisant un service régulier entre la France et l'Angleterre est de 0 fr. 15 par mot, et elle est réduite à 0 fr. 10 par mot pour les navires faisant un service régulier entre la France d'une part, la Corse, l'Algérie et la Tunisie d'autre part[2].

La taxe télégraphique est uniformément de 0 fr. 05 par mot, avec un minimum de 0 fr. 50 pour les télégrammes destinés à la France Continentale, la Corse, la principauté de Monaco, les vallées d'Andorre, l'Algérie et la Tunisie. On trouvera dans le tableau ci-dessous le montant des taxes télégraphiques, par mot, pour les pays d'Europe.

1. Cette taxe côtière est réduite à 0 fr. 15 par mot pour les radiotélégrammes échangés avec les navires faisant un service régulier entre la France et l'Angleterre et avec les navires faisant un service régulier entre la France d'une part, la Corse, l'Algérie et la Tunisie d'autre part. Au Maroc, la taxe côtière est de 0 fr. 25 par mot.
2. La taxe de bord des radiotélégrammes privés originaires ou à destination des navires de guerre est abaissée à 0 fr. 05 par mot (Décret du 14 janvier 1911).

TABLEAU DES TAXES TÉLÉGRAPHIQUES		
NOMS DES ÉTATS	TAXE par mot	TAXE MINIMUM par télégramme simple
Allemagne................	0 15	0' 90
Autriche.................	0 20	1 00
Belgique.................	0 125	0 75
Bosnie-Herzégovine........	0 25	» »
Bulgarie.................	0 30	» »
Chypre (Ile de)...........	0 525	» »
Crète (Ile de)............	0 45	» »
Danemark................	0 20	1 00
Espagne.................	0 15	0 90
Gibraltar................	0 20	1 00
Grande-Bretagne..........	0 20	1 00
Grèce...................	0 50	» »
Hongrie.................	0 20	1 00
Italie...................	0 175	0 90
Luxembourg..............	0 10	0 80
Malte (Ile de)............	0 40	» »
Monténégro..............	0 25	» »
Norvège.................	0 30	» »
Pays-Bas................	0 16	1 00
Portugal................	0 20	1 00
Roumanie...............	0 25	» »
Russie d'Europe..........	0 35	» »
Serbie..................	0 25	» »
Suède..................	0 25	» »
Suisse..................	0 125	0 75
Turquie d'Europe et d'Asie.	0 525	» »

Rédaction et taxation des « Radios. »

Les radios sont rédigés comme les télégrammes ordinaires, ils peuvent, en conséquence, n'être pas signés. L'adresse seule est soumise aux règles particulières suivantes établies par l'article 15 du Règlement de Service annexé à la convention de Londres du 5 juillet 1912 :

I. L'adresse des radiotélégrammes destinés aux navires doit être aussi complète que possible. Elle est obligatoirement libellée comme suit :

a) Nom ou qualité du destinataire, avec indication complémentaire, s'il y a lieu ;

b) Nom du navire, tel qu'il figure dans la première colonne de la Nomenclature ;

c) Nom de la station côtière, tel qu'il figure à la Nomenclature.

Toutefois le nom du navire peut être remplacé, aux risques et périls de l'expéditeur, par l'indication du parcours effectué par ce navire et déterminé par les noms des ports d'origine et de destination ou par toute autre mention équivalente.

II. Dans l'adresse, le nom du navire, tel qu'il figure dans la première colonne de la Nomenclature, est dans tous les cas et indépendamment de sa longueur, compté pour un mot.

III. Les radiotélégrammes rédigés à l'aide du Code international de signaux sont transmis à destination sans être traduits.

La taxation se fait de la façon la plus simple, en additionnant les taxes *télégraphique*, *côtière* et *de bord* et s'il y a lieu, les taxes *de transit*, ou autres taxes spéciales à des cas particuliers, tels que les *radios urgents*, avec accusé de réception, avec collationnement, avec réponse payée, avec acheminement par poste ou remise par exprès, etc.

Exemple :

Madame Polaire Empress. Boulogne-s/M.

Souvenir constant.

Jo.

Taxe télégraphique (acheminement par fil, sur Boulogne). 0 fr. 50 (jusqu'à 10 mots) : ....   0 fr. 50

Taxe côtière. 0 fr. 40 × 7 (mots).....................   2 fr. 80

Taxe de bord (Taxe réduite pour les navires faisant un service régulier entre la France et l'Angleterre). 0 fr. 15 × 7 (mots)................................   1 fr. 05

TOTAL............   4 fr. 35

CHAPITRE III

Organisation générale de la Radiotélégraphie en France.

Monopole des P. T. T.

Ce qui se dégage de l'étude de ces divers documents, c'est le contraste entre la précision des textes internationaux à l'élaboration desquels, d'ailleurs, nos délégués dans les conférences (notamment MM. A. Frouin, A. Duchêne et Et. de Felcourt, à la conférence de Londres) ont pris la plus large part, et le vague, le flottement, qui semblent avoir présidé à l'établissement des textes de législation intérieure. On sent que des courants opposés, des influences diverses, ont prévalu tour à tour, et que la formule définitive n'est pas encore arrêtée.

Très normalement, le décret du 7 février 1903 avait complété le décret-loi du 27 décembre 1851 et consacré le monopole de la télégraphie sans fil au profit de l'administration des postes et des télégraphes. Il avait bien prévu l'établissement de postes radiotélégraphiques par d'autres administrations de l'Etat, mais après entente avec l'administration des postes et des télégraphes. Il avait enfin déterminé les conditions d'établissement par des particuliers de postes destinés à l'échange des correspondances d'intérêt privé.

Emancipation de divers ministères.

On pouvait prévoir que, ces bases établies, de nouveaux décrets viendraient perfectionner les détails de l'organisation mais qu'ils ne toucheraient pas au principe.

Il n'en fut rien. Peu à peu, les différents ministères cherchèrent à empiéter sur les prérogatives du ministère des postes et télégraphes et voulurent accaparer à leur profit la majeure partie de ses attributions. Les ministères de la guerre et de la marine, notamment, en arguant des nécessités de la défense nationale, prétendirent s'affranchir complètement de la tutelle qui leur était imposée et provoquèrent la revision de la législation antérieure, et ainsi furent abrogés, par le décret du 5 mars 1907, les décrets du 7 février 1903 et du 27 février 1904.

Par une singulière ironie, ce décret du 5 mars 1907 fut rendu, si l'on en croit le rapport qui l'accompagne, « *pour faciliter l'essor de la télégraphie sans fil et pour* « *procurer à celle-ci les conditions d'*UNITÉ *et d'*HARMONIE « *nécessaires à tout service public.* »

La Commission interministérielle.

De fait, on dépossédait les postes et les télégraphes, car si on leur laissait quelques prérogatives relatives à la perception des taxes, à l'exploitation du service commercial et aux autorisations à donner aux particuliers, on les mettait sous la dépendance absolue d'une commission technique interministérielle, dans laquelle on ne leur donnait que trois représentants contre 17 représentants des autres administrations (art. 1er du décret du 20 novembre 1911).

Il est permis de trouver étrange cette modification et de se demander ce qui peut justifier la différence que l'on a arbitrairement créée entre la télégraphie avec fil et la radiotélégraphie. Tous les arguments militant en faveur du monopole exclusif des postes et des télégraphes en matière de télégraphie avec fil sont les mêmes lorsque l'on envisage la télégraphie sans fil.

Je sais bien que le ministère de la guerre, notamment, prétend justifier son accaparement en expliquant qu'il a besoin de former des radiotélégraphistes pour le cas où

la guerre viendrait à être déclarée, mais cet argument a
peu de valeur, si l'on songe que, dans ce cas, l'administration des postes et des télégraphes mettrait ses radiotélégraphistes à la disposition de l'autorité militaire, et
que ces derniers auraient même sur les autres la supériorité incontestable d'un entraînement professionnel
constant. Ne fait-on pas appel, en temps de guerre, aux
P. T. T. pour l'organisation du service dans les Trésore-
ries militaires?

Les ministères de la guerre et de la marine ajoutent
que, pour assurer convenablement la défense nationale,
ils ne doivent subir aucune entrave et qu'il est nécessaire
qu'ils puissent agir au mieux de leurs intérêts. C'est évidemment très louable, et je suis le premier à reconnaître
qu'il est des cas où l'intérêt de la défense nationale exige
que certains dispositifs restent absolument secrets, pour
pouvoir produire tous leurs effets utiles en temps de
guerre, que certaines expériences militaires doivent aussi
être faites dans le plus grand secret, mais on ne voit pas
bien en quoi l'administration des postes et des télégraphes eût pu gêner les départements de la guerre et
de la marine à ces divers points de vue. Avant la télégraphie sans fil, sous le régime intégral du décret-loi
de 1851, les prérogatives des P. T. T. ne subissaient
aucune atteinte et cependant l'autorité militaire exploi-
tait des réseaux spéciaux, pour les forts et les places
fortes, et elle possédait en outre la télégraphie optique.
On pouvait sauvegarder les intérêts si légitimes des ministères de la guerre et de la marine par un système spécial d'autorisations, sans préjudice du droit pour l'autorité militaire de tout réquisitionner en temps de guerre,
et, par contre, on saisit fort bien que le système actuel
porte atteinte au monopole. Il faut tenir compte dans la
plus large mesure des intérêts de la défense nationale,
sans perdre pour cela de vue le principe en vue duquel
les P. T. T. ont été créés, c'est-à-dire le point de vue
commercial. Il ne faut pas surtout que l'on puisse sus-
pecter que des intérêts particuliers peuvent se mêler aux

préoccupations de ceux qui, dans un but patriotique, équipent des postes avec le concours de l'industrie privée.

Pour toutes ces raisons, il eût été préférable de laisser à l'administration des postes et des télégraphes la haute main en matière radiotélégraphique, et puisque la création d'une commission interministérielle paraissait nécessaire, ce qui est très contestable, il eût été sage de ne donner aux représentants des autres ministères dans cette commission qu'une voix consultative.

Avec l'organisation actuelle, quatre ministères ont leur radiotélégraphie particulière :

Les postes et télégraphes entretiennent et exploitent les stations côtières ou intérieures spéciales au service commercial.

La marine, les stations côtières spéciales au service de la marine de guerre, dont plusieurs sont ouvertes au service public.

La guerre, les stations spéciales aux communications militaires.

Les travaux publics, les stations spéciales au service des phares et balises.

Les chemins de fer de l'Etat eux-mêmes ont leur T. S. F.

L'unité et l'harmonie font défaut.

Les aspirations, les tendances du personnel de ces diverses organisations, sont aussi différentes que leurs attributions, ils ne peuvent voir les choses au même point de vue, et de nombreux tiraillements sont à craindre.

En ce qui touche la répression et la poursuite des infractions, le résultat sera déplorable ; veut-on que des militaires, des marins se fassent policiers ou agents fiscaux et recherchent des entreprises particulières pour ce seul fait qu'elles sont défendues par la loi ou préjudiciables au monopole commercial de l'Etat, si ces entreprises ne les gênent pas dans leur propre exploitation ?

L' « émiettement » de la radiotélégraphie, et l'attribution de ses sectionnements à divers ministères n'a pas au surplus que l'inconvénient de nuire au principe d'unité qui devrait faire la force de ce grand service, et de porter atteinte au monopole des P. T. T.; il a dans certain cas, pour conséquence, de porter préjudice aux intérêts des particuliers.

Les intérêts des particuliers sont atteints.

Il en est ainsi, lorsque l'Etat fait exploiter commercialement certaines stations côtières par la marine et non par les P. T. T.; lorsque, par conséquent, il transforme des marins de l'active en télégraphistes. Comme l'a fait spirituellement observer M. Dalimier, rapporteur du budget, c'est là une mesure bien administrative! Au surplus, à l'heure où la défense nationale a besoin du plus large concours de tous les citoyens valides, il est permis de se demander si les hommes de la marine active, transformés pendant cinq ans en fonctionnaires civils, ne seraient pas susceptibles de rendre des services plus effectifs au pays, alors surtout que leurs fonctions pourraient être remplies par des employés des P. T. T.

Un exemple fera, d'ailleurs, comprendre les inconvénients que peut présenter l'organisation actuelle : Vous voulez télégraphier à un passager à bord de la *Provence* (transatlantique) retour de New-York. Si vous déposez votre « radio » dans un bureau parisien, il y a les plus grandes chances pour que l'agent taxateur l'achemine très exactement sur Cherbourg (station la plus proche du Havre, port d'arrivée du transatlantique).

Si la *Provence* arrive dans le rayon d'action de Cherbourg avant *10 heures du soir* (22 heures), c'est fort bien et votre télégramme sera remis.

Mais, si le navire destinataire n'entre dans le rayon d'action de Cherbourg qu'après 10 heures, adieu toute espérance! Messieurs les marins des stations côtières se couchent à 10 heures! Le service est fini et la station est fermée jusqu'au lendemain 7 heures. Pendant ce temps, la *Provence* est arrivée au Havre et le destinataire de votre radio débarqué.

Acheminement des radios.

Comme en le voit la sécurité n'est pas grande, et d'autant moins grande, que *la réexpédition par fil des radios d'une station à une autre est interdite*. Pourquoi?...

Dans notre espèce, Ouessant aurait, à coup sûr, transmis la dépêche, mais Cherbourg, indisponible pour raison de clôture, ne peut la lui expédier par fil, puisque c'est interdit, ni même par sans fil, car toute la famille des « Lebureau » s'est liguée pour interdire toute communication entre stations côtières françaises.

Le simple bon sens amène à penser que nos stations côtières échelonnées comme elles le sont pourraient, à la rigueur, constituer un réseau de secours. Erreur profonde : *il est interdit aux stations côtières françaises de communiquer entre elles.*

Il est bon d'ajouter que, parfois, cette interdiction est irrévérencieusement foulée aux pieds, mais c'est un crime de lèse-bureaucratie.

Quoi qu'il en soit, pour revenir à l'exemple que j'ai donné, si Cherbourg n'avait pas été ouvert au service public (comme les stations de la marine anglaise, qui ne font que le service officiel avec les navires de l'Amirauté), le radio dont j'ai parlé aurait été de droit dirigé sur Ouessant et, de jour ou de nuit, remis au destinataire[1].

La commission interministérielle devrait être une commission technique.

Au point de vue technique, le système en vigueur est plus défectueux encore. La commission interministérielle, aux termes de l'article 4 du décret du 5 mars 1907, de-

---

1. Sur 13 stations côtières, 6 seulement sont exploitées par les P. T. T., 7 appartiennent à la marine. L'ouverture prochaine de la station du Havre, qui appartient aux P. T. T., supprimera l'inconvénient que je viens de signaler pour les passagers à destination de ce port de mer, mais l'exemple n'en restera pas moins typique pour un grand nombre d'autres cas.

vait être une commission *technique;* sans doute les décrets successifs du 26 avril 1910, 15 février 1911, 27 mai 1911 et 20 novembre 1911 qui ont modifié le décret fondamental n'ont pas reproduit le mot *technique* et la commission est devenue purement interministérielle, néanmoins, ses membres devraient avoir des connaissances pratiques leur permettant, aux termes de l'article 5 du décret du 5 mars 1907, modifié par l'article 1er du décret du 26 avril 1910, d'examiner, en connaissance de cause, les emplacements et conditions *techniques* afférentes à toutes stations destinées à constituer le réseau radiotélégraphique français, d'examiner les réclamations d'ordre *technique* relatives au fonctionnement des stations françaises formulées soit par des services privés, soit par des puissances étrangères; d'instituer des *expériences* d'intérêt général et de prendre connaissance des résultats obtenus à l'aide des divers types d'appareils ou de montage utilisés par les postes en fonctionnement. Il était donc permis de penser que la Commission serait en majeure partie composée d'ingénieurs et de techniciens.

Il n'en fut rien : la Commission interministérielle, en effet, telle qu'elle est constituée, n'est pas à proprement parler une commission technique. Son président était M. Poincaré, l'éminent savant que l'on sait, parent du Président de la République; décédé depuis longtemps déjà, il n'a pas encore été remplacé. Aujourd'hui la Commission fonctionne sous la présidence de son vice-président M. Colson, conseiller d'Etat, et elle compte parmi ses membres : un secrétaire d'ambassade, un consul général, un consul de 2e classe, un directeur du personnel de la marine, un sous-directeur de la marine, un inspecteur général des écoles d'hydrographie, un sous-directeur au ministère de l'intérieur chargé de la direction de la sûreté générale. Il fallait un calculateur, on prit un professeur de danse ! On peut être surpris de voir une commission technique de télégraphie sans fil ainsi composée, et encore plus de penser que pour déterminer ainsi sa composition, il n'a pas fallu moins de 5 décrets! (Décrets du 5 mars 1907, 26 avril 1910, 5 février 1911, 27 mai 1911, 20 novembre 1911.) On peut se demander également pourquoi certains ministères, tel celui de l'Instruction publique et des Beaux-Arts, y sont représentés. Toutefois les remaniements fréquents qu'a subi sa composition laissent encore place à l'espoir de voir améliorer son recrutement dans le sens technique.

En tout cas actuellement, ses décisions ne peuvent avoir l'autorité voulue, et en fait, on ne la consulte que lorsque l'on veut être couvert, lorsque les ministres ne veulent pas prendre eux-mêmes les responsabilités; mais lorsqu'une décision est bien arrêtée on se passe de son intervention.

Il est permis de regretter cet état de choses et de déplorer que pour l'équipement des postes de l'Etat notamment, il n'y ait, en France, aucune règle particulière.

A l'étranger, il n'en est pas de même; c'est ainsi qu'en Angleterre, quand il s'est agi de rechercher les appareils qui seraient utilisés pour le réseau impérial, on nomma une commission composée des cinq plus célèbres techniciens du Royaume-Uni, MM. lord Parker of Waddington, W. Duddell, R. T. Glazebrook, Alexander, B. W. Kennedy et J. Swinburne, R. H. Rayner, tous hommes d'une indépendance absolue et dont les noms font autorité dans le monde savant, qui, après concours adopta les appareils Marconi. En France, non seulement il n'y a pas de concours, mais il n'y a pas de règle fixe pour le choix des appareils.

La Marine ne met même pas leur fourniture en adjudication; la Guerre procède par virements de fonds, en rachetant, par exemple, à la marine; les postes et télégraphes courent les aléas des offres qui leur sont faites. Il y aurait certainement mieux à faire.

Cette idée d'instituer une commission réellement technique pour l'équipement des postes vient d'ailleurs de trouver au Parlement un zélé partisan en la personne de

M. Dalimier, rapporteur du projet de loi relatif au réseau intercolonial de T. S. F. qui vient d'être distribué à la Chambre.

M. Dalimier qui s'intéresse à tout ce qui est scientifique propose le vote d'un crédit de 15.795.000 francs, mais fait remarquer judicieusement qu'avant d'engager aucune dépense le gouvernement doit déterminer les moyens techniques d'effectuer les communications sans fil aux distances voulues.

Par « communication » il faut entendre, non pas des records accidentels dus à des circonstances favorables, mais un échange normal des radiotélégrammes, permettant d'assurer un service commercial sur une base continue sur terre et sur mer quelles que soient les circonstances atmosphériques.

M. Dalimier estime qu'avant tout il convient de définir les conditions techniques nécessaires et suffisantes auxquelles devront répondre les appareils; à cet effet, il y a lieu d'examiner les mérites respectifs des systèmes de T. S. F. en usage, d'effectuer des expériences comparatives et de suivre les essais à réaliser par les détenteurs de brevets. Et l'honorable rapporteur propose de confier cette mission à un comité spécial, institué près du ministre des postes et télégraphes et composé de techniciens et de savants, comme on l'a fait en Angleterre.

Le jour où une telle commission existera en France, elle aura sans conteste l'autorité dont elle a besoin pour fonctionner utilement, et la radiotélégraphie chez nous aura fait un grand pas.

Il est bon de remarquer d'ailleurs, que la Commission interministérielle, telle qu'elle fonctionne en France, est une conception de « l'administration que l'Europe nous envie. » Les autres grandes puissances n'ont pas d'institution similaire. Il n'y a pas de Commission interministérielle en Russie, il n'y en a pas en Angleterre, où le Postmaster-Général à la haute main sur la radiotélégraphie; il n'y en a pas en Allemagne, ni en Autriche où le ministère du commerce est chargé de la

7

T. S. F. ; il n'y en a pas aux États-Unis où les services radiotélégraphiques ont été affermés à des sociétés privées ; on ne trouve guère de commission interministérielle qu'en Italie, mais combien sa composition est différente de la nôtre, on en jugera en lisant le texte suivant :

Règlement pris en exécution de la loi du 30 juin 1910 « sulla radiotelegrafia e sulla radiotelefonia » approuvé par le décret du 1er février 1912.

.   .   .   .

CHAPITRE II

Art. 2. — La commission permanente consultative est composée : d'un président nommé par les ministres intéressés, de deux membres choisis parmi les fonctionnaires compétents des services électriques et radiotélégraphiques, d'un officier supérieur d'État-major de la guerre et d'un officier supérieur d'État-major de la marine.

Sont membres de cette commission :

1° Le directeur général de l'exploitation postale et télégraphique,

2° Le directeur en chef de services radiotélégraphiques au ministère des postes et des télégraphes,

3° L'officier directeur des services radiotélégraphiques militaires,

4° L'officier supérieur d'État-major de la marine chargé des services radiotélégraphiques,

Trois fonctionnaires pris dans le personnel des trois ministères intéressés feront fonction de secrétaires.

Art. 3. — Le président, les membres et les secrétaires sont nommés par décret, sur la proposition commune des ministres des postes et des télégraphes, de la marine et de la guerre.

Par arrêté ministériel pourront être agréés temporairement à la Commission, comme membres extraordinaires ayant voix consultative, seulement des personnes compétentes, sur la demande du président de la Commission.

Privilège exclusif de l'Etat.

En tout cas, que ce soit par le fait de l'administration des postes et des télégraphes, de la guerre, de la marine, des travaux publics, et encore bien que le mot monopole n'ait pas été inséré dans le décret du 5 mars 1907, l'Etat a le privilège exclusif de l'établissement et de l'usage des lignes et des postes de télégraphie avec ou sans fil pour l'échange de la correspondance officielle ou privée (Décret-loi du 27 décembre 1851, art. 1er, combiné avec le décret du 5 mars 1907 qui a abrogé les décrets des 7 février 1903 et 27 février 1904).

Interdiction de transmettre.

Personne ne peut donc, en dehors des autorisations prévues par ces décrets, correspondre par la télégraphie sans fil, c'est-à-dire se mettre en communication avec une tierce personne susceptible de répondre (*cum*, avec, *respondere*, répondre). Mais la loi va plus loin, non seulement elle défend d'échanger des signaux de correspondance, mais elle défend de transmettre des signaux quelconques d'un lieu dans un autre, alors même qu'ils ne seraient destinés à aucun correspondant particulier; personne ne peut donc envoyer des signaux horaires, des avertissements d'orages ou de crues, ce serait empiéter sur le monopole de l'administration.

Pénalités.

La transmission radiotélégraphique est donc absolument interdite et exposerait celui qui s'y livrerait sans autorisation aux pénalités de l'article 1er du décret-loi de 1851, c'est-à-dire à un emprisonnement d'un mois à un an et à une amende de 1.000 à 10.000 francs.

Saisies des appareils. Perquisitions. Visites.

Il est à remarquer que les textes sont muets sur le droit de saisie, mais comme l'article 1er du décret de 1851 (in fine), édicte, qu'en cas de condamnation, le gouvernement pourra ordonner la destruction des appareils et machines télégraphiques, il faut, pour que cette prescription puisse recevoir son application, que lesdits appareils soient placés dès le début des poursuites sous la main de justice. *S'il ne se produit aucune objection ni résistance*, les agents de l'administration pourront donc saisir les appareils et les déposer au greffe du tribunal, en s'autorisant des termes de l'article 12 du même décret, qui permet à l'administration, en cas de poursuites, de « prendre immédiatement toutes les mesures provisoires pour faire cesser les dommages résultant des infractions. » Mais ils ne pourront saisir légalement contre la volonté expresse du propriétaire des appareils, car l'administration des postes et des télégraphes n'a le droit de perquisition et de saisie qu'en matière *postale* exclusivement et encore dans certains cas seulement limitativement déterminés.

En effet, d'une part, l'arrêté du 27 prairial an IX (art. 3), sur la poste, donne aux agents assermentés des ports, aux employés des douanes aux frontières, aux gendarmes et aux agents de l'autorité autorisés à dresser des procès-verbaux, le droit de faire eux-mêmes et de pratiquer toutes saisies et perquisitions, pour constater les infractions au monopole de la poste ; et d'autre part, la loi du 22 juin 1854 (art. 20) étend ce droit aux employés et agents assermentés des postes. Mais il n'est question nulle part des employés ou agents des télégraphes et voudrait-on abusivement les assimiler aux agents des postes, cela serait encore inopérant, car les perquisitions et saisies ne peuvent être faites que dans les conditions limitativement spécifiées par l'article 3 de l'arrêté de prairial, c'est-à-dire, *qu'en vue de constater le transport de correspondance et que sur les messagers et piétons chargés de porter les dépêches, voitures de messageries et autres de même espèce.*

Recherche et constatation des infractions.

Il est donc permis de se demander comment, en matière de télégraphie sans fil, les infractions peuvent être légalement constatées.

Le domicile des citoyens est inviolable, les agents mentionnés dans l'article 11 n'ont pas le droit de perquisition, ni celui de visite domiciliaire, ils ne peuvent donc que constater les signes extérieurs des infractions, antennes, appareils se voyant du dehors, bruits d'émissions, etc., et relever les signaux reçus dans les postes voisins. Ils peuvent en outre recueillir tous renseignements utiles de nature à établir la réalité des infractions, mais, dans bien des cas, cela sera tout à fait insuffisant; ils devront donc, afin de pouvoir rechercher le corps du délit, s'adresser au procureur de la République, en demandant l'ouverture d'une instruction et le juge d'instruction commis ordonnera toutes les visites domiciliaires, saisies et perquisitions qu'il jugera utiles pour la manifestation de la vérité.

Il serait, en tout cas, désirable, qu'un texte plus précis intervienne afin de faciliter la tâche de l'administration.

Poursuites.

Les infractions dont il s'agit, pour faire l'objet de poursuites, doivent être constatées dans des procès-verbaux. Ces procès-verbaux, dans l'état actuel de la législation, peuvent être dressés concurremment par les officiers de police judiciaire[1], les commissaires de surveillance des chemins de fer, les inspecteurs des lignes télégraphiques et les agents de surveillance nommés ou agréés par l'administration et dûment assermentés (décret du 27 décembre 1851, art. 10, § 1er; décret du 9 mars 1905, art. 1er).

Les procès-verbaux des agents assermentés font foi jusqu'à preuve contraire[2] (art. 10, § 2 du décret de 1851) et doivent être affirmés dans les trois jours devant le

---

1. Les officiers de police judiciaire sont : Les procureurs de la République et leurs substituts, les juges d'instruction, les juges de paix, les officiers de gendarmerie, les commissaires de police, les maires, les adjoints, les gardes champêtres et forestiers (art. 9 du code d'instr. crim.).

2. Il en résulte que si les délinquants ne font pas cette preuve, ils doivent être *nécessairement* condamnés par le tribunal.

juge de paix ou le maire soit du lieu de l'infraction, soit de la résidence de l'agent (art. 11).

Voie de recours.

Les jugements et arrêts sont susceptibles de recours suivant les règles ordinaires du droit commun.

Frais de la poursuite. Recouvrement des amendes.

Les poursuites peuvent être intentées soit d'office par le ministère public, soit à la requête même de l'administration, mais, quel que soit le mode de poursuites, aux termes de l'article 158 du décret du 18 juin 1911 et de l'instruction du 30 septembre 1826, la direction générale des postes doit être considérée comme partie civile dans toutes les instances suivies d'office, dans son intérêt.

De son côté, le ministre des finances auquel ressortissait alors l'administration des postes a pris, le 27 mai 1828, une décision en vertu de laquelle les directeurs des postes sont exclusivement chargés de l'avance des frais de justice, dans les poursuites intentées pour infractions aux lois postales et ont seuls qualité pour recouvrer les frais ainsi que le montant des amendes prononcées au profit de ladite administration.

Droit de transaction de l'Administration.

Ces instructions qui avaient été rappelées déjà par les circulaires du ministre de la justice des 3 octobre 1842, 19 mars 1856 et 28 juin 1877, ne concernent, bien entendu, que les infractions portant atteinte au monopole de l'administration des postes et constituant des contraventions fiscales, pour lesquelles le droit de transiger a été établi au profit de cette administration, par l'ordonnance du 19 février 1843 et les lois des 4 juin 1859 (art. 9) et 12 avril 1892 (art. 4)[1]; elles demeurent étrangères aux

---

1. Le droit de transaction qu'a l'administration en matière de contraventions fiscales dans les affaires contentieuses concernant son service, peut s'exercer aussi bien avant qu'après le jugement qui, dans ce cas, devient lettre morte.

infractions de droit commun en matière de poste, télégraphe et téléphone.

Afin d'éviter toute confusion, la circulaire du ministre de la justice du 13 mars 1909, en rappelant les dispositions ci-dessus, donne dans une annexe la liste 1° des contraventions fiscales et 2° des infractions de droit commun. Parmi les contraventions fiscales on trouve : article 1er du décret du 27 juin 1851 : transmission sans autorisation de signaux d'un lieu dans un autre soit à l'aide de machines télégraphiques, soit par tout autre moyen.

Parmi les infractions de droit commun : article 3 du décret de 1851 : interruption volontaire de correspondance télégraphique causée par rupture des fils, dégradation d'appareils ou tout autre moyen ; article 4 : même délit, commis dans un mouvement insurrectionnel ; article 5 : rébellion envers les inspecteurs et les agents de surveillance des lignes télégraphiques ou aériennes.

Mémoires de frais de justice.

Les mémoires de frais de justice doivent être rédigés dans des formes spéciales et être rigoureusement établis d'après les tarifs et instructions en vigueur. Ce serait complètement sortir du cadre de cet ouvrage que d'exposer les règles qui doivent présider à leur rédaction, on les trouvera, si on le désire, dans mon *Manuel pratique de la vérification des mémoires de frais de justice* [1].

Règles spéciales à la répression des contraventions fiscales.

A ce titre, ces contraventions échappent à l'application des principes qui régissent la répression des délits de droit commun. En conséquence, ne sont pas applicables en cette matière : les règles de la complicité (Cass. 3 juin 1880 ; D. 80, 493) ; les règles du non-cumul des peines si les peines encourues sont des amendes ; les dispositions de la loi du 26 mars 1891 sur le sursis à l'exécution des peines (Loi Bérenger).

---

1. *Manuel pratique de la vérification des mémoires de frais de justice*, par A. Perret-Maisonneuve, substitut du procureur de la République à Laon, 1900. Pédone, éditeur, Paris.

Trouble, interruption du service télégraphique.

Comme on peut le voir, les décrets du 5 mars 1907 (art. 8), et du 12 mai 1910 (art. 8 et 15), modifiés par la convention de Londres du 5 juillet 1912, ont bien prévu et prohibé le trouble que pourrait apporter dans la correspondance télégraphique des émissions radiotélégraphiques intempestives, mais aucune pénalité n'a été édictée et il faudrait que ce trouble allât jusqu'à motiver *l'interruption complète* de la correspondance pour tomber sous l'application de l'article 3 du décret de 1851, qui punit ce fait d'un emprisonnement de trois mois à deux ans et d'une amende de 100 à 1.000 francs. Mais, sous les réserves dont nous parlerons plus bas en traitant des conditions générales d'autorisation, cette hypothèse se réalisera d'autant plus rarement que les nouveaux dispositifs procédant presque tous du montage en Tesla permettent, dans bien des cas, de sélectionner les ondes et de supprimer la gêne apportée dans le service par les émissions dont nous venons de parler.

L'administration, dans tous les cas, ne serait pas désarmée, car elle pourrait toujours poursuivre l'émetteur non autorisé pour transmission de signaux illicites conformément à l'article 1er du décret de 1851 et supprimer l'autorisation aux postes qui, en étant pourvus, en ont abusé.

Appareils médicaux.

Lorsqu'une loi interviendra, il y aura lieu également de prévoir des dispositions spéciales pour l'installation et l'utilisation des machines employées par certains médecins ou dans certaines cliniques (fortes machines de Wimshurst ou machines quelconques à haute fréquence) qui peuvent troubler la réception dans tout un quartier d'une ville, de même que certains moteurs à courants alternatifs.

Résistance aux agents. Rébellion.

Il sera prudent, dans tous les cas, de satisfaire aux injonctions légales des inspecteurs et agents de surveillance, car leur résister et essayer même de les empêcher d'accomplir les actes de leur fonction expose à l'application des peines édictées par le code pénal dans les articles 209 et suivants pour réprimer la rébellion (art. 5 du décret).

Postes privés, appareils de transmission soumis à l'autorisation ministérielle.

Des postes destinés à l'échange des correspondances d'intérêt privé peuvent être établis et exploités par des particuliers, mais après autorisation de l'administration des postes et des télégraphes, conformément aux dispositions des articles 1er et 8 du décret du 5 mars 1907 modifié par l'article 1er du décret du 26 avril 1910 et l'article 1er de l'annexe de la Convention de Londres du 5 juillet 1912. Ces stations privées comprennent non seulement les stations de bord, mais encore, tous les postes pouvant servir tant à la correspondance qu'à l'émission de signaux radiotélégraphiques quelconques. Les postes de démonstrations dans les écoles, collèges, instituts, laboratoires, les postes d'essais des fabricants d'appareils, des savants, chercheurs, des amateurs, en un mot tous les postes pourvus d'un dispositif de transmission, doivent donc être autorisés pour ne pas exposer leurs propriétaires ou détenteurs aux rigueurs de la loi, car il est bien évident que toute émission de signaux, quel que soit le but recherché par son auteur, constitue une infraction à l'article 1er du décret-loi du 27 décembre 1851.

La simple détention d'appareil de transmission est licite.

Il est bon, néanmoins, d'observer que les appareils à radiations électriques ne sont pas assimilés aux engins de chasse prohibés, dont la simple détention constitue un délit; la possession d'appareils pouvant servir à la transmission est parfaitement légale, seul le fait de s'en servir, *de transmettre* (suivant les termes mêmes de la loi), *sans autorisation, des signaux à l'aide de machines télégraphiques ou par tout autre moyen, est un délit.*

Stations de bord.

Les demandes d'autorisation d'établissement de postes de T. S. F. à bord de navire sont adressées sans forme spéciale par les propriétaires de ces navires au ministère des P. T. T.

Jusqu'ici, 90 navires français seulement appartenant à de grandes compagnies de navigation (Transatlantique, Messageries maritimes, etc., ou à des armateurs), ont seuls été pourvus, après autorisation, de la télégraphie sans fil alors que l'Angleterre en a déjà 590 et l'Allemagne 253.

Ces postes, une fois établis, ne sont réellement autorisés à exploiter qu'après leur réception officielle par un fonctionnaire des P. T. T. La mission de ce fonctionnaire est de s'assurer que les appareils établis remplissent le but exigé et que le service sera assuré par un opérateur breveté et assermenté. A la suite de cette visite une licence est délivrée au navire ou, si les appareils ont été reconnus insuffisants, des réserves sont faites et la licence n'est pas délivrée; dans ce cas, le navire perd les avantages attachés aux stations autorisées : échange des communications avec les autres stations autorisées et les postes côtiers.

Service commercial de l'Etat.

En exécution des stipulations de l'article 1er de la Convention de Londres, l'Etat français a établi et exploite un certain nombre de postes côtiers ouverts au public; ces postes sont actuellement :

Dunkerque (marine, service officiel et service public)[1];
Boulogne-sur-Mer (P. T. T.);
Dieppe (Chemin de fer de l'Etat);
Le Havre (P. T. T.) qui sera incessamment ouvert;
Cherbourg (marine, service officiel et service public);
Ouessant (P. T. T.);
Brest-Kerlaer (Marine, service officiel et service public);

1. Par service public, il faut entendre l'échange des radios de commerce ou privés, entre stations côtières et stations de bord.

Lorient (*Idem*) ;
Rochefort (*Idem*) ;
Le Bouscat (P. T. T.) ;
Les Saintes-Marie-de-la-Mer (P. T. T.) ;
Toulon (marine, service officiel et service public) ;
Cros-de-Cagnes (P. T. T.) ;
Fort-de-l'Eau, Alger (P. T. T.) ;
Ajaccio (marine, service officiel et service public) ;
Casablanca (guerre, service officiel et service public) :
Mogador (*Idem*) ;
Tanger (*Idem*).

Formes de la demande d'autorisation pour les postes autres que les stations de bord.

Les demandes d'autorisation doivent être adressées au ministère des postes et des télégraphes ; elles doivent contenir, avec le nom, l'adresse, la profession du pétitionnaire, tous les renseignements de nature à éclairer l'administration tant sur l'identité et la moralité de ce dernier que sur le but qu'il poursuit en voulant installer un poste.

L'impétrant devra donc faire légaliser sa signature par le maire de sa commune ou la faire certifier conforme par le commissaire de police de son quartier ; il joindra un certificat de bonne vie et mœurs et un bulletin n° 3 de son casier judiciaire.

Plus spécialement les intéressés devront faire connaître :

1° L'usage qu'ils comptent faire de leur installation ;
2° Le système des appareils qui seront utilisés ;
3° La hauteur de l'antenne ;
4° L'emplacement du poste correspondant ainsi que la puissance électrique et la longueur d'onde qui seraient employées ; ils joindront enfin à leur demande deux feuilles doubles de papier timbré grand format, pour l'ampliation de l'arrêté d'autorisation.

Autorisations et conditions d'établissement et d'exploitation des installations privées.

Les autorisations ne sont pas nécessairement accordées,

car l'article 1er du décret de 1907 décide qu'elles *peuvent* l'être dans certains cas, que d'ailleurs il ne spécifie pas. Elles sont toujours temporaires et doivent être renouvelées quand le temps imparti est expiré. Elles sont généralement accordées pour 6 mois ou 1 an.

Aux termes de l'article 8 du même décret modifié par l'article 1er du décret du 26 avril 1910, c'est l'administration des postes et des télégraphes qui accorde ces autorisations sur l'avis de la commission technique, dite commission interministérielle, instituée par l'article 4 du décret de 1907, dont nous avons donné le texte plus haut. Jusqu'ici, 23 postes d'expérience seulement, présentant un intérêt scientifique reconnu, ont reçu l'autorisation. Il n'existe pas en France de postes privés autorisés à transmettre la correspondance publique.

Le permissionnaire n'est astreint à aucune redevance. L'autorisation détermine les conditions d'établissement et d'exploitation de toute installation privée dont l'inobservation motiverait, suivant les cas, soit le refus d'une nouvelle autorisation, soit même le retrait de l'autorisation accordée.

L'administration se réserve le droit de la suspendre ou de la révoquer, sans être tenue d'en indiquer les motifs. Elle est donnée sous forme d'un arrêté dont on trouvera plus bas le modèle. Elle peut contenir des conditions particulières, mais elle comporte toujours des conditions générales, auxquelles sont assujettis tous les permissionnaires.

Conditions générales[1].

Les permissionnaires doivent :

Donner à l'administration, tous les renseignements techniques qui peuvent leur être demandés (art. premier).

Quant aux renseignements sur la syntonie et la sélection qu'ils doivent fournir spontanément, il est permis d'en contester l'utilité.

---

1. On trouvera plus loin, le détail complet des conditions imposées.

Donner avis de toutes les modifications apportées ultérieurement à leur installation (art. 2).

Ne fonctionner qu'à certaines heures limitativement déterminées et n'échanger aucune correspondance proprement dite (art. 3).

Le contrôle de l'observation de cette condition est bien difficile : on ne peut en effet établir un service d'écoute permettant de surveiller toutes les émissions; ce service s'il existait même ne pourrait suivre les transmissions de tous les postes privés fonctionnant aux mêmes heures, avec des longueurs d'ondes souvent analogues. Au surplus le poste émetteur a toujours la ressource d'employer une langue étrangère ou de se servir d'un chiffre, ce qui n'est pas encore défendu, et, si cette défense venait à être faite, d'utiliser un style convenu. Rien n'est plus facile que de composer un code télégraphique où tous les mots usuels seront remplacés par des termes techniques et le plus malin n'y trouverait rien à redire. En outre, le poste transmetteur se gardant bien de donner son indicatif, quel sera, dans ces conditions, le moyen d'investigation et de preuve pour établir sa contravention?

Garder le secret des correspondances perçues (art. 4).

J'étudierai plus loin tout spécialement ce sujet pour démontrer combien cette disposition, très sage en principe, est inutile en pratique.

Les permissionnaires doivent s'abstenir de toute transmission pendant les émissions des postes de l'État (art. 4).

Cette prohibition très utile est l'application des règles établies par les décrets fondamentaux.

Aux termes de l'article 8 du décret du 5 mars 1907, modifié par le décret du 26 avril 1910 et des articles 8 et 15 du décret du 12 mai 1910, il est en effet interdit aux postes privés de troubler, en aucun cas, le service des autres stations.

De plus, l'article 45, paragraphe 3 du titre 13 du règle-

ment de service annexé à la Convention radiotélégraphique de Londres du 5 juillet 1912, impose l'obligation à
« toutes les stations radiotélégraphiques dont la trans-
« mission peut troubler la réception des signaux horaires
« et météorologiques, de faire silence pendant leur
« envoi, de façon à permettre à toutes les stations qui
« le désirent de recevoir ces télégrammes et signaux.
« Exception est faite pour les cas de détresse et les
« télégrammes de l'Etat. »

Dans la pratique, ces dispositions sont bien mal observées et il est permis d'admirer la mansuétude de l'administration des P. T. T. qui jusqu'ici n'a pas sévi par retrait d'autorisation, alors qu'un certain nombre de postes privés sont en contravention journalière avec les articles 3 et 4 de leur arrêté d'autorisation, en faisant des transmissions aux heures précises et connues où la Tour envoie ses signaux horaires, ses bulletins météorologiques ou ses battements pendulaires, troublant ainsi la réception des postes officiels ou privés autorisés situés dans leur voisinage, qui à raison de leur proximité et de leur accouplement serré avec eux éliminent très difficilement leurs émissions gênantes[1].

Il serait à désirer, d'ailleurs, que les postes d'expérience ou d'exercice de l'Etat, à quelque administration qu'ils appartiennent, se conformassent eux aussi, aux mêmes règles ; pour les mêmes raisons, ils devraient donner le bon exemple.

Les permissionnaires devront payer les frais de toute nature que pourrait entraîner le contrôle de leur poste (art. 5).

Cet article qui pourrait paraître formidable de conséquences aux particuliers n'a aucune portée dangereuse pour les permissionnaires soucieux de ne pas s'écarter de la légalité.

---

1. L'article 45 de la Convention de Londres prévoit le silence de tous les postes pendant 10 minutes, pour permettre la réception des signaux horaires et météorologiques.

Ces derniers, en effet, n'ont rien à craindre de l'administration; le contrôle n'existera pour ainsi dire même pas pour eux, ils n'ont pas à craindre de voir les agents des P. T. T. pénétrer chez eux à toute heure du jour ou de la nuit, comme le stipule ledit article; ils n'ont pas à redouter la construction dans le voisinage de leur installation, à leurs frais, d'un poste d'observation destiné à les surveiller. S'ils restent dans les termes de leur autorisation, ils n'ont aucune appréhension à avoir. Mais, il est bien évident que si l'administration avait connaissance d'un abus ou d'une entreprise sur son monopole, elle n'hésiterait pas à recourir à des expériences pour établir la fraude et ce sont les frais que pourraient entraîner ces expériences qu'elle entend laisser à la charge des délinquants.

De plus, aux termes de la Convention internationale de Berlin du 3 novembre 1906, promulguée en France par le décret du 12 mai 1910, et de la Convention internationale de Londres du 5 juillet 1912, dont le texte a été donné plus haut, l'observation des dispositions internationales est imposée aux exploitations privées.

Notamment, en ce qui concerne le trouble dont nous avons parlé plus haut (art. 8), et l'obligation d'accepter, par priorité absolue, les appels de détresse, provenant des navires, de répondre de même à ces appels et d'y donner la suite qu'ils comportent (art. 9).

Enfin, en cas de mobilisation, les postes privés sont soumis à l'autorité des départements de la marine et de la guerre et doivent, en conséquence, être mis à leur disposition.

Forme de l'autorisation.

Voici en quels termes sont accordées les autorisations :

MINISTÈRE
DU COMMERCE, DE L'INDUSTRIE
DES
POSTES ET DES TÉLÉGRAPHES

POSTES ET TÉLÉGRAPHES
Direction
de l'Exploitation télégraphique

2e Bureau

RÉPUBLIQUE FRANÇAISE

Paris, le . . . .

MONSIEUR,

J'ai l'honneur de vous informer que par arrêté en date du . . . .
. . . . vous avez été autorisé :

1° A maintenir votre poste d'expérience (adresse . . . . .);

2° A installer un nouveau poste d'expérience à . . . .
rue . . . . . .

Cette autorisation vous est accordée pour une période de six
mois à partir de la date de la présente lettre et aux conditions
fixées par l'arrêté dont le texte est ci-joint.

Je vous serais obligé de vouloir bien m'accuser réception de la
présente lettre.

Agréez, Monsieur, l'assurance de ma considération très
distinguée.

Le Directeur de l'Exploitation télégraphique.

Arrêté d'autorisation.

Le Ministre du Commerce, de l'Industrie,
des Postes et des Télégraphes,

Vu l'avis exprimé par la Commission interministérielle de la
télégraphie sans fil, dans sa séance du . . . .

Sur la proposition du Directeur de l'exploitation télégraphique.

Arrête :

M. . . . . , demeurant à . . . . ;
rue . . . . est autorisé :

a) A maintenir son poste d'expérience à . . . .

b) A installer un nouveau poste d'expérience à . . . . . .

Aux conditions générales suivantes fixées par l'arrêté du 6 septembre 1911 :

Renseignements à fournir à l'Administration.

ARTICLE PREMIER. — Le pétitionnaire adressera à l'administration des postes et des télégraphes une nomenclature des appa-

reils qu'il se propose d'expérimenter, avec indication de leur provenance. Le pétitionnaire devra, en outre, donner connaissance de toutes les dispositions qui seraient adoptées pour réaliser la syntonie ou permettre la séparation des transmissions échangées par les postes susvisés, de celles provenant d'autres postes de télégraphie sans fil. Il s'engage d'ailleurs, à fournir à bref délai à l'administration, au cours du fonctionnement, de ses postes, tous les renseignements qui seront demandés.

Installation. Entretien des postes.

Les postes seront installés et entretenus par les soins et aux frais du pétitionnaire.

Toutes les modifications qui seront apportées ultérieurement à ces installations devront être notifiées à l'administration des postes et des télégraphes.

Nature des communications à échanger:

Art. 2. — Les postes qui font l'objet de la présente autorisation ne pourront être utilisés que pour des essais d'échanges de signaux de réglage à effectuer seulement entre eux.

Les expériences de transmission ne pourront avoir lieu que dans l'intervalle des heures suivantes :

De 2 heures à 7 heures,
De 9 heures à 10 h. 45,
De 17 heures à 19 heures[1].

Toute émission sera précédée et suivie du nom du concessionnaire répété trois fois.

Le pétitionnaire ne devra transmettre ou recevoir à l'aide des postes autorisés aucune correspondance ayant un caractère actuel et personnel, même dans son intérêt particulier.

Toute transmission de signaux sera formellement interdite aux postes autorisés uniquement pour la réception des signaux.

Secret des correspondances.

Art. 3. — Le pétitionnaire ne devra divulguer à qui que ce soit en dehors des fonctionnaires désignés par l'administration ou des officiers de police judiciaire compétents, le contenu des télégrammes transmis par la télégraphie sans fil qui seraient perçus par ses postes. Il ne devra en faire aucun usage.

Priorité des communications de T. S. F. faites par l'État.

Art. 4. — Les transmissions effectuées par le pétitionnaire ne devront pas troubler celles que l'État effectuerait pour ses propres besoins.

1. Cette heure devrait être modifiée, puisque depuis le 1er septembre 1918, le poste de la Tour Eiffel envoie son deuxième bulletin météorologique à 17 heures.

Chaque fois que des signaux provenant des postes de l'Etat lui parviendront, le pétitionnaire devra s'abstenir de toute transmission jusqu'à ce que ces postes aient terminé leurs échanges.

Le pétitionnaire devra déférer à toute invitation de l'administration de cesser les essais effectués dans ses postes pendant telle période qui lui sera fixée.

Contrôle.

ART. 5. — L'administration des postes et des télégraphes se réserve d'exercer sur les postes du permissionnaire un contrôle permanent ou temporaire à son gré, et de la façon qui lui paraîtra la plus convenable. Les frais de toute nature auxquels ce contrôle pourrait donner lieu seront remboursés par le pétitionnaire sur production de titres de perception dressés par l'administration des postes et des télégraphes.

Le pétitionnaire fera connaître 48 heures à l'avance à l'administration des postes et des télégraphes la date à laquelle il commencera ses essais. L'administration pourra en outre, si elle en reconnaît l'utilité, exiger à tout moment et à première réquisition que les postes autorisés soient desservis temporairement ou d'une façon permanente par ses agents.

Les agents de l'administration des postes et des télégraphes auront le droit de pénétrer à toute heure dans les locaux où sont installés les appareils, pour exercer toutes les opérations de contrôle jugées nécessaires.

Les ministères intéressés se réservent le droit de se faire représenter à toutes les expériences que le permissionnaire effectuera à l'aide de ses postes.

Irresponsabilité de l'Etat.

ART. 6. — L'Etat ne sera soumis à aucune responsabilité à raison des difficultés qui pourraient surgir entre le pétitionnaire et les particuliers, sociétés ou compagnies à qui l'autorisation d'exploiter des postes de télégraphie sans fil aurait été accordée, ou, en général, avec qui que ce soit et pour quelque cause que ce soit.

Caractère de l'autorisation, révocation.

ART. 7. — La présente autorisation est accordée à titre essentiellement précaire et révocable. Elle ne comporte aucun privilège et ne saurait faire obstacle à ce que des autorisations de même nature soient accordées ultérieurement à qui que ce soit.

Aucun poste de télégraphie sans fil autorisé ne peut être cédé sans le consentement exprès et écrit de l'administration des postes et des télégraphes.

Celle-ci pourra, à toute époque et pour quelque cause que ce soit, suspendre ou révoquer les autorisations accordées par elle.

sans qu'elle soit tenue de payer une indemnité quelconque ni de faire connaître au permissionnaire les motifs de sa décision.

A la première réquisition de l'Administration des postes et des télégraphes, le permissionnaire devra immédiatement mettre ses postes hors d'état de fonctionner aussi bien à la transmission qu'à la réception.

Un délai d'un mois pourra être accordé pour la suppression des postes visés dans le présent arrêté.

Si ce délai était dépassé, l'administration des P. T. T. pourrait faire procéder à cette opération aux frais du permissionnaire.

Lois et règlements à intervenir.

Art. 8. — Le permissionnaire se soumettra à toutes les dispositions d'actes législatifs, réglementaires et administratifs, à intervenir en matière d'échanges de signaux, par ondulations électriques ou d'établissement de poste de télégraphie sans fil.

Frais de timbre.

Art. 9. — Les frais de timbre auxquels sont soumises les autorisations sont à la charge des bénéficiaires.

Art. 10. — Le présent arrêté sera déposé au ministère du commerce, de l'industrie, des postes et des télégraphes (Bureau du cabinet des postes et des télégraphes), pour être notifié à qui de droit.

Fait à Paris, le......

Bobine pour postes de transmission,

CHAPITRE IV

**La Transmission pourrait être autorisée
sous certaines réserves.**

Le régime actuel concernant la transmission pourrait être modifié très heureusement dans le sens libéral, sans qu'il en résultât aucun inconvénient sérieux. Aujourd'hui, on l'a vu, la prohibition est la règle et l'autorisation l'exception ; elle n'est accordée, dans un intérêt purement scientifique, qu'avec la plus grande parcimonie puisque, pour toute la France, 23 postes seulement l'ont reçue. Rien ne peut, au surplus, justifier la différence de traitement dont souffrent les uns, dont bénéficient les autres, alors que les titres semblent égaux, les professions les mêmes, les travaux identiques. La commission interministérielle pourrait faire besogne plus utile que de passer son temps à instruire des demandes.

Les fraudes sont nombreuses mais sans gravité.

En pratique, de nombreuses fraudes sont commises qui échappent à tout contrôle, certains postes, non des moindres, font des incursions hardies sur le domaine du monopole de l'Etat, et un grand nombre d'amateurs échangent à de faibles distances des correspondances qui ne font pas baisser d'un centime les recettes des P.T.T., pour cette raison que ce qu'ils transmettent n'a aucune valeur au point de vue correspondance.

Ce que veulent ces trop zélés néophytes c'est entendre et être entendu, cela leur suffit.

Quelques fraudes.

Ces fraudes, qui ne sont autre chose que des expériences de physique, revêtent les formes les plus inattendues : tel se fait entendre à 1.200 mètres à l'aide d'une bobine d'allumage d'automobile sans que les postes voisins perçoivent ses émissions ; tel autre transmet par les fils du secteur électrique qui, dans la même ville, apportent au domicile même du correspondant, les oscillations de l'étincelle d'une minuscule bobine de motocyclette ; un troisième fait véhiculer ses émissions par les eaux d'une rivière[1].

Tout cela n'est pas bien grave, mais tout cela démontre à l'évidence combien sont grands l'amour de la science et le désir de pénétrer le mystère des ondes.

Ce que l'on pourrait autoriser.

C'est pourquoi je me demande si l'Etat n'aurait pas avantage à autoriser, moyennant une redevance qui pourrait être de 50 francs par an, la transmission à faible distance (5 kilomètres maximum) et avec l'utilisation

1. On trouvera d'intéressantes indications d'expériences de télécommunication par l'eau ou par la terre dans l'ouvrage de M. Lucien Fournier, La Télégraphie sans fil, ch. xv.

d'une antenne ne donnant pas plus de 200 mètres de longueur d'ondes. La puissance électrique pourrait également être limitée (100 ou 200 watts d'énergie au primaire pourraient largement suffire). L'excitation directe de l'antenne serait interdite, les montages en Tesla ou Oudin ou autre similaire seraient seuls autorisés et certaines conditions d'aptitude technique seraient exigées, comme en Angleterre et aux Etats-Unis. Dans ces conditions, il n'en résulterait aucun trouble pour les services de l'Etat, puisque ces émissions n'influenceraient même pas les postes les plus rapprochés ; le monopole commercial de l'Etat, de son côté, ne souffrirait aucune atteinte, car il n'est pas dans les habitudes de télégraphier à une distance que l'on peut facilement atteindre même à pied, et bien au contraire l'administration des P.T.T. réaliserait un joli bénéfice car il n'est pas douteux qu'un grand nombre de personnes payeraient la redevance exigée.

Quelques réformes à faire.

En tout cas, si ce système, pratiqué en grand aux Etats-Unis, ne rentrait pas dans les vues du législateur français, il y aurait lieu à mon avis de déterminer d'une façon précise les conditions auxquelles l'autorisation de transmettre pourrait être donnée dans un but scientifique, sans que la commission interministérielle eût à intervenir. On écarterait ainsi tout soupçon d'arbitraire et la commission pourrait travailler plus utilement.

En outre, le législateur pourrait prévoir certains cas dans lesquels, avec ou sans redevance, les particuliers seraient autorisés à émettre (Eclaireurs de France, sociétés de gymnastique, en marche ou en excursion, automobilistes en randonnées, ballons ou aéroplanes en service, professeurs de sciences des écoles et collèges, ascensionnistes en montagne, chantiers isolés, propriétés isolées et occupées temporairement, etc.). Si le principe d'une redevance était admis, elle pourrait être calculée d'après le tarif d'installation et d'usage d'un poste télé-phonique temporaire.

Tout cela, sans préjudice des autorisations qui seraient accordées comme par le passé aux grands postes installés dans un but scientifique.

DEUXIÈME PARTIE

ÉTAT ACTUEL DE LA LÉGISLATION EN MATIÈRE DE RÉCEPTION DES SIGNAUX RADIOTÉLÉGRAPHIQUES CAPTAGE DES ONDES HERTZIENNES

CHAPITRE PREMIER

Généralités.

Tout ce que nous avons étudié jusqu'ici concerne la télégraphie proprement dite, c'est-à-dire l'établissement et l'exploitation d'installations destinées à l'échange de la correspondance officielle ou privée et à la transmission de signaux radio-électriques, mais ne s'applique pas au simple fait passif de réception des signaux radio-télégraphiques.

La législation est muette.

Volontairement ou non, le législateur, jusqu'ici, a ignoré cette opération qui, si elle ne constitue pas un fait de télégraphie, est intimement liée à cette dernière, et comme il n'a prohibé que l'échange de correspondance, que la transmission illicite de signaux, l'interruption ou le trouble du service télégraphique, tout ce qu'il n'a pas défendu est permis.

En l'état actuel de la législation, le captage des ondes est libre.

La réception n'étant pas prohibée est donc licite, car en cette matière pénale, tout est de droit étroit, on ne peut qu'appliquer strictement la loi sans l'étendre d'un cas à un autre, sans chercher à combler les lacunes.

Le décret-loi du 27 décembre 1851 a, comme nous l'avons vu, établi un certain nombre de pénalités pour différentes infractions limitativement déterminées en matière télégraphique ; tant qu'une loi n'aura pas créé de nouvelles infractions et ne les aura pas affectées de pénalités, aucun texte, pas même un décret, ne pourrait apporter, à ce point de vue, la moindre modification.

La réception, qui n'est d'ailleurs pas un empiétement sur le monopole de l'Etat, est donc, avec les textes actuels, absolument libre et n'est assujétie à aucune obligation, à aucun contrôle. Toute personne a le droit d'établir une antenne, de posséder des piles, des bobines d'accord, des condensateurs, des détecteurs électrolytiques ou à cristaux, des téléphones et de s'en servir, sans subir la moindre entrave, sans encourir la plus légère pénalité. Tous ceux que cela intéresse peuvent recevoir les signaux horaires et les battements pendulaires de la Tour Eiffel. Ils peuvent régler sur elle leur montre ou leur baromètre ; ils peuvent connaître la direction du vent, sa tendance, ils peuvent connaître l'état de la mer aux quatre coins du globe, entendre les avertissements que le poste allemand de Norddeich donne aux navires de la mer du Nord, ils peuvent se passer de journal du soir et connaître les faits saillants de la journée contés en français par la Tour, en anglais par Poldhu, en allemand par Norddeich ; ils ont le droit d'écouter les essais radiotéléphoniques et de suivre, dans le bruissement des arcs, les airs populaires les plus connus. Ils peuvent tout et on ne peut rien contre eux. C'est évidemment très encourageant, aussi le nombre d'amateurs est-il devenu en peu de temps incalculable : si cela continue on pourra bientôt signaler les gens qui n'ont pas un dispositif de réception de télégraphie sans fil,

C'est l'âge d'or, mais il ne faut pas perdre de vue que cet heureux temps fut suivi de l'âge de fer qui amena tous les maux sur la terre. Il n'y a pas à craindre que la science nouvelle subisse pareil avatar, mais il est certain cependant que l'état de choses actuel ne peut durer. Il est impossible que l'État se désintéresse complètement d'un fait qui est intimement lié à son monopole. Une réglementation doit intervenir. Déjà l'administration des postes et télégraphes a fait des tentatives diverses pour établir son droit de contrôle et même son monopole sur le droit de réception. Nous allons voir quelle a été jusqu'ici son action et étudier quel pourra être, à ce point de vue, le régime de l'avenir.

CHAPITRE II

L'Administration des Postes et Télégraphes et le Droit de réception.

———

Gardienne du monopole, l'administration des postes et des télégraphes a cherché dès la naissance de la T. S. F., à juste titre, à conserver la haute main sur tout ce qui la concernait de près ou de loin. Elle a, par des circulaires et des instructions, tenté de suppléer à l'insuffisance des textes.

Il a toujours été de bon ton de « bêcher l'administration »; c'est d'ailleurs très facile et il y a peu de mérite à le faire, car l'administration est impersonnelle, c'est une grande muette qui ne se défend pas, il n'y a pas grande crânerie à lui décocher des coups qu'elle ne rend pas. J'avoue, qu'avisé de certaines démarches intempestives d'agents par trop zélés, ayant voulu, par exemple, obtenir la suppression d'une antenne, contrairement à toute légalité, je l'avais, moi aussi, tout d'abord mal jugée.... Mais après avoir étudié son rôle de plus près, je me suis aperçu, qu'en dépit de certains abus, dont je reparlerai, en dépit de ses tentatives d'accaparement complet de la T. S. F. à l'égard des particuliers auxquels elle fut entraînée par la commission interministérielle, l'administration française des postes et des télégraphes ne méritait pas une appréciation trop sévère, car, si elle

a émis certaines prétentions exagérées, elle s'en est tenu
là et n'a pas commis d'abus de pouvoir.

La réception en Allemagne.

A l'étranger il n'en est pas de même. En Allemagne
la loi du 6 avril 1842 défend aux particuliers de télégraphier à une certaine distance. Cette défense est reproduite dans la loi du 7 mars 1908 sur la T. S. F. La transmission seule est donc interdite. Cela n'a pas empêché
l'administration, lorsqu'elle apprenait l'existence d'un
poste pour la réception de l'heure, de faire régler ce poste
sur Norddeich et de le faire plomber sur ce réglage. C'est
une tracasserie sans aucune utilité, je le démontrerai plus
loin.

Ce n'est pas tout, la police y recherche minutieusement tous ceux qui, à un titre quelconque, s'occupent de
T. S. F. et les maisons de commerce sont sollicitées de
fournir le nom de leurs clients.

Le gouvernement lui-même ne devait d'ailleurs pas
tarder à s'apercevoir des défectuosités du système
adopté. Aussi, dès les premiers jours du mois d'octobre 1913, le ministère des postes de l'Empire allemand
promulguait-il un règlement destiné, selon lui, à pallier
aux graves(?) inconvénients de la réception publique et
à empêcher les possesseurs d'appareils réceptionnaires de
« mettre en péril les intérêts de la défense nationale »
(d'après les propres termes du règlement).

Ces postes ne seront plus tolérés désormais que si
leurs propriétaires s'engagent à les détruire à la première injonction du gouvernement. Ils doivent s'engager, sous serment, à ne divulguer aucune dépêche de
nature officielle qu'ils auront pu capter. Ils devront,
en outre, donner toutes facilités aux officiers de l'armée
et de la marine chargés d'inspecter fréquemment les
postes; ces officiers auront le droit d'empêcher temporairement, et en tout temps, le fonctionnement de ces
stations. Enfin, ils devront les mettre à la disposition
du gouvernement à toute réquisition, et ils s'interdisent

de transmettre à la presse, même en temps de paix, tout message annonçant un désastre ou une catastrophe, terrestre ou maritime [1].

Je ne vois aucune objection à faire à l'obligation imposée aux particuliers de laisser inspecter leurs postes et de les mettre à la disposition du Gouvernement à toute réquisition, puisque c'est précisément le système que je préconise, mais l'engagement de ne divulguer aucune dépêche officielle et de ne fournir à la presse aucune indication sur les désastres ou catastrophes est tout à fait inopérant : une loi spécifiant ces défenses et la répression énergique des infractions seraient bien préférables.

La réception en Belgique.

En Belgique, pays cependant aux tendances si libérales, on est allé encore plus loin. L'article 2 de la loi du 10 juillet 1908 est ainsi conçu : « *Sur le terri-* « *toire belge, nul ne peut, sans autorisation préalable* « *du gouvernement, établir, faire ou laisser établir ou* « *fonctionner des appareils à radiations électriques sus-* « *ceptibles de servir ou de nuire à la correspondance.* »

On voit que ce texte est loin d'être clair.

Néanmoins, pour tout esprit non prévenu, il ne semble viser que l'interdiction de transmettre. En effet, un poste récepteur de T. S. F. n'est pas plus un appareil à radiations électriques, qu'une jumelle ou un objectif photographique ne sont des appareils à radiations lumineuses [2]. D'autre part, ce poste récepteur ne peut nuire à la correspondance et ne peut servir à la correspondance, c'est-à-dire à correspondre.

On a donc soutenu avec beaucoup de logique, qu'en Belgique comme en France, il était permis de recevoir.

1. Le journal *La Nature*, a publié cette réglementation dans son n° 2104, du 20 septembre 1913.

2. De Brandner. — *Sur la possibilité de prohiber la réception des radiotélégrammes par les particuliers.* (Ciel et terre.) *Bulletin de la société belge d'astronomie*, n° 12 (1912).

Mais l'administration belge des postes et des télégraphes a voulu trancher la question, dans le sens de la restriction complète, et elle a saisi et détruit les détecteurs d'un ingénieur bruxellois, M. Damseaux, qui faisait de la réception. Bien plus, elle lui a intenté un procès pour faire trancher la question par les tribunaux. L'affaire est venue devant le tribunal de Bruxelles, le 12 avril 1913, mais le Parquet demanda la remise au mois. Lorsque l'affaire revint devant le tribunal, le 13 mai, le ministre fit demander lui-même une nouvelle remise, semblant par là même, regretter la poursuite. On apprenait en même temps, qu'un projet de réglementation était à l'étude, et que les autorisations les plus larges seraient données.

L'affaire revint encore devant le tribunal, le 7 juillet, pour subir une nouvelle remise au mois d'octobre. Enfin, le 5 novembre 1913, elle fut appelée une fois de plus, mais l'administration ayant retiré sa plainte, il y eut radiation. C'est ce que l'on peut appeler un coup d'épée dans l'eau!

La réglementation, en tout cas, se prépare et d'après les renseignements officiels que j'ai recueillis, elle consacrera le principe de l'autorisation, sans imposition d'une taxe, sous les réserves :

1° d'une *enquête de moralité;*

2° d'un *engagement de ne pas faire de transmission;*

3° d'un *engagement de ne pas divulguer les correspondances;*

4° du *droit d'inspection du poste, par les P. T. T.*

Les demandes d'autorisation devront mentionner dans quelles conditions le poste fonctionnera, quel sera le plan de l'antenne et sa situation, quelles personnes l'auront à leur disposition, le but poursuivi par son propriétaire.

Ce système marque un grand pas de fait vers la liberté, il a sagement mis de côté toute espèce de taxation; malgré cela, il reste critiquable, en ce sens qu'il ouvre la porte à l'arbitraire. Qui sera chargé de l'enquête de moralité? N'y a-t-il pas lieu de craindre que cette enquête ne reflète les sentiments d'amitié ou d'animosité de ceux qui en auront la charge? Quel sera le criterium de cette moralité? Aura-t-elle des nuances ?

Est-ce bien, au surplus, sur la seule moralité que devrait porter l'enquête, assurément non, et il serait beaucoup plus intéressant pour un gouvernement, de connaître, après l'autorisation, l'usage que l'on fait de la liberté octroyée, que de supputer d'après la moralité que l'on en fera bon usage. La production du casier judiciaire offrirait un moyen d'investigation beaucoup plus simple et plus expéditif.

Quant aux engagements pris de ne pas transmettre et de ne pas divulguer les correspondances, on les prendra toujours, et l'on ne voit pas bien ce qui pourrait empêcher de les violer, en dehors d'une rigoureuse sanction pénale : cette sanction seule pouvant suffire, tout le reste est inutile.

Enfin, le Gouvernement belge se propose, et en cela il a parfaitement raison, de rejeter les demandes d'autorisation qui seraient faites dans un but de publicité.

C'est ainsi que des cinémas qui avaient demandé l'autorisation de faire passer sur leurs écrans des nouvelles recueillies par la T. S. F. se la sont vu refuser.

En ce qui concerne la transmission, des distinctions sont faites, mais les autorisations ne seront données qu'avec la plus grande réserve afin d'éviter des troubles pour les postes officiels. Il est bon de remarquer enfin, que le règlement belge ne fera l'objet d'aucun texte écrit : c'est une réserve très sage qui permettra de le modifier en s'inspirant de la pratique. C'est une période de transition qui s'est ouverte.

La réception en Autriche.

En Autriche, les ordonnances du ministre du commerce des 7 janvier 1910 et 1er mars 1912, relatives à la radiotélégraphie, ne prévoient pas le cas de la réception pure et simple; malgré cela, le gouvernement a si jalousement gardé la T. S. F. qu'elle y est demeuré l'apanage presque exclusif des professionnels civils et militaires, quiconque s'occupe de télégraphie sans fil est considéré comme un espion et peut s'attendre aux pires choses.

Des lettres portant la firme de maisons de commerce de T. S. F. adressées à des amateurs ont été arrêtées à la frontière autrichienne et détruites. Nos maisons françaises pourront donc prendre leurs précautions à cet égard.

Il résulte de cet état de choses que le public est peu éclairé en Autriche-Hongrie sur la radiotélégraphie. La presse de ce pays, au cours de l'hiver 1912, narra le plus sérieusement du monde, que les jésuites de Gratz interceptaient les communications radiotélégraphiques et empêchaient les dépêches d'arriver à destination (!). Une enquête fut faite et le couvent de Gratz eut de sérieux désagréments, des poursuites auraient même été dirigées contre certains de ses membres.

Malgré cela, il y a déjà quelques amateurs en Autriche !

La réception en Hollande.

En Hollande : l'interprétation tendancieuse de la loi du 7 mars 1905 permet l'interdiction de la réception et dès qu'une antenne surgit on la fait abattre. Cette aventure est arrivée récemment à un franciscain du couvent de Eysden près Maëstricht, dans le Limbourg hollandais. Le 7 juillet 1913 il installait une petite antenne de 2 fils, le 9 juillet il recevait la visite d'un des directeurs du télégraphe de Maëstricht (M. van Straaten, Opzichter der Telegrafie) qui lui intimait l'ordre de l'enlever sans délai, sous peines de poursuites.

Et cependant l'administration hollandaise tolère l'antenne et le poste des jésuites de Falkenburg (Fauquemont) entre Maëstricht et Aix-la-Chapelle !

Quoi qu'il en soit, une commission vient d'être nommée qui comprend un général, un amiral et de hauts fonctionnaires des télégraphes, pour étudier la législation en matière de T. S. F. et la réglementer. Cette commission, d'après les renseignements qui m'ont été donnés, serait favorable à la libre réception des signaux par les particuliers.

La réception en Egypte.

Je pourrais multiplier ces exemples, car on en trouve d'analogues à l'actif d'un grand nombre de pays, je me contenterai, pour terminer, de signaler un cas qui faillit altérer les bonnes relations du gouvernement français et du gouvernement égyptien.

C'était pendant la campagne de l'Italie à Tripoli, un riche habitant d'Alexandrie nommé Tawil, drogman d'un couvent, protégé français, avait installé sur le toit de sa maison d'habitation une antenne. Tout alla bien jusqu'au jour où cette dernière fut signalée à l'attention des autorités locales, mais alors les choses changèrent de face. Le gouverneur d'Alexandrie voulut obtenir du consulat général français la suppression immédiate de cette antenne qu'il considérait comme un danger public, menaçant de là faire détruire lui-même en cas de refus. Mais comme les capitulations interdisent aux autorités locales l'accès du domicile des protégés étrangers et comme Tawil en cette qualité n'était soumis qu'aux lois françaises, la question se compliquait et méritait d'être étudiée en droit. Notre consulat en référa au quai d'Orsay et une longue correspondance fut échangée.

L'impatience des autorités locales ne connut bientôt plus de bornes. La guerre balkanique avait éclaté, on accusait ce malheureux Tawil d'avoir maintenant des intelligences avec les Grecs comme autrefois il avait dû en avoir avec les Italiens; et, en tout cas, il devait nuire au monopole télégraphique. Le ministre des affaires étrangères khédivial intervint même personnellement et fit tant et si bien que, pour éviter des difficultés qui eussent été disproportionnées avec le peu d'importance des faits, notre consulat conseilla très sagement à son ressortissant

la suppression de son antenne sans attendre le règlement
du point de droit qui eût certainement tardé, puisque la
législation est à faire.

Après avoir passé en revue ce que l'on a fait à l'étranger[1], il est permis de dire qu'en France nous aurions tort
de nous plaindre exagérément. Un grand nombre de
postes de réception d'amateurs ont été signalés à l'administration. Qu'a-t-elle fait? Elle n'a usé d'aucun procédé
brutal : elle s'est toujours bornée à en référer à la commission interministérielle, qui, de son côté, ne s'est
pas encore prononcée, et pour cause, sur les suites à
donner.

Il y a plus, jusqu'ici aucune poursuite n'a encore été
exercée, pour quelque motif que ce soit, en matière radiotélégraphique.

On pourra d'ailleurs, juger en connaissance de cause,
le rôle de l'administration française des P. T. T. en
lisant les circulaires et instructions qui vont suivre, qui
ont été rédigées depuis le décret du 7 février 1903
(abrogé par celui du 5 mars 1907) qui a étendu à la radiotélégraphie le monopole de l'Etat.

Comme on le verra, notre administration en l'absence
d'une loi, n'a été un peu loin que sur le papier, c'est,
somme toute, une administration débonnaire.

**Circulaire n° 65 du 27 mai 1903 aux Directeurs départementaux,
relative à la répression des transmissions illicites de signaux
faites par la Télégraphie sans Fil.**

Aux termes de l'article premier du décret-loi du 27 décembre 1851, sur le monopole télégraphique, aucune transmission
de signaux ne peut être faite sans autorisation, d'un lieu à un
autre, soit à l'aide de machines télégraphiques, soit par tout
autre moyen.

1. On trouvera *infra*, chapitre III, § 1er, un aperçu des législations
anglaise et américaine.

Cette disposition s'applique, sans aucun doute, aux échanges de signaux effectués sans autorisation à l'aide de postes de télégraphie sans fil.

L'administration tient essentiellement à ce que les transmission illicites de cette nature soient réprimées conformément à la loi. Je vous prie, en conséquence, de vouloir bien exercer une surveillance active et continue en vue de rechercher les postes de télégraphie sans fil qui viendraient à être établis dans votre département.

Dès que l'établissement d'un de ces postes vous aura été signalé, vous devrez avertir son possesseur que toute transmission de signaux l'exposerait aux pénalités prévues par la loi de 1851.

Si celui-ci persiste à maintenir ses appareils et s'il se livre à des expériences d'échange de signaux, vous aurez à dresser un procès-verbal n° 986.

Dans tous les cas, vous ne manquerez pas de m'informer par télégramme de l'existence du ou des postes en question.

Commentaire. Dispositions conciliantes des P. T. T.

Ce langage est très net et a le grand mérite de n'être pas seulement comminatoire. Il rappelle les prescriptions légales, ne les étend pas abusivement aux cas qu'elles ne prévoient pas, laisse complètement de côté la réception pure et simple, se bornant à réclamer la juste répression des transmissions illicites et comme si elle éprouvait quelque regret à demander l'application de la loi. Elle invite ses fonctionnaires à ne pas agir de rigueur sans ménagements et à donner un avis préalable aux délinquants qui peuvent à loisir démonter leurs appareils. C'est de la véritable courtoisie administrative. Nous sommes loin de la légende de la violation des domiciles par l'administration, de la saisie et de la destruction des appareils. Ces faits se sont passés, comme je l'ai dit plus haut, à l'étranger, mais pas en France.

Il eût été à souhaiter que l'administration persistât jusqu'au bout, dans cette attitude aussi sympathique que légale.

CHAPITRE III

La Commission interministérielle et le Droit de réception.

———

La commission interministérielle intervient.

Malheureusement l'administration des P. T. T. ne resta pas la seule maîtresse de la situation. Comme nous l'avons vu, le décret du 5 mai 1907, modifié par celui du 20 novembre 1911, avait institué la Commission technique, dite Commission interministérielle, composée des représentants des divers ministères intéressés.

L'administration des postes et des télégraphes qui, à mon avis, eût dû avoir la prépondérance au sein de cette Commission, tout au moins, pour toute la partie purement administrative, fut submergée par les représentants des autres ministères.

Elle veut réglementer le droit réceptionnaire.

Et dès lors la situation changea.

L'article 8 du décret du 5 mars 1907, modifié par l'article 1er du décret du 26 avril 1910, ayant mis au nombre des attributions de la Commission le soin d'examiner les demandes d'autorisations d'*installations de postes privés* et de donner un avis par la suite qu'elles comporteraient de la part de l'administration des postes et télégraphes, elle ne fit aucune distinction et décida que toute installation, qu'elle soit destinée à l'émission ou à la réception des radiotélégrammes, devait être soumise à l'autorisation. Ainsi que je l'ai démontré, c'était en opposition avec les termes de l'article premier du décret-loi du 27 décembre 1851, mais c'était en outre contraire aux dispositions mêmes du décret du 5 mars 1907 dans lequel étaient déterminées les attributions de la Commission. En effet, si l'article 8 de ce décret prévoit bien que les *installations de postes privés* seront soumises à l'autorisation préalable, ce même article, *in fine*, spécifie que *ces postes ne doivent, en aucun cas, troubler le service des autres stations*. Il en résulte, à l'évidence, que les postes visés sont exclusivement les postes de transmission, car seuls, ils sont de nature à troubler le service des autres stations, ce que ne peuvent faire les postes de réception.

Elle refuse l'autorisation aux particuliers.

En dépit des textes, la Commission interministérielle s'arrogea donc le privilège de réglementer le droit de réception et d'imposer l'autorisation préalable même au plus minuscule poste horaire. En pratique, elle alla même plus loin, et ne se fit pas faute de la refuser à un grand nombre de particuliers et même à des horlogers qui l'avaient sollicitée.

Le règlement de la commission interministérielle.

Elle élabora un règlement qu'elle prétendit imposer à toutes les installations réceptionnaires privées. Ce règlement contresigné le 22 juin 1912, par M. Chaumet, sous-secrétaire d'Etat, sous forme d'un arrêté, reproduit toutes les dispositions imposées aux postes de transmission, pouvant être appliquées à la réception. J'en ai donné le texte plus haut (voir page 64), je n'y reviendrai pas, tout au moins en ce qui concerne *le secret des correspondances* (art. 3), le *contrôle* (art. 4), *l'irresponsabilité de l'Etat* (art. 5), *le caractère de l'autorisation*, sa *révocation* (art. 6), *les lois et règlements à intervenir* (art. 7).

Il n'est pas inutile cependant de donner le texte des articles premier et deux :

Installations radiotélégraphiques.

ARTICLE PREMIER. — L'installation radiotélégraphique sera soumise à l'approbation préalable de l'administration des postes et des télégraphes.

Sauf exception autorisée par l'administration des postes et des télégraphes, il ne pourra être employé dans la constitution des postes que des appareils construits en France et des matériaux fournis par des constructeurs ayant leurs usines en France.

Le pétitionnaire devra fournir à bref délai à l'administration, au cours du fonctionnement de son poste, tous les renseignements qui lui seront demandés.

Installation. Entretien des postes.

Les postes seront installés et entretenus par les soins et aux frais du pétitionnaire.

Les appareils seront placés dans un local fermant à clef et inaccessible à toute personne étrangère au service du pétitionnaire.

Toutes les modifications qui seront apportées ultérieurement aux installations devront être notifiées à l'administration des postes et des télégraphes.

Utilisation du poste.

Art. 2. — Les postes de réception des signaux horaires ne pourront être utilisés que pour la réception des signaux horaires transmis par le poste de la tour Eiffel.

Toute transmission de signaux sera formellement interdite.

Commentaire.

On voit combien les dispositions qui précèdent sont inopérantes. *Le permissionnaire doit employer des appareils français*, c'est évidemment une obligation inspirée par un sentiment patriotique très louable, mais comment le contrôler ?

Il devra tenir ses appareils dans un local fermant à clef et inaccessible à toute personne étrangère à son service ; c'est évidemment une très sage recommandation, mais s'il lui arrivait d'oublier sa clef dans la serrure ? Je n'ose y songer tant seraient graves les conséquences de cette étourderie !

Il ne pourra utiliser son poste qu'à la réception des signaux horaires transmis par la tour Eiffel. Mais qui donc pourra jamais savoir s'il a bien accroché chaque jour son récepteur aussitôt après le dernier « top » horaire et s'il n'a pas poussé l'indiscrétion jusqu'à écouter le bulletin météorologique qui suit l'envoi de l'heure?

On le voit, cette réglementation ne pouvait rien réglementer et, au fait, elle ne réglementa rien car, ainsi que nous le verrons plus loin, quelques établissements seulement effectuant un service public sollicitèrent et reçurent l'autorisation administrative.

La Commission interministérielle veut imposer aux établissements publics des appareils de son choix.

L'ingérence de la Commission interministérielle ne se borna pas là, comme on va le voir.

Dans toutes les administrations de l'Etat, à côté d'une élite de fonctionnaires consciencieux et pondérés, il y en a d'autres qui poussent le zèle jusqu'à l'excès; dans la magistrature, ce sont les « répressifs, » dans l'armée, les « chauvins » ou « cocardiers, » dans les administrations qui alimentent le budget, ce sont les « fiscaux. »

Or, il arriva que les « fiscaux » eurent la majorité à la Commission interministérielle et quelques-uns de ses membres trop bien intentionnés, entrevoyant pour l'Etat une source nouvelle de profits, cherchèrent à l'entraîner dans une voie où il s'est fourvoyé.

Ils découvrirent qu'après avoir assimilé les postes récepteurs aux postes transmetteurs pour les assujétir à l'obligation de l'autorisation, rien n'était plus simple que de n'accorder ladite autorisation que sous certaines conditions onéreuses : ils espéraient avoir trouvé ainsi la base d'un nouvel impôt indirect d'un magnifique rendement. Toutefois, il n'était pas possible de soumettre, d'emblée, les particuliers à des obligations nouvelles que la loi ne consacrait pas, aussi estima-t-on qu'il fallait tenter l'expérience sur les municipalités, les observatoires, les stations météorologiques, les compagnies de chemins de fer, les chambres de commerce et, en général, sur les établissements assurant un service public.

On espérait, sans doute, que la situation de ces établissements, les mettant dans une sorte de dépendance à l'égard des pouvoirs publics, les déciderait à se soumettre à des exigences que l'on chercherait ensuite, par assimilation, à imposer à tous.

Comme on le verra plus loin, l'essai fut plutôt malheureux.

Voici comment il fut tenté : à la date du 28 novembre 1912, le ministre des postes et télégraphes envoyait aux directeurs départementaux les instructions suivantes :

Paris, le 28 novembre 1912.

Circulaire.

Les municipalités, les observatoires, les stations météorologiques, les compagnies de chemins de fer, les chambres de commerce, et, en général, les établissements assurant un service public, ont été autorisés jusqu'ici à installer par leurs soins des postes de télégraphie sans fil destinés à recevoir les signaux horaires émis par la station radiotélégraphique de la Tour Eiffel.

L'administration se propose de réglementer la réception desdits signaux sur les bases ci-après : Les autorisations susvisées continueraient à être accordées aux municipalités, compagnies et établissements précités, mais l'installation des postes radiotélégraphiques horaires devrait avoir lieu, en principe, dans les bureaux de poste et de télégraphe. Toutefois, par exception, les installations pourraient être réalisées dans les locaux appartenant aux établissements concessionnaires.

Ces postes radiotélégraphiques comprendraient : 1° les appareils de réception proprement dits ; 2° une horloge de précision dont le cadran serait visible de l'extérieur par le public et qui serait mise à l'heure par l'agent chargé de recevoir les signaux radiotélégraphiques transmis par la station de la Tour Eiffel. L'installation serait faite par le personnel de l'administration mais les frais d'achat, environ de 600 à 700 francs (300 francs pour le poste de télégraphie sans fil et, d'après le Bureau des longitudes, 300 francs pour l'horloge de précision) seraient à la charge des intéressés; ceux-ci auraient également à supporter les dépenses assez faibles d'entretien des appareils et de l'horloge et une redevance annuelle pour frais d'exploitation (environ 50 francs par an).

Dans le cas où le poste serait installé dans les locaux du concessionnaire, la redevance annuelle pour frais d'exploitation serait d'environ 10 francs par mois. La réception des signaux horaires et la mise à l'heure de l'horloge auraient lieu par les soins du personnel de l'administration, et, de préférence, lorsque ce serait possible, par les agents mécaniciens.

Les signaux horaires sont envoyés à 10 h. 45, 10 h. 47, 10 h. 49, et à 23 h. 45, 23 h. 47 et 23 h. 49, mais la réception de ces signaux serait seulement assurée le matin.

Les postes horaires pourraient également assurer la réception des observations météorologiques qui sont transmises chaque matin, à la suite de l'heure, par voie radiotélégraphique. Les intéressés devront verser une taxe d'abonnement égale à celle appliquée pour les observations agricoles.

Le radiotélégramme météorologique donne la pression atmosphérique, la direction et la force du vent et l'état de la mer pour les six stations suivantes : Reykiawick, Valentia, Ouessant, la Corogne, Horta et Saint-Pierre-Miquelon, ainsi que quelques indications sur la situation générale de l'atmosphère en Europe et notamment sur la position des centres de haute et basse pressions. Il diffère donc très sensiblement des observations agricoles; vous profiterez de la circonstance pour rappeler, le cas échéant, l'existence et le but de ces dernières.

Je vous prie de bien vouloir saisir de ce projet les intéressés afin que l'administration puisse se rendre compte du degré d'intérêt porté au projet par le public. Vous me ferez connaître également les remarques ou observations que vous pourriez avoir à présenter au sujet de la mise en application de ce projet.

CHAUMET.

Commentaire.

Ce qui ressort de ce document, c'est que l'administration pose à nouveau, comme un principe absolu, que les municipalités et autres établissements publics doivent solliciter l'autorisation de recevoir les signaux horaires.

En vertu de quel texte, on oublie toujours de le dire, mais où les choses prennent une tournure vraiment plaisante, c'est lorsque l'administration décide que désormais elle continuera à accorder des autorisations, mais à la condition qu'elle fournira les appareils, les installera elle-même, les entretiendra et percevra des droits d'usage. Voilà ce que l'on a imaginé pour rendre service aux municipalités et autres établissements publics ! Je passe rapidement sur les énormités, disons le mot, qui fourmillent dans le document ci-dessus. Telle, l'obligation d'installer autant que possible le poste récepteur dans le bureau de poste et de télégraphe. On peut juger de la situation faite au maire d'une commune, directeur d'observatoire ou de station météorologique, chef de gare, etc., payant très cher le droit d'avoir l'heure exacte et obligé d'aller la prendre au bureau de poste sur des appareils qui lui appartiennent mais auxquels il n'a pas le droit de toucher!

D'un autre côté, j'ai tout lieu de penser que le receveur sera peu enchanté de voir l'accès de son bureau donné à des personnes étrangères au service.

Isolement des postes de T. S. F.

Cela pourrait paraître suffisant pour démontrer que le choix du bureau de poste et télégraphe n'a pas été heureux, ce sont cependant de bien maigres arguments à côté de la considération suivante.

La télégraphie sans fil et la télégraphie avec fil sont de nature essentiellement différentes, quoique sœurs, elles ne peuvent sympathiser, à tel point que c'est une erreur grave que de vouloir les abriter sous le même toit. Il faut même perdre de vue toute notion technique pour y songer seulement.

La réception radiotélégraphique exige des conditions de « recueillement » et d'isolement spécial qu'il est impossible de réaliser dans un bureau de P. T. T.

Je n'insisterai pas sur le bruit des conversations du guichet et des bureaux, sur les interminables palabres de la demoiselle du téléphone, sur le crépitement des manipulateurs et les appels des sonneries; tous ces bruits purement mécaniques pourraient, à la rigueur, encore bien qu'ils soient très gênants, être évités par l'utilisation d'un local capitonné comme le sont les cabines du téléphone. Mais l'inconvénient contre lequel on ne peut se défendre, ce sont les signaux parasites que le jeu normal des appareils télégraphiques ordinaires et téléphoniques mêlera aux signaux radiotélégraphiques au point

de les rendre indéchiffrables. Tous les appels téléphoniques, toutes les vibrations des sonneries, toutes les
transmissions de la télégraphie avec fil, en un mot toutes
les ruptures de courant dans des appareils à bobinages
produisant des étincelles, si minimes soient-elles, au
moment de ladite rupture, impressionneront les détecteurs. Toutes les modifications dans le potentiel des nombreux fils du bureau, détermineront des phénomènes d'induction qui seront perçus dans les téléphones, alors même
que les appareils de T. S. F. seraient séparés des appareils dont j'ai parlé, par l'épaisseur de plusieurs murs,
épaisseur qui n'est pas un obstacle pour les ondes parasites[1].

C'est à tel point que si l'on avait eu à rechercher et à
déterminer dans une localité, l'endroit le plus mauvais
pour l'établissement d'une station de réception, on devait
sans conteste choisir le bureau de poste et télégraphe.
Lorsque pour les appels téléphoniques à la lumière,
l'emploi de dynamos se sera généralisé, non seulement
les bureaux où elles seront installées seront inutilisables
pour la réception radiotélégraphique, mais les troubles
s'étendront assez loin dans tout leur voisinage.

Il est juste de dire que l'administration des P. T. T.
n'est pas tombée seule dans l'erreur que je viens de signaler; les compagnies de chemin de fer ont, dans la
plupart des cas, suivi les mêmes errements et je connais
de grandes gares, telle Amiens, pour n'en citer qu'une,
où le poste radiotélégraphique horaire, placé dans le
même local que le télégraphe avec fil, est à tel point inu-

---

1. Lors des premiers essais de télégraphie sans fil qui eurent lieu à
Paris entre les bureaux du *Journal* et un poste privé situé place de
la Madeleine, sous la direction de M. Branly, les expérimentateurs qui
faisaient usage du « trépied Branly » étaient gênés dans la réception,
par des bruits dont ils ne pouvaient déterminer l'origine, quand ils
s'aperçurent, à leur grand étonnement, qu'ils provenaient des contacts
que l'un d'eux, l'ingénieur-électricien Ropiquet, constructeur d'appareils radiologiques à Amiens, imprimait à plusieurs clefs qui se trou-
vaient dans sa poche et qui échangeaient leur potentiel électrique comme
le font les grêlons électrisés dans une nuée orageuse.

tilisable, que les agents de la compagnie préfèrent demander téléphoniquement l'heure à Paris que de la recevoir sur leur appareil.

Heureusement, qu'exceptionnellement, les appareils pourront se trouver dans un local de l'établissement concessionnaire : c'est mieux, mais ce sera plus cher. Ce n'est pas tout, ce concessionnaire recevra dans son appareil, après les signaux horaires, les observations météorologiques et agricoles, mais il n'aura pas le droit de les entendre, s'il ne paye encore une taxe supplémentaire. Tous ceux qui ont pratiqué la radiotélégraphie connaissent les observations qui étaient alors données; en voici un exemple.

Bulletin du 14 mai 1913.

Reykiavik : pression 770, vent sud-est, faible. Valentia : pression 771, vent nord, faible. Mer peu agitée. Ouessant : pression 765, vent nord-est, faible. Mer belle. La Corogne : pression 763, vent nord-nord-ouest, très faible. Mer houleuse. Horta : pression 775, vent nord-nord-ouest, presque calme. Mer belle. St-Pierre-Miquelon : pression 768, vent ouest, faible.

Forte pression Açores, Islande et nord Europe, Paris : vent 4 mètres, croît. Nord-est, croît. Pression 759, décroît. Pluie fine.

Comme on le voit, ces observations ne comportaient alors aucune prévision, et, si elles pouvaient intéresser les navires et quelques spécialistes de la météorologie, elles laissaient indifférent le commun des mortels.

C'est pour avoir le droit de les recevoir cependant, en même temps que l'heure, que les communes et établissements publics ont été sollicités de payer :

Pour les appareils (poste : 300 francs ;
  horloge : 300 francs, environ)....... 600 ou 700 francs.
Entretien des appareils et de l'horloge. Mémoire.
Frais d'exploitation. Redevance annuelle.......................... 50 francs.

Frais d'exploitation dans le cas où le
poste se trouve dans les locaux du
concessionnaire (10 fr. par mois)....   120 francs.
Taxe d'abonnement pour les observa-
tions météorologiques..............   Mémoire.
Taxe d'abonnement pour les observations agricoles....................   Mémoire.

On voit par cet exposé, combien sont élevés les frais
qu'auraient à supporter les concessionnaires, pour un
aussi maigre profit, s'ils se soumettaient aux exigences
de l'administration.

La tentative échoue du côté des établissements publics.

Les résultats de la consultation entreprise par les
directeurs départementaux auprès des intéressés dans le
but de « *permettre à l'administration de se rendre
compte du degré d'intérêt porté au projet par le public* »(?) furent concluants.

Les maires ne répondirent pas, ou répondirent que le
besoin ne se faisait pas sentir de grever le budget de
leur commune, dans de telles proportions, pour connaître
l'heure exacte, qu'ils pouvaient avoir à la gare de leur
localité ou chez un grand nombre d'horlogers la recevant,
par leurs propres moyens de la Tour Eiffel. Les compagnies de chemin de fer établirent des postes horaires à
leurs frais et les achetèrent chez les fabricants de leur
choix[1]. Quant aux autres, ils déclinèrent les offres qui
leur étaient faites, mais ce qu'ils ne dirent pas c'est
qu'ils reçoivent l'heure et les observations météorologiques et bien d'autres choses encore, sans bourse délier,
sans dérangement et sans contrôle. Je connais personnellement des établissements publics où des installations fonctionnent admirablement avec le fil du réseau
téléphonique comme antenne, d'autres sur des antennes
dissimulées dans des greniers; voilà où en sont réduits

1. C'est la maison Ducretet et Roger qui a installé les postes horaires
de toutes les grandes gares des chemins de fer du Nord et de l'Est.

des Instituts scientifiques pour échapper à l'étreinte administrative.

En résumé, comme il eût été facile de le prévoir, la tentative fiscale d'accaparement échoua lamentablement

Poste horaire avec détecteur électrolytique.

du côté des municipalités ou établissements publics : pour la France toute entière, il n'a été donné jusqu'ici que 35 autorisations à des municipalités, observatoires, ou chambres de commerce, pour des postes destinés exclusivement à la réception des signaux horaires. C'est peu.....

La tentative échoue du côté des particuliers.

Du côté des particuliers, les tentatives administratives furent plus vaines encore.

Les autorisations d'installations réceptionnaires furent refusées à ceux qui en firent la demande ; l'administration émit la prétention de faire supprimer certaines antennes établies sans son agrément, mais elle se heurta au refus formel de leurs propriétaires et elle n'insista pas.

Il y a mieux, elle prétendit empêcher la fabrication et la vente des appareils radiotélégraphiques par les particuliers, sous le prétexte que seuls les établissements publics avaient le droit de recevoir les signaux horaires sur les appareils fournis par l'administration.

Défense est faite à l'industrie privée d'installer des postes horaires.

En effet, à une date à peu près concomitante à l'envoi de la circulaire du 28 novembre 1912, le directeur de l'exploitation télégraphique adressait aux constructeurs parisiens d'appareils de télégraphie sans fil la lettre suivante :

Messieurs,

J'ai l'honneur de vous informer, à toutes fins utiles, que, *conformément à l'avis exprimé par la commission interministérielle de la télégraphie sans fil*, j'ai décidé que les compagnies de chemins de fer, les observatoires, les instituts météorologiques et, en général, les compagnies ou établissements assurant un service public, pourront seuls être autorisés à installer des postes de télégraphie sans fil, destinés à recevoir les signaux horaires émis par la station de la Tour Eiffel.

Commentaire.

Ce qui résulte de ce texte est extrêmement simple : plus besoin de Chambre de députés, ni de Sénat, plus besoin de pouvoir législatif. La loi, comme je l'ai exposé plus haut, n'a pas prévu le cas du captage des signaux radiotélégraphiques ; en l'absence d'une loi, cette réception est licite, mais cela n'a pas été pour embarrasser la commission interministérielle ; elle a décidé *ex cathedra* que la réception était interdite et par voie de conséquence et d'insinuation, elle fait défense aux fabricants de vendre des appareils aux particuliers qui, d'après elle, n'ont pas le droit de s'en servir.

Ces empiétements administratifs étaient prévus depuis longtemps et avaient suscité déjà certaines inquiétudes ; la presse avait annoncé, dès le début de l'année 1912, que les horlogers n'allaient plus pouvoir recevoir à domicile l'heure de la Tour Eiffel et que l'administration cessant

d'user de tolérance, se préparait à leur faire supprimer
leurs antennes. Mais toujours, chez nous, les principes
ont été défendus.

Il y a des juges à Berlin... et des avocats à Paris.

La maxime : « La force prime le droit » n'a pas cours
en France. Les 23 et 30 mars 1912, M. Ch. Lescœur,
professeur de droit, éminent jurisconsulte, publiait
dans la *Revue économique et financière*[1], sous ce titre :
Le monopole de l'État et la T. S. F. un remarquable
article, où il appréciait avec une certaine sévérité l'attitude nouvelle de l'administration et développait le
point de droit duquel résultait le principe de la liberté
absolue de la réception.

« N'empiétons pas sur le domaine de l'État, conclut
« M. Lescœur, mais ne le laissons pas empiéter sur le
« nôtre, et ne nous laissons pas intimider. C'est une tac-
« tique comme celle qui consiste à crier très haut et
« à menacer. Mais on ne passe pas facilement des
« menaces aux poursuites quand on n'a pas le droit pour
« soi : il y a encore des juges ailleurs qu'à Berlin. »

Dans son intéressant ouvrage *Télégraphie sans fil*,
le docteur Pierre Corret reprend à son compte, en la
commentant, la thèse de M. Lescœur. Il donne, en
même temps, l'opinion de ce dernier sur la lettre aux
fabricants d'appareils que nous avons publiée plus
haut : « Cette lettre, dit M. Lescœur, n'a absolument
« aucune valeur. Il n'y a aucun compte à en tenir.
« Contre un décret-loi, celui du 27 décembre 1851,
« qu'est-ce que peut la décision d'un sous-secrétaire
« d'État? Le monopole de l'État n'existe que dans les
« termes rigoureux de la loi qui l'établit. Le texte fon-
« damental, le seul important, est le décret-loi de 1851,
« les décrets subséquents ne peuvent ni l'abroger, ni le
« modifier, ils ne peuvent que l'interpréter et en assurer
« l'exécution. Ils ne font qu'appliquer à la T. S. F. les
« règles posées en 1851. En sorte que l'administration

1. *La Revue économique et financière*, bureaux, 30, rue de Provence.

« est sûre de perdre le procès qu'elle intenterait pour
« installation d'antennes et d'appareils récepteurs, et
« c'est pourquoi elle se contente de menace et d'intimi-
« dation. »

En fait, personne ne fut intimidé ni du côté des fabricants, ni du côté du public, et la tentative d'accaparement qui avait échoué auprès des municipalités et établissements publics échoua plus lamentablement encore
auprès des particuliers.

Jamais, en effet, il ne se fabriqua et se vendit plus de
postes horaires, plus de bobines de self, de détecteurs,
de condensateurs, de téléphones. Chaque maison a maintenant ses modèles et ses dispositifs spéciaux. De grands
progrès ont été déjà réalisés grâce à l'émulation et la
concurrence et il n'est pas douteux que les grands problèmes restant à résoudre, notamment celui de la direction des ondes, recevront un jour une solution grâce au
grand nombre de travailleurs qui en poursuivent la
recherche.

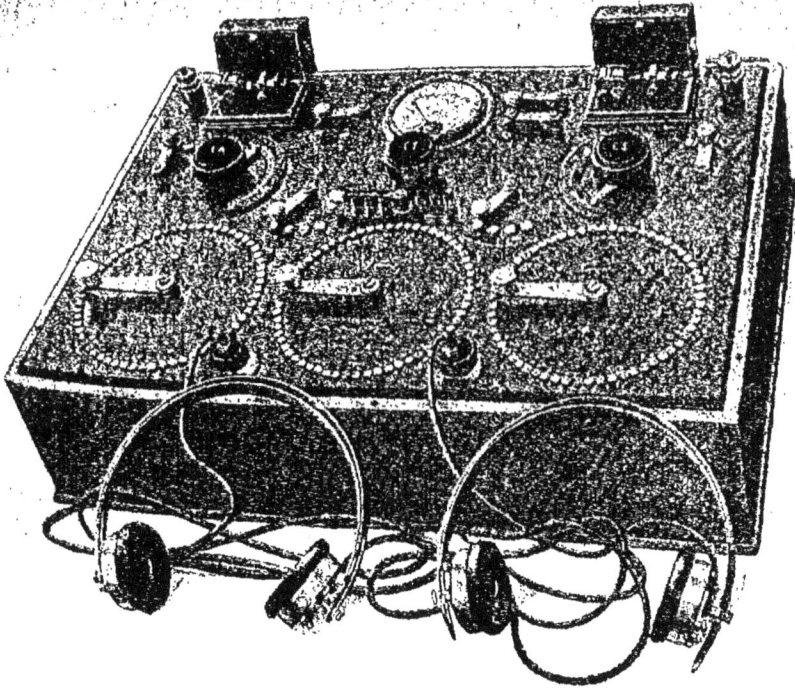

Poste récepteur complet par induction, avec service d'écoute en direct.

TROISIÈME PARTIE

ÉTUDE SUR LA RÉGLEMENTATION LÉGALE A VENIR DU DROIT DE RÉCEPTION

Plan.

J'ai démontré qu'en l'état actuel de la législation, le droit de réception sans conditions était absolu. J'ai indiqué les tentatives infructueuses de l'administration pour le réglementer et j'ai dit aussi qu'il était nécessaire qu'une loi intervienne pour régir ce point de droit.

Quel doit donc être le régime futur, le statut légal à venir?

Je n'hésite pas à proclamer que le législateur doit nécessairement reconnaître la liberté absolue de la réception, sous les réserves suivantes :

1° *L'Etat* (et par Etat, il faut entendre l'administration des postes et des télégraphes et les départements de l'intérieur, de la guerre et de la marine) *doit connaître tous les postes récepteurs quels qu'ils soient existant sur le territoire français.*

Toute personne voulant recevoir les signaux radiotélégraphiques doit, en conséquence, être soumise à l'obligation de la déclaration et encourir une pénalité si elle s'y soustrait.

2° *La liberté de réception ne doit être octroyée qu'aux seuls citoyens français offrant des garanties suffisantes de probité et de moralité. Les étrangers doivent être soumis à la formalité de l'autorisation.*

3° *L'Etat doit pouvoir exceptionnellement, pour des motifs de sécurité nationale ou d'ordre social, dont il sera le seul juge, faire supprimer tous les postes qu'il estimera utile d'interdire.*

Il me sera facile de justifier ces propositions par de nombreuses considérations.

Pour donner plus de clarté à la discussion, j'aborderai successivement l'étude des questions suivantes :

1° L'Etat ne peut se désintéresser de la question du captage des ondes.

2° L'Etat n'a aucun motif sérieux d'entraver la liberté réceptionnaire, sous certaines réserves; les raisons que l'on pourrait invoquer contre le principe de la liberté sont mauvaises.

3° Il y a, au contraire, d'excellents motifs militant en faveur de la liberté.

4° Toute mesure restrictive de la liberté serait illusoire et, par conséquent, inutile.

5° Réglementation du droit réceptionnaire.

CHAPITRE PREMIER

L'Etat ne peut se désintéresser de la question du captage des ondes.

Le captage n'est pas entreprise sur le monopole commercial de l'Etat.

Si l'on ouvre un dictionnaire au mot *monopole*, on trouve que ce substantif (grec : *monopolion ;* de *monos,* seul, et *polein,* vendre), désigne le privilège, qu'à l'exclusion de tout concurrent, possède un individu, une compagnie, un gouvernement, de vendre certaines choses. Monopole, implique donc une idée commerciale. Le monopole de la télégraphie est le privilège exclusif qu'a l'Etat d'exploiter l'échange télégraphique des correspondances dans son propre intérêt et dans le but d'en tirer seul un profit commercial. Tout fait pouvant apporter une entrave à l'exercice de ce monopole doit être réprimé.

La réception des signaux radiotélégraphiques est-elle dans ce cas ? Commercialement non, car les correspondances peuvent être captées de tous les côtés, être reçues par des millions de postes, elles n'en seront pas moins échangées normalement, aucune entrave ne sera apportée de ce fait au service commercial de l'Etat. Je reparlerai, en son temps, du secret des correspondances. Aucune concurrence, au surplus, n'est faite à l'Etat commerçant, son trafic reste entier.

Aucun empiétement n'est donc commis par les particuliers possesseurs de postes purement réceptionnaires sur le monopole commercial de l'Etat conféré à l'administration des postes et télégraphes.

Le monopole est plus gravement atteint par d'autres entreprises.

Ce monopole est plus sérieusement atteint par les entreprises des autres ministères qui, sous l'étiquette officielle, ou sous le couvert du chiffre, échangent journellement en dehors des télégrammes officiels des correspondances d'intérêt privé. Les envois de signaux horaires, d'observations météorologiques, de nouvelles de presse et la publication des promotions, par notre grand poste militaire de la Tour Eiffel, sans parler des souhaits de bonne année, sont autant d'empiétements sur le monopole du ministère des P. T. T. Je suis loin de m'en plaindre, et j'aurais mauvaise grâce à blâmer l'envoi de ces divers renseignements qui rendent les plus grands services et que je voudrais voir encore plus réguliers et plus complets, mais j'ai insisté sur ce point, pour faire toucher du doigt la confusion d'attribution que l'organisation actuelle a créée et pour bien démontrer qu'en matière radiotélégraphique il ne peut être question de prohiber les postes réceptionnaires, sous le prétexte qu'ils portent atteinte au monopole des postes et télégraphes, car en fait, ce monopole n'existe plus.

L'Etat n'est pas gêné par la réception publique.

L'Etat, d'autre part, peut user de la T. S. F. pour la plus grande utilité de ses différents services, sans être gêné matériellement par les postes récepteurs. A proprement parler, la réception n'est donc pas une entrave à l'exploitation de l'Etat.

Toutefois, aucun esprit sérieux ne concevra que l'Etat, parce qu'il n'est pas gêné matériellement, ne trouve pas utile à savoir qui s'intéresse de si près à son monopole.

L'Etat doit connaître ceux qui captent les signaux radiotélégraphiques.

L'Etat a un droit de contrôle et de surveillance absolu sur tout ce qui concerne sa sûreté et la sécurité physique et morale des citoyens; je démontrerai qu'il ne peut et ne doit pas prohiber d'une façon catégorique le droit de réception des radiotélégrammes, mais il faut qu'il le réglemente. Si l'État ne peut empêcher qu'on l'écoute, j'allais dire, qu'on l'entende « hurler » ses dépêches à travers l'espace, il a intérêt à connaître ceux qui l'épient et participent volontairement à ses travaux. Il doit pouvoir rechercher dans quel but ils le font, quel mobile les guide, scruter leurs intentions, connaître l'usage qu'ils peuvent faire de ce qu'ils perçoivent; il doit pouvoir refuser ce droit à toute personne de probité et de moralité douteuse.

Les départements de la guerre et de la marine échangent journellement des communications chiffrées ou non avec leurs différents services, il faut que l'État sache en quelles mains elles peuvent tomber et s'il n'y a pas pour lui un danger d'espionnage; il doit connaître les postes suspects qui, en temps de guerre, seraient susceptibles de recevoir des dépêches de l'étranger ou abuser, au profit de l'ennemi, de communications reçues; il doit connaître tous les postes pour pouvoir, en cas de mobilisation, s'en servir.

L'État doit rechercher les postes secrets.

Le danger pour lui, ce sont les postes secrets qu'une loi bien faite lui permettra de traquer en temps de paix. Et il y aura lieu de se montrer d'autant plus sévère pour les propriétaires de stations pouvant être utilisées en temps de guerre, qu'ils avaient des facilités plus grandes pour se mettre en règle.

Les étrangers doivent solliciter l'autorisation.

C'est dans ce même ordre d'idées que j'estime l'autorisation nécessaire pour tout étranger, à quelque nationalité qu'il appartienne, voulant recevoir en France les signaux radiotélégraphiques.

En temps de paix, il n'y aurait aucun inconvénient à ce qu'ils le fassent, je le démontrerai, mais en temps de guerre, il pourrait en être autrement et un gouvernement prudent doit prévoir et, par conséquent, avoir son attention attirée d'une façon particulière et permanente, sur les postes susceptibles de devenir suspects. Il lui sera facile de rétrécir le champ de sa surveillance en n'accordant l'autorisation aux étrangers qu'à bon escient, c'est-à-dire lorsqu'ils offriront par la durée de leur séjour en France, leur moralité et la nature de leurs occupations, toutes les garanties désirables.

L'État doit réglementer la possession des postes réceptionnaires.

Toutes les choses susceptibles d'intéresser la défense nationale et la sécurité de l'Etat ont été réglementées.

C'est ainsi que la loi du 24 mai 1834 réglemente la détention d'armes et de munitions ; la loi du 25 juin 1841, leur fabrication illicite.

La loi du 3 juillet 1877 et le décret du 2 août 1877 ont créé la conscription des chevaux, mulets et voitures.

La loi du 22 juillet 1909 a institué le recensement et le classement des voitures automobiles.

La loi du 22 juillet 1896 a réglementé la possession et l'utilisation des pigeons voyageurs.

Il est nécessaire que la télégraphie sans fil soit également régie à ce même point de vue, car il est incontestable que les postes transmetteurs ou réceptionnaires pourraient être utilisés en temps de guerre et, pour qu'ils le soient, il faut qu'on les connaisse et que les conditions de leur classement, en vue d'une utilisation possible, soient nettement définies.

Il faut, en outre, que l'Etat soit suffisamment armé, pour pouvoir supprimer, quand cela paraîtra utile, même en temps de paix, dans un intérêt de défense ou de sécurité nationale, la tolérance dont jouiraient certains postes.

CHAPITRE II

L'Etat n'a aucun motif sérieux d'entraver la liberté réceptionnaire sous certaines réserves. Les raisons que l'on pourrait invoquer contre le principe de la liberté sont mauvaises.

---

§ 1er. — *Généralités.*

L'interdiction serait arbitraire et inutile.

Dans l'antiquité on trouve de nombreux exemples de prohibitions dont rien ne justifiait la nécessité en dehors de la volonté, sans contrôle, de ceux qui les édictaient.

Interdictions célèbres.

La Bible et la mythologie en sont remplies : l'histoire de la pomme que notre excellente mère Eve croqua en dépit de la défense expresse du Créateur, et l'interdiction aux fugitifs de Sodome et Gomorrhe de regarder brûler leurs villes, sous peine d'être changés en statue de sel, nous ont été contés pendant nos jeunes années.

Chez les Egyptiens, l'image voilée de Saïs était même le symbole de ce que l'homme ne devait pas connaître ; personne ne pouvait la regarder sans encourir les pires châtiments.

Mais aujourd'hui, la science moderne n'accepte plus d'interdictions arbitraires ; de grands savants ont sacrifié leur santé, souvent même leur vie, pour la recherche et la découverte d'un principe nouveau et l'on comprendrait mal une interdiction visant la télégraphie sans fil, que rien ne justifierait et dont pâtirait une science nouvelle ayant tout à gagner des trouvailles, des découvertes, si minimes soient-elles, du plus modeste des chercheurs.

Il ne faut pas se dissimuler que la T. S. F. n'est qu'à son début, elle n'a pas encore atteint sa majorité, l'emprisonner dans une législation étroite serait nuire à son développement. Le progrès d'ailleurs, à la longue, finirait par avoir raison de prescriptions prématurées autant qu'intempestives et permettrait certainement de tourner une loi prohibitive.

Le tabac.

Louis XIII interdit l'usage du tabac, et le pape Urbain VII excommunia les fumeurs !

La presse.

On connaît les débuts pénibles de la presse, les persécutions auxquelles fut en but Renaudot, fondateur du premier périodique, et les tracasseries que cette grande institution dut subir pour arriver à la liberté ; mon intention n'est pas de la comparer, pas plus que le tabac, à la télégraphie sans fil, mais seulement de tirer argument de leurs débuts difficiles pour montrer que, tôt ou tard, tout ce qui doit être libre, le devient envers et contre tous.

Vouloir prohiber la réception radiotélégraphique serait aussi inopportun et inutile que d'interdire la radiographie[1] parce qu'elle peut nuire à la santé des opérateurs ou la photographie à raison des dangers qu'elle pourrait faire courir à la défense nationale !

Défense de photographier en Allemagne.

Sans doute, en Allemagne, on a arrêté récemment un officier français parce qu'il avait commis le crime de photographier un pont de bateaux ! mais je ne pense que ce soit un exemple à suivre.

Pourquoi d'ailleurs interdirait-on la réception ? Les esprits chagrins, ennemis du progrès, ne peuvent admettre un seul instant qu'une personne étrangère aux adminis-

1. Seule l'application des rayons X à la médecine (radiodiagnostic et radiothérapie) est interdite aux particuliers et réservée aux seuls médecins.

trâtions de l'Etat s'approprie des émissions sur lesquelles elle n'a aucun droit; ils considèrent, en outre, que le monopole de l'échange des correspondances se trouve compromis par les indiscrétions qui peuvent résulter de la réception publique et qu'enfin la sûreté de l'Etat est compromise.

Tout cela n'est pas sérieux.

§ 2. — *Le Captage des ondes et le Droit.*

En premier lieu, il faut faire justice du reproche de captage que l'on adresse au savant, à l'amateur qui s'occupe de réception radiotélégraphique, à l'horloger qui règle ses chronomètres sur les signaux hertziens.

Qu'est-ce que capter?

Qu'est-ce donc que capter? C'est amener dans un lieu déterminé, par une canalisation, un liquide ou un fluide qui, sans cette canalisation, se fût écoulé d'un autre côté.

Si celui qui capte n'est pas propriétaire des lieux sur lesquels il établit sa canalisation, et si la chose captée est la propriété d'autrui, il commet, en la dérivant à son profit, une soustraction frauduleuse. Il en est ainsi, lorsque par une voie souterraine on s'approprie l'eau d'une rivière, lorsque l'on pratique sans droit, un branchement sur une canalisation d'eau, de gaz ou d'électricité, on détourne une partie de cette eau, de ce gaz, de cette électricité, on la prend et l'on commet ainsi le délit de vol. Mais, s'écrient les fiscaux triomphants, c'est précisément ce que font ceux qui surprennent les radiotélégrammes! La cause est entendue. Pas encore, car votre assimilation est fausse, votre erreur vient de ce que vous n'avez pas suffisamment étudié la question.

Recevoir n'est pas capter.

Oyez plutôt. Le « sansfiliste » qui enregistre dans ses appareils des phénomènes lui permettant de comprendre le sens de radiotélégrammes échangés, n'établit aucune canalisation entre lui et la source des ondes, ce sont, en effet, ces ondes qui viennent à lui, qui coulent chez lui, il ne capte donc pas ; il ne prend pas, au surplus, ces ondes, il ne se les approprie pas, car elles passent, elles rayonnent dans toutes les directions, ce qu'il fait, c'est simplement constater leur passage, enregistrer les modifications de potentiel électrique que, par influence, elles déterminent dans ses dispositifs. Il ne détourne pas les ondes à son profit au détriment de ceux auxquels elles étaient destinées, car ces derniers les percevront néanmoins, sans même se douter de son intervention.

L'étude doit être libre.

On prétend que le rayonnement des ondes n'est pas sans influence sur l'atmosphère, qu'il condense les vapeurs et fait tomber la pluie, qu'il met le désordre dans les pigeonniers[1]! Cela est-il exact, je l'ignore et j'en doute fort ; je ne sais pas non plus s'il est sans effet sur mon organisme et sur ma santé, puisque les ondes orageuses agissent bien sur mes nerfs, mais ce qui est certain c'est que les ondes hertziennes violent mon domicile, qu'elles me pénètrent, me traversent, sans mon autorisation, et je n'aurais pas le droit, chez moi, de les étudier à loisir, ce serait vraiment trop de discrétion à l'égard de visiteurs aussi indiscrets.

Sophismes.

Nos adversaires sentant le terrain du droit pur manquer sous leurs pieds, chercheront peut-être à se rattraper à des infiniment petits. Sans doute, diront-ils, vous ne prenez rien directement, mais en faisant influencer des antennes et des bobinages par les ondes que j'émets, vous affaiblissez ces ondes et vous n'en avez pas droit. Scientifiquement c'est quelque peu exact. On sait, pour établir une comparaison, que l'usage plus ou moins

1. Cette idée bizarre a été émise par un correspondant occasionnel du « Chasseur français. »

intense que l'on peut faire du secondaire dans une bobine Ruhmkorff, a de l'influence sur l'intensité du primaire, mais, dans notre hypothèse, la capacité des antennes que peuvent construire les particuliers est tellement restreinte au regard de l'énergie émise, que pratiquement, leur effet est nul sur les ondes qui passent. Elles peuvent, pour n'envisager que celles d'FL, après leur affaiblissement, faire encore le tour du monde! il ne faut donc pas en parler. D'ailleurs, le fluide qui circule dans les appareils réceptionnaires est absolument infime; si l'on devait l'évaluer, il faudrait le mesurer en dix millièmes d'ampères, c'est pourquoi, pour révéler sa présence, il faut des détecteurs et des récepteurs de la plus grande sensibilité. Les ondes subissent des diminutions d'intensité autrement appréciables du fait de leur passage au-dessus de tous les corps métalliques de grande dimension; les ponts, les charpentes de fer, les toits de zinc, les rails des chemins de fer, les lignes aériennes de toutes sortes, les forêts, sont autant de dérivatifs pour les courants hertziens.

Il est d'ailleurs intéressant de souligner que, si j'emploie une antenne pour rechercher le passage des ondes, parce que cela m'est plus commode, cela n'est nullement indispensable, comme je le démontrerai plus loin. Je puis faire les mêmes recherches et constatations sur un grand nombre de corps métalliques qui m'entourent, sur le fil de la ligne téléphonique, sur le fil de ma sonnerie électrique, sur les fils servant à sécher le linge, sur une gouttière de zinc, une cheminée métallique, un balcon de fer, un grillage, etc., etc. Tout cela oscille électriquement au passage des émissions radio-électriques, et que je constate l'oscillation ou non, que je capte ou non, si vous voulez qu'il y ait captage les résultats seront les mêmes et ces corps, en s'influençant, feront baisser dans la même proportion l'énergie hertzienne[1].

1. On sait avec quelles difficultés les ondes traversent Paris, à raison de ses conducteurs naturels multiples.

Les ondes ne sont pas dans le commerce, ce sont des « res nullius. ».

Qu'on ne vienne donc pas parler de détournement et de vol. Au surplus, en droit, pour qu'il y ait soustraction frauduleuse, il faut que la chose volée soit *dans le commerce*, comme on dit au Palais, c'est-à-dire qu'elle appartienne à quelqu'un et que son propriétaire puisse en tirer parti. Or, l'énergie gaspillée dans l'espace, par le poste émetteur, ne lui appartient plus, c'est comme un sac de sel qui tomberait dans la mer. Disséminées dans l'éther les ondes hertziennes ne peuvent plus être reprises par celui qui les y a lancées; ce n'est pas comme s'il s'agissait de pigeons voyageurs, elles sont irrémédiablement perdues et n'ont aucune valeur commerciale. Elles sont à tout le monde et redeviennent des forces naturelles, je puis les capter pour faire vibrer mon téléphone, comme je capte le vent pour faire tourner mon moulin ou pousser mon bateau, comme je capte les rayons solaires pour enflammer une mèche d'amadou; et après mes prélèvements, le vent a conservé sa force et le soleil éclaire toujours le monde.

Me défendre de m'occuper de ces ondes, sous prétexte qu'elles vous ont appartenu, c'est m'interdire de profiter chez moi, de la lueur des réverbères que vous avez mis dans la rue, sous prétexte que l'éclairage est destiné exclusivement au public, vous ne pouvez pas cependant me forcer à fermer ma fenêtre. Vous ne pouvez pas m'interdire de regarder le feu d'artifice que vous tirez, ni d'écouter chez moi le concert que vous donnez chez vous. J'ai le droit de faire, dans mon domicile, ce que je veux et même de regarder chez vous avec une longue-vue et même d'enregistrer, à l'aide d'un phonographe, la musique que vous faites si elle parvient jusqu'à moi, et même de vous photographier si vous entrez chez moi.

C'est moi, au contraire, qui pourrais me dire gêné par vos émissions qui peuvent troubler mes expériences et déranger mes appareils.

Le tribunal de Marseille est saisi d'une intéressante espèce ayant quelque analogie avec la nôtre. Un habitant

de cette ville aurait trouvé le moyen d'obtenir l'éclairage
électrique à bon marché en utilisant les courants retour
à la terre des tramways. La compagnie lui a intenté
une action se basant sur ce que ces prélèvements aug-
menteraient et favoriseraient, d'après elle, les pertes à la
terre. La parole est aux experts, mais on voit déjà que
l'action pénale en détournement ou vol a été négligée et
que les tramways, pour obtenir gain de cause, sont obli-
gés de prouver l'augmentation de la perte de fluide et, par
conséquent, leurs dépenses majorées. L'on saisit de suite
qu'aucune assimilation de ce cas ne peut être faite avec
la T. S. F. car la réception ne fait pas baisser l'énergie
du poste transmetteur qui reste constante, n'augmente
pas les dépenses de ce poste et, par conséquent, ne permet pas l'application de l'article 1382 du Code civil.

L'interdiction manquerait de bases légales.

Que deviendrait d'ailleurs l'argument, s'il me plaisait
de ne recevoir que des émissions étrangères. Je suppose
qu'il me convienne de régler ma montre et mon baromètre chaque jour à midi sur les signaux de Norddeich.
Comment le législateur français pourrait-il justifier un
texte pour m'en empêcher? Il n'aurait même pas l'excuse
d'agir en vertu d'arrangements avec les puissances étrangères, car les conférences internationales n'ont pas prévu
le cas. Bien au contraire, l'article 21 de la Convention
internationale de Londres du 5 juillet 1912, décide que
chaque Etat conserve son entière liberté relativement
aux installations non prévues à l'article premier (stations
côtières et de bord ouvertes à la correspondance publique), au surplus, les lois n'ont de vigueur que jusqu'aux
frontières et la Radiotélégraphie n'a pas de frontières.

Le Français déteste l'arbitraire.

Le Français est bon enfant, il se soumet volontiers à
toutes les exigences dont il comprend la nécessité mais
il a horreur de l'arbitraire, et, en l'espèce, il ne comprendrait pas qu'on l'empêchât de recevoir des signaux,
notamment les signaux horaires de la Tour Eiffel que

l'univers entier peut capter à sa guise. Les articles 2 et 3 de la loi du 8 juillet 1885 permettent à l'Administration d'établir des supports télégraphiques et téléphoniques sur les immeubles, à la condition que l'on puisse y accéder de l'extérieur et des conduites ou supports sur le sol ou sous le sol des propriétés non bâties pourvu qu'elles ne soient pas closes; ce sont là, incontestablement, des restrictions apportées au droit de propriété. Le Français s'est incliné néanmoins parce qu'il a compris l'utilité générale de ces mesures; il ne comprendrait pas, par contre, qu'on l'empêchât de tendre chez lui, dans son jardin ou sur son toit, des fils métalliques, ou de constater, si bon lui semble, les oscillations électriques qu'engendrent dans son propre domicile en passant les ondes hertziennes.

Quelques comparaisons.

Empêcher de percevoir, à l'aide d'un quelconque de nos sens, ces oscillations, serait aussi ridicule qu'eût été, du temps de la télégraphie aérienne, l'interdiction de regarder les mouvements des grands bras des appareils de Chappe; ou de nos jours de jeter les yeux sur un sémaphore envoyant au large ses signaux, ou de suivre d'un point élevé les exercices militaires ou maritimes de télégraphie optique.

Comment empêcher d'entendre une personne qui hurle dans la rue?

Le captage ne préjudicie pas à l'échange des correspondances.

Un des arguments des partisans de la prohibition est l'insécurité des communications radiotélégraphiques, si tout le monde peut les lire. C'est, disent-ils, l'indiscrétion organisée, le secret des correspondances violé.

Voilà certes de bien gros mots, mais comme la pratique en démontre vite l'exagération.

La liberté existe en fait, depuis plusieurs années, sans inconvénient.

Voici plusieurs années qu'en fait fonctionne le régime de la liberté; des milliers et des milliers de postes réceptionnaires existent aux quatre coins de la France et jamais aucun incident n'a surgi, aucune indiscrétion n'a été signalée, aucun inconvénient n'est résulté de la tolérance actuelle, c'est l'expérience la plus concluante qui pouvait être faite et elle pourrait suffire. Il est préférable pourtant, d'aller au fond des choses et de discuter.

§ 3. — *Secret des correspondances.*

L'État, objectera-t-on, doit assurer le secret des correspondances, il ne peut tolérer qu'on le lui arrache.

La T. S. F. est jusqu'ici un moyen de correspondance indiscret.

Tout d'abord, il serait surprenant que l'État exigeât la discrétion, alors qu'il se sert pour correspondre du procédé le plus indiscret qui puisse exister.

On n'ignore pas qu'une dépêche envoyée de Paris au Maroc est reçue à Berlin plus facilement que dans notre nouveau protectorat, que la moitié des habitants de la terre, s'ils voulaient s'en donner la peine, pourrait entendre les signaux de la Tour. Des progrès, des découvertes remédieront peut-être à cet inconvénient que les appareils actuels, y compris les meilleurs *Tosi-Bellini*, sont impuissants à combattre, mais nous ne pouvons raisonner qu'avec les éléments dont nous disposons actuellement.

Qu'est-ce donc au surplus que le secret des correspondances ?

Peut-on tirer argument de ce qu'il est inviolable pour interdire les postes réceptionnaires ? Pour répondre utilement à ces questions, il importe d'étudier la législation en matière de secret professionnel et de secret des correspondances et il sera ensuite facile de tirer de cette étude les déductions qui s'imposent.

Secret professionnel.

En principe, toute personne est moralement tenue de

11

ne point divulguer les secrets ou les confidences qui lui sont confiés, mais le fait de se soustraire à cette obligation morale n'est pas sanctionné par la loi pénale (Trib. de Corbeil, 29 décembre 1895. D. 97, 1, 233). Néanmoins, s'il est résulté de la divulgation dont il s'agit des conséquences fâcheuses pour des tiers, ces derniers ont incontestablement le droit de poursuivre l'auteur cette de divulgation, en réparation du préjudice qui lui est causé par application de l'article 1382 du Code civil;

Lorsque la révélation est faite par un agent employé ou fonctionnaire de l'administration des postes et des télégraphes, cette révélation constitue un délit visé par l'article 378 du Code pénal ainsi conçu :

ARTICLE 378 du Code pénal. — Toutes personnes dépositaires par état ou profession des secrets qu'on leur confie, qui auront révélé ces secrets seront punies d'un emprisonnement d'un mois à six mois et d'une amende de 100 à 500 francs.

Mais il ne faut pas perdre de vue que la pénalité ci-dessus ne s'applique qu'au cas où les fonctionnaires des télégraphes divulguent les secrets qu'on leur confie ou dont ils n'acquièrent la connaissance que par l'exercice de leurs fonctions. C'est ainsi, pour prendre un exemple, qu'un employé des télégraphes violerait le secret professionnel en faisant connaître à des tiers qu'une personne a envoyé ou reçu un télégramme[1].

Inviolabilité du secret des correspondances.

Si la divulgation porte sur l'inviolabilité qui doit entourer la correspondance télégraphique elle-même, ce qui arriverait si un agent du télégraphe remettait

1. Cette obligation ne dispense pas les fonctionnaires des télégraphes du devoir imposé par le Code d'instruction criminelle obligeant toute personne à fournir son témoignage devant le juge d'instruction et devant les tribunaux de répression (Le Poittevin, Parquets III, 784; Cass., 14 mars 1885, S. 85, 1, 279, 5 novembre 1903. D. 1904, 1, 23).

volontairement un télégramme à une personne autre que son destinataire, le délit n'est plus le même[1]. Il est alors visé par l'article 5 de la loi du 9 novembre 1850 sur la correspondance télégraphique privée, ainsi conçu :

Article 5 de la loi du 9 novembre 1850. — Tout fonctionnaire public qui viole le secret de la correspondance télégraphique est puni des peines portées en l'article 187 du Code pénal.

Article 187 du Code pénal. — Toute suppression, toute ouverture de lettre confiée à la poste, commise ou facilitée par un fonctionnaire ou un agent du gouvernement ou de l'administration des postes, sera punie d'une amende de 16 à 500 francs et d'un emprisonnement de trois mois à cinq ans. Le coupable sera de plus, privé de toute fonction ou emploi public pendant cinq ans au moins et dix ans au plus.

A ces articles, il est bon d'ajouter les suivants :

Article 173 du Code pénal. — Tous agents préposés ou commis, soit du gouvernement, soit des dépositaires publics qui se seront rendus coupables de destruction, suppression, soustraction ou détournement d'actes et titres dont ils étaient dépositaires ou leur qualité ou qui leur avaient été remis ou communiqués seront punis des travaux forcés à temps.

Article 254 du Code pénal. — Quant aux soustractions, destructions et enlèvements de pièces ou d'autres papiers ou registres, actes et effets contenus dans les archives, greffes, ou dépôts publics ou remis à un dépositaire public en cette qualité, les peines seront contre les greffiers, archivistes, notaires ou autres dépositaires négligents, de trois mois à un an d'emprisonnement et d'une amende de 100 francs.

Article 255 du Code pénal. — Quiconque se sera rendu cou-

---

1. Le fait, par la directrice d'un bureau de poste, de donner lecture à haute voix d'une carte postale dans son bureau, en présence de plusieurs facteurs et de faire prendre copie de cette carte ne constitue pas le délit de l'article 187 du Code pénal qui punit l'ouverture des lettres confiées à la poste, mais il constitue le délit de l'article 378 qui réprime la violation par les personnes dépositaires par état ou profession des secrets qu'on leur confie, n'en fût-il donné connaissance qu'à une seule personne (Cass., 21 nov. 1874).

pable de soustractions, enlèvements ou destructions mentionnés en l'article précédent sera puni de la réclusion. Si le crime est l'ouvrage du dépositaire lui-même, il sera puni de travaux forcés à temps.

Ainsi qu'on le voit par l'étude et le rapprochement de ces divers textes, le secret professionnel est imposé aux agents des télégraphes et eux seuls, ainsi que les fonctionnaires de l'Etat qui les reçoivent ou en ont connaissance dans l'exercice de leurs fonctions, sont tenus d'assurer l'inviolabilité du secret des correspondances télégraphiques. Les agents et fonctionnaires des télégraphes y sont d'autant plus tenus qu'ils en ont prêté le serment, en conformité des dispositions de l'article 4411 de l'instruction générale sur le service des postes et des télégraphes, et du décret du 30 octobre 1901, ainsi conçus :

Décret relatif au serment professionnel des employés des Postes et des Télégraphes.
(30 octobre 1901).

ARTICLE PREMIER. — Tout agent, sous-agent, gérant, aide[1], qu'il soit titulaire, auxiliaire ou intérimaire, doit, avant d'entrer en fonctions et sous les peines portées par l'article 196 du Code pénal, prêter le serment de garder et observer la foi due aux secrets des correspondances et de dénoncer aux tribunaux les contraventions qui viendraient à sa connaissance. — Cette règle est applicable aux surnuméraires et aux sous-officiers candidats à l'emploi de receveur ou de commis, qui sont admis dans les bureaux.

ART. 2. — Le serment est prêté, soit devant le tribunal de première instance de l'arrondissement, soit devant le Juge de Paix du canton dans lequel l'agent ou le sous-agent admis à prêter serment, produit au magistrat sa commission ou sa lettre d'admission.

1. Les aides ne peuvent prêter le serment professionnel avant d'avoir accompli leur seizième année d'âge (Décision du ministère de la justice).

ART. 3. — Par exception, les jeunes facteurs du télégraphe, les facteurs auxiliaires et intérimaires, les ouvriers d'équipe et toute personne chargée à titre accidentel de la distribution des correspondances postales ou télégraphiques, prêtent serment devant leur chef immédiat, dans la forme suivante : — « Je jure de remplir fidèlement mes fonctions et de garder et observer la foi due aux correspondances. » Les gérants des recettes auxiliaires et leurs aides, les gérants des bureaux télégraphiques et des bureaux ou cabines téléphoniques qui ne participent pas au service postal, et leurs aides, prêtent serment dans la même forme devant le chef de service ou, par délégation, devant le chef dont ils relèvent.

ART. 4. — Toutes dispositions contraires au présent décret sont abrogées

En conformité également des dispositions de l'article 4411 de l'Instruction générale sur le service des postes et des télégraphes, les agents des compagnies de chemin de fer qui participent à la transmission et à la réception des télégrammes dans les gares ouvertes au service de la télégraphie, signent un engagement écrit de garder le secret des correspondances télégraphiques et téléphoniques officielles et privées.

Les radiotélégraphistes de bord ne peuvent eux-mêmes recevoir leur certificat les habilitant à exercer, qu'après s'être soumis à l'obligation du secret des correspondances (Article 10, §. 3 de l'annexe de la Convention internationale de Londres du 5 juillet 1912). Quant aux particuliers, aucune règle spéciale ne peut leur être appliquée en cette matière, ils n'ont rien à voir avec le secret des correspondances télégraphiques et peuvent se livrer à toutes les divulgations qu'il leur plaît sous les réserves suivantes :

1° Leur divulgation ne doit pouvoir nuire en aucune façon, si légère soit-elle, à des tiers, sinon ces tiers pourraient exercer contre les divulgateurs à l'occasion de leurs révélations aussi bien que de celles des personnes dont ils sont responsables (enfants mineurs, domestiques, préposés élèves ou apprentis) des poursuites civiles, en vertu des articles 1382 et 1384 du Code civil.

2° La divulgation ne doit pas s'étendre aux documents de quelque nature qu'ils soient intéressant la défense nationale, sinon son auteur s'exposerait aux rigueurs de l'article 2 de la loi du 18 avril 1886, ainsi conçu :

ARTICLE 2 de la loi du 18 avril 1886. — Toute personne qui, s'étant procuré des plans écrits ou documents secrets intéressant la défense du territoire ou la sûreté extérieure de l'Etat, les aura livrés ou communiqués en tout ou en partie à d'autres personnes, ou qui, en ayant eu connaissance, aura communiqué, ou divulgué des renseignements qui y étaient contenus, sera punie d'un emprisonnement de un à cinq ans et d'une amende de 500 à 3.000 francs. La publication ou la reproduction de ces plans écrits ou documents sera punie de la même peine[1].

Irresponsabilité de l'Etat.

L'Etat ne peut donc interdire la réception des radiotélégrammes sous prétexte d'inviolabilité du secret des correspondances, car les règles qui assurent cette inviolabilité ne sont pas applicables aux particuliers. L'administration des postes et des télégraphes, au surplus, aurait tort d'exagérer son souci de protection du secret des correspondances, puisque son irresponsabilité est

1. Il n'est pas nécessaire que la publication ou la reproduction de plans ou de documents intéressant la défense nationale soit complète et exacte. La reproduction même partielle et inexacte des plans officiels peut tomber sous le coup de la loi. La seule condition exigée est que les documents communiqués au public soient bien des documents secrets et intéressant la défense du territoire ou la sûreté extérieure de l'Etat. C'est au juge du fait qu'il appartient d'apprécier souverainement ce caractère (Cass., 23 sept. 1891, Pand. fr. pén. 92. I. 89).

L'action de déchiffrer des radiotélégrammes chiffrés de l'autorité militaire pourrait exposer son auteur à l'application de l'article 3 de la même loi. qui punit d'un an à six mois de prison et d'une amende de trois cents à trois mille francs le fait de prendre connaissance sans qualité de documents intéressant la défense nationale.

Enfin l'article 78 du Code pénal pourrait trouver, dans certains cas, son application; il est ainsi conçu : « Si la correspondance avec les sujets d'une puissance ennemie a eu néanmoins pour résultat de fournir aux ennemis des instructions nuisibles à la situation militaire ou politique de la France ou de ses alliés, ceux qui auront entretenu cette correspondance seront punis de la détention, sans préjudice de plus forte peine, dans le cas où ces instructions auraient été la suite d'un concert constituant un fait d'espionnage.

absolue. Voici, en effet, les termes de l'article 6 de la loi du 9 novembre 1850 :

Loi du 9 novembre 1850. — L'Etat n'est soumis à aucune responsabilité à raison du service de la correspondance privée, par la voie télégraphique.

Grâce à cette disposition tutélaire, l'Etat est à l'abri de toute responsabilité civile envers les particuliers et son irresponsabilité étant absolue, s'étend non seulement aux cas d'erreurs de transmission, retards, omissions, etc., mais aussi, aux cas de violation, divulgation du secret des correspondances.

Dans ce cas, les particuliers lésés n'ont qu'une ressource, celle de se porter partie civile dans l'action publique et répressive exercée contre l'agent coupable.

Mais si le fait de cet agent échappe à la juridiction répressive et n'est justiciable que de la juridiction disciplinaire, il n'y a pour la partie lésée, aucun moyen légal d'obtenir la réparation du préjudice qui lui a été causé, puisque la juridiction civile ne pourrait statuer sur un fait de service sans violer le principe de la séparation des pouvoirs administratif et judiciaire, établi par les lois des 16-24 août 1790 et 16-24 fructidor, an III[1]. Toutefois, il existe un certain nombre d'exemples où, bénévolement, l'administration des P. T. T. a désintéressé elle-même les particuliers victimes de cette situation anormale.

Pratiquement le secret des correspondances est plutôt théorique.

On se demande pourquoi d'ailleurs, l'Etat serait pris tout à coup du beau zèle de défendre le secret de la correspondance radiotélégraphique puisqu'il est irresponsable et, qu'en général, chaque mode de correspondance subit les indiscrétions inhérentes à sa nature, car il faut bien le dire.

La lettre.

En dehors des lettres ou plis fermés ou cachetés, les correspondances qu'échangent les particuliers ou les

1. Décision en ce sens : Tribunal d'Amiens, 2° chambre, 3 juin 1913.

administrations sont toutes exposées à une publicité plus ou moins grande.

Le téléphone.

Les relations téléphoniques n'offrent aucune espèce de garantie à ce point de vue; personne n'ignore que l'étanchéité des cabines téléphoniques publiques est un mythe et que les conversations sont perçues de l'extérieur avec la plus grande facilité; elles sont, en outre, suivies, souvent avec intérêt, à en juger par les éclats de rire dont elles sont parfois soulignées, par la demoiselle du téléphone et, dans bien des cas, entendues par un grand nombre de personnes ayant à leur disposition le réseau. Cela se produit lorsqu'une fiche a été oubliée ou mal placée ou simplement même, à raison de certaines circonstances donnant naissance à des phénomènes d'induction.

Cela n'a d'ailleurs pas d'importance, car, risquant en téléphonant d'être entendu par un grand nombre d'oreilles indiscrètes, on prend ses précautions.

La carte postale.

Envoie-t-on une carte postale non protégée par une enveloppe, on se gardera bien d'y inscrire un secret, il risquerait d'avoir le sort de celui de Polichinelle, nul n'ignore qu'avant d'arriver à destination la carte sera lue par le facteur, la concierge, la cuisinière, et j'en passe.

La poste restante.

Je ne m'appesantirai pas sur les aléas de la poste restante; le moins que j'en puisse dire, c'est qu'elle n'offre aucune espèce de sécurité, il est des gens qui passent leur temps à l'alléger au détriment des véritables et trop confiants destinataires.

Vénus, à vrai dire, est fort heureusement plus atteinte que Mercure par ces coupables agissements.

Le télégramme.

Expédie-t-on un télégramme, on emploie le chiffre ou le style convenu, si l'on veut être assuré de la discrétion, car on sait que la dépêche sera lue : 1° par l'employé du guichet; 2° par le « bouliste » qui la porte au répartiteur; 3° par le répartiteur qui la distribue aux agents de transmission; 4° par l'agent dit « à la colle » qui la vérifie, l'inscrit et la collationne; 5° par l'agent manipulant; 6° par le commis principal qui pointe et classe l'original.

En cours de route, la dépêche aura souvent à suivre les mêmes acheminements dans deux ou trois bureaux intermédiaires; elle pourra, en outre, être lue dans les relais avec parleur des postes embrochés et lorsqu'elle parviendra au bureau destinataire, elle passera sous les yeux de l'employé qui la reçoit, de l'agent dit « à la colle » qui l'inscrit, du brigadier facteur qui la lit, la plie et la répartit aux porteurs.

L'on pourra objecter que tous ces agents sont tenus au secret professionnel et, théoriquement, c'est une garantie, mais pratiquement c'est un leurre; les doléances des particuliers, des préfectures et des parquets qui encombrent les cartons ministériels, en sont la démonstration péremptoire. L'administration des P. T. T. au surplus se préoccupe peu d'assurer le secret des dépêches qui lui sont confiées et dont certaines, comme en matière de bourse, peuvent avoir une grosse importance et elle ne prend aucune précaution spéciale pour en éviter la divulgation absolue; sinon la première chose à faire serait d'éloigner les appareils transmetteurs du local réservé au public, où toute personne sachant lire au son, peut prendre connaissance des télégrammes émis, par le simple bruit des manipulateurs[1].

Chiffres.

Les administrations de l'État savent elles-mêmes si bien que leurs communications peuvent être surprises qu'elles ont à leur disposition, pour correspondre avec les divers fonctionnaires ayant la franchise télégraphique, des codes chiffrés : c'est ainsi que tous les parquets

1. Les directeurs des Télégraphes doivent adresser aux préfets une copie rectifiée de toutes les dépêches particulières qui n'auraient pas un intérêt purement privé (Circ. G. des Sceaux, 9 mars 1854).

de France possèdent le chiffre de la Justice et celui de l'Intérieur qui diffèrent l'un de l'autre[1].

L'indiscrétion est partout.

La télégraphie avec fils et la téléphonie ordinaire sont encore exposées à d'autres genres d'indiscrétion résultant de leur essence même.

Les courants des lignes peuvent en effet déterminer, dans des conducteurs métalliques placés dans le voisinage, souvent même à de très grandes distances, des phénomènes d'induction permettant de percevoir sur ces conducteurs, à l'aide d'un simple récepteur téléphonique, toutes les correspondances télégraphiques ou téléphoniques échangées sur ces lignes.

Une simple gouttière parallèle aux fils suffit dans la plupart des cas, et, à son défaut, un fil tendu dans de bonnes conditions, dans le sens de la ligne, à l'intérieur d'une habitation ; une petite bobine d'induction à réglage complète l'outillage, pour le cas où l'accord ne serait pas obtenu d'emblée. On m'a signalé une installation de téléphonie privée à l'intérieur d'une propriété, près d'une ligne de chemin de fer, sur laquelle on peut entendre toutes les dépêches et communications téléphoniques transmises sur les fils bordant la voie éloignée cependant d'une centaine de mètres.

A l'aide d'un récepteur à forte résistance, et d'une bonne mise à la terre, on peut souvent entendre, avec un concours de circonstances atmosphériques encore mal définies, en touchant simplement la borne de ligne d'un appareil téléphonique du réseau de l'Etat, toutes les conversations échangées sur les fils situés dans le voisinage.

Tous ces inconvénients, contre lesquels on n'a jamais songé à prendre des mesures spéciales, sont connus depuis longtemps. Dans son *Traité élémentaire de Télégraphie et de Téléphonie sans fil*, M. le capitaine P. Ducretet

---

1. Le dernier chiffre de la justice est du 15 mars 1910. Le chiffre de l'intérieur actuellement en usage a été renouvelé à la même date et porte le n° 3 *bis*.

signalait déjà en 1903, que la télégraphie avec fil n'assurait pas mieux le secret des communications que la télégraphie sans fil. « Par les dérivations du courant dans le
« sol, disait-il, et par les effets d'induction d'un circuit
« sur un autre circuit voisin, indépendant du premier, il
« est possible de saisir les dépêches télégraphiques ordi-
« naires; il suffit de disposer, à peu près parallèlement
« à la ligne souterraine dont on veut surprendre les
« communications, un long fil servant d'espion, relié
« à des plaques de terre et à un téléphone. Au voisinage
« d'un poste télégraphique, dans les villes, on peut
« arriver au même résultat en reliant un téléphone à
« deux plaques de terre, soit aux conduites d'eau et de
« gaz placées dans les maisons, à condition toutefois
« que ces conduites soient isolées entre elles. Quant aux
« télégrammes qui circulent à travers un câble, rien
« n'est plus facile que de les surprendre à l'insu des
« postes qui communiquent; il n'est même pas besoin
« de couper le fil conducteur et de le relier à son propre
« appareil, comme le faisait le fameux général Dewet, à
« l'égard des Anglais, pendant la guerre du Transwaal;
« on peut ne pas toucher au câble, il suffit de savoir
« à peu près où il est placé et de connaître sensiblement
« sa direction; un simple conducteur placé dans le
« voisinage, avec prise de terre et téléphone intercalé
« dans ce circuit suffira[1]. »

Comme on le voit, l'indiscrétion est partout et elle augmentera encore avec les progrès de la science.

Comme conclusion logique et irréfutable, je dirai que *la discrétion est possible, mais à la seule condition d'être assurée par l'expéditeur.*

La discrétion en matière radiotélégraphique (chiffre et langage convenu).

Il en sera de même, a fortiori, pour les dépêches transmises par la télégraphie sans fil, car les expéditeurs

1. *Traité élémentaire de Télégraphie et de Téléphonie sans fil*, capitaine P. Ducretet, ch. VI, p. 77 et ch. VII, p. 84.

savent que leurs télégrammes pourront être lus non plus
par une douzaine de fonctionnaires mais bien par des
milliers et des milliers de personnes, puisqu'en l'état
actuel de la science on n'a pas de dispositif permettant
d'acheminer les radios dans une direction voulue et qu'ils
peuvent être perçus par tous les postes que l'intensité de l'émission leur permettra d'atteindre. Les expéditeurs savent aussi que leurs dépêches seront émises
non plus seulement avec bruit mais avec fracas et que
toute personne connaissant le Morse les entendra et les
comprendra aux abords des stations côtières.

Il est donc tout indiqué qu'en matière radiotélégraphique, encore plus qu'en matière de télégraphie avec
fil, lorsque l'on veut être assuré de la discrétion, on doit
nécessairement employer un langage chiffré ou de convention.

Dans tous les cas, ce n'est assurément pas des amateurs que se méfient les rédacteurs de dépêches chiffrées
mais bien plutôt des autres postes radiotélégraphiques.
C'est ainsi que les chalutiers, sur nos côtes, indiquent
secrètement à l'armateur le lieu favorable à la pêche,
car s'ils l'indiquaient en clair, les chalutiers concurrents
munis de la T. S. F. profiteraient des renseignements au
détriment du navire émetteur.

Il ne faut pas créer le monopole de l'indiscrétion.

Ainsi donc, les particuliers recourent au langage
secret, non pas qu'ils craignent l'indiscrétion de tel ou
tel côté, mais bien parce qu'ils usent du procédé de correspondance le plus indiscret en lui-même qui puisse
exister, et il ne viendra jamais à l'idée de personne de
confier un secret à la télégraphie sans fil. L'État, s'il
voulait prohiber la liberté de réception sous prétexte de
protéger la correspondance privée, en fait, ne protégerait
rien et s'il pensait protéger quelque chose il devrait commencer par transmettre silencieusement, ce qu'il ne peut
faire ; ainsi, pour prendre des exemples : à Boulogne-sur-
Mer, on peut suivre sur la route les émissions, à plus

de 200 mètres et à Ouessant, par certains temps, à plus d'un kilomètre des stations. L'Etat devrait, en outre, ne donner aucune espèce d'autorisation à qui que ce soit, car, si réellement dans son esprit, il y a indiscrétion à recevoir, il crée un nouveau monopole, celui de l'indiscrétion au profit de toutes les personnes autorisées, en même temps qu'au profit de toutes celles qui habitent dans le voisinage des postes, favorisant ainsi un certain nombre de citoyens à l'exclusion des autres. On ne voit pas bien pourquoi les sapeurs du Génie, les marins, les employés des observatoires, laboratoires, instituts agricoles, les employés de chemins de fer et les grands fabricants feraient un meilleur usage des graves secrets (?) qu'ils pourraient pénétrer, que les simples particuliers. Il suffirait, en outre, d'être sur un navire, pour avoir droit à l'indiscrétion! Comment, dans ces conditions, un secret de la correspondance si mal gardé pour certains, pourrait-il servir d'excuse à l'interdiction qui frapperait les autres? Dans un avenir prochain, il faut l'espérer, tous les navires d'un certain tonnage seront obligatoirement tenus d'avoir un poste de T. S. F. à bord[1], le nombre de ceux qui recevront sera donc fort augmenté.

D'autre part, la correspondance télégraphique privée

---

[1]. Un règlement en ce sens va être appliqué en Allemagne, Espagne, Grande-Bretagne, Nouvelle-Zélande, Etats-Unis, Uruguay; d'après la *Revue T. S. F.* (n° 2, page 20) un projet de ce genre rencontrerait en France certaines objections de la part des armateurs. Toutefois comme il s'agit surtout de questions de détail, verrons-nous bientôt la France suivre un exemple qu'elle aurait pu donner. Ainsi que nous l'avons déjà fait remarquer, alors que l'Angleterre a 890 navires munis de postes hertziens, et que l'Allemagne en a 353, on n'a installé la radiotélégraphie, en France, que sur 90 navires de commerce. La Chambre des Députés est actuellement saisie d'un projet de loi de M. Houbé tendant à rendre la T. S. F. obligatoire sur tout navire abritant 50 vies humaines (proposition n° 2520, du 10 février 1913) et d'un projet de loi de M. Leboucq, tendant à subventionner les navires de pêche qui installeraient la T. S. F. à bord ainsi que l'a fait le gouvernement allemand qui accordait en 1911 une subvention de 240.000 marks, dans ce même but. (Proposition n° 1517, du 21 décembre 1911).

n'emprunte la forme radiotélégraphique que des postes côtiers à la mer, et sur mer entre les différents navires ; sur la terre elle est transmise par fil.

Postes de l'intérieur.

Dans ces conditions, la protection serait tout à fait inutile, car les postes horaires et les postes réceptionnaires privés de l'intérieur ne sont généralement pas équipés pour percevoir les radios du service commercial à raison de l'éloignement.

Postes situés près des côtes.

S'ils sont situés assez près de la côte pour les recevoir, je pose en principe qu'aucune indiscrétion n'est à craindre, d'abord parce qu'à moins d'être télégraphiste de métier, d'être sorti de l'Administration des postes et télégraphes ou de la télégraphie militaire, il est presque impossible de capter et de déchiffrer les radios. La transmission de bord est en général assez défectueuse et surtout extrêmement rapide, la moyenne de transmission est de 90 à 100 lettres à la minute, comporte un grand nombre d'abréviations peu connues du public, et il faut une oreille des plus exercées pour se permettre la lecture au son dans de semblables conditions.

Vitesse de transmission radiotélégraphique.

En passant, je dirai même que les vitesses de transmission sont actuellement excessives ; sans doute l'article 10, paragraphe 2 de l'annexe de la Convention internationale de Londres du 5 juillet 1912, a prévu une vitesse minimum de transmission ou de réception auditive de 100 lettres à la minute, mais cela ne vise que l'obtention du certificat de télégraphiste et n'oblige nullement à transmettre couramment à cette vitesse ; afin d'assurer au service les conditions de fonctionnement les meilleures, on devrait exiger des manipulants une cadence rythmée et régulière sans excès de vitesse qui permette une lecture certaine à un soundériste de force moyenne ; 80 à 90 lettres transmises à la minute devraient être suffisantes.

La répétition complète qu'exigent le plus souvent les errements actuels est une perte de temps et d'énergie ; que l'on collationne le numéro du télégramme, les nombres et les noms propres cela se comprend, mais le reste devrait être inutile.

Stations de bord.

La lecture des radios commerciaux par les particuliers est d'autant plus difficile qu'aux termes des articles 2 et 3 du règlement de service annexé à la Convention radiotélégraphique internationale de Londres du 5 juillet 1912, toute station de bord doit être équipée de façon à pouvoir se servir des longueurs d'onde de 600 et de 300 mètres : la première est la longueur d'onde normale et ne peut être dépassée dans la transmission ordinaire. Il en résulte que près des postes côtiers, notamment, un grand nombre de navires transmettent en même temps sur la même longueur d'onde, et que les appareils de réception même montés en Tesla sont impuissants à sélectionner les émissions enchevêtrées qui impressionnent ensemble les appareils. Pour recevoir, il faut éliminer les signaux les moins forts en diminuant le réglage et cela ne se fait qu'au détriment de la netteté des réceptions.

Mais, pour aller jusqu'au bout de mon argumentation, admettons contre toute vraisemblance que les particuliers puissent déchiffrer les dépêches, il n'y aurait à cela aucun inconvénient et il est certain qu'ils ne perdraient pas leur temps à cet exercice ; rien n'est, en effet, plus banal et plus fastidieux que ce genre de correspondance. J'ai voulu récemment en faire l'expérience et de ma propriété du Touquet-Paris-Plage, située à une trentaine de kilomètres de notre grand poste côtier de Boulogne-sur-Mer, j'ai épié les radios et déclare en être guéri pour le restant de mes jours : comme je l'ai dit plus haut, il faut opérer au milieu d'un mélange inextricable ; on ne se fait pas une idée du nombre de navires qui éprouvent le besoin de communiquer ; on perçoit des signaux de toute intensité et sur toutes les notes : c'est une cacophonie rappelant le chant nocturne des oiseaux de mer, et si l'on arrive à démêler une dépêche, on constate, neuf fois sur dix, qu'elle est chiffrée ou en langue étrangère, le plus souvent en anglais. Ce qui est en français et que l'on comprend est d'une banalité lamentable. Les grands thèmes ce sont : les colis, les bagages, les billets, rien de nature à piquer la curiosité. En veut-on quelques exemples :

Ce que sont les radios.

Du 23 juin 1913, à 16 h. 45. Radio de l'Onward (GUM) :

Gare maritime. Boulogne-sur-Mer. « Reserve two second class seats Paris. »

« C.... »

(*Trad.* : Réservez 2 places seconde classe pour Paris).

Du 26 juin 1913, à 12 h. 25, de l' « Empress » (GUI) :

Jeanne F..., rue Boislevent, n° ..., Passy, Paris. « Prends paletot, mauvais temps. »

« ANDRÉ. »

Du 29 juin 1913, à 13 h. 57, de l' « Engadine » (GUK) :

Station Master, Calais. « Reserve 3 second places Paris. »

« H.... »

Comme on le voit, les secrets livrés à la T. S. F. ne sont pas bien compromettants, ou s'ils le sont, ils passent sous le couvert du chiffre et personne ne peut les connaître en dehors du destinataire[1].

1. Le nombre des radiotélégrammes échangés entre les navires et les postes français de T. S. F. a passé de 876 en 1908 à 7.694 en 1910. En 1911, on transmet 22.304 messages et 33.786 en 1912. Le nombre des mots radiotélégraphiés, en 1911, a atteint 238.615 et 371,890 en 1912.

Ce qu'est le langage chiffré permis.

Il ne paraît pas inutile de rappeler ici que l'administration admet deux sortes de langage chiffré[1] :

1° Les groupes de lettres. Exemple : x b r a v, p x n t o, etc. ;

2° Les groupes de chiffres[2]. Exemple : 54035, 84326, etc., mais il est interdit à l'expéditeur d'employer des chiffres et des lettres dans le même groupe[3].

Langage convenu.

Il est en outre permis de correspondre en langage convenu à la condition que les mots soient empruntés à l'une des langues admises par le règlement. Ces langues sont au nombre d'une trentaine environ, parmi lesquelles plusieurs sont presque inconnues, telles l'Ammonite, l'Amaric, le Kisuahili, le Laotien, le Luganda[4]!

Mais pour pouvoir être employés dans le langage convenu, il faut que les mots empruntés à ces langues puissent être prononcés suivant l'usage courant de l'une des langues suivantes : allemande, anglaise, espagnole, française, hollandaise, italienne, portugaise ou latine.

---

1. Ceux que la correspondance secrète peut intéresser, trouveront d'utiles indications à cet égard dans les ouvrages suivants : *Dictionnaire pour la correspondance télégraphique secrète et économique*, par P. Mignon; *Dictionnaire abréviatif chiffré*, par F.-S. Sittler.

2. Une règle de 3 renseignera de suite sur le rendement des transmissions en langage chiffré. Les lettres de l'alphabet sont composées de 1 à 4 signaux, exemple : e = ■, a = ■ ■, d = ■ ■ ■, f = ■ ■ ■ ■, h = ■ ■ ■ ■, soit pour la moyenne de la lettre $\frac{1+2+3+4}{4} = 2,5$ signaux; or, les chiffres étant tous composés de 5 signaux, il en résulte que dans le même temps, on transmettra deux fois moins de chiffres que de lettres, soit, pour un bon manipulant et pratiquement : 45 chiffres par minute, ce qui donne encore la possibilité de transmettre 9 mots de 5 lettres à la minute, en admettant que chaque chiffre représente seulement une lettre, alors qu'ordinairement certains chiffres ou certaines séries de chiffres représentent par abréviations des phrases entières; la moyenne se trouve par là même, fortement relevée.

3. Instruction à l'usage des stations radiotélégraphiques, n° 500-80, xv, 2.

4. Instruction à l'usage des stations radiotélégraphiques, n° 500-80, xii, 1.

Il résulte de tout cela que l'on peut composer somme toute, le langage que l'on veut, car il est toujours possible, sans craindre un démenti, d'affirmer à l'agent des P. T. T. que le mot dont on se sert est du *kisuahili* prononcé à la portugaise.

Mais que l'on ne vienne pas soutenir, comme on l'a fait en Belgique[1], que l'emploi du langage secret engendre des difficultés et des abus sans nombre et insinuer que la liberté de réception viendra les augmenter encore, en généralisant l'emploi du chiffre. « Verba et voces, mais pas de précisions » a fait spirituellement observer M. de Brandner, avocat à Bruxelles, défenseur de l'ingénieur poursuivi dont j'ai parlé plus haut. « C'est toujours le profond mystère des arcanes administratives aussi inaccessibles que les mystères d'Isis! » Il n'est pas plus difficile de transmettre une dépêche chiffrée qu'un télégramme en langue étrangère, je dirai même que c'est moins difficile et si les administrations compétentes estimaient qu'il en est autrement, elles auraient la ressource d'augmenter la taxe des télégrammes secrets, comme l'a d'ailleurs fait déjà la compagnie Marconi, qui pour les radios échangés entre l'Angleterre et les Etats-Unis taxe les correspondances rédigées d'après un code, à raison de 8 pence (80 centimes) par mot, au lieu de 4 pence (40 centimes) par mot, dans les dépêches en clair, mais cela non pas à raison des difficultés qu'elle éprouve à transmettre ces radios secrets, mais bien parce qu'elle estime très justement que l'on peut, sous le couvert du code, dire beaucoup de choses en peu de mots.

La transmission des radios secrets est plus rémunératrice.

Il est, en effet, intéressant de faire remarquer que loin d'avoir matière à se plaindre de l'augmentation possible des radiotélégrammes secrets, l'Etat commerçant devrait la désirer, car, dans ce cas, il est plus largement rémunéré,

1. « *La réception et la captation des ondes hertziennes.* » A. Bontquin. Ciel et terre. *Bulletin de la Société Belge d'astronomie*, févr. 1913, p. 54.

pour un effort moindre. Le raisonnement suivant en fournit la preuve irréfutable :

Dans le langage clair : un mot composé de 15 caractères compte pour 1 mot.

Dans le langage secret : deux cas peuvent se présenter : 1° le cas du langage convenu; 2° le cas du langage chiffré.

1° Dans le langage convenu : Le mot ne peut être composé que de 10 caractères à l'exclusion de tout chiffre[1]. L'Etat a donc la même rémunération pour transmettre 10 lettres dans le cas de langage convenu, que pour en transmettre 15 dans le langage clair, d'où bénéfice d'un tiers en cas d'emploi du langage secret.

2° Dans le langage chiffré : Le mot ne peut être composé que de 5 caractères (lettres ou chiffres). On voit par là que si l'on chiffre en lettres, le bénéfice sera de deux tiers sur la transmission en clair et que, même dans le cas où l'on chiffrera en chiffres, le bénéfice sera encore d'un tiers, comme dans le cas du langage convenu, puisque 5 chiffres égalent 10 lettres.

Réformes à faire.

Pour en finir avec ce que j'appellerai le raisonnement de l'administration belge des P. T. T., je dirai simplement que si les services télégraphiques se trouvent encombrés, ils n'ont qu'à simplifier leurs méthodes et à diminuer la paperasserie qui submerge tout et lasse les meilleures volontés. Pourquoi n'adopte-t-on pas en France pour la télégraphie, le système suisse qui consiste à représenter l'affranchissement des dépêches par des vignettes postales collées sur les originaux ce qui supprimerait toute comptabilité et simplifierait le contrôle[2].

1. Instruction 500-80, xiv, 3.
2. En Allemagne, en Autriche, en Hollande, au Luxembourg, en Norvège, en Roumanie, en Suisse, ce système simple et économique s'applique même aux mandats postaux.

§ 4. — *La sécurité de l'Etat n'est pas compromise par la liberté de réception.*

Le couplet patriotique.

Les gens graves qui rêvent la suppression de tous les postes réceptionnaires et veulent faire défense à tous de s'occuper de télégraphie sans fil, vraisemblablement parce qu'ils n'en font pas, ou parce qu'ils voudraient être seuls à en faire, n'ont pas encore désarmé : sans doute, diront-ils, je vous concède que la correspondance privée a, pour vous, qui ne connaissez ni l'expéditeur ni le destinataire, fort peu d'intérêt ; elle se protège d'elle-même par le chiffre et il n'y a pas grand inconvénient à ce qu'accidentellement elle tombe sous vos yeux, mais la liberté de réception compromet autrement la sécurité de l'Etat et entrave la défense nationale. C'est le couplet patriotique !

Les vrais patriotes n'entonnent pas ce refrain.

S'il pouvait en être ainsi, je serais de l'autre côté de la barre et n'hésiterais pas, sacrifiant mes préférences personnelles, à préconiser l'interdiction, mais c'est précisément parce que j'estime la liberté réceptionnaire non pas seulement indifférente mais même utile à la défense nationale que je m'en fais le champion.

En temps de paix.

Le premier argument contre la liberté est qu'en temps de paix, les particuliers peuvent saisir les instructions données aux forts, aux escadres, aux corps d'occupation d'Afrique et compromettre le résultat des opérations par leurs indiscrétions, et que l'espionnage peut profiter de la liberté, pour organiser en France même, un service de renseignements. Ce raisonnement que j'ai entendu tenir, ne résiste pas à une minute de discussion. J'ai exposé, plus haut (Voir *suprà*, p. 166, secret des correspondances) les réserves que notre législation pénale impose, en matière de divulgation de documents intéressant la défense nationale, je n'y reviendrai pas.

Télégraphie militaire. Espionnage.

S'imagine-t-on, par hasard, que les Allemands ont besoin d'avoir des correspondants en France, pour capter nos radiotélégrammes militaires, alors qu'ils reçoivent directement chez eux les émissions de la Tour et celles des forts de l'Est, de même que nous recevons en France les transmissions de Norddeich, de Nauen, de Metz et Strasbourg et autres postes allemands. Est-on assez naïf pour penser qu'ils n'ont pas établi de l'autre côté de la frontière des antennes de grande capacité, susceptibles de capter les ondes de tous nos postes? Et que nous n'usons pas de réciprocité? Contre ce danger, il n'y a, jusqu'ici, qu'un palliatif, c'est le chiffre, en utilisant un code à combinaisons multiples et fréquemment changées; le péril n'est, en tout cas, pas augmenté par la réception en France.

Transmission secrète.

En fait, toutes les communications militaires présentant de l'intérêt sont chiffrées. Toutes les dépêches en clair sont banales. Dès lors, que craint-on de l'indiscrétion des particuliers? Pour me servir d'une formule triviale mais qui peint bien ma pensée, ils ne ramassent que ce que l'on veut perdre. Qu'on ne vienne pas dire après cela, que c'est à cause d'eux que l'on a recours aux codes secrets, car si, par hypothèse, la liberté réceptionnaire venait à être supprimée, la Guerre et la Marine n'échangeraient pas pour cela leurs radiotélégrammes en clair, trop d'oreilles indiscrètes les épient par delà les Vosges. La seule raison du chiffre, c'est le souci de la défense nationale. Que l'on étudie pour les transmissions très importantes des dispositifs qui, en plus de l'usage des codes secrets, donnent une réception difficile sans appareils tout à fait spéciaux, cela n'est pas impossible. Cela est même réalisé en partie, dans la transmission par ondes entretenues (système Goldschmidt) qui est, sinon secrète, tout au moins difficile à déchiffrer à raison de sa complication et de ce qu'elle nécessite l'emploi, pour la réception, d'un dispositif particulier et des réglages délicats. En effet, les ondes entretenues ne réalisant pas de chocs dans les récepteurs téléphoniques, passent inaperçues, sans l'adjonction, dans le système récepteur, d'un « *ticker* » ou interrupteur automatique, qui crée les chocs manquant à l'émission.

En outre, la radiotélégraphie très rapide peut supprimer la possibilité de la lecture au son; d'autre part, des essais sont faits avec des enregistreurs donnant des graphiques que le profane ne peut pas lire : le système Howland que l'on expérimente en ce moment, permet déjà en partie la transmission secrète. Qu'on ne vienne donc pas prétendre que la réception par les particuliers constitue un danger pour la défense nationale.

Relations diplomatiques et internationales.

Il en est de même au point de vue diplomatique et international, toutes les communications présentant un certain intérêt sont chiffrées ou en langage convenu. C'est ainsi que le 31 mars 1913, FL pouvait envoyer le radio suivant, sans inconvénient possible pour la Triple Entente :

Voici officielle pour préfet maritime à Brest pour canonnière russe Kivinetz au Ferrol. État du temps Ouessant, 31 mars, 14 heures, jolie brise sud-ouest, brouillard, mer belle.

De même, le 9 octobre 1913, à 11 h. 08 du soir, FL pouvait trois fois de suite réexpédier en clair, au *Diderot* (DIF) vià Toulon (TN) la dépêche qu'on va lire, adressée par S. M. le Roi d'Espagne à notre gracieuse Présidente, lors du départ d'Espagne de M. Poincaré, sans rien craindre pour la cordialité de nos relations avec le Gouvernement espagnol :

TN TN TN de FL FL FL, p. p. p. p. p. DIF de *Paris. Radio. Chef secrétariat particulier Présidence République à bord du Diderot. Le chef du secrétariat particulier communique au général Beaudemoulin le télégramme suivant reçu à 20 h. 30 de Cartagena Corazado Espana nr. 90565. W. 45 à 19 h. 15. Madame Poincaré Paris. Je ne veux pas laisser partir Monsieur Poincaré d'Espagne, sans vous dire, Madame, combien j'ai été heureux de sa visite, j'espère qu'il en gardera un bon souvenir et je vous renouvelle l'expression de mes hommages.*

ALFONSO, Rey.

TN TN de FL FL.

Péril chimérique.

N'est-il pas puéril de soutenir que les chercheurs qui s'occupent de T. S. F. constituent un danger public. Lutter contre ce danger c'est suivre l'exemple de Don Quichotte qui se battait contre des moulins, c'est craindre un péril imaginaire ou plutôt voir un danger là où il n'est pas.

Que la police soit mieux armée, mieux rétribuée et l'on pourra exiger d'elle des services qu'elle est actuellement dans l'impossibilité de rendre.

Où est le vrai danger.

Elle devrait connaître toute personne résidant à proximité des forts et des postes radiotélégraphiques militaires et être fixée sur ses relations et ses occupations et ainsi bien des surprises pourraient être évitées.

Il est bien inutile de craindre, au point de vue national, l'indiscrétion des savants, des amateurs, des horlogers français, pourvus de minuscules postes réceptionnaires, alors que les stations de bord de toutes les nationalités (les Allemands en avaient déjà 348, dont 112 sur des navires de guerre[1] en 1912) peuvent à loisir capter nos radios officiels ou privés, et qu'un étranger, à quelque nationalité qu'il appartienne, a la possibilité de venir s'installer aux abords de nos grandes stations et de recevoir chez lui sans appareils les dépêches qui sont émises.

---

1. A la même date, la France ne possédait que 809 stations de bord mais 111 sur des navires de guerre. *Revue T. S. F.*, n° 2, p. 7.

A plusieurs centaines de mètres de tous les postes on peut, en effet, prendre au son des formidables décharges oscillantes, tous les télégrammes transmis.

Le poste de la Tour Eiffel.

Notre grand poste militaire de la Tour Eiffel qui est entendu de l'Amérique, qui correspond avec la Russie, développe une telle énergie que non seulement le bruit de ses étincelles se propage acoustiquement sous terre[1] et peut, en suivant des canalisations d'eau, de gaz, se transmettre à de grandes distances, mais que la région avoisinante tout entière perçoit nettement à chaque émission des bruits analogues à des coups de fouet qu'occasionnent en s'échappant de toutes les parties de l'antenne, les aigrettes fusantes et crépitantes. Certains soirs, ces aigrettes peuvent même être nettement aperçues sous forme de lueurs bleuâtres. Le journal *L'Illustration* a donné récemment une épreuve photographique de l'antenne lumineuse et il est curieux de noter qu'à raison de l'émission de rayons ultra-violets, chaînon entre les vibrations électriques et les vibrations lumineuses, la plaque sensible révèle la présence d'aigrettes là où l'œil ne peut rien percevoir.

Mais le voisinage de la Tour ne suffit même pas aux étrangers, ils voudraient pouvoir pénétrer dans la place.

Le 25 juin 1913, sous le titre « Pas d'étrangers sous la Tour Eiffel, » on pouvait lire dans le journal *L'Eclair :*

« Une Compagnie, dont le titre est à consonance anglaise, avait demandé au Conseil municipal d'installer des baraquements sur le Champs-de-Mars, afin d'effectuer des expériences de télégraphie sans fil. La troisième commission municipale, après avoir pris connaissance des explications fournies par le préfet de la Seine et par M. Delavenne, rapporteur, a passé à l'ordre du jour sur cette

---

1. Aux environs de la Tour Eiffel, l'induction de ses plaques de terre sur tous les objets métalliques est telle, que l'on peut recevoir par simple contact avec les prises d'eau, les plaques d'égouts et, à plus forte raison, les canalisations d'eau qui sont à proximité.

proposition. On croit que des capitaux allemands étaient engagés dans cette affaire. En tout cas, la requête adressée au Conseil municipal a été rejetée à l'unanimité par les commissaires. »

On peut lire les dépêches de la Tour Eiffel sans appareil.

Mais si l'on peut lire au son, ou à la vue, les dépêches de la Tour sans aucun appareil, dans tout le Champ-de-Mars et dans le quartier avoisinant, on peut les recevoir dans tout Paris et dans la banlieue à plus de 50 kilomètres, sans antenne proprement dite, avec des dispositifs rudimentaires ou portatifs. J'ai déjà dit que l'on fabriquait des trousses et des appareils de poche, je reviendrai plus loin sur les appareils employés.

L'énergie de la Tour.

Mais s'il faut souligner ces résultats obtenus alors que la Tour n'utilise qu'une énergie de 50 kilowatts, il est permis de prévoir qu'ils seront bientôt largement dépassés quand la Tour aura plus que doublé son énergie, puisque prochainement elle utilisera une force de 100 à 110 kilowatts. C'est dans la France entière qu'on pourra l'entendre avec des appareils de fortune.

Poste de Bruxelles.

La tendance est d'ailleurs à l'augmentation de la puissance d'émission ; n'annonce-t-on pas déjà que le poste de Bruxelles, Laeken, autrefois BRX, aujourd'hui OTL[1], pourvu de deux nouveaux alternateurs qui lui donneront une énergie de 350 kilowatts, communiquera aisément avec le Congo?

Hypothèses.

Par suite de phénomènes encore mal définis les ondes sont quelquefois perçues sans dispositif spécial. C'est ainsi que M. Stoecklin, directeur du laboratoire municipal d'Amiens, a pu entendre les signaux horaires de la

---

1. Ce poste équipé par la S. F. R. (Société française radiotélégraphique), appartient à M. Goldschmidt, le Mécène de la T. S. F. belge.

Tour, à 137 kilomètres de distance, dans les récepteurs du réseau téléphonique, sans aucun dispositif spécial[1]. Qui sait si, plus tard, tous les téléphones ne vibreront pas au passage des formidables trains d'onde qui se préparent? Qui pourrait affirmer que l'on ne construira pas un appareil portatif permettant de rechercher et d'entendre les ondes, comme la lunette permet de rechercher et de voir les objets que nos yeux ne perçoivent pas.

Pour toutes ces raisons, la prudence s'impose, il faut, en temps de paix, démasquer les suspects, neutraliser leur action, mais ce n'est pas en décrétant qu'ils n'ont pas droit à l'existence qu'on peut les supprimer.

En temps de guerre.

En temps de guerre, la liberté d'édifier des antennes crée, paraît-il, un autre danger, à en croire certains personnages timorés. On peut redouter, d'après eux, que l'ennemi n'utilise ces antennes pour faire parvenir en France par-dessus la frontière, dès les premiers jours de la déclaration, des instructions en vue de faciliter l'invasion ou de retarder notre mobilisation. C'est ainsi qu'il lui serait loisible de donner l'ordre de faire sauter un pont, de couper une ligne télégraphique, etc.

Ce n'est pas sérieux; en effet, si l'ennemi avait réellement l'intention bien arrêtée d'obtenir semblable intervention de la part d'un complice résidant en France, il ne courrait pas l'aléa de lancer dans l'espace des instructions qui risqueraient de n'être pas reçues, à raison surtout des troubles électriques volontaires que les autorités militaires françaises ne manqueraient pas de provoquer pour rendre les postes secrets inutilisables, et de la surveillance qui serait exercée sur toute personne suspecte, mais il emploierait des moyens plus sûrs. Il ne me convient pas de les indiquer dans un but compréhensible, mais il m'est permis de dire que les nouveaux modes de locomotion tels que l'automobile, l'aéroplane, sans parler de la bicyclette et même notre réseau télé-

1. Cet effet a été également constaté à Valenciennes et à Nancy.

graphique ou téléphonique qu'il pourrait utiliser de
France même, en usant de formules de convention, lui
fourniraient des moyens plus sûrs de faire parvenir ses
instructions. Comme la prudence la plus élémentaire
l'exige, tous les points intéressants seraient gardés et
surveillés et les espérances de l'ennemi seraient vaines.

Antennes secrètes.

D'ailleurs s'il était dans ses intentions de communiquer par la radiotélégraphie avec ses émissaires ou ses
représentants, il est bien certain qu'il ne le ferait pas par
l'intermédiaire de stations connues et pourvues d'antennes extérieures, mais il chercherait à se faire entendre de
postes secrets qui utiliseraient les lignes téléphoniques
comme antennes, ou lanceraient des cerfs-volants porte-
antennes ou dont les antennes seraient soigneusement
dissimulées dans des greniers, des cheminées, des caves
ou des lieux inaccessibles. Ce sont ces postes seuls, je le
répète, qui peuvent être dangereux et auxquels il faut
faire la chasse; il est même du devoir de tous les bons
citoyens de signaler aux autorités militaires toutes les
installations suspectes. Les autres, au contraire, loin de
constituer un danger, ainsi que je le démontrerai, sont
susceptibles de rendre les plus grands services.

L'Angleterre et les Etats-Unis ne les trouvent pas
dangereux pour leur sécurité, il serait surprenant que la
France leur reconnut ce caractère.

Il est nécessaire, en tout cas, qu'en temps de guerre, les
autorités militaires puissent faire supprimer toutes les
installations qu'ils jugeront utile pour la défense nationale.

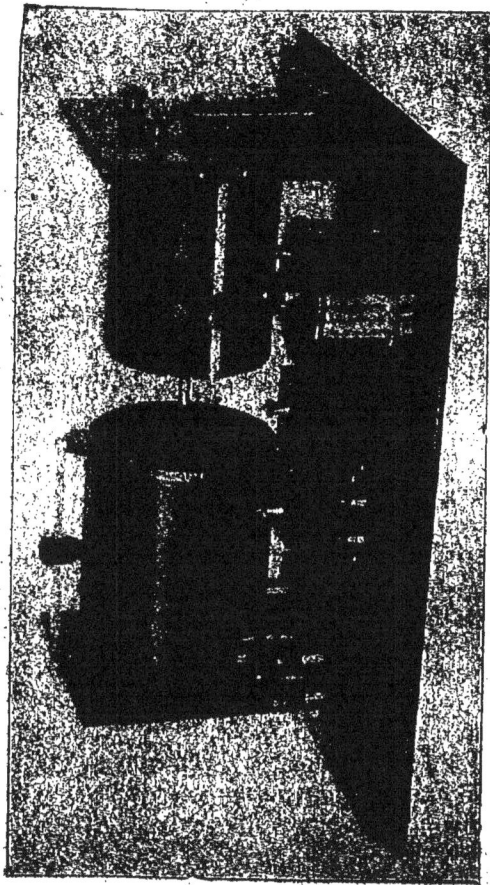

Poste de réception complet d'amateur (en Tesla).

CHAPITRE III

Il y a d'excellents motifs militant en faveur de la liberté de réception.

———

L'intérêt des particuliers, de la science, du commerce et de l'industrie, de l'agriculture, de la sécurité et de la défense nationale, exige que le régime libéral que je préconise devienne, avant peu, le statut du droit réceptionnaire.

§ 1er. — *Intérêt des particuliers.*

Il serait superflu de chercher à prouver par des arguments que les particuliers s'intéressent à la télégraphie sans fil. C'est un fait constant et connu. Ceux qui s'y adonnent sont légion : il s'est produit depuis peu, en France, en sa faveur, un mouvement formidable.

Le mouvement « sansfiliste » en France.

La T. S. F. est devenue chez nous une sorte de sport, elle passionne comme le bridge ; le collégien s'y consacre, le dimanche, et depuis que la fée Electra l'a touché de sa baguette, il se complaît sous le toit familial et néglige les entraînements du dehors qui faisaient la terreur des siens ; il se désintéresse des sauvages « uppercut » des nègres Sam Mac Vea ou Jackson, mais sa culture scientifique augmente. L'instituteur, le curé de campagne, donnent à la science nouvelle les loisirs que leur laisse

l'apiculture ; dans tous les rangs de la société des chercheurs se sont trouvés, lui consacrant un temps autrefois
inutilisé.

Revue T. S. F.

Bien plus, un journal s'est fondé : la *T. S. F.*,
Revue mensuelle de radiotélégraphie et de radiotéléphonie[1]. Sous l'intelligente impulsion de son fondateur,
M. G. Flayelle, cette revue, née d'hier, a déjà obtenu un
énorme succès ; avec la collaboration d'officiers radiotélégraphistes de nos armées de terre et de mer, d'ingénieurs
civils et de l'Administration des P. T. T., de professeurs
et de savants, elle s'est affirmée comme l'organe de tous
ceux qui, à un titre quelconque, s'occupent de télégraphie
sans fil.

Cette publication offre même la singulière particularité d'être la conception et l'œuvre d'un simple amateur,
fervent de toutes les applications nouvelles de l'électricité, qui, sans aucune idée de profit, et résolu même à y
laisser de ses deniers pour doter ses collègues amateurs
d'un organe, est arrivé à intéresser à sa revue un nombre
considérable de personnalités de la télégraphie nouvelle,
dans toutes les parties du monde. N'était-ce pas là un bel
exemple de prosélytisme et de désintéressement à signaler ?

Emballement passager.

Je sais que d'aucuns, prétendant bien connaître le caractère français, croient à l'emballement passager : affaire
de mode, disent-ils, cela passera quand l'attrait du nouveau aura cessé, quand le sentiment de curiosité sera
satisfait, quand autre chose sera à la mode. Cela ne
durera pas plus que l'emballement qui avait suivi la découverte des rayons X, la création de la motocyclette ou
l'invention du briquet au ferro-cérium.

Qu'il y ait du vrai dans ce raisonnement, je ne le conteste pas, mais, comme il faut de la logique en tout : si la

---

1. Rédaction : 36, rue de Mons, à Valenciennes et Librairie Desforges ; 29, quai des Grands-Augustins, à Paris.

mode passe et si la T. S. F. n'intéresse plus que quelques vagues savants, il n'y a pas lieu de redouter le captage des ondes par les particuliers et d'instaurer un régime draconien ; si, au contraire, le nombre des particuliers sansfilistes reste considérable, pourquoi prendre contre eux des mesures tracassières ou vexatoires que rien ne justifierait ?

Quoi qu'il en soit, si la T. S. F. peut subir une régression, j'estime que le moment n'est pas encore venu et que le mouvement sansfiliste s'accentuera encore en France. Tout d'abord, si je compare ce qui se passe ici avec ce que l'on voit à l'étranger, je suis obligé de constater que nous sommes encore, à ce point de vue, très en dessous du niveau atteint par certains peuples.

Clubs de télégraphistes.

Si la passion partagée de la T. S. F. a su, chez nous, révéler des affinités jusqu'alors inconnues entre compatriotes, et créer des relations charmantes entre personnes qui, sans elle, se seraient toujours ignorées, si, comme je l'ai dit plus haut, nous avons maintenant une Revue qui est devenue l'organe et le trait d'union de tous les « sansfilistes » français, il n'est pas, à ma connaissance, que nous possédions des groupements locaux[1], départementaux ou généraux ; le « Sansfilclub, » dont je me fais par

1. On m'a bien signalé une tentative faite à Juvisy-sur-Orge, pour former un groupement sansfiliste, par MM. Roussel et Quénisset, mais leur modestie est si grande, que je n'ai pu obtenir d'eux, malgré mon insistance, le moindre renseignement sur le but et l'importance de leur entreprise. Toutefois, au moment de mettre sous presse le présent ouvrage, j'apprends, par la Revue T. S. F. de Valenciennes, que MM. Quénisset et Roussel ont constitué une collectivité sous le nom le Groupe français des amateurs de T. S. F. Je suis heureux de pouvoir faire connaître le triple et intéressant but de ce groupement, le premier du genre, en France :

1º Mise en relation du plus grand nombre possible d'amateurs de T. S. F.;

2º Centralisation des observations de chacun avec dissémination des choses intéressantes au profit de tous ;

3º Donnée de renseignements précis, résultant de l'expérience, afin de faciliter les recherches de tous. Échanges de livres et revues.

anticipation le parrain, n'existe pas encore, « il faudrait l'inventer[1]. »

En Angleterre.

Or à l'étranger, en Angleterre, aux Etats-Unis notamment, où les radio-amateurs sont bien plus nombreux que chez nous, on trouve de telles sociétés.

Il est vrai de dire que la législation, dans ces deux pays, est beaucoup plus libérale que partout ailleurs en matière radiotélégraphique.

En Angleterre, il suffit, pour être autorisé à recevoir, d'en faire la demande avec l'apostille d'un « notaire public » comme garantie de moralité, et tout sujet anglais peut même être autorisé à transmettre sous la réserve que ses messages n'auront pas une portée supérieure à cinq milles.

« C'est dire que les Anglais qui possèdent une petite « installation de télégraphie sans fil chez eux sont nom- « breux. Rien qu'à Sale, près de Manchester, on en « compte une vingtaine, et dix-sept d'entre eux se sont « réunis pour fonder un club, comme il convenait.

« Le club des « Sans Fil » se réunit tous les soirs : ses « membres se passent les dépêches qu'ils ont saisies au « vol; bien entendu ils en gardent le secret; c'est même « ce qui fait l'attrait de la jeune association : savoir « les nouvelles avant tout le monde et les garder pour « soi.

« Ils ont aussi fait le serment de ne jamais employer « leurs appareils au moindre usage commercial[2]. »

A Derby, fonctionne également le « *Derby Club;* » à Liverpool, le « *Liverpool and District amateur Wireless*

---

1. Les radiotélégraphistes professionnels ont créé une association sous le nom de « l'Union Nationale des radiotélégraphistes français » M. Marcel Courtois, chef d'exploitation technique maritime à la S. F. R. en est le président. Fondée en 1912, cette association professionnelle des radiotélégraphistes de la marine marchande, a pour but l'amélioration matérielle, morale et intellectuelle de ses membres et le développement de la solidarité entre eux; le siège social est au Havre, 44, rue Bernardin-de-Saint-Pierre.
2. Journal *L'Eclair* du 25 juin 1913.

association ; » à Northampton, à Barrow-in-Furness, etc.,
l'on trouve également des clubs dont la prospérité démontre assez l'intérêt que présentent de telles associations.

La vulgarisation de la télégraphie sans fil en Angleterre, s'est faite d'une façon encore bien plus intense que
chez nous, le nombre des ouvrages qui ont été écrits
dans ces derniers temps sur la T. S. F. dans le Royaume-
Uni est considérable. On pourra trouver dans le *Wireless
Telegraphy for Amateurs*, de R.-R. Howgrave-Graham,
et dans le *Hints for Wireless designs for Amateurs*,
de Alfrec, d'intéressantes indications, de même que dans
la revue mensuelle illustrée *Wireless World*.

En Angleterre, les maisons spéciales d'articles pour
amateurs sont nombreuses et prospères. Le commerce et
l'industrie de la T. S. F. y a trouvé, chez les particuliers,
un débouché considérable.

Mais comme nos amis d'Outre-Manche sont des gens
pratiques, il est exigé de toute personne voulant s'occuper de télégraphie sans fil certaines conditions d'aptitude
qui constituent une garantie contre les troubles que
pourraient occasionner l'utilisation d'appareils de transmission par des mains inexpérimentées, et depuis peu, le
versement d'une taxe de 75 francs (réduite à 50 francs
pour les postes déjà existants), qui constitue pour l'Etat
un honnête profit.

153 autorisations ont été données, en Angleterre, pour
la seule année 1913 et le rapport de la commission des
postes et des télégraphes déposé à la Chambre française
des députés, le 23 juillet 1913 (Rapport Bouctot v. suprà)
signalant ce fait, exprime l'opinion que, par suite du
grand nombre de personnes étudiant la radiotélégraphie
« des progrès seront certainement enregistrés dans cette
« branche des connaissances électriques. » C'est tout à
fait exact, mais ce qui est vrai pour l'Angleterre, ne doit
pas l'être moins de l'autre côté du détroit.

Aux Etats-Unis.

Aux Etats-Unis, les amateurs de T. S. F. sont encore
plus favorisés et, partant, plus nombreux.

« Les messages peuvent y être reçus librement de
« n'importe quelle direction, sous n'importe quelle lon-
« gueur d'onde, sans licence, pourvu que la station ne
« soit pas équipée pour la transmission. »

Pour transmettre, il faut, comme en Angleterre, être
titulaire d'une licence ainsi que d'un brevet d'opérateur de première classe, mais on n'a pas de redevance
à payer.

Aussi le *Century Magazine* nous apprend-il, qu'il y a
actuellement aux États-Unis, environ 100.000 postes de
T. S. F. d'amateurs, dont 60.000 sont uniquement récepteurs. Les 40.000 autres comportent en outre les dispositifs de transmission à faible distance. Heureux Améri-
cains[1]!

Voici d'ailleurs le sommaire de la loi américaine du
1er juillet 1913 concernant les amateurs :

« *a*) La transmission et la réception sont toujours
autorisées. Une demande de licence doit être formulée.

« *b*) Cette licence est accordée sous réserve des conditions suivantes:

« 1° La transmission doit être nette (*c.a.d.* sans cra-
chements défectueux);

« 2° Elle doit être parfaitement syntonisable et pouvoir s'accorder facilement (ce qui revient au même.) Les
étincelles sifflantes ou chantantes et le montage indirect
sont recommandés;

« 3° La station transmettrice ne peut avoir une force
supérieure à 1 kilovatt;

« 4° La longueur d'onde ne peut excéder 200 mètres;

« 5° Chaque station d'amateur reçoit un indicatif et
est soumise aux lois et règles de l'Union Radiotélégraphiste;

« 6° Aucune réserve n'est faite pour la réception;

« 7° Si l'amateur se trouve avec sa station dans un
rayon inférieur à 5 milles d'une station gouvernementale,

1. *Revue T. S. F.*, n° 1, p. 16.

il ne peut employer une puissance supérieure à 1/2 kilovatt. »

L'emballement public pour la T. S. F. dépasse, aux
Etats-Unis, tout ce que l'on peut imaginer. On ne compte
plus les clubs, les associations de sansfilistes; chaque
jour de nouvelles sociétés se créent, avec des bulletins et
des organes spéciaux. De grandes revues illustrées sont
publiées pour les seuls amateurs de télégraphie sans
fil. On peut y trouver le compte rendu des inventions
qu'un grand nombre d'entre eux ont faites, des nouveaux dispositifs qu'ils ont créés; des concours sont
organisés, des prix, des récompenses attribués aux plus
méritants : à ceux qui ont créé le dispositif le plus pratique, ou envoyé la photographie de leur poste reconnue
la plus intéressante. Les sansfilistes portent les insignes
de leur club, ils correspondent entre eux d'une ville à
l'autre, échangent leurs observations ou demandent des
conseils, comme le font les collectionneurs de timbres-
poste, de cartes postales ou les espérantistes. L'Amérique est le paradis de la T. S. F.! Mais, gare à ceux qui
voudraient y enfreindre la loi, des amendes formidables
les frapperaient.

On voit, par ces exemples, qu'il reste une certaine
marge aux amateurs français. Ils chercheront d'autant
plus à la franchir, qu'à la différence de beaucoup d'autres,
leurs travaux, en matière radiotélégraphique, comportent
en eux-mêmes, une véritable utilité, un résultat pratique ;
quand cela ne serait que la possibilité de connaître l'heure,
le temps probable, l'approche des orages, quelques nouvelles du soir, c'est déjà quelque chose. D'autre part, le
terrain n'est pas battu, ni la mine épuisée, les ondes n'ont
pas encore donné tous leurs secrets : il reste de grands
problèmes à résoudre, de grandes découvertes à faire,
des améliorations à apporter, en un mot, il y a encore
« à faire » et tout cela est bien dans notre tempérament
national.

Le mouvement s'accentuera encore.

C'est donc à tort que l'on prédit, si prématurément, la faillite de l'emballement des Français pour la T. S. F. Laissez donc les enfants jouer aux télégraphistes, laissez les jeunes gens acquérir les notions techniques qui leur serviront dans la vie, laissez les adultes s'éprendre de progrès et de science, il y a des passions beaucoup plus malsaines; il serait singulier de voir, dans un pays de liberté où tout le monde a le droit de débiter ou de consommer l'alcool, de s'occuper de spiritisme ou d'hypnotisme, prohiber l'étude d'une branche importante de la science, sous le prétexte d'inconvénients imaginaires. Ceux qui voient dans les amateurs de T. S. F. des gens indiscrets et dangereux ne les connaissent pas, et ils ignorent tout de leurs travaux, de leurs recherches, de leurs études, sinon ils n'auraient pas sur eux cette opinion.

L'amateur de T. S. F.

Il ne faut pas croire, en effet, que l'amateur de T. S. F. se lance dans cette branche de la science avec l'idée bien arrêtée de capter des dépêches. Avant de commencer, il sait ce qui l'attend, il prévoit que si, après de longues études, il devient très « fort, » il ne pourra rien surprendre d'intéressant, que tout ce qui pourrait l'être est chiffré, il sait tout cela et cependant il commence; ce n'est donc pas la curiosité qui le guide mais le désir de pénétrer les mystères de la science, de comprendre le mécanisme d'une des plus belles découvertes du génie humain; ce qu'il veut, c'est produire lui-même la répétition des phénomènes dont il a entendu parler.

Après avoir passé des journées à construire lui-même des dispositifs qu'il croit utilisables, l'amateur dont la patience n'a pas de limites, passe des nuits à les essayer et après avoir tout démonté, s'apercevant que les résultats ne sont pas satisfaisants, il rétablit ce qu'il avait tout d'abord condamné. La recherche du montage le meilleur est chez lui une grosse préoccupation. En auto, l'on veut aller toujours plus vite, en T. S. F., l'on veut toujours entendre plus fort, et de plus loin. Plus le poste est éloigné moins on l'entend, mais aussi plus il est intéressant. C'est même ce qui permet d'affirmer que l'interdiction de recevoir porterait en majeure partie sur les postes étrangers, car ce sont eux surtout que l'on veut percevoir. Norddeich est en particulière faveur, sa cadence bien rythmée, son timbre, et jusqu'à la ténuité de son souffle le rendent intéressant. Une loi française défendant de capter les ondes allemandes, ce serait assez piquant!

Et puis, il y a la recherche des pyrites et des galènes sensibles et des points de sensibilité optima, tout cela prend un temps fantastique, mais l'amateur trouve encore qu'il n'en a pas assez pour parfaire ses études; c'est, somme toute, un être sans grande exigence. La première fois qu'il entend quelque bruissement dans son téléphone il éprouve une joie intense qu'il décrit en termes dithyrambiques et quand, après des mois et des mois de combinaisons diverses et d'étude du Morse, il arrive à saisir quelques mots au passage, son bonheur ne connaissant plus de bornes, il en fait part à tout son entourage. C'est un homme précis, sa montre désormais donne l'heure exacte, son baromètre est à peu près réglé, et cela lui suffit presque.

Malgré tout, à force de persévérance, il arrive enfin à recevoir et à déchiffrer tant bien que mal les dépêches, à la condition qu'elles ne soient pas transmises trop rapidement : ce qui le chagrine c'est qu'elles sont la plupart en langue étrangère, mais ce n'est pas pour le rebuter. Il se console avec celles d'Eiffel qui lui rappellent les nouvelles de la veille!

Occupations d'amateurs.

Il compile sur des cahiers, en les datant, sans omettre l'heure et la minute, des documents informes en allemand, en anglais, en espagnol...., la plupart du temps, il ne les comprend pas, mais ça lui est égal : ce qu'il veut, c'est entendre, c'est prendre, c'est perfectionner ses moyens d'action, le reste est pour lui secondaire. Il se fait un *curriculum vitæ radiotélégraphique* dont il est navré de se voir, certains jours, détourné par quelque obligation sociale ou familiale.

Il accumule les observations résultant de sa pratique, dont quelques-unes présentent un réel intérêt, il collectionne les schémas de lecture et de montage, les recettes, les formules, les types de dépêches et les indicatifs des différents postes qu'il peut recevoir, les données météorologiques qui lui permettront d'interpréter les renseignements et les bulletins qui lui parviennent; il perfectionne les documents qu'il a entre les mains, il fait lui-même des dessins de montage qu'il essaye, des tableaux, des cartes géographiques, des roses des vents, des schémas horaires. Il était un peu électricien, il devient géographe, astronome, dessinateur, quelquefois même écrivain!

Ouvrons d'ailleurs ensemble, comme une parenthèse, un *carnet d'amateur*, et nous nous ferons sur lui une opinion plus éclairée.

Carnet de l'Amateur

I. — Schémas de Montage.

Postes de réception.

Montage direct.

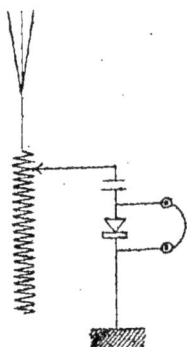

à un curseur.

Montage par dérivation.

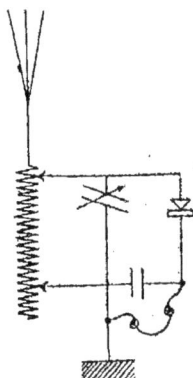

à deux curseurs.

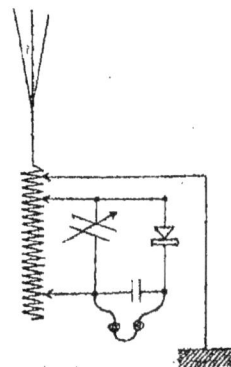

à trois curseurs.

II. — Schémas de Montage.

Postes de réception.

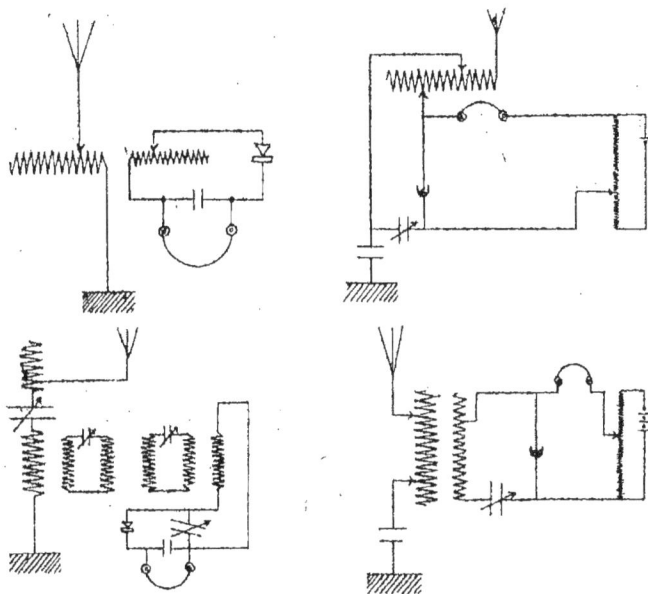

En haut, à gauche : Montage par induction; détecteur à cristaux, condensateur fixe.

En haut, à droite : Montage en dérivation; détecteur électrolytique, pile, potentiomètre, condensateur fixe, condensateur réglable.

En bas, à gauche : Montage par induction en cascade.

En bas, à droite : Montage par induction; détecteur électrolytique, pile, potentiomètre, condensateur fixe, condensateur réglable.

III. — CODES MORSE (MARITIME ET CONTINENTAL)

	A	B	C	D	E	F	G	H	I
MARINE	·—	—···	—·—·	—··	·	··—·	——·	····	··
CONTINENTAL	·—	—···	—·—·	—··	·	··—·	——·	····	··
	J	K	L	M	N	O	P	Q	R
MARINE	·———	—·—	·—··	——	—·	———	·——·	——·—	·—·
CONTINENTAL	·———	—·—	·—··	——	—·	———	·——·	——·—	·—·
	S	T	U	V	W	X	Y	Z	&
MARINE	···	—	··—	···—	·——	—··—	—·——	——··	····
CONTINENTAL	···	—	··—	···—	·——	—··—	—·——	——··	

			Souligné		?	!	Trait d'union	Apostrophe	£
MARINE	¶	( )	;	,					
CONTINENTAL									

					Compris	Invitation à transmettre	Appel	Fin de Transmission	
MARINE				Attente					
CONTINENTAL									

		2	3	4	5	6	7	8	9	0	1
MARINE											
CONTINENTAL											

IV. — CODE MORSE (Groupements méthodiques)

Un trait = 3 points.

La séparation entre les divers éléments } = 1 point.
de la même lettre ou du même chiffre }

La séparation entre les lettres ou les chiffres = 3 points.

La séparation entre les mots ou les nombres = 5 points.

Les nombres fractionnaires sont transmis en faisant précéder la fraction du double trait (=) :

Exemple : 1 1/16 est transmis 1 = 1/16 pour qu'on ne lise pas 11/16.

V. — Ponctuation et signaux de service et de convention[1].

▬▬ ▬▬ ▬▬ ▬ ▬	Appel.
▬▬ ▬ ▬	Invitation à transmettre.
▬▬ ▬ ▬ ▬ ▬	*Idem.*
▬ ▬ ▬ ▬	Attente.
▬ ▬ ▬ ▬	Compris.
▬ ▬ ▬ ▬ ▬	Fin de travail.
▬ ▬ ▬ ▬ ▬ ▬ ▬ ▬ ▬	*Idem.*
▬ ▬▬ ▬ ▬ ▬	*Idem* et croix.
▬ ▬ ▬ ▬ ▬ ▬	Point.
▬ ▬ ▬ ▬	Point (en abrégé).
▬ ▬ ▬ ▬ ▬ ▬ ▬ ▬	Erreur.
▬▬ ▬▬ ▬ ▬ ▬	Deux points.
▬ ▬▬ ▬ ▬▬ ▬	Virgule.
▬▬ ▬ ▬▬ ▬ ▬▬	Point et virgule.
▬ ▬ ▬▬ ▬▬ ▬ ▬	Point d'interrogation ou répétition.
▬ ▬▬ ▬▬ ▬ ▬▬	Point d'exclamation.
▬ ▬▬ ▬▬ ▬▬ ▬	Apostrophe.
▬▬ ▬ ▬▬ ▬▬ ▬	Parenthèse.
▬ ▬▬ ▬ ▬ ▬▬ ▬	Guillemets.
▬▬ ▬ ▬ ▬ ▬▬	Séparation ou double trait.
▬▬ ▬ ▬ ▬ ▬ ▬▬	Trait d'union.
▬ ▬▬ ▬ ▬▬ ▬	Alinéa.
▬ ▬ ▬▬ ▬ ▬ ▬▬	Souligné.
▬▬ ▬▬ ▬▬ ▬▬ ▬▬	Barre de division.
▬▬ ▬ ▬ ▬▬ ▬	Barre de fractions.
▬ ▬ ▬ ▬	Appel allemand.
▬▬ ▬ ▬▬ ▬ ▬▬	Signal de recherche.
▬▬ ▬ ▬▬ ▬	Signal d'envoi d'indications.
▬▬ ▬▬ ▬ ▬ ▬▬ ▬▬	Signal d'émission puissante.
▬ ▬ ▬ ▬▬ ▬▬ ▬▬ ▬ ▬ ▬	Signal de détresse.

[1]. Voir aussi page 58.

VI. — Lettres difficiles.

·· ───	f.	─── ·· ─	g.
· ─── ··	l.	· ─── ──	w.
· ─── ───	j.	─── ·· ───	q.
─── ·· ─── ·	ô ou ö.	─── ·· ─── ───	y.
· ─── ──	p.		

VII. — Lettres étrangères doubles ou accentuées.

·· ─── ·	é.
· ─── · ──	á et â.
· ─── · ──	ā.
─── · ─── ·	ç.
···· ·	ï.
─── ── ·· ──	n̄.
─── ─── · ── ·	ö et œ.
· · ── ──	ü.
─── ─── · ──	ch.

VIII. — Code Morse.

Schéma de lecture de M. Ganot[1].

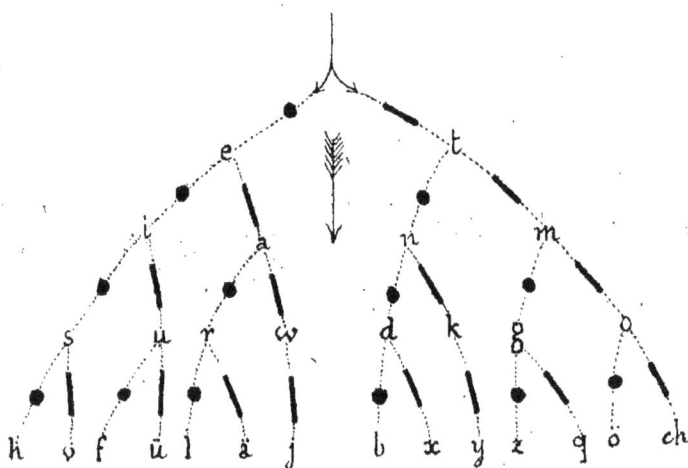

1. *Traité de physique de Ganot.*

IX. — Code Morse.

Schéma de lecture du Commandant Percin.

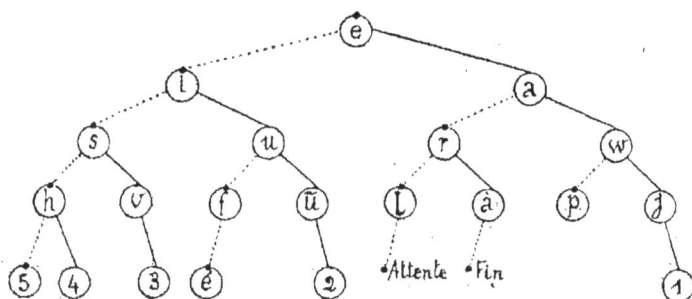

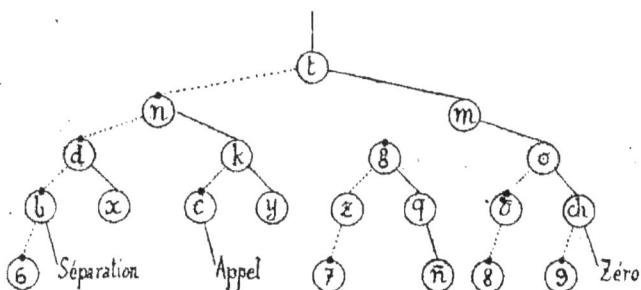

X. — Code **Morse.**

Schéma de lecture de M. Stœcklin.

XI. — Règles officielles de transmission des stations radiotélégraphiques [1].

1. Avant de commencer l'échange de la correspondance, la station côtière fait connaître à la station de bord si la transmission doit s'effectuer dans l'ordre alternatif ou par séries ; elle commence ensuite la transmission ou fait suivre ces indications du signal ▬▬ ▬ ▬ (invitation à transmettre).

2. La transmission du radiotélégramme est précédée du signal ▬▬ ▬ ▬▬ ▬ ▬▬.

La station procède ensuite à la transmission du préambule dans l'ordre suivant :

a) Mention de service « RADIO. »

b) Nature du télégramme au moyen d'une des mentions S, A, D, suivant qu'il s'agit d'un télégramme d'Etat, d'un télégramme ou d'un avis de service, d'un télégramme privé urgent ;

c) La lettre B mais seulement lorsque la station correspond directement avec la station destinataire ;

d) Désignation du bureau d'origine ou de la station de bord ;

e) Numéro du télégramme (Nr) ;

f) Nombre de mots taxés (W) ;

g) Dépôt du télégramme par deux groupes de chiffres, indiquant le premier, le quantième du mois et, le second, l'heure et les minutes.

1. Instruction des P. T. T., n° 500-80, XLIV.

Les stations de bord indiquent l'heure de dépôt au moyen des chiffres de 0 à 24 ;

h) Voie à suivre (quand l'expéditeur l'a indiquée sur sa minute) ;

i) Mentions de service.

3. A la suite du préambule, on transmet successivement les indications éventuelles, l'adresse, le texte et la signature.

4. Le double trait (— — • • —) est transmis pour séparer le préambule des indications éventuelles, les indications éventuelles entre elles, les indications éventuelles de l'adresse, les différentes adresses d'un télégramme multiple entre elles, l'adresse du texte et le texte de la signature.

5. La transmission est terminée par le signal — — • — • suivi de l'indicatif de la station expéditrice et du signal

— — • —.

6. Dans le cas d'une série de radiotélégrammes, l'indicatif de la station expéditrice et le signal — • — ne sont donnés qu'à la fin de la série.

XII. — Spécimen d'une dépêche de « Nouvelles » de la Tour Eiffel.

Tour Eiffel, mardi 2 septembre 1913, 20 heures.

Tous Tous de FL FL FL. Bsr tous les amis. Voici nouvelles :

Le Temps publie un article sur le développement agricole du Maroc signalant l'intérêt particulier de la région du Marakech pour la culture des fruits.

Constantinople : Négociations turco-bulgares : les Turcs réclament la Maritza à l'ouest jusqu'à Andrinople et à l'est délimitation aboutissant sur Mer Noire, au nord de Midia. Bulgares réclament Maritza à l'ouest et une frontière près d'Iniada à l'est. Puissances s'efforcent rapprocher les deux pays mais Turquie démobilise pas, forme de nouveaux corps à Constantinople convoquant les réserves d'Anatolie. Situation militaire et financière Bulgarie semble mettre cet état dans mauvaises conditions pour discussion.

Versailles : L'aviateur Pégoud a renouvelé ce matin à 7 heures, à Buc, devant de nombreux aviateurs civils et militaires, les expériences faites hier à Juvisy. Etant monté à 1.000 mètres, il redescendit verticalement, puis rétablit son appareil volant la tête en bas, il s'est maintenu dans cette position pendant plusieurs secondes puis s'est redressé et a repris sa position normale.

Châlons : Le lieutenant aviateur L....., avec son passager, fait une chute hier soir au camp de Châlons.

Paris : Les obsèques du député Goutant auront lieu à Paris dimanche prochain.

Anvers : Le cercueil renfermant le corps du général de Négrier est arrivé ce matin à Anvers.

XIII. — Spécimen d'une dépêche de « Nouvelles » de Bruxelles-Laeken (BRX[1]).

———

Bruxelles. Lundi 7 avril 1913, 22 h. 45 :

Bonsoir Messieurs. Ici Bruxelles, nous vous transmettons ce soir avec 7 n. de BRX, RO et CQ.

Bruxelles : Le major de Borora d'Altona qui fut longtemps dans la marine de guerre française, vient d'être attaché à l'Etat-major général de l'armée avec mission spéciale de s'occuper de la défense de nos côtes.

La Grève générale : L'intervention royale est impossible parce qu'en Belgique, le roi règne mais ne gouverne pas. La situation est toujours très grave. Dans le centre, les commerçants et industriels se plaignent du manque de commandes. Diverses usines vont devoir chômer. A Malines, les socialistes malinois se sont promenés dans les rues de la ville, plusieurs orateurs ont pris la parole. L'industrie des meubles malinois traverse également une crise. Bref la situation générale est très mauvaise.

Situation atmosphérique : le vent de force très variable souffle d'entre N.-O., N.-E. sur nos contrées, où la température est comprise entre 2° et 8°.

Prévisions : vent N.-O., N.-E., rafales modérées, ondées.

———

1. Ce poste, situé dans la banlieue de Bruxelles, appartient à M. Goldschmidt. Il n'envoie plus depuis quelque temps de dépêches de nouvelles et a changé son indicatif qui est devenu OTL au lieu de BRX.

XIV. — Spécimen d'une dépêche de presse (Zeitungsdienst) du poste allemand de Norddeich [1].

Norddeich, vendredi 17 octobre 1913; 22 h. 10.

v v v v v, appel appel.

Zeitungsdienst, 350 W.   Service de Presse, 350 mots.

Berlin. — L'aéronef de la marine LII a fait explosion sur l'aérodrome de Johannisthal peu après sa sortie, à 300 mètres de hauteur. Les vingt-huit personnes qui le montaient ont toutes été tuées sauf une. L'explosion se produisit près de la nacelle avant, dont les occupants furent projetés au dehors. Le nombre plus élevé de passagers sur l'aéronef s'explique par ce fait que la sortie d'aujourd'hui devait compter comme épreuve de hauteur et qu'une surcharge était imposée.

Les témoins oculaires remarquèrent, paraît-il, qu'avant le départ, les moteurs ne fonctionnaient pas, de sorte que le départ dut être retardé d'environ une heure et quart. Au moment où l'explosion se produisit l'enveloppe du ballon était léchée par de petites flammes jaunes. L'enveloppe fut rapidement détruite et la carcasse s'abattit et se brisa.

Münich. — Le comte Zeppelin de passage pour se ren-

Berlin. — Marineluftschiff L. II vormittags kurz nach Aufstieg vom Flugplatz Johannisthal 300 Meter Höhe explodiert. Saemtliche acht- und zwanzig Insassen ausser einem getœtet. Explosion erfolgte vorderen Gondel deren Insassen herausgeschleudert. Staerkere Besetzung Marineluftschiffes darauf zurückführen dass heutige Fahrt als Hochenflugabnahme geplant hierzu staerkere Belastung erforderlich.

Augenzeugen bemerkten angeblich dass vor Aufstieg Motore nicht funktionierten sodass Abflug etwa eine einviertelstunde verzœgert. Augenblick Explosion war Ballonhülle kleine gelbe Flaemchen eingehüllt. Rasch war Hülle verbrannt. Gerippe niederfiel zerbrochen.

München. — Graf Zeppelin auf Reise Leipzig Haüpthahnhof,

1. Le poste de Norddeich fait toujours précéder ses signaux d'appel d'une série de v et de longs traits (Voir plus loin le service de la station de Norddeich).

von Ungluck benachrichtigt unterbrach Reise zurückkehrte Friedrichshafen.

dre à Leipzig, apprit à la gare centrale le désastre, il interrompit son voyage pour retourner à Friedrichshafen.

Berlin. — Amtlichen Bericht über Katastrophe Lüftschiffes L. II hervorgeht dass ersten drittel vorderen Motorengondel zwischen Gondel und Hülle Flammengarben enstanden die zunaechst Vorschiff bis Spitze Brand setzte Feuer ausbreiten schnell zerstœrte aussere Hülle.

Berlin. — D'après le rapport officiel concernant la catastrophe du Zeppelin LII il résulte qu'entre la nacelle avant munie des moteurs et l'enveloppe, et environ au-dessus du premier tiers avant de la nacelle, il se produisit des gerbes de flammes qui mirent le feu tout d'abord à l'avant jusqu'à la pointe et détruisirent rapidement l'enveloppe extérieure.

Zwei bis drei Secunden stand ganze Schiff Flammen. Explosion 700 Meter Entfernung gehoert. Luftschiff fiel Spitze nach unten vierzig Meter über Boden folgte zweite Explosion vermutlich Benzin herrührend. Bei Aufprall Boden erfolgte dritte schwaechere Explosion Gerippe zusammenstürzte.

Pendant deux ou trois secondes l'aéronef tout entier flamba. L'explosion fut entendue à une distance de 700 mètres. L'aéronef s'abattit la pointe en avant, à quarante mètres de hauteur, il se produisit une seconde explosion due sans doute à l'essence. Au moment de la chute sur le sol une troisième explosion plus faible se produisit, et la carcasse fut anéantie.

In sich drei Insassen lebend aufgefunden die jedoch spaeter Verletzungen erlagen sodass gesamte Besatzung Tod gefunden.

On trouva dans les décombres trois hommes encore vivants mais qui succombèrent à leurs blessures par la suite, de sorte que tout l'équipage trouva la mort.

XV. — Spécimen d'une dépêche de presse de Poldhu pour le *Journal de l'Atlantique* (fragment).

Poldhu, 21 août 1913, 11 h. 31 m. :

CQ, CQ, CQ, CQ. — One for MOI via CQ. — One for DKP. — Two for DDA. — One for DKF, SPB. — 21 Wds.

To officers on ships subscribing to Marconi news service only.

« Koelnische Zeitung » understands that exchange of opinion between various powers concerning measures to enforce Turkey to acknowledge treaty of London not yet resulted in any agreement.

« Temps » commenting upon general Huerta refusal to accept offer of mediation by United States President discussed various course which are now open to latter and pointed out hatif pressure should be brought to bear upon Mexico situation would become very grave.

Signal d'appel. — Un pour MOI via CQ. — Un pour DKP. — Deux pour DDA. — Un pour DKF et SPB. — 21 mots[1].

Réservé aux officiers des navires abonnés au service de presse Marconi.

« La Koelnische Zeitung » annonce que l'échange de pourparlers entre les diverses puissances au sujet des mesures à prendre pour forcer la Turquie à se conformer au traité de Londres n'ont pas encore abouti à un accord.

« Le Temps » commentant le refus par le général Huerta de l'offre de médiation du Président des Etats-Unis, discute les diverses éventualités qui peuvent se présenter et redoute qu'en l'absence d'une pression sur Mexico la situation ne devienne très grave.

[1]. CQ, CQ, CQ = c'est l'appel à tous les paquebots munis d'appareils à longue distance. Un pour MOI, un pour DKP, etc., signifie que le poste de Poldhu transmettra après sa dépêche de presse un radio au paquebot dont l'indicatif est MOI, un au paquebot DKP, etc.

MOI via CQ, veut dire que le paquebot MOI n'est pas muni d'appareils à longue distance et qu'en conséquence tous les autres paquebots doivent prendre le radio qui lui est destiné et le lui transmettre aussitôt qu'ils le rencontreront. (Voir plus loin, le service de la station de Poldhu.)

XVI. — Différents noms du *Journal de l'Atlantique* et Compagnies de navigations abonnées.

			COMPAGNIES ET PORTS D'ESCALES FRANÇAIS	NAVIRES	NOMBRE des Navires et des Traversées effectuées env. en une année dans chaque sens.
ÉDITION NORD	Lignes de l'Amérique du Nord (Europe-New-York et vice-versa).	Journal de l'Atlantique......	Compagnie Générale Transatlantique. (*Le Havre*).	France. La Provence. Rochambeau. La Lorraine. La Savoie. La Touraine. Chicago.	
		Das Atlantische Tageblatt...	Hamburg-Amerika Linie. (*Cherbourg ou Boulogne-sur-Mer*).	Kaiserin Augusta Victoria. America. Cincinnati. Cleveland. Blücher. Moltke. Hamburg. President Grant. President Lincoln. Graf Waldersee. Patricia. Pennsylvania. Pretoria.	36 paquebois. 360 traversées.
		The Ocean Times............	White Star Line. (*Cherbourg*) pour certains de ces navires	Olympic. Oceanic. Adriatic. Baltic. Celtic. Cedric. Majestic.	
		The Atlantic Daily News....	Holland-Amerika Line. (*Boulogne-sur-Mer*).	Rotterdam. Nieuw Amsterdam. Noordam. Rijndam. Potsdam.	
			Scandinavian American Line.	C. F. Tietgen. Hellig Olav. United States. Oscar II.	
ÉDITION SUD	LIGNE d'Afrique Anvers Congo.	Journal de l'Atlantique......	Compagnie Belge Maritime du Congo. (*La Rochelle-Pallice*).	Elisabethville. Anversville. Léopoldville. Albertville.	4 paquebots. 20 traversées.
	Lignes de l'Amérique Centrale et du Sud. (Europe-Cuba-le Mexique-l'Uruguay-le Brésil-la Répub. Argent.	Diario del Atlantico..........	Compagnie Générale Transatlantique. (*Saint-Nazaire*).	Espagne. La Navarre. La Champagne.	11 paquebots. 110 traversées.
			Lloyd Royal Hollandais. (*Boulogne-sur-Mer*).	Zeelandia. Hollandia. Frisia.	
		The South Atlantic Gazette.	Royal Mail Steam Packet Cⁱᵉ. (*Cherbourg*).	Asturias. Avon. Araguaya. Amazon. Aragon.	
		Giornale dell' Atlantico......	Navigazione Generale Italiana.		51 paquebots. 500 traversées environ.

XVII. — Spécimen (fragments en réduction) du *Journal de l'Atlantique* publié à bord des paquebots abonnés au service de presse de la compagnie Marconi.

Journal du dimanche 14 septembre 1913, paru à bord du paquebot « *France* » de la Cie Générale Transatlantique.

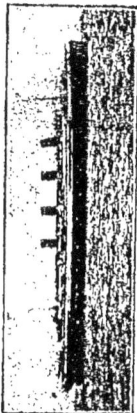

MOËT ET CHANDON
CHAMPAGNE

DINNER

MENU

Potage à la Solferino
Consommé de Volaille Œufs Pochés
Filet de Cervelle
Filets de Soles à la Pompadour
Selle de Mouton Forestier
Articharts sauce Crème
Haricots Verts à l'Anglaise
Côte de Bœuf Rôtie
Dinde Rôtie
Salade

Gâteau d'Amandes - Glace Cacao
Fromages - Fruits
Café - Thé - Tilleul - Camomille

ANISETTE-CRÈME DE MENTHE
MARIE BRIZARD & ROGER
CURAÇAO-MARASQUIN-APRICOT BRANDY

CONCERTS, Grand Salon LOUIS XIV
A 10 H 30 DU MATIN (A M., 4 H & 8 H. 45 DU SOIR (P. M).
Sous la Direction de M. MEAN, Soliste des Concerts Lamoureux
Membre du Jury du Conservatoire de Paris

G^d Soir THÉÂTRE D'OMBRES

SHIP'S NEWS

Commandant Ed^s. PONCELET, O ✳

M. R. ROBERT   M. CAMBRÉZARD
Second Capitaine   Commissaire
M. MARTY   M. DUMOND
Chef Mécanicien   Docteur

POINT DE MIDE — POSITION AT NOON

Latitude : 48°30 Nord (N) — Longitude : 31°55' : Ouest (W.)

Milles parcourus - Day's Run : 615
en 23 h. 16' — Vitesse moyenne (Average Speed)   22.17

VENTS ET TEMPS ... WINDS AND WEATHER
Beau temps. Houle de N.E. Fine weather. Easterly swell.

THERMOMÈTRE & BAROMÈTRE

	AIR	MER	Baom.	AIR	MER	Nifum
6 h. mtr	19°	19°	774.3	14.8	14	77.2
Midi...	17	19.	772	17	6	771.

Without responsibility (or possible inaccuracies in the news protected)

XVIII. — Spécimen du Journal de l'Atlantique (suite).

S.S. "FRANCE"

LATEST NEWS received through the long distance station of Poldhu, England.

Sunday SEPTEMBER 14 1913

COMMENTS ON DIFFERENT TOPICS BY LEADING EUROPEAN PAPERS (by special arrangement)

Le Temps. dénonçant le dangereux renvoi par le Roi Constantin à Berlin, déclare que le Roi in-même devra effacer la mauvaise impression produite en France par son discours.

En conséquence, il n'y a pas pour lui d'intérêt plus essentiel, personnel, et en même temps d'importance aussi profitable à la France pour le pays d'une émotion maladie qu'ils a dominer à l'arme-groupe.

Le Times croit que le vote du peuple...

Le Voyage de M. Poincaré
Paris, Samedi

M. Raymond Poincaré continue son voyage. Il est arrivé à Pompadour la nuit dernière. Le Président a reçu partout un accueil enthousiaste.

Les Manœuvres en France
Paris, Samedi

Météo: le grande activité déployée par les troupes en manœuvres, sixième encerclement du golf a été bien marqué avec-il-i à une conclusion à l'autre.

Pèlerinage de Lourdes
Paris, Samedi

Par mille pèlerins se rendant à Lourdes où ont lieu les grandes fêtes annuelles ont été annoncées des environs. maintenant qu'aujourd'hui, mais rien ne sont pas confirmées.

Nécrologie
New York, Samedi

On annonce la mort du millionnaire James Foster, qui employait de batter vente les grèves. Il y employait plusieurs 1.000 ouvriers pour arriver à ses fins.

Le Temps, commentant au King Constantin's speech at Berlin, declares that King himself must anxious to remove unfavourable impression which such speech has created in France, therefore he is making use of his ministers to interpret his personal feeling and genuine Feeling of his gratitude of their rest in military instruction of Greek army.

Die Kölnische Zeitung understands from Vienna that visit of King Constantine of Greece to Germany is not considered to be of any political importance, but if Germany wished to maintain friendly relationship with Greece, she must first of all prejudice Bulgaria.

The Times considers the passage of United States tariff bill through the...

President Poincaré's Tour
Paris, Saturday

President Poincaré continued his ministerial tour, reaching Pompadour last night. Enthusiastic receptions has been accorded everywhere.

The French Manœuvres
Paris, Saturday

During great activity annoyed forces of manœuvres, no decisive engagement have taken place, but the expected victory.

Lourdes Pilgrimage
Paris, Saturday

Two thousand pilgrims attending Lourdes pilgrimage where annual festival takes place to-day; miraculous cures are reported but not confirmed.

Germany and China
Berlin, Saturday

It is announced but not confirmed, that Germany has made agreement with China, whereby one implement-general with a staff of six officers and an interpreter, are to manage the military affairs at Peking, while two hundred German officers are to be distributed throughout the country.

The scheme estimated to cost four million works, of which Krupp firm is providing one million.

Obituary
New York, Saturday

James Foster, millionaire and professional strike broker, who employed over fifteen thousand men as blacklegs, is dead.

Without responsibility for possible inaccuracies in the news published.

XVIII *bis*. — Spécimen du *Journal de l'Atlantique* (suite).

Map showing the Shore Stations available for the North Atlantic Service.

This map will be found useful for recording the vessel's position daily at Noon.

The names of ordinary radiotelegraph stations are printed in usual Roman type, those of the High Power stations in all-capitals, and those of other places in Italics.

Carte des postes côtiers pouvant être utilisés par le service de l'Atlantique du Nord. Les postes ordinaires sont imprimés en caractères romains, ceux de grande puissance, en capitales; les autres places en italiques.

XIX. — Stations émettant les Signaux horaires internationaux.

Les signaux horaires internationaux seront envoyés, conformément aux décisions de la Conférence internationale de l'Heure du 18 octobre 1913, par les stations ci-après[1], qui seront appelées à jouer le rôle de centres d'émissions horaires et qui transmettront aux heures suivantes :

	Heures (Temps moyen de Greenwich.)
Paris	0 (minuit)
San-Fernando-de-Noronha (Brésil)..	2
Arlington (Etats-Unis)............	3
Mogadiscio (Somalis italien)......	4
Manille (Philippines)	4
Tombouctou (Soudan)............	6
Paris	10
Norddeich-Wilhemshaven........	12 (midi)
San-Fernando (Brésil)............	16
Arlington (Etats-Unis)............	17
Massaouah (Erythrée)............	18
San-Francisco (Etats-Unis)........	20
Norddeich-Wilhemshaven........	22

1. Les stations de *Melbourne* et de *Tananarive* émettront prochainement, elles aussi, des signaux horaires internationaux.

XIX bis. — Schéma de l'Heure Française du poste de la Tour Eiffel.

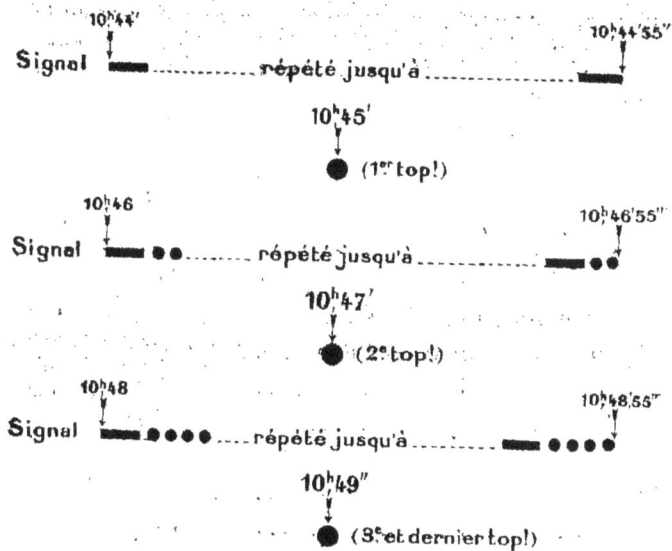

Signal   10ʰ44′   ▬▬ .... répété jusqu'à .... ▬▬   10ʰ44′55″

10ʰ45′
● (1ᵉʳ top!)

Signal   10ʰ46   ▬▬ •• .... répété jusqu'à .... ▬▬ ••   10ʰ46′55″

10ʰ47′
● (2ᵉ top!)

Signal   10ʰ48   ▬▬ •••• .... répété jusqu'à .... ▬▬ ••••   10ʰ48′55″

10ʰ49″
● (3ᵉ et dernier top!)

XIX *ter*. — Schéma de l'Heure Allemande du poste de Norddeich.

11 heures 53'   11 heures 55'

Signal • • • ▬ .... répété jusqu'à .... • • • ▬

11ʰ57'47" ▬ • ▬ • ▬ (appel) ▬ • ▬ • • ▬ • • • ▬ (KAV)

▬ ▬ ▬ • ▬ • ▬ ▬ • • (mittelgreenwicher Zeit)

11ʰ58'38" ▬ • ▬ • ▬ (appel)

1ᵉʳᵉ SÉRIE

11ʰ58' ..... 46" ..... 47" ..... 48" ..... 49" ..... 50"
courte pause

11ʰ58' ..... 56" ..... 57" ..... 58" ..... 59" ..... 0"
courte pause

11ʰ59' ..... 6" ..... 7" ..... 8" ..... 9" ..... 10"
longue pause

2ᵉ SÉRIE

11ʰ59' ..... 36" ..... 37" ..... 38" ..... 39" ..... 40"
courte pause

11ʰ59' ..... 46" ..... 47" ..... 48" ..... 49" ..... 50"
courte pause

11ʰ59' ..... 56" ..... 57" ..... 58" ..... 59" ..... 0" (MIDI)
courte pause

12ʰ0'6" • ▬ • ▬ • (Fin de transmission)

XIX *quater*. — Schéma de l'Heure Internationale.

Signaux conformes aux décisions
de la Conférence Internationale de l'Heure réunie
à Paris le 15 Octobre 1912.

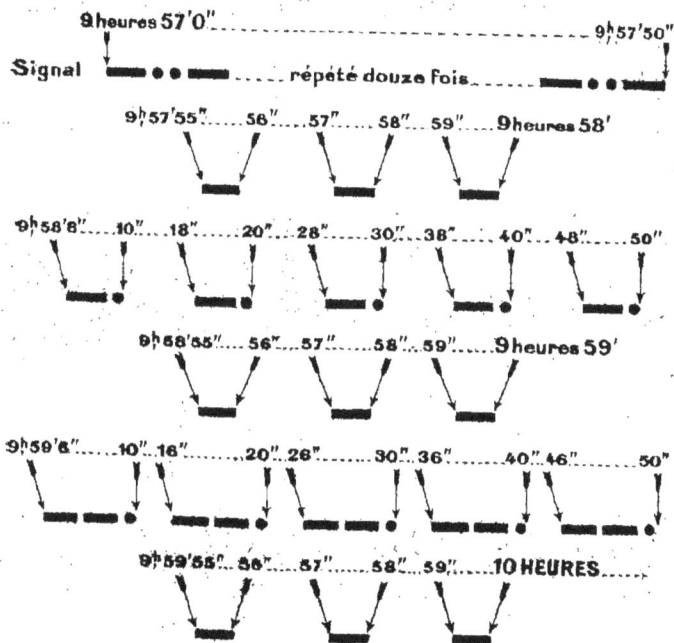

XX. — Spécimen d'un bulletin météorologique de Cleethorpes.

CQ. CQ. CQ.

Signal d'appel.

Weather report.

Pressure above 30 I. Over England and north France, 29.0 over northern Iceland gradient fairly steep Iceland regions not appreciate over western Europe.

Bulletin météorologique.

Pression au-dessus de 30 inches (pouces) sur l'Angleterre et le nord de la France, 29 sur le nord de l'Islande s'élevant graduellement sur la région de l'Islande. Pas d'appréciations sur l'ouest de l'Europe.

Forecast.

Scotland and north Ireland south westerly-southerly breezes freshing sea smooth to rather rough fair or fine some rain tonight other regions calm and light variable airs smooth sea fine generally some mist.

Z

Prévisions.

Ecosse et nord de l'Irlande, brises du sud, sud-ouest croissant, mer calme mais devenant mauvaise, beau à très beau. De la pluie la nuit dans d'autres régions. Air calme et léger. Mer calme. Beau général, un peu de brouillard.

Fin.

XXI. — Spécimens de bulletins météorologiques de Norddeich.

I

Norddeich, 25 août 1913, 12 heures.

Hochdruckgebiet 769 Frankreich.

Pression maxima de 769 sur la France.

Tiefdruckgebiet 745 Nordmeer mit Ausläufern nordwestlich Schottland Nordsee Ostsee schwach windig.

Pression minima de 745 sur la mer du Nord s'étendant aussi au nord-ouest de l'Ecosse, sur la mer du Nord et sur la Baltique, vents faibles.

Fortdauer wahrscheinlich.
(KAV).

Sans modification probable.
(KAV) (Norddeich).

II

Norddeich, 6 septembre 1913, 12 heures.

Meist hoher gleichmässig verteilter Luftdruck.

En général haute pression barométrique régulièrement répartie.

Hochdruckgebiete 776.

Zone de pression maxima 776.

Nördliche Nordsee 765.

Région septentrionale de la mer du Nord 765.

Frankreich Schwache bis mässige nordöstliche Winde Fortdauer deutsche Meere wahrscheinlich.
(KAV).

En France vents faibles ou moyens du nord-est sans modification probable dans les mers allemandes.
(KAV) (Norddeich).

XXII. — Spécimens d'avertissements de tempête de Norddeich.

(Ces avertissements sont généralement répétés 3 fois de suite, très lentement, et retransmis de demi-heure en demi-heure.)

I

Norddeich, 19 janvier 1913.

21 h. 59 v v v v v v, etc. (▪▪▪▬). Longs traits ▬ ▬ .
22 heures. Trait ▬ 2 appels (▬▪▪▬▬).

(Texte): *Sturm War-nung. Minimum Westlich Irland nœrdliche Nordsee Gefahr, stürmischer südlicher Winde. Signalball.* Avertissement de tem-pête. Minimum ouest Ir-lande. Dans le nord de la mer du Nord il y a danger de vents cycloniques du sud. Signal de tempête.

Fin de transmission (▪▬▪▬▪).
Fin de travail (▪▪▬▬▪▬).
KND (aujourd'hui KAV).

II

Norddeich, 6 février 1913.

21 h. 30 (mêmes signaux préliminaires que ci-dessus).

(Texte) : *Tiefes Mini-mum nordwestlich Schott-land. Gefahr stark auf-frischender südwestlicher Winde. Signalball.* Minimum bas dans le sud-ouest de l'Écosse. Il y a danger de vents fraîchis-sants du sud-ouest. Signal de tempête.

XXIII. — Carte pour l'interprétation
des
Radiotélégrammes météorologiques de la Tour Eiffel
(BCM).

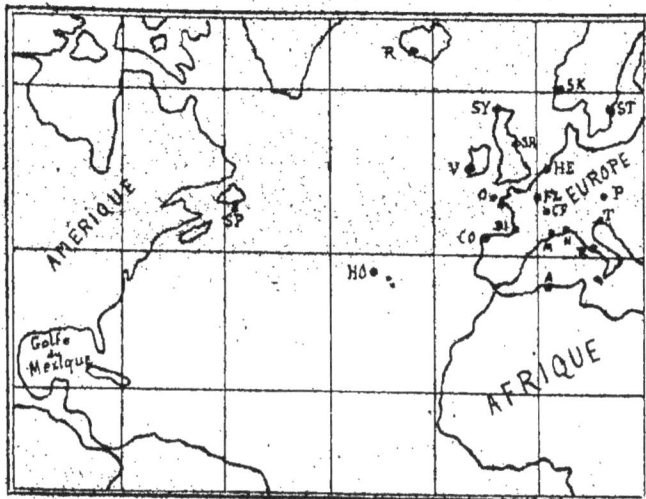

R	REYKIAVIK.	Islande (sud-ouest).	**N**	NICE.	Id. (sud).
V	VALENTIA.	Irlande (sud-ouest).	**A**	ALGER.	Algérie (nord).
O	OUESSANT.	France (ouest).	**SY**	STORNOWAY.	Angleterre (nord).
CO	LA COROGNE.	Espagne (nord-ouest).	**SH**	SHIELDS.	id (centre).
HO	HORTA.	(Açores centre de	**HE**	LE HELDER.	Hollande (nord).
		l'Océan))	**SK**	SKUDSNESS.	Norvège (sud).
SP	St-Pierre et Miquelon.	Amérique.	**ST**	STOCKHOLM.	Suède (sud).
	PARIS.		**P**	PRAGUE.	Autriche (Bohême).
CF	Clermont-Ferrand.	France (centre).	**T**	TRIESTE.	Id. (Adriatique).
BI	BIARRITZ.	Id. (sud-ouest).	**R**	ROME.	Italie (centre).
M	MARSEILLE.	Id. (sud).	**BR**	BREST.	France (ouest).

ORDRE D'APPEL DES STATIONS

MATIN (10 h.)				SOIR (17 h.)			
1°	R	11°	N	1°	Paris	5°	V
2°	V	12°	A	2°	BR	6°	SK
3°	O	13°	SY	3°	BI	7°	R
4°	CO	14°	SH	4°	N	8°	CO
5°	HO	15°	HE				
6°	SP	16°	SK				
7°	Paris	17°	ST				
8°	CF	18°	P				
9°	BI	19°	T				
10°	M	20°	R				

XXIV. — Pour comprendre le **BCM**.

(Observations faites par M. MICHARD, *instituteur* à Saint-Léger-du-Bois (Saône-et-Loire).

En règle générale :

Dépressions.

1° Toutes dépressions ayant pour résultat de fortes pluies sur le *Sud*, l'*Ouest* et le *Nord* de la France, viennent du Golfe du Mexique, passent aux Açores, à la Corogne, la Cornouaille et l'Ecosse.

2° Si cette ligne s'incline vers l'*Est*, en passant sur Paris, les Pays-Bas, la Norvège, les pluies sont plus abondantes et persistantes.

Direction du vent.

Dans le premier cas, la direction du vent est *Sud-Ouest* (région du Morvan).

Dans le deuxième cas, elle est *Ouest*, puis *Nord-Ouest*, quand la dépression est sur la Mer du Nord (vents violents).

Dépressions secondaires.

3° Cette marche générale des dépressions est très souvent accompagnée de *dépressions secondaires* sur le Golfe de Gênes ou sur l'Allemagne et la Baltique.

Alors, dans la vallée du Rhône et de la Saône, on a, dans le premier cas, vent du *Nord*, et dans le deuxième cas, vent du *Sud*.

4° La configuration générale du pays influe naturellement sur les vents locaux et sur les pluies.

XXV. — Notions élémentaires de météorologie pour permettre l'interprétation du BCM.

par M. A. COUTUREAU, ingénieur.

Pression barométrique :

Si un baromètre bien réglé marque, par exemple 778, on dit que la *pression barométrique* est de 778 millimètres, et dans ce cas, *élevée*. Si ce baromètre marque 742 millimètres, on dit que la pression est *basse*. Si l'aiguille va de 762 à 768 et qu'elle continue à monter, on dit que le baromètre est *en hausse*. Dans le cas contraire, qu'il est *en baisse*.

Courbes d'égales pressions ou isobares :

Lignes tracées sur une carte et passant par les points de la terre ayant la *même pression*. Pour les obtenir, on applique, sur la carte, les chiffres de pression relevés pour chaque pays, puis on détermine les *isobares* de la même manière qu'on le fait en topographie pour tracer les courbes de niveau.

Centre de dépression :

Région où la *pression barométrique* est la plus *basse*, c'est-à-dire où il règne un affaissement de l'atmosphère. Lorsque les *isobares* présentent des courbes assez accentuées, le centre de dépression est facile à reconnaître : Il est toujours du côté du centre de ces courbes.

Direction du vent autour d'un centre de dépression :

Dans l'hémisphère nord, cette direction marche en sens inverse des aiguilles d'une montre; dans l'hémisphère sud, dans le même sens que ces aiguilles. Ainsi le centre de dépression se trouve sur la perpendiculaire à la direction du vent : *A gauche* de cette direction pour notre hémisphère et à *droite* pour l'hémisphère sud.

Lorsque les nuages marchent dans plusieurs directions, ne tenir compte que du *courant supérieur.*

Cyclones, tornados, trombes :

Fortes dépressions atmosphériques de très faible surface et à *isobares* souvent très serrées. Elles sont généralement précédées d'une *rapide* et *forte baisse barométrique.*

Aires de fortes pressions ou anticyclones :

Vastes régions où la pression de l'air s'élève de 10 ou de 20 millimètres au-dessus de sa valeur moyenne, soit à 770 millimètres ou 780 millimètres.

Variations barométriques :

Le baromètre porte des indications : Beau temps, tempêtes, etc... qu'il ne faut pas prendre à la lettre, car il peut pleuvoir avec 770 millimètres et faire beau avec 750 millimètres. C'est seulement le *sens de la marche de l'aiguille* qu'il importe surtout de constater pour faire de la prévision du temps à brève échéance.

XXVI. — Tableau de prévision du temps[1]

d'après les données
de M. l'abbé MOREUX, *directeur* de l'Observatoire de Bourges.

Vents du Nord.	avec pression supérieure à 760°	Eté	frais, averses, brouillard.
		Hiver	froid et variable.
	avec pression inférieure à 760°	Eté	doux, pluies.
		Hiver	froid et neige.
Vents du Nord-Est.	avec pression supérieure à 760°	Eté	chaud et beau.
		Hiver	froid et beau.
	avec pression inférieure à 760°	Eté	doux, pluies, orages.
		Hiver	froid et neige.
Vents d'Est.	avec pression supérieure à 760°	Eté	assez chaud et beau.
		Hiver	froid et beau.
	avec pression inférieure à 760°	Eté	assez chaud, pluies, orages.
		Hiver	froid et neige.
Vents Sud-Est.	avec pression supérieure à 760°	Eté	chaud, pluies, orages.
		Hiver	doux et pluies.
	avec pression inférieure à 760°	Eté	chaud, pluies, orages.
		Hiver	frais et pluie.

1. Voir aussi pages 310 et 311.

Vents du Sud.
- avec pression supérieure à 760°
  - Eté : chaud, averses, orage.
  - Hiver : doux et pluies.
- avec pression inférieure à 760°
  - Eté : pluies, orages, assez chaud.
  - Hiver : doux, pluies, neige.

Vents du Sud-Ouest.
- avec pression supérieure à 760°
  - Eté : assez chaud, pluies orageuses.
  - Hiver : doux et pluie.
- avec pression inférieure à 760°
  - Eté : pluies, orages, assez chaud.
  - Hiver : pluies, neige, doux.

Vents d'Ouest.
- avec pression supérieure à 760°
  - Eté : frais et averses.
  - Hiver : froid, pluies, neige.
- avec pression inférieure à 760°
  - Eté : pluies et doux.
  - Hiver : froid et neige.

Vents du Nord-Ouest.
- avec pression supérieure à 760°
  - Eté : froid et pluies.
  - Hiver : nuageux, averses, frais.
- avec pression inférieure à 760°
  - Eté : doux et pluie.
  - Hiver : froid et neige.

XXVII. — Quelques Abréviations usuelles.

(Voir aussi page 58.)

Avarie à la réception : VAR.

Avarie au moteur : VAM.

Bonjour : BJR. — *En allemand* : GT (*guten Tag*) et GM (*guten Morgen*).

Bonsoir : BSR. — *En allemand* : GA (*guten Abend*) et GN (*gute Nacht*).

Collationnement : COL.

Clôture : CL.

Comment recevez-vous? : CRV.

Employez le code de signaux : PRB.

Etes-vous troublé? : RH.

Merci : MI.

Messieurs : MRS.

Mots (*Nombre de*) : W.

Nous sommes troublés : RJ ou RU.

Numéro : NR.

Officiel : OFF ou O.

Parasites nombreux : RK.

Parlez : PZ.

Poste de commandant : PCT.

Réception bonne, très bonne : RE ou RTB.

Réception mauvaise : RF ou RTF.

Répétez :? ou (en cas de trouble causé par des parasites)? RK ou ? RKS.

Rien à transmettre : SA.

Séparez les signaux : SS.

Tous : TS.

Vieux : VX.

Vous : VS.

XXVIII. — Indicatifs des Paquebots faisant le service du Pas-de-Calais[1].

Service CALAIS - DOUVRES et BOULOGNE - FOLKESTONE

Empress	GUI.	Victoria	GUP.
Invicta	GUL.	Engadine	GUK.
The Queen	GUN.	Riviera	GUO.
Onward	GUM.	Marguerite	GJU.

Service OSTENDE-DOUVRES

Rapide	OPR.	Flandre	ONF.
Princesse Joséphine	OPJ.	Pierre de Coninck	OPK.
Princesse Henriette	OPH.	Marie-Henriette	ONM.
Princesse Elisabeth	OPE.	Léopold II	OPD.
Princesse Clémentine	OPC.	Jean Breydel	ONJ.

1. Extrait de la *Revue T. S. F.*, n° 5, p. 38.

XXIX. — Indicatifs de quelques Postes[1].

Noms des Postes.	Indicatifs.	Noms des Postes.	Indicatifs.
Ajaccio	FFA.	Cullercoat	GCC.
Ajaccio (off.)	TA(F).	Dieppe	FFI.
Alger	(U)FO.	Douvres	BYL.
Anvers	QR.	Dunkerque	FFD.
Barcelone	EBA.	Dunkerque (off.)	TD(F).
Belfort	(G)BT et 226.	Epinal	(G)EN et 417.
Bizerte	FUA.	Escadre du Nord.	NA.
Bizerte (off.)	TZ(F).	Escadre de la Méditerranée.	HM.
Boulogne-sur-Mer	FFB.	Fez	FZ.
Bremerhaven	KBH.	Folkestone-Har.	GUR.
Brest (arsenal)	FUB.	Fort de l'Eau	FFO.
Brest (Kerlaer)	FFK.	Gand	OTG.
Brest-Kerlaer (off.)	TQ(F).	Gibraltar	SMP.
Bruxelles (Laeken)	OTL.	Glace Bay	GB.
Cap Bon (Tunisie)	FTT.	Guernesey	GU.
Casablanca	CPN.	Jersey	JE.
Cherbourg	FFC.	Le Bouscat	FFX.
Cherbourg (off.)	TC(F).	Lorient	FFL.
Cleethorpes	BYB.	Lorient (off.)	TL(F).
Clifden	CND.	Madrid	EGC.
Cologne	CL.	Maubeuge.	(G)MG et 612.
Coltano	CTO.	Metz	CZ.
Cormeilles (fort)	CR.	Mogador	CNY.
Cros de Cagne	FFG.	Motmoren cy (fort)	MY.

1. Les indicatifs des postes ont subi récemment des modifications si fréquentes que le tableau ci-dessus n'est donné que sous toutes réserves.

Noms des Postes.	Indicatifs.	Noms des Postes.	Indicatifs.
Mont-Valérien (fort)	MV.	Rochefort	FFR.
Nauen	POZ.	Rochefort (off.)	TR(F).
Newhaven	GNV.	Rome	RM.
Nieuport	OST.	Scheveningue	PCH.
Niton	GNI.	Soller	EAO.
Nogent (fort)	NG.	Stes-Maries-de-la-Mer.	FFS.
Norddeich	KAV.	Stains (fort)	ST.
North-Foreland	GNF.	Strasbourg	CS.
Oran	FUO.	Tanger	CNW.
Oran (off.)	TO(F).	Taourirt	TRT.
Ouessant	FFF.	Toul ...... (G)TL	et 921.
Palaiseau (fort)	PL.	Toulon (Ecole)	FUE.
Paris ...... FL	et 714.	Toulon(Ecole)(off.)	IT(F).
Pola	OHH.	Toulon (Mourillon)	FUT.
Poldhu	MPD.	Toulon (off)	TN(F).
Porquerolles	FFP.	Verdun... (G)VR	et 966.
Portsmouth	BZC.	Villeneuve-St-Georges (fort).	VN.
Port-Vendres	FUY.	Whitehall	BYA.
Printa Sperone	ICR.		

XXX. — Indicatifs de ballons dirigeables.

Adjudant-Réau	DAR.
Adjudant-Vincenot	DAV.
Conté	DDC.
Dupuy-de-Lome	DDL.

Ces indicatifs seront prochainement modifiés et il est question d'en donner aux dirigeables militaires de nouveaux commençant tous par les lettres D et G (*Dirigeable Guerre*).

Si cette modification se produit, les indicatifs ci-dessus deviendront :

Adjudant-Réau	DGR.
Adjudant-Vincenot	DGV.
Conté	DGC.
Dupuy-de-Lome	DGL.

XXXI. — Indicatifs de toutes les Stations de Bord françaises.

Noms des Navires.	Indicatifs.	Noms des Navires.	Indicatifs.
Algérie	RAG.	Cosmao	CYF.
Amiral Aube	ABF.	Coutelas	XOF.
Amiral Charner	ACF.	Dague	YPF.
Arbalète	URF.	Danton	DNF.
Arc	UZF.	Dard	UVF.
Arquebuse	UKF.	Démocratie	DMF.
Atmah	AMH.	D'Entrecasteaux	DEF.
Baliste	UXF.	Desaix	DXF.
Bélier	XAF.	Descartes	DAF.
Bombarde	XCF.	Didérot	DIF.
Barda	ENF.	Du Chayla	DHF.
Bouclier	ZCF.	Dugay-Trouin	EAF.
Boutefeu	YQF.	Dunois	DSF.
Bouvet	BOF.	Dupetit-Thouars	DRF.
Bouvines	BVF.	Dupleix	DUF.
Branlebas	YBF.	Dupuy-de-Lome	DLF.
Brennus	BSF.	Durandal	UAF.
Bruix	BRF.	Edgard Quinet	EQF.
Carabine	UPF.	Epée	UEF.
Carabinier	YIF.	Ernest-Renan	ANF.
Carnot	COF.	Escopette	UHF.
Carquois	XLF.	Espagne	RSN.
Casque	YUF.	Etendard	XYF.
Cassard	CSF.	Fanfare	YCF.
Cassini	CAF.	Fanion	XZF.
Catapulte	XBF.	Fantassin	YJF.
Cavalier	YNF.	Fauconneau	UCF.
Charlemagne	CGF.	Faux	YSF.
Charles-Martel	CMF.	Flamberge	UJF.
Chasseur	YGF.	Fleuret	XNF.
Chateaurenault	CHF.	Forbin	FBF.
Cimeterre	YOF.	Formosa	RFS.
Claymore	XFF.	Foudre	FOF.
Cognée	XRF.	Fourche	YRF.
Condé	CEF.	France	RFR.
Condorcet	CDF.	Francisque	XDF.

Noms des Navires.	Indicatifs.	Noms des Navires.	Indicatifs.
Friant	FTF.	Mousqueton	UYF.
Furieux	FRF.	Mustapha	RMU.
Gabion	YAF.	Obusier	XIF.
Galilée	GEF.	Oriflamme	XVF.
Gaulois	GAF.	Pampa	RPP.
Glaive	XPF.	Parana	RPR.
Gloire	GOF.	Patrie	PRF.
Gueydon	GDF.	Pertuisane	UGF.
Guichen	GCF.	Pierrier	XJF.
Hache	XSF.	Pique	UDF.
Hallebarde	UBF.	Pistolet	UWF.
Harpon	UNF.	Plata	RLA.
Henri IV	IRF.	Poignard	XQF.
Hussard	YIIF.	Pothuau	PHF.
Ile-de-France	RIF.	Provence	RPV.
Italic	RIT.	Rapière	UTF.
Janissaire	YKF.	République	PUF.
Jauréguiberry	JYF.	Requin	RQF.
Javeline	USF.	Sabre	XEF.
Jeanne-d'Arc	JAF.	Sabretache	XUF.
Jules-Ferry	JFF.	Sagaie	UMF.
Jules-Michelet	JLF.	Sape	XWF.
Jurien-de-la-Gravière	JUF.	Sarbacane	UQF.
Justice	JSF.	Sidi-Brahim	RSB.
Kléber	GKF.	Saphi	YDF.
La Hire	LRF.	Stylet	XGF.
Lansquenet	YLF.	Suffren	FNF.
Latouche-Tréville	LUF.	S. Louis	LSF.
Lavoisier	LAF.	Tirailleur	YFF.
Léon-Gambetta	LGF.	Trident	XMF.
Mameluck	YMF.	Tromblon	XIIF.
Marceau	ETF.	Vaucluse	VCF.
Marseillaise	MSF.	Verguiaud	VGF.
Masséna	MNF.	Vérité	VRF.
Massue	ZBF.	Victor-Hugo	VHF.
Mirabeau	MRF.	Voltaire	VLF.
Montcalm	MOF.	Voltigeur	YEF.
Mortier	XKF.	Waldeck-Rousseau	WKF.
Mousquet	ULF.	Yatagan	UFF.

XXXII. — Postes côtiers français (ouverts au Public)

NOM DU POSTE	INDICATIF D'APPEL	ADMINISTRATION DONT IL DÉPEND	TAXE COTIÈRE
Ajaccio (Corse)	FFA.	Marine.	0, 40
Bon (Cap) Tunisie....	FTT.	P. T. T.	et 0, 15 pour les navires faisant un service régulier entre la France, la Corse, l'Algérie et la Tunisie.
Boulogne-sur-Mer	FFB.	P. T. T.	0, 40 et 0, 15 pour les navires ayant leurs ports d'attache sur le littoral de la Manche et du Pas-de-Calais et faisant un service régulier entre la France et l'Angleterre.
Le Bouscat (Bordeaux).	FFX.	P. T. T.	0, 40
Brest-Kerlaer........	FFK.	Marine.	0, 40
Casablanca (Maroc) ..	CPN.	Guerre.	0, 25
Cherbourg..........	FFC.	Marine.	0, 40, et 0, 15 (comme pour Boulogne.)
Cros-de-Cagne (Nice)..	FFG.	P. T. T.	0, 40 et 0, 15 (comme pour Ajaccio.)
Dieppe.............	FFI.	Chemins de fer de l'Etat.	0, 40 (correspond avec les navires et New-Haven (GNV.)
Dunkerque..........	FFD.	Marine.	0, 40 et 0, 15 (comme pour Boulogne.)
Fort-de-l'Eau (Algérie).	FFO.	P. T. T.	0, 40
Le Havre............	(sera incessamment ouvert)	P. T. T.	
Lorient.............	FFL.	Marine.	0, 40
Mogador	CNY.	Guerre.	0, 25
Ouessant	FFF.	P. T. T.	0, 40
Porquerolles........	FFP.	P. T. T.	0, 40
Rochefort	FFR.	Marine.	0, 40
Les Saintes-Maries-de-la-Mer..	FFS.	P. T. T.	0, 40
Tanger.............	CNW.	»	0, 25

XXXIII. — Réglage des récepteurs téléphoniques Ducretet et Roger.

La première précaution à prendre avant de procéder au réglage d'un récepteur, est de s'assurer que le couvercle en ébonite est *vissé à fond*.

Placer ensuite le récepteur sur une table, le cordon dirigé vers la droite, le couvercle en dessus : le maintenir entre le pouce et le médius de la main gauche, et avec l'index resté libre, frapper légèrement sur la membrane.

Le son obtenu doit être creux.

Pour réaliser le *maximum de sensibilité*, il faut que les bobines de l'électro-aimant intérieur soient très rapprochées de la membrane, sans y toucher; à cet effet, on engage un petit tournevis tenu de la main droite dans la fente de la petite vis logée *dans l'épaisseur et sur le côté du boîtier*, et on tourne, *dans le sens inverse de celui des aiguilles d'une montre*, jusqu'à ce que le *son devenu très sec* ait perdu toute résonance.

A ce moment, les noyaux des bobines sont en contact avec la membrane et l'empêchent de vibrer.

Il suffit alors, pour obtenir les meilleures conditions de fonctionnement, de faire faire *un tour* à la vis *dans le sens de celui des aiguilles d'une montre*.

Ce réglage doit être fait *lentement* et avec *précaution*.

16

XXXIV. — Horaire des principaux « Radios » susceptibles d'être reçus en France[1].

Presque toute la journée *Clifden* (Irlande) [LCO, 6.000 mètres environ] correspond avec *Glace-Bay* (Canada) [GB, 9.000 mètres]. Son émission musicale est très agréable à entendre.

Toute la journée également, vers l'heure et la demie, *Cleethorpes* (Angleterre, Nord-Est de Lincoln) [BYB, 4.000 mètres] envoie pour la marine un court radio.

7 heures. — *Gibraltar* [SMP, 3.400 mètres], correspond avec les postes de l'amirauté en Angleterre notamment Whitehall (Londres).

7 heures. — *Paris* [FL, 2.200 mètres]. Répétition ou suite de la dictée des nouvelles de Presse de la veille, aux postes militaires.

De 9 heures à 10 h. 45'. — Transmission des postes autorisés.

9 h. 30'. — *Whitehall* (Londres, amirauté anglaise) [BYA, 3.400 mètres] : bulletin météorologique.

9 h. 52'. — *Paris* [FL]. Signaux de mesure du matin.

9 h. 55'. — *Paris* [FL]. Trois appels, puis : « *Signaux horaires ordinaires.* »

9 h. 57'. — *Paris* [FL] : signaux préliminaires de l'heure internationale, d'après les données de la Conférence internationale de l'heure de Paris du 15 octobre 1912.

1. Les indicatifs des postes et leurs heures de travail ont subi en ces derniers temps, des modifications si fréquentes que l'horaire général et précis ne peut être donné que sous les plus grandes réserves.

9 h. 57′ 50″. — Fin des signaux préliminaires de FL.

9 h. 57′ 55″ jusqu'à 10 heures. — Signaux horaires automatiques de FL (Voir schéma spécial et notice). Ultérieurement le bulletin météorologique de 10 h. 50′ sera passé à 10 heures.

10 heures. — *Cleethorpes* : Weather report and forecast (*Bulletin météorologique et prévisions*). Durée de la dépêche 20 minutes environ. (Voir spécimen.)

10 h. 40′. — *Paris* [FL] : Signaux préparatoires de l'heure française : « *Paris, Observatoire. Signaux horaires.* Attente. »

10 h. 44′ jusqu'à 10 h. 49′. — Anciens signaux horaires de FL (Voir schéma spécial et notice).

10 h. 50′. — [*FL*]. Bulletin météorologique (BCM). (1ᵉʳ télégramme), voir notice. (Durée du bulletin : une demi-heure environ).

11 h. 53′. — *Norddeich* (Allemagne) [KAV, 1.650 mètres]. Signaux préliminaires de l'heure allemande.

11 h. 57′ jusqu'à 12 heures. — Signaux horaires de KAV (Voir schéma spécial).

12 h. 0′ 10″. — *Norddeich* : bulletin météorologique (Voir spécimen).

13 heures. — *FL*. Exercices avec les forts de l'Est.

15 heures. — *Clifden*. Bulletin météorologique.

17 heures. — *FL*. 2ᵉ télégramme météorologique (Voir notice).

De 17 heures à 19 heures. — Transmissions des postes autorisés.

20 heures. — *FL*. Dictée aux postes militaires (Nouvelles de presse). Durée 20 minutes en-

viron, avis des promotions. (Emission
en étincelles rares.)

Vers 20 h. 30'. — *FL*. Service de la marine, des places
fortes et des postes marocains. (Emission
musicale.)

20 h. 30'. — *Whitehall*. Bulletin météorologique.

De 21 h. à 23 h. — *Postes espagnols*, notamment *Barcelone* (EBA, 1.500 mètres) et *Madrid*
Guerre (EGC ou plus simplement GC,
1.550 mètres) qui correspond avec *Ceuta*
Guerre (EGD ou plus simplement GD),
et avec les postes militaires du Maroc
(Melilla EGB, Larache EGF, etc.). Les
lettres S. R. doivent indiquer : Service
Royal ou Service du Royaume[1].

22 heures. — *Cleethorpes*, bulletin météorologique
(Comme ci-dessus).

22 heures. — *Norddeich*. Signaux horaires de nuit. Ce
service remplace celui de 23 h. 55.

22 h. 8'. — *Norddeich*. Annonce de la dépêche de
presse.

22 h. 10'. — *Norddeich*. Dépêche de presse (Zeitungsdienst), réception souvent troublée par
Madrid.

Vers 23 h. 15'. — *FL*. Emission de plusieurs V comme
essais pour les battements pendulaires.

23 h. 29'. — *FL*. Anciens signaux horaires scientifiques
ou battements pendulaires (180 butte-
ments). Les nouveaux signaux (300 bat-

---

1. Les postes espagnols, notamment Madrid, semblent avoir pris à
tâche d'empêcher la réception du poste allemand de Norddeich dont
ils brouillent les dépêches par leurs émissions quinteuses et saccadées.
Leur longueur d'onde étant presque égale à celle de Norddeich, la
sélection est impossible : pourquoi travaillent-ils exactement aux
mêmes heures ?

tements) seront prochainement émis à
23 h. 44'.

Vers 23 h. 30'. — *Poldhu* (Angleterre, cap. Lizard)
(MPD, 2.800 mètres). Dépêche Marconi
pour le service de presse du *Journal de
l'Atlantique*, imprimé à bord des paquebots abonnés. Dure deux heures
environ.

23 h. 44' jusqu'à 23 h. 49'. — Anciens signaux horaires
ordinaires de FL (Voir schéma spécial
et notice). Ces signaux seront prochainement remplacés par les nouveaux signaux internationaux émis à 23 h. 57'.

23 h. 50'. — Données d'interprétation des anciens battements pendulaires (2 groupes de 6 chif-
fres répétés). Seront prochainement remplacés par les signaux de mesure du soir.

Minuit. — *FL*. Signaux horaires internationaux.

De 2 heures à 7 heures du matin. — Transmission des
postes autorisés.

Aux environs de Paris, on peut recevoir en outre un
grand nombre d'autres postes tels que les postes militaires du *Mont-Valérien* (MV), *Cormeilles* (CR), *Nogent*
(NG), *Stains* (ST), *Palaiseau* (PL), *Montmorency* (MY),
Villeneuve-Saint-Georges (VN), etc. Quant à *Coltano*
(Italie), depuis le commencement du mois d'août 1913
jusqu'à ce jour (fin octobre 1913) aucun poste français
ne l'a entendu.

XXXV. — Horaire de la Tour Eiffel.

7 heures. — Nouvelles. Ordinairement répétition de celles envoyées la veille à 20 heures, ou leur suite.

9 h. 52'. — Signaux de mesure du matin (constitués par 6 traits durant chacun 5 secondes séparés les uns des autres par des intervalles de 5 secondes également et précédés de 5 appels (━━ ● ━━ ● ━━).

9 h. 57'. — Signaux préliminaires de l'heure internationale.

10 heures. — Signaux horaires, suivant le nouveau code, puis 1er télégramme météorologique (jusqu'à nouvel ordre ce télégramme météorologique est passé seulement à 10 h. 50', au lieu de 10 heures).

10 h. 40'. — Avis de l'émission des anciens signaux horaires ordinaires : *Paris observatoire signaux horaires attente.*

10 h. 44'. — Signaux horaires.

10 h. 50'. — Bulletin météorologique (sera donné ultérieurement à 10 heures).

13 heures. — Exercices avec les forts de l'Est (Belfort, Epinal, Maubeuge, Toul, Verdun.)

17 heures. — 2e télégramme météorologique.

20 heures. — Nouvelles de presse.

20 h. 30'. — Service de la marine, des places fortes et des postes marocains.

21 h. 30′. — Télégrammes officiels chiffrés (les lundis, mercredis et vendredis.)

23 h. 15′. — Essais pour les battements pendulaires.

23 h. 29′. — Signaux horaires scientifiques : 45 secondes d'appels (▬▬ ▪ ▬▬ ▪ ▬▬); 180 battements durant environ 2′ 55″ 50. Ces signaux seront prochainement remplacés par les nouveaux signaux (300 battements avec suppression des 60ᵉ, 120ᵉ, 180ᵉ et 240ᵉ) qui seront émis à 23 h. 44′ 0″ et précédés des mots : « *signaux horaires scientifiques.* »

23 h. 44′. — Anciens signaux horaires. Les nouveaux signaux seront prochainement émis de 23 h. 57′ à minuit.

23 h. 50′. — Signaux de mesure du soir.

Minuit. — Prochainement : signaux horaires internationaux.

Minuit. — Prochainement : données d'interprétation des nouveaux battements pendulaires (2 groupes de 6 chiffres répétés 3 fois) qui remplaceront les données d'interprétation des anciens battements qui sont actuellement envoyées à 23 h. 50′.

XXXV *bis*. — L'énergie du Poste de la Tour Eiffel.

L'énergie actuellement employée par FL pour les signaux horaires et météorologiques (*étincelle rare*) est d'environ 50 KW.

La mise au point de la nouvelle installation sera terminée avant la fin de l'année 1913.

L'énergie sera alors de 100 à 110 KW en *étincelle musicale*.

Toutefois, les « *signaux horaires scientifiques* » continueront à être transmis avec l'étincelle rare qui permet une plus grande précision.

L'énergie employée par FL varie, d'ailleurs, avec les services. Le minimum est de 10 KW (étincelle musicale) employé depuis plusieurs années, pour les communications avec les stations de la marine et les places fortes.

XXXVI. — Notice officielle
des services radiotélégraphiques de la Tour Eiffel.

Signaux horaires internationaux.

(Conformes aux décisions de la Conférence Internationale de l'Heure réunie à Paris en octobre 1912).

Radiotélégrammes météorologiques, etc.

TRANSMIS CHAQUE JOUR PAR LA STATION DE LA TOUR EIFFEL.

La station radiotélégraphique de la Tour Eiffel transmet chaque jour un certain nombre de signaux et télégrammes d'intérêt général qui sont énumérés ci-après :

Des *signaux horaires ordinaires*, émis deux fois par jour à 10 heures du matin et à minuit.

Des *signaux horaires scientifiques*, précédant les signaux horaires ordinaires à minuit.

Deux radiotélégrammes météorologiques d'ordre général, transmis chaque jour, l'un aussitôt après les signaux horaires du matin, l'autre à 17 heures.

Des *signaux de mesure*, destinés à permettre aux observateurs d'étudier les variations d'intensité des signaux reçus suivant l'époque de l'année et suivant les conditions météorologiques, et transmis deux fois par jour, avant les signaux horaires ordinaires.

Enfin des *avis urgents aux navigateurs* seront prochainement envoyés chaque fois qu'un danger maritime important existera au voisinage des côtes de France et peut-être aussi des pays voisins.

Toutes ces émissions sont faites avec une longueur d'onde de 2.500 mètres environ, en utilisant la puissance maximum dont dispose la station.

I. — SIGNAUX HORAIRES ORDINAIRES

A 9 h. 55 m. on transmet trois appels (▬ ▪ ▬ ▪ ▬) suivis de : « *signaux horaires ordinaires* » puis du signal « *attente* » (▪ ▬ ▪ ▪ ▪).

Les signaux horaires ordinaires commencent à 9 h. 57 m. 0 s. et se terminent à 10 h. 0 m. 0 s. Ils sont transmis automatiquement au moyen d'appareils spéciaux placés à l'Observatoire de Paris et réglés par le personnel de cet établissement. La liaison entre ces appareils et l'installation radiotélégraphique de la Tour Eiffel est établie, quelques instants avant cette émission au moyen de lignes souterraines.

La composition de ces signaux est donnée par le schéma ci-après :

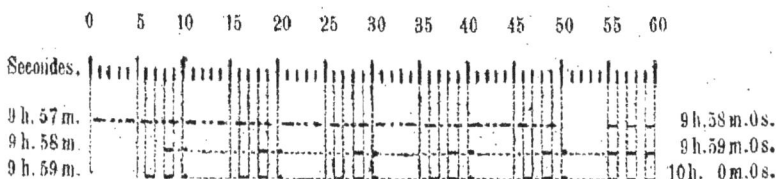

Les minutes rondes 9580, 9590, 1000 sont donc indiquées par la fin des troisièmes traits des séries de trois traits ; toute confusion est évitée par le fait que les signaux qui précèdent ces traits sont différents pour chaque minute.

Les lettres X (▬ ▪ ▪ ▬) de la première minute ne constituent que des signaux d'avertissement et de réglage.

Tous les traits, points et intervalles de points ou traits d'une même lettre, dans le reste des signaux, ont des durées constantes : traits = une seconde, points = un quart de seconde, intervalles = une seconde.

Les lettres N (▬ ▪) qui caractérisent la deuxième minute commencent toutes aux dizaines de secondes rondes plus huit : 8, 18, 28, 38, 48, et les commencements des points de ces mêmes lettres se produisent exactement aux dizaines de secondes rondes : 10, 20, 30, 40, 50.

De même les lettres G (▬ ▬ ▪) caractérisant la troisième minute commencent toutes les dizaines de secondes rondes plus six : 6, 16, 26, 36, 46, et les commencements des points de ces mêmes lettres se produisent exactement aux dizaines de secondes rondes : 10, 20, 30, 40, 50.

Les *signaux horaires de nuit* sont transmis d'une façon identique. Les appels sont faits à 23 h. 55 m. 0 s. et les signaux horaires sont transmis de 23 h. 57 m. 0 s. à minuit 0 m. 0 s.

II. — SIGNAUX HORAIRES SCIENTIFIQUES

Chaque nuit, à 23 h 44 m. 0 s., il est fait trois appels (▬ ▬ ▪ ▬ ▪ ▬ ▬) suivis des mots « *signaux horaires scientifiques.* »

A partir de 23 h. 45 m. on transmet une série de 300 points, formés chacun d'une étincelle unique, les 60e, 120e, 180e et 240e étant supprimés pour établir des repères de comptage.

Cette série est écoutée à l'Observatoire de Paris dans un récepteur de T. S. F. et *comparée* aux battements d'une pendule garde temps par la méthode des coïncidences. Un calcul très simple permet de passer des heures (notées à la pendule) des coïncidences à celles exactes à un ou deux centièmes près, des 1er et 300e points de la série qu'on transforme en « *heures temps légal* » en ajoutant la correction correspondante de la pendule.

Ces dernières heures sont transmises par la Tour Eiffel aussitôt après la fin des « signaux horaires ordinaires » de minuit, de la manière suivante :

Si les heures des 1er et 300e battements sont par exemple 23 h. 45 m. 8 s. 15 et 23 h. 50 m. 1 s. 17, on transmet les deux groupes de chiffres suivants répétés trois fois :

━ ▪ ▪ ▪ ━ 450815.500117 ━ ▪ ▪ ▪ ━ 450815.500117
━ ▪ ▪ ▪ ━ 450815.500117.

Pour connaître avec une grande approximation la correction à apporter à une pendule (ou un chronomètre) de précision par rapport à l'heure légale internationale de l'Observatoire, il suffit d'écouter les battements de cet instrument de mesure du temps, par l'intermédiaire d'un microphone convenablement relié à un récepteur radiotélégraphique, en même temps que la série de 300 points transmise par la Tour Eiffel. On observe et on note les coïncidences, puis on calcule les heures de la pendule (ou du chronomètre) aux moments des 1er et 300e points.

En retranchant ces heures respectivement de celles correspondantes qui sont radiotélégraphiées par la Tour Eiffel, on obtient deux valeurs de la correction de l'instrument de mesure de temps qui doivent concorder à 2 centièmes près.

III. — RADIOTÉLÉGRAMMES MÉTÉOROLOGIQUES D'ORDRE GÉNÉRAL
(BCM)

Premier télégramme. — Aussitôt après les signaux horaires ordinaires de 10 heures il est transmis un radiotélégramme météorologique d'ordre général émanant du Bureau central météorologique de Paris et comprenant les indications suivantes :

a) Des groupes de 7 à 8 chiffres indiquant la pression barométrique en dixièmes de millimètres, la direction, la force du vent, l'état du ciel et l'état de la mer pour les six stations suivantes : *Reykiavick* (Islande), R. *Valentia* (Irlande), V. *Ouessant* (France), O. *La Corogne* (Espagne), CO. *Horta* (Açores), HO. *Saint-Pierre et Miquelon* (Amérique), SP.

A la suite de ces six groupes (on indiquera plus loin le codé permettant de les traduire) on donne en langage ordinaire quelques indications sur la situation générale de l'atmosphère en Europe et notamment sur la position des centres de haute et basse pression, cette partie du télégramme a surtout pour but de donner aux navires en mer quelques renseignements sur le temps dans l'Atlantique Nord.

b) Des groupes de 7 à 8 chiffres donnant les mêmes indications que les précédents, pour quatorze stations de la moitié occidentale de l'Europe : *Paris, Clermont-Ferrand,* CF. *Biarritz,* Bl. *Marseille,* M. *Nice,* N. *Alger,* A. *Stornoway,* SY. *Shields,* SH. *Le Helder,* HE. *Skudesness,* SK. *Stockolm,* ST. *Prague,* P. *Trieste,* T. et *Rome,* R.

c) Des prévisions générales pour la France, concernant l'état du ciel et le vent.

d) La vitesse du vent à 7 heures à la Tour Eiffel (altitude : 300 mètres) et le vent probable dans la soirée (à deux mètres près, en plus ou en moins de la valeur indiquée).

EXEMPLE DE RADIOTÉLÉGRAMME MÉTÉOROLOGIQUE DU MATIN

BCM. — R¹. 5132811 — V. 574 22445 — O. 64522544 — CO. 67530 183 — HO. 73500021 — SP. 680264¹ — Dépression NW Europe forte pression SW. — Paris 6512031 — CF. 6631612 — Bl. 66900042 — M. 63928415 — N. 62800010 — A. 65804220 — SY. 43726635 — SH. 46022522 — HE. 54118755 — SK. 43816855 — ST. 49602344 — P. 6452433 — T. 6280000 — R. 6172000 — Probable vent W modéré averses N et E FL : SW 13 probable W 10.

Deuxième télégramme. — A 5 heures du soir (17 heures) il est transmis un deuxième télégramme destiné à compléter celui du matin et à permettre, en se rendant compte des modifications survenues depuis le matin, de faire des prévisions plus précises pour le lendemain.

Les renseignements donnés par ce télégramme se rapportent

1-2. L'état de la mer n'est pas donné pour Reykiavick, ni pour Saint-Pierre et Miquelon.

aux observations faites à 14 heures. Le télégramme est constitué comme suit :

a) Huit groupes établis comme ceux du premier télégramme pour les stations suivantes : Paris, Brest, BR. Biarritz, BI. Nice, N. Valentia, V. Skudesness, SK. Rome, R. La Corogne, CO.

b) Des prévisions de variations barométriques et du temps.

c) La direction et la vitesse du vent au sommet de la Tour Eiffel, à 16 heures; direction et vitesse probable pour la matinée du lendemain (même approximation que dans le premier télégramme).

d) A la suite de ces renseignements, on indique, toutes les fois que cela est possible, si les caractéristiques du temps paraissent devoir rester les mêmes pendant plusieurs jours.

EXEMPLE DE RADIOTÉLÉGRAMME MÉTÉOROLOGIQUE DU SOIR

BCM. — Paris. 6262030 — BR. 65224455 — BI. XXXXXXXX — N. 62222211 — V. 60022425 — Sk. 36024655 — R. 6142030 — CO. XXXXXXXX — Baisse barométrique Baltique stationnaire. Manche, vents tournant NW forts. Manche, Méditerranée, averses. FL. W 10 probable W 8.

CODE POUR LA TRADUCTION DES TÉLÉGRAMMES (BCM)

Un groupe quelconque, par exemple : $N.aaaddfcm$ se traduit comme suit :

N) Initiale simple ou double de la station;

aaa) Trois chiffres donnant la pression barométrique au dixième de millimètre. Il faut ajouter 700 pour avoir la pression exacte, exemple : aaa 625 veut dire que la pression est 762,5.

dd) Deux chiffres indiquant la direction du vent (tableau 1 ci-après);

f) Un chiffre donnant la force du vent (tableau 2);

c) Un chiffre pour l'état du ciel (tableau 3);

m) Un chiffre pour l'état de la mer (tableau 4);

Une observation manquante est remplacée par les lettres XXX.

Tableau 1
1er et 5e CHIFFRES : *Direction du vent.*

02...	N.-N.-E	18...	SSW.
04...	N.-E.	20...	SW.
06...	E.-N.-E.	22...	WSW.
08...	E.	24...	W.
10...	E.-S.-E.	26...	WNW.
12...	S.-E.	28...	NW.
14...	S.-S.-E.	30...	NNW.
16...	S.	32...	N.
00...	pas de direction. (calme).		

Tableau 2
6e CHIFFRE : *Force du vent.*

		Vitesse de
0...	Calme (sans force).	0 à 1 m. par s.
1...	Presque calme...	1 à 2 —
2...	Très faible, légère brise.............	2 à 4 —
3...	Faible, petite brise	4 à 6 —
4...	Modéré, jolie brise	6 à 8 —
5...	Assez fort, bonne brise............	8 à 10 —
6...	Fort, bon frais...	10 à 12 —
7...	Très fort, grand frais.............	12 à 14 —
8...	Violent coup de vent..............	14 à 16 —
9...	Tempête.........	plus de 16 —

Tableau 3
7e CHIFFRE : *État du ciel.*

0...	Beau.
1...	Peu nuageux.
2...	Nuageux.
3...	Très nuageux.
4...	Couvert.
5...	Pluie.
6...	Neige.
7...	Brume.
8...	Brouillard.
9...	Orage.

Tableau 4
8e CHIFFRE : *État de la mer.*

0...	Calme.
1...	Très belle.
2...	Belle.
3...	Peu agitée
4...	Agitée.
5...	Houleuse.
6...	Très houleuse.
7...	Grosse.
8...	Très grosse.
9...	Furieuse.

IV. — SIGNAUX DE MESURE

Les émissions de signaux horaires étant toujours faites avec une longueur d'onde et une puissance constantes, il est intéressant, au point de vue de la technique de la T. S. F., pour des observateurs placés à des distances variées de la Tour Eiffel, de comparer l'intensité de la réception des signaux, le jour et la nuit, aux différentes époques de l'année. Pour faciliter ces mesures et comparaisons d'intensité, des signaux spéciaux seront émis pendant une minute, le matin à 9 h. 58, la nuit à 23 h. 52. Ils sont constitués par 6 traits durant chacun 5 secondes, séparés les uns des autres par des intervalles de 5 secondes également et précédés de 5 appels (▬ ▬ ▬ ▬ ▬).

V. — AVIS URGENTS AUX NAVIGATEURS

L'emploi de la station radiotélégraphique de la Tour Eiffel pour l'envoi d'avis urgents aux navigateurs, en cas de danger maritime grave existant sur les côtes de France ou même des pays voisins, est actuellement à l'étude. Une nouvelle édition de la présente notice sera rédigée dès qu'une décision officielle sera intervenue.

Note.

L'époque de la mise en vigueur de la totalité des dispositions indiquées ci-dessus n'est pas encore fixée. En attendant les émissions seront faites à partir du 1ᵉʳ septembre, de la manière suivante :

A 10 heures : Envoi des nouveaux signaux horaires automatiques indiqués dans la présente notice.

A 10 h. 44 m. : Envoi des anciens signaux horaires ordinaires, suivis du BCM dont il est question ci-dessus (1ᵉʳ télégramme).

A 17 heures : Envoi du 2ᵉ télégramme météorologique indiqué plus haut.

A 23 h. 30 m. : Envoi des signaux horaires scientifiques.

A 23 h. 44 m. : Envoi des anciens signaux horaires ordinaires.

XXXVII. — Traduction de l'exemple .
de radiotélégramme météorologique du matin donné
dans la Notice officielle (BCM).

Bureau Central Météorologique.

REYKIAVIK : pression 751,3. Vent nord-ouest presque
calme. Ciel peu nuageux.

VALENTIA : pression 757,4. Vent-ouest-sud-ouest modéré. Ciel couvert. Mer houleuse.

OUESSANT : pression 764,5. Vent ouest sud-ouest assez
fort. Ciel couvert. Mer agitée.

LA COROGNE : pression 767,5. Vent nord-nord-ouest
presque calme. Brouillard. Mer peu agitée.

HORTA : pression 773,5. Vent sans direction ni force.
Ciel nuageux. Mer très belle.

ST-PIERRE et MIQUELON : pression 768. Vent ouest-nord-
ouest modéré.

Situation générale de l'atmosphère en Europe :

Dépression nord-ouest Europe. Forte pression sud-
ouest.

PARIS : pression 765,1. Vent sud-ouest faible. Ciel peu
nuageux.

CLERMONT-FERRAND : pression 766,3. Vent sud presque
calme. Ciel nuageux.

BIARRITZ : 766,9. Vent sans direction ni force. Ciel
couvert. Mer belle.

MARSEILLE : pression 763,9. Vent nord-ouest modéré.
Ciel peu nuageux. Mer houleuse.

NICE : pression 762,8. Vent sans direction ni force.
Ciel peu nuageux. Mer calme.

ALGER : pression 765,8. Vent nord-est très faible. Ciel nuageux. Mer calme.

STORNOWAY : pression 743,7. Vent ouest-nord-ouest fort. Ciel très nuageux. Mer houleuse.

SHIELDS : pression 746. Vent ouest-sud-ouest assez fort. Ciel nuageux. Mer belle.

LE HELDER : pression 754,1. Vent sud-sud-ouest très fort. Pluie. Mer houleuse.

SKUDESNESS : pression 743,8. Vent sud violent. Pluie. Mer houleuse.

STOCKOLM : pression 749,6. Vent nord-nord-est faible. Ciel couvert. Mer agitée.

PRAGUE : pression 764,5. Vent ouest faible. Ciel très nuageux.

TRIESTE : pression 762,6. Vent sans direction ni force. Ciel beau.

ROME : pression 761,7. Vent sud-ouest calme. Ciel beau.

Prévisions générales pour la France :

Probable : Vent ouest modéré, averses nord et est.

Vitesse du vent à 7 heures, à la Tour Eiffel (à deux mètres près) :

13 mètres à la seconde (très fort).

Vent probable dans la soirée :

Vent ouest de 10 mètres à la seconde (fort).

XXXVIII. — Traduction de l'exemple
de radiotélégramme météorologique du soir (BCM).

Bureau Central Météorologique.

PARIS : pression 762,6. Vent sud-ouest faible. Ciel beau.

BREST : pression 752,2. Vent ouest modéré. Pluie. Mer houleuse.

BIARRITZ : X X X X X X X X.

NICE : pression 762,2. Vent ouest-sud-ouest très faible. Ciel peu nuageux. Mer très belle.

VALENTIA : pression 760,0. Vent ouest-sud-ouest modéré. Ciel nuageux. Mer houleuse.

SKUDESNESS : pression 736,0. Vent ouest fort. Pluie. Mer houleuse.

ROME : pression 761,4. Vent sud-ouest faible. Ciel beau.

LA COROGNE : X X X X X X X X.

Prévisions de variations barométriques et du temps :

Baisse barométrique Baltique stationnaire Manche vents tournant nord-ouest forts Manche Méditerranée averses.

Direction et vitesse du vent à 4 heures (16 h.), à la Tour Eiffel :

Vent ouest de 10 mètres à la seconde.

Vent probable pour la matinée du lendemain (à deux mètres près) :

Vent ouest de 8 mètres à la seconde.

Indications (quand cela est possible) que les caractéristiques du temps paraissent devoir rester les mêmes pendant plusieurs jours.

XXXIX. — Préparation des cristaux
de galène artificielle[1].

Le procédé qui consiste à fabriquer de la galène artificielle pour T. S. F. en chauffant, dans un tube à réactions, de la limaille de plomb et du soufre, est généralement connu et facile à exécuter pour quelqu'un ayant l'habitude des manipulations chimiques. Je m'adresse ici aux autres, car certains tours de main sont indispensables pour ne pas obtenir un produit spongieux et sans valeur pratique.

Le modus operandi qui suit donne à tous les coups, lorsqu'il est bien suivi, un beau cristal compact et quatre fois sur dix un produit dont la sensibilité est aussi grande que celle du perikon (Bornite-Zincite).

Plomb. — Employer le tuyau neuf de plomb qui sert pour les conduites d'eau sous pression. Il est d'excellente qualité et suffisamment épais pour donner rapidement une bonne quantité de poudre. Le plomb en feuille m'a toujours donné mauvais résultats.

Lime. — Celle qui convient est rude et a huit traits environ au centimètre. La râpe est mauvaise car elle donne toujours une poudre trop grosse.

Soufre. — Prendre la fleur de soufre ordinaire du commerce.

Mélange. — Apporter beaucoup de soins au mélange, car il doit être fait aussi intime que possible. C'est là une grande cause de réussite. Opérer sur une

1. *Revue T. S. F*, n° 2, p. 19, sous la signature *Cinq d'Anvers*.

feuille de papier bien propre au moyen d'une spatule d'os ou de corne ou simplement d'un manche de couteau.

Quantité. — Opérer sur au moins 25 grammes de mélange, soit 20 grammes de plomb en poudre et 5 grammes de fleur de soufre. La réaction est ainsi plus régulière et la température plus haute ce qui donne une fusion de la galène produite, condition éminemment favorable à l'obtention de places sensibles de surface et de dureté plus grande.

Réaction. — Mettre le mélange dans un tube à essais d'environ 15 millimètres de diamètre et 15 à 20 centimètres de long. Tasser en le cognant à petits coups sur un morceau de bois tendre ou carton. Ceci pour faire sortir la plus grande quantité possible d'air. Chauffer ensuite graduellement en tournant le tube dans une flamme de bunzen, pour provoquer la fusion du soufre et le départ de l'humidité et de l'air restant. Augmenter alors brusquement la température en plaçant la partie inférieure du tube dans la région la plus chaude de la flamme, de façon à provoquer l'inflammation du mélange. Laisser la cristallisation se faire en tenant le tube vertical, coucher ensuite ce dernier pour éviter le retour sur le cristal de l'excès de soufre qui a distillé dans la partie supérieure du vaisseau.

Attendre une dizaine de minutes avant de casser le tube.

XL. — Sulfuration de la galène[1].

Prendre un creuset en terre ou grès de 50 à 60ᶜᶜ de capacité.

Mettre dans le fond une dizaine de grammes d'un mélange de soufre-tellure à 2 % de tellure, puis par dessus, un gros morceau de galène naturelle quelconque.

Faire un lit de galène concassée, puis mettre en dernier une couche de sable grossier, bien sec.

Chauffer avec un chalumeau à gaz et air sous pression en commençant par la partie supérieure de manière à chasser le plus possible l'air contenu dans la masse.

Descendre peu à peu la flamme jusqu'à échauffement du mélange soufre-tellure qui se volatilise à travers la masse incandescente. Arrêter après l'extinction de la flamme sulfureuse qui brûle au sommet du creuset.

Laisser refroidir très lentement.

Tous les cristaux ainsi traités sont extrêmement sensibles.

Si l'on veut leur conserver leur sensibilité très longtemps, les mouiller avec une solution de chlorure d'or à 1 % et chauffer légèrement jusqu'à évaporation[2].

---

1. *Revue T. S. F.*, n° 9. Suppléments. Sous la signature de M. Roussel, de Juvisy.

2. On trouvera infrà Annexes (Galène) une autre formule de sulfuration.

XLI. — Ordre des Postes sur la bobine d'accord.

Au-dessous d'FL.

1° { Norddeich.
Barcelone.
Madrid.

2° { Helgoland.
Epinal.
Oran.
Toul.
Bizerte.

3° { Toulon-Mourillon.
Belfort.
Ajaccio.
Rochefort.
Cherbourg.
Lorient.
Ouessant.
Brest.
Dunkerque.
Toulon-Ecole.
Stations de bord.

Au-dessus d'FL.

1. Nauen.
2. Poldhu.
3. Gibraltar.
4. Whitehall.

5. Coltano.
6. Clifden.
7. Glace-Bay.

XLII. — Poste de la Tour Eiffel.
Service de la Marine et du Maroc.

Ordre d'appel des postes (20 h. 30.)

TD (FFD). Dunkerque.
TC (FFC). Cherbourg.
TQ (FFK). Brest-Kerlaer.
NA...... Escadre du Nord.
TL (FFL). Lorient.
TR (FFR). Rochefort.
HM...... Escadre de la Méditerranée.

IT (FUE). Toulon-Ecole[1].
TA (FFA). Ajaccio.
TN (FUT). Toulon-Mourillon.
TZ (FUA). Bizerte.
FZ...... Fez.
TRT..... Taourirt.
TO...... Oran.

1. Appelé les mardis et vendredis à la place de HM.

XLIII. — Radiotélégrammes météorologiques.

1 h. 5 h. 9 h. Stes-Maries-de-la-Mer [FFS, 600 mètres] et Fort-de-l'Eau [FFO, 300 mètres]. *Indications sur la situation atmosphérique et météorologique dans la région de la Méditerranée.*

9 h. 30...... Whitehall (Londres, Amirauté anglaise) [BYA, 3.400 mètres]. *1er bulletin.*

10 heures.... Cleethorpes (nord-est de Lincoln, Angleterre) [BYB, 4.000 mètres]. *Weather report and forecast. 1er bulletin.*

10 h. 50..... Paris [FL, 2.200 mètres]. *1er bulletin (Sera prochainement passé à 10 heures).*

12 heures.... Norddeich (Embouchure de l'Elbe, Allemagne) [KAV, 1.650 mètres]. *Bulletin.*

13 heures.... Stes-Maries-de-la-Mer et Fort-de-l'Eau. *(Comme plus haut).*

15 heures.... Clifden (Irlande) [LCO, 6.000 mètres]. *Bulletin.*

17 heures.... Paris [FL]. *2e bulletin.*

17 heures.... Stes-Maries-de-la-Mer et Fort-de-l'Eau *(Comme plus haut).*

20 h. 30..... Whitehall. *2e bulletin.*

21 heures.... Stes-Maries-de-la-Mer et Fort-de-l'Eau *(Comme plus haut).*

22 heures.... Cleethorpes. *2e bulletin.*

TABLE ALPHABÉTIQUE SPÉCIALE

DU

CARNET DE L'AMATEUR

Observations personnelles.

Ce que peuvent entendre les particuliers.

En résumé, l'amateur est plutôt un chercheur, un travailleur qu'un curieux. Le seul poste qu'il reçoive bien, c'est la Tour, or, qu'apprend-il de véritablement intéressant par elle : bien peu de choses.

BCM. Dépêches météorologiques.

Les bulletins météorologiques dus à l'heureuse initiative du Commandant Ferrié, très intéressants pour les Observatoires et les Instituts scientifiques, pour les pilotes de ballons sphériques ou dirigeables et pour les aviateurs, sont inutilisables ou à peu près, pour les non initiés et les profanes. Comme plusieurs grands postes étrangers, FL donne bien des prévisions du temps mais ces prévisions sont, le plus souvent, spéciales aux côtes, elles n'ont rien d'absolu et tout le monde n'a pas une heure entière à consacrer chaque jour à leur réception ni au déchiffrage des longs radios qui les contiennent ; la simple lecture de la colonne : *Le temps qu'il fait*, dans le *Matin*, où la prévision est donnée d'après la méthode de Guilbert, renseigne de façon beaucoup plus simple[1].

L'heure.

Le service horaire de la Tour Eiffel est plus intéressant pour les particuliers, car il est toujours utile, il est

1. Les bulletins météorologiques sont transmis une première fois assez vite, puis répétés très lentement. Cette habitude ne paraît pas heureuse ; et il serait bien préférable que la première transmission soit moins rapide et que la seconde le soit plus. Le personnel des observatoires, instituts scientifiques, champs d'aviation, etc., n'est pas nécessairement recruté parmi les radiotélégraphistes professionnels, et il arrive souvent qu'il ne peut prendre le bulletin la première fois parce qu'il est trop rapide ; s'il est gêné la seconde fois par des parasites orageux ou pour toute autre cause, il ne peut enregistrer la dépêche complète en dépit de sa répétition. Cet inconvénient serait évité si l'on adoptait pour les deux transmissions une bonne vitesse moyenne ; dans tous les cas, si une transmission devait être plus rapide que l'autre, il serait logique que ce soit la seconde, celle qui est répétée, et non la première. Le manque de ponctuation dans les prévisions météorologiques, en rend également quelquefois l'interprétation assez confuse. On trouvera (suprà) la notice officielle des services de la Tour et d'utiles indications sur les bulletins météorologiques.

souvent indispensable d'avoir une indication précise à l'heure; c'est, en somme, pour les gens qui ne font pas

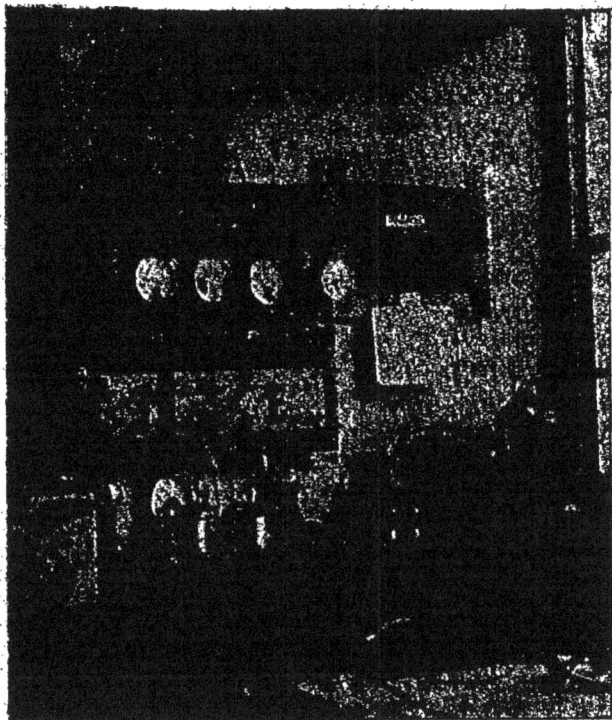

Table des appareils commandant l'émission des signaux horaires.
(Cliché de M. P. Jégou.)

de la T. S. F. par pur dilettantisme scientifique, le seul bénéfice pratique qu'ils puissent espérer en tirer.

La Tour Eiffel donne, plusieurs fois par jour, l'heure au monde entier : à 10 heures du matin, les signaux horaires sont ceux qu'a imposés la Conférence internationale de l'Heure; ils sont peut-être parfaits pour l'appréciation du temps exact sur mer et pour permettre aux navires de faire le point avec certitude, mais ils sont compliqués pour la majeure partie des horlogers et des particuliers ; aussi, a-t-on bien fait de conserver à 10 heures 45 du matin, les anciens signaux français qui offrent une précision suffisante et sont, avec leurs trois tops si distincts, beaucoup plus intelligibles que tous les autres systèmes. Doit-on priver les particuliers de ce modeste avantage, d'avoir l'heure exacte à leur disposition ? Pour quel motif le ferait-on ?

Va-t-on leur vendre l'heure que l'on donne gratuitement à l'univers entier ? Le contribuable français ferait les frais d'installations coûteuses qui permettent aux navires de toutes les nationalités (pour un nombre infime de navires français), de faire le point et de se diriger au milieu des mers, et, lui qui paye, ne pourrait pas accidentellement profiter de ce service d'intérêt général, dans son intérêt particulier ? Ce serait scandaleux !

Conférence internationale de l'heure de 1912.

Les savants de toutes les nations qui se sont réunis à Paris le 15 octobre 1912, pour la première conférence internationale de l'Heure[1], appréciant comme il convenait, l'importance qu'il y a pour les particuliers à connaître l'heure exacte, d'où peuvent découler tant d'incidents et d'événements importants, tinrent à faire figurer dans les vœux qu'ils formulèrent celui de voir *l'heure transmise aux particuliers par la télégraphie sans fil.*

Voici, d'ailleurs, le texte de ce vœu :

III. *Administrations publiques et particulières, article 20* : « Les Administrations télégraphiques devront « étudier et employer les moyens que la technique sug-

---

1. Le Bureau de la Conférence fut ainsi constitué : *Président* : M. Bigourdan; *vice-présidents* : MM. Backlund, Dyson, Förster et Righi; *secrétaire général* : M. Ferrié; *secrétaires* : MM. Bardeloin, Corteil, Garnier, Kohlschütter, Maury, Perrier. — On trouvera le compte rendu de la Conférence internationale de l'heure dans le *Bulletin de l'Académie des Sciences* (1912, t. 155, p. 867), relatant une communication de M. Bigourdan en la séance du 4 novembre 1912.

« gèrera, en vue de transmettre l'heure aux particuliers,
« soit par des signaux généraux à heure fixe, soit par
« des signaux particuliers envoyés à la demande des
« intéressés. En vue de favoriser le développement de
« ces procédés, les Administrations télégraphiques de-
« vront se communiquer les moyens employés par cha-
« cune d'elles. »

La Conférence internationale de l'heure a posé le principe de la libre possession des postes réceptionnaires.

Voilà qui est clair, et encore bien que M. Boutquin,
délégué belge à la Conférence, ait cru, dans un article sur
la « réception et le captage des ondes hertziennes[1], »
devoir expliquer que *pour lui*, le vœu dont il s'agit non
seulement ne consacrait pas le principe de la liberté de
captation des ondes, mais au contraire qu'il tendait à
renforcer l'action des administrations ; *pour moi*, comme
pour tous ceux qui liront sans parti pris le texte que je
viens de rappeler, la Conférence internationale ayant
décidé que les Administrations télégraphiques de toutes
les nations devront transmettre l'heure aux particuliers
par des signaux soit généraux, soit particuliers, cela
implique, pour ces particuliers, la faculté de les recevoir
et de posséder par conséquent des dispositifs de réception radiotélégraphiques[2], et c'est en outre une indication
très nette pour le législateur des différentes nations
ayant participé à la Conférence.

« C'est, comme l'a fait remarquer M. de Vandevyver,
« dans une étude sur *la Télégraphie sans fil et les*
« *particuliers*[3], précisément un des motifs pour les-
« quels la Conférence a fixé comme longueur d'onde

1. *Ciel et Terre* (*Bulletin de la Société belge d'Astronomie*, fév. 1913, nº 2, p. 48).
2. Pourquoi enverrait-on l'heure de la Tour, sinon pour qu'on la reçoive ? disait dernièrement M. le commandant Ferrié, secrétaire général de la Conférence internationale de l'heure, à un de nos grands constructeurs d'appareils de T. S. F. qui lui exprimait ses appréhensions sur l'avenir de son industrie.
3. *Ciel et Terre* (*Bulletin de la Société belge d'Astronomie*), octobre-novembre 1912, nº 11, p. 334.

« uniforme, à employer pour l'émission des signaux
« horaires, la longueur de 2.500 mètres. Un délégué
« belge a invoqué la considération dont nous parlons,
« (réception par les particuliers) pour appuyer la propo-
« sition relative à cette longueur d'onde. Grâce à l'adop-
« tion de cette proposition, il y aura, a-t-il dit en sub-
« stance, un écart assez considérable entre les longueurs
« d'onde de 300 et de 600 mètres, employées par les
« Administrations télégraphiques, et celle utilisée pour
« les signaux horaires. De sorte que, un poste privé par
« exemple, bien réglé pour recevoir ceux-ci, ne sera pas
« influencé par les radiations des postes de l'Adminis-
« tration et ne risquera dès lors plus de surprendre les
« dépêches qui ne le concernent pas. »

Ainsi donc, la question a été envisagée sous ses divers
aspects et la Conférence, en connaissance de cause, a bien
décidé que les particuliers devaient pouvoir recevoir
l'heure directement chez eux. Elle a, sans doute, réservé
la question du captage des dépêches, sur laquelle, au
surplus, elle n'avait pas à statuer, mais désormais, le
droit d'établissement d'un poste purement horaire ne
doit pas faire de doute (1).

(1) La deuxième Conférence internationale de l'Heure (1913).

Je ne puis pousser plus loin mon étude, sans m'attarder quelques
instants aux travaux de la deuxième Conférence internationale de
l'Heure qui a tenu ses assises, le 18 octobre 1913, à l'Observatoire
de Paris, sous la présidence de M. Darboux, secrétaire perpétuel
de l'Académie des Sciences.

Les résultats de la Conférence sont magnifiques pour la science
et pour le prestige de la France : Paris a été adopté définitivement
comme centre horaire principal et comme siège du Bureau international de l'heure, dont M. Baillaud, directeur de l'Observatoire,
reste le directeur : c'est désormais à Paris que seront centralisés
les travaux des observatoires du monde entier pour la détermination, la conservation et la transmission de l'heure. On sait que la
terre a été divisée en 24 fuseaux horaires de 15 degrés, partageant
le globe du nord au sud, d'un pôle à l'autre. Dans chacune de ces
zones, l'heure légale est partout la même et réglée sur l'heure
du centre du fuseau. Dans le monde entier, les chronomètres
doivent concorder et marquer en même temps, la même minute

et la même seconde ; seul le quantième de l'heure diffère. Dans
chaque fuseau, il est en avance d'une heure sur le fuseau voisin,
situé à l'ouest et, par conséquent, en retard d'une heure sur le
fuseau situé à l'est. C'est le temps moyen de Greenwich qui sert
de temps initial.

La Conférence a précisé les conditions dans lesquelles un certain
nombre de centres horaires secondaires renverraient désormais
l'heure type de Greenwich, reçue d'FL, et cela à des heures
déterminées, de façon à ce que deux fois par jour au moins, la
détermination du temps légal pût être faite sur le globe entier,
par les intéressés. Enfin, elle a reçu l'adhésion d'un grand
nombre de pays à ce système. Elle a, en somme, complété
l'œuvre féconde de la première Conférence internationale de
l'Heure. C'est la consécration des géniales initiatives de M. Normand, du capitaine de frégate G. Tissot, du commandant Ferrié
et de M. Bigourdan.

Il ne me paraît pas inutile de rappeler l'origine et les débuts de
la transmission de l'heure par la T. S. F.

Dès 1903, M. Augustin Normand proposait l'installation de
postes émetteurs d'ondes dans tous les ports importants. M. Bigourdan, astronome de l'Observatoire de Paris, exécuta à ce
sujet quelques expériences à l'aide d'appareils construits par
MM. Ducretet et Roger. Une station d'essai fut même établie au
parc Montsouris, elle recevait les battements du pendule à seconde de l'Observatoire [1].

Ce fut le capitaine de frégate C. Tissot (alors lieutenant de vaisseau), qui eut le premier l'idée d'utiliser le poste de la Tour
Eiffel pour l'émission de signaux qui permettraient la vérification des chronomètres sur terre comme sur mer. Dès l'année
1907, il procédait, en collaboration avec le capitaine Ferrié,
(aujourd'hui commandant), entre Paris et Brest, à des essais qui
furent couronnés de succès. La même année, le résultat de ces
expériences concluantes fut présenté par leur auteur au Bureau
des Longitudes qui confia l'étude de la proposition au commandant
Guyou. Les conclusions de ce dernier ayant été favorables, on
procéda à l'installation de signaux horaires à la Tour, avec le
concours de l'Observatoire de Paris et du service radiotélégraphique de la Tour Eiffel.

Voici d'ailleurs en quels termes fut faite, à l'Académie des
Sciences, en sa séance du 6 juin 1910, la communication de cette
heureuse initiative, par M. Henri Poincaré, président de la commission interministérielle de T. S. F.

« Je crois devoir, au nom du Bureau des longitudes, communi-
« quer à l'Académie, quelques détails sur une intéressante appli-

1. La Télégraphie sans fil de M. Lucien Fournier, p. 129.

« cation de la T. S. F. à la navigation. C'est M. le lieutenant de
« vaisseau C. Tissot qui en a le premier conçu le projet; il a
« pensé que d'un poste radiotélégraphique puissant, on pourrait
« envoyer à de très grandes distances aux navires en mer des

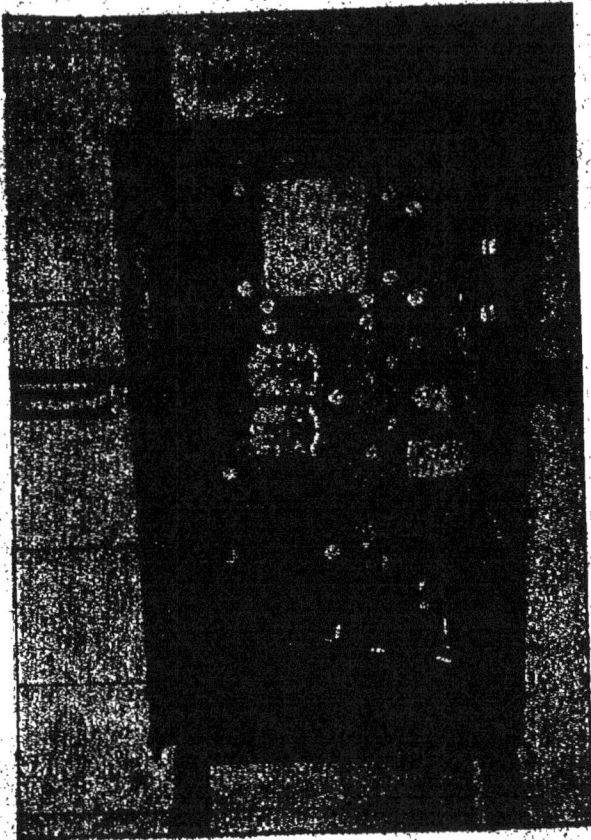

Appareil de liaison entre l'Obervatoire et le poste de la Tour Eiffel.
Arrivée de la ligne souterraine à la station pour l'émission des signaux horaires.
(Cliché de M. P. Jegou.)

« signaux quotidiens qui leur permettraient de régler leurs
« montres et même de se passer de chronomètres. Il a même
« construit (en collaboration avec M. F. Pellin) un appareil
« récepteur dont le prix est très modique et fort inférieur à celui

18

« d'un chronomètre, dont le maniement est facile et qui pourrait
« être acquis à peu de frais même par les caboteurs. »

On voit que l'idée a fait son chemin : grâce à la deuxième conférence de l'Heure, le monde entier est désormais tributaire de
notre grand poste français pour la réception de l'heure et l'*Association internationale de l'Heure* est réalisée, d'après les bases
établies par la Commission provisoire dont les réunions ont suivi
celle de la Conférence de 1912.

Toutefois, les dispositions prévues par la Convention intervenue et les Statuts n'entreront en vigueur qu'après ratification
définitive par les Gouvernements et les Parlements intéressés.

Les nouvelles de presse.

Mais, diront les gens mal informés et mal avisés, les
particuliers, avec des postes soi-disant horaires, peuvent
recevoir chez eux, sur la même longueur d'onde, bien
d'autres choses que l'heure, que ne nous parlez-vous pas
des nouvelles de presse qui leur arrivent à domicile?

Tout d'abord, en dehors des nouvelles d'FL dont je
parlerai, toutes les dépêches de presse que l'on peut
recevoir sont des dépêches étrangères. Elles sont peut-
être fort intéressantes, mais tout d'abord, bien peu de
personnes peuvent s'offrir le luxe de les prendre puisqu'elles ne sont pas rédigées en langue française[1], et
d'autre part, elles échappent complètement au contrôle
de l'État français qui n'a d'engagement à ce sujet avec
aucun gouvernement étranger.

Poldhu.

Le poste de Poldhu MPD (2.800 mètres de longueur
d'onde[2]), situé au sud de l'Angleterre, au cap Lizard

1. Le poste de Bruxelles (Laeken) n'envoie plus de nouvelles de
presse. Il aura prochainement, paraît-il, l'énergie considérable de
135 kilowatts qui doit lui permettre de communiquer avec le Congo.
Avec une telle intensité, ses émissions seront reçues dans toute la
France avec la même facilité que celles d'FL. Il n'a plus l'indicatif
BRX mais bien OTL et communique actuellement très souvent avec
les postes de l'exposition de Gand OTG. Les communications ont lieu
surtout entre 15 et 16 heures.

2. La longueur d'onde des différents postes se trouve dans la *Nomenclature officielle*, publiée par le Bureau de Berne. Les appareils de
réception dits « à longue distance » de la compagnie Marconi sont
syntonisés pour recevoir toutes les longueurs d'ondes mais jusqu'à

(Cornouailles), est incontestablement le modèle du genre, c'est une station privée appartenant à la compagnie Marconi.

Elle a été créée dans un double but :

1° Transmission de nouvelles de presse et autres;
2° Transmission de dépêches.

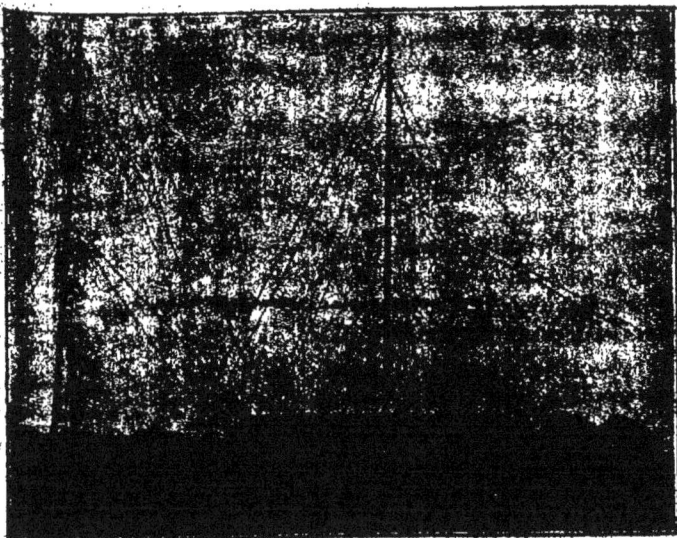

Le nouveau poste de Poldhu (1913).

1° La *transmission des nouvelles* est faite quotidiennement aux paquebots abonnés pour leur permettre la rédaction à bord du *Journal de l'Atlantique*. Ces navires sont au nombre d'environ 60. C'est une chose qui tient du prodige que la publication sur les navires de ce journal qui donne aux passagers, après plu-

3,000 mètres seulement; il en résulte que la longueur d'onde de tous les postes de la compagnie Marconi, quand ils émettent, ne dépasse jamais 3 000 mètres.

sieurs journées de traversée, l'illusion qu'ils n'ont pas quitté la terre ferme; qui les met au courant de ce qui se passe dans le monde entier, leur fait connaître jusqu'aux derniers cours de Bourse avec une rapidité merveilleuse.

L'émission commence vers 11 heures et demie du soir ou minuit et dure jusqu'à 1 heure du matin, souvent plus tard encore. Il arrive fréquemment que la dépêche est scindée en deux parties. Tout ce qui peut être intéressant, dans le monde entier, est télégraphié.

Les paquebots, dès qu'ils ont reçu les nouvelles, en commencent sur les presses de bord l'impression dans les cadres à ce destinées et réservées en blanc dans le *Journal de l'Atlantique* qu'ils ont emporté à leur départ d'Europe, et le lendemain matin il est distribué gratuitement aux passagers.

Ce journal international a été créé à Paris, par M. *Louis Robin;* il est composé, par avance, sous la direction de son fondateur qui y réunit avec sagacité et discernement les articles les plus intéressants sur les sujets les plus variés; artistement illustré, il est imprimé à Lille (Lefebvre-Ducrocq, imp.). Dans la partie libre, on imprime chaque nuit, à bord, avec les nouvelles de presse et de bourse, le point du navire (latitude et longitude), le nombre de milles parcourus, la température de l'air et de la mer, la pression barométrique, l'état du temps, la situation des vents, l'indication des postes ou navires avec lesquels le paquebot sera en communication au cours de la journée suivante, etc., etc., sans oublier le menu des repas. On voit que la *presse sur l'Océan* ne manque pas d'intérêt, aussi lui fait-on fête à bord[1]. Suivant la compagnie de navigation abonnée, ce journal prend diverses dénominations et s'imprime en différentes langues, mais il comporte le plus souvent la traduction en français de tous les articles.

1. On trouvera plus haut un spécimen du *Journal de l'Atlantique*, ainsi qu'un tableau contenant l'indication des différents noms du *Journal de l'Atlantique* et des compagnies de navigation abonnées.

2º La *transmission des dépêches privées* a lieu aussitôt après l'envoi des nouvelles; le nombre des radios à transmettre ainsi que l'indicatif des paquebots auxquels ils sont destinés est donné au début même de la dépêche de presse (Ex. : CQ CQ CQ CQ one for MOI via CQ one for DKP two for DDA, etc., etc.[1]).

Cette transmission de télégrammes privés est faite pour les navires munis d'appareils à longue distance, lorsque ces paquebots ne sont plus dans le rayon d'action des postes côtiers ordinaires, qui ne peuvent envoyer de trafic qu'à une distance limitée par les règlements à 300 milles; ou encore pour les navires non munis d'appareils à longue distance mais en chargeant les autres navires porteurs de ces appareils de leur remettre les dépêches; dans ce cas, on dit par exemple : MOI via CQ, ce qui signifie que le paquebot MOI recevra par l'intermédiaire du paquebot le plus rapproché de lui.

Le rayon d'action utile de Poldhu est de 20.000 milles, c'est-à-dire environ 4.000 kilomètres; lorsque les paquebots sont hors de ce rayon, ils reçoivent les nouvelles du poste de Cape Code (Massachussets, Etats-Unis), appartenant à la compagnie Marconi américaine. Quant aux navires se dirigeant vers le sud, ils reçoivent au delà du rayon d'action de Poldhu, les dépêches du poste de Ténériffe (Canaries) qui sert de relai à Poldhu en retransmettant ses radios jusqu'à la hauteur de Dakar environ.

Norddeich.

Le poste allemand de Norddeich (KAV, 1.650 mètres de longueur d'onde), situé à l'embouchure de l'Elbe, assure, lui aussi, un service régulier de presse (Zeitungsdienst) pour des paquebots abonnés, mais ce service est beaucoup moins important que celui de Poldhu. Les émissions annoncées à 22 h. 05 commencent exactement à

1. J'ai donné plus haut des spécimens des dépêches des postes de Poldhu et Norddeich.

22 h. 10 et durent quelquefois pendant plusieurs heures avec des pauses de trois minutes. Les nouvelles qu'il envoie sont généralement intéressantes, il semble toutefois exagérer le souci de renseigner sur les moindres faits et gestes du Kaiser et de la famille impériale; Norddeich donne également des cours de Bourse.

En dehors de ce service, ce poste envoie l'heure à midi et, à 22 heures, un bulletin météorologique, après les signaux horaires de jour et des avertissements de tempêtes aux navires de la mer du Nord et de la mer Baltique. Les *Nachrichten für Seefahrer*, n° 45, du 29 octobre 1910, publiées par le bureau impérial de la marine allemande, donnent tous les renseignements concernant ces derniers services.

La Tour Eiffel.

On connaît maintenant les deux grands postes européens émettant des nouvelles de presse, le poste militaire français de la *Tour Eiffel* n'assure aucun service de ce genre. Il me paraît même intéressant d'insister sur ce point pour laver notre grande station de certaines critiques dont elle est injustement l'objet.

On croit généralement que les nouvelles de presse de FL sont analogues aux grandes dépêches de presse étrangères, tout au moins dans leur but. Rien n'est plus faux. Les postes étrangers que l'on compare assurent, nous l'avons vu, réellement un service de presse, tandis que les dépêches dites de presse émises par FL, le soir à 8 heures, avec répétition le lendemain matin à 7 heures, ne sont, pour ainsi dire, que des dictées que tous les radiotélégraphistes militaires peuvent prendre pour s'exercer[1]. Afin de rompre la monotonie du texte et aussi pour apporter aux postes lointains de nos colonies ou protectorats, et spécialement aux postes du Maroc et aux navires de guerre, quelques nouvelles du pays, tout en

---

1. Actuellement ces dépêches sont envoyées exclusivement en étincelles rares; en temps d'orage, leur réception surtout par les postes éloignés est assez difficile.

exerçant les télégraphistes, sans cependant trop empiéter sur le monopole des postes et télégraphes, il a été convenu, entre le ministère des P. T. T. et celui de la guerre, que le texte de la dépêche pourrait être pris dans les journaux du soir et que des nouvelles pourraient être données, à la condition toutefois, qu'elles soient dépourvues de tout commentaire religieux ou politique.

En fait, c'était le sergent de service à la Tour qui composait le texte de la dépêche, en l'empruntant le plus souvent aux journaux *Le Temps*, *La Liberté* et *Le Matin*. Depuis peu, le texte de la dépêche de nouvelles arrive tout préparé du ministère de la guerre qui, pour donner satisfaction au ministère des postes et des télégraphes et éviter les réclamations des agences d'information qui se prétendaient concurrencées, s'efforce de ne donner que des nouvelles manquant d'actualité.

On conçoit dès lors aisément que les dépêches d'FL ne présentent pas l'ampleur et l'intérêt des grandes dépêches de presse dont j'ai parlé et l'on s'expliquera facilement que son rythme et ses habitudes d'émissions n'aient pas la constance des autres postes, si l'on songe qu'il ne s'agit, en fait, que d'un exercice de transmission pour les sapeurs de la Tour.

Qu'on ne lui reproche donc pas son entrée trop brusque en matière après quelques appels seulement et surtout qu'on ne compare pas avec Norddeich qui met 6 minutes à s'annoncer[1]. Qu'on ne critique pas surtout le peu d'intérêt ou d'actualité de ses nouvelles, car elle pourrait transmettre une page de Télémaque !

Qu'on ne fasse pas grief à ses manipulants d'apporter dans leur travail, une méthode trop personnelle, sans parfois se conformer aux règles internationales du Morse. Il est bien certain que tel sapeur poussera la conscience

---

1. Norddeich (KAV) commence à s'annoncer à 22 h. 04 par une série de ▪▪▪ ▬▬ ; puis à 22 h. 09 par de longs traits et exactement à 22 h. 10 par huit appels, vient ensuite son titre habituel : Zeitungsdienst.

jusqu'à transmettre les virgules et les apostrophes alors
que d'autres s'en soucieront fort peu ; certains ne man-
queront jamais de répéter les noms propres, ce que
d'autres oublieront, tous scanderont de façon complai-
sante et spéciale le nombre 42 qui leur est cher! certains,
trompant la surveillance, se permettront même quelquefois des facéties[1], d'autres commettront d'hilarantes erreurs[2]. Tout cela n'a rien que de très naturel, et comme
ces opérateurs ne sont, somme toute, que des soldats
qui s'exercent ou exécutent un service commandé, je pré-
tends qu'il y a lieu d'admirer la dextérité et l'habileté
dont ils font preuve le plus souvent, plutôt que de formuler des critiques sans importance à leur égard.

Un intéressant service commercial pourrait être exploité à la Tour
Eiffel.

Au sujet de la Tour Eiffel, on peut se demander pourquoi l'Etat n'a pas réservé quelques heures, chaque jour,
à l'Administration des P. T. T., l'utilisation de son poste
du Champ-de-Mars, ou du moins de son antenne, en
créant pour elle une station spéciale, pour permettre à
son service commercial l'envoi de nouvelles, de cours de
Bourse ou autres renseignements utiles, que des banques,
des sociétés de crédit ou de navigation auraient le plus
grand intérêt à recevoir et à publier; ils ne pourraient le
faire que moyennant un prix d'abonnement et cela constituerait un gros bénéfice pour le Trésor. On objectera
que d'autres pourraient recevoir les mêmes renseignements gratuitement et que, dans ces conditions, personne

1. Le 11 mars 1913, la Tour télégraphiait : Si vous voulez avoir des
enfants sains, vigoureux, robustes, nourrissez-les avec du cacao Bens-
dorp, de la phosphatine Falières et du cadum (*Télégraphie sans fil,*
D* P. Correl, p. 29).
2. Une amusante coquille a été transmise le 22 juillet dernier, vers
8 h. 20 du soir, au cours de la dépêche de presse ; la voici dans toute
son originalité : « M. Milliès-Lacroix fait connaître que les dépenses
nécessitées par la loi militaire s'élèveront à 1 milliard 43 millions, etc.,
la Commission de législation fiscale estime que ces dépenses exceptionnelles doivent être couvertes par un contribuable unique (!) (erreur),
couvertes par une contribution unique, etc.

ne les payerait. C'est une grave erreur ; l'Angleterre
en offre la démonstration. La compagnie Marconi chaque
jour envoie de sa grande station de Poldhu, des nouvelles de presse et des renseignements de toute nature ;
tout le monde peut les recevoir, non seulement en
Angleterre mais sur mer et dans tous les pays où la réception est libre, et cela n'empêche pas cette compagnie
d'avoir de nombreux abonnés, parce que, bien entendu,
ce qu'elle fait payer, c'est le droit de publier et non le
droit de recevoir. Il en est de même pour le poste allemand de Norddeich.

Il pourrait en être de même en France, mais on ne
peut astreindre des militaires à ce service commercial,
c'est pourquoi l'on pourrait étudier le moyen le meilleur
de le réserver aux P. T. T.

Afin d'éviter tous froissements et ne pas sembler
déposséder le département de la guerre dont la station
d'FL est l'œuvre grandiose, car elle est née, il faut le
proclamer bien haut, des œuvres admirables du commandant Ferrié, le mieux serait sans doute, que l'Administration des postes et des télégraphes installât elle-même
à Paris où sur les hauteurs avoisinantes une station à
elle et ainsi chaque département resterait maître chez lui.

La T. S. F. est démocratique.

Ce n'est donc pas le profit que l'on peut retirer de la
T. S. F. qui lui attire les faveurs du public, elle a la
rare bonne fortune d'être aimée pour elle-même.

Sans doute, elle convie le cortège des universitaires,
la phalange des ingénieurs, MM. Turpain, Rothé, Petit,
Bouthillon, Monier, et bien d'autres ne me démenti-
ront pas ; ils se sont épris d'elle, ils l'aiment, eux aussi
sont des amateurs au sens le plus large du mot, mais
la science nouvelle a su se créer des amitiés dans tous
les rangs de la société ; consultez les maisons spéciales
et vous ne serez pas peu surpris d'apprendre que dans
leur clientèle, se rencontrent, en très grand nombre, des
ouvriers, de petits employés, des mécaniciens qui, le

dimanche venu, consacrent à la T. S. F. leurs heures de loisir.

On sait maintenant qui sont les amateurs, ce qu'ils font et ce qu'ils peuvent faire, qui viendrait prétendre qu'il faut les supprimer; qui assumerait la responsabilité d'une mesure aussi inopportune qu'antidémocratique?

§ 2. — *Intérêt de la science, du commerce et de l'industrie.*

Ce ne sont pas seulement des intérêts particuliers que doit envisager le législateur qui établira le statut de la T. S. F., mais également des intérêts généraux, au triple point de vue scientifique, commercial et industriel.

La T. S. F. est née en France.

Grâce aux travaux de Branly, la télégraphie sans fil est née en France[1]. C'est une singulière habitude chez nous, de ne reconnaître le vrai mérite que tardivement et de n'élever de statues qu'aux morts, c'en est une plus attristante, que de toujours discuter le génie de nos concitoyens pour tresser des couronnes aux grands hommes étrangers. J'ai lu sous la plume de Français que le véritable inventeur de la T. S. F. était l'Allemand Hertz et couramment on parle des ondes hertziennes. Si l'on examinait superficiellement la question, on serait tenté de répondre que Hertz, en réalisant ses ondes, ne fut pas plus l'inventeur de la télégraphie sans fil, créée après sa mort, que Volta, en découvrant les courants électriques, ne fut l'inventeur de la télégraphie avec fil qui naquit cinquante ans plus tard, à la suite des travaux de l'Anglais Wheatstone et de l'Américain Morse. Mais cette comparaison serait inexacte car Volta avait de toutes pièces créé la pile et

1. L'ouvrage de M. E. Monier : *La Télégraphie sans fil, la Télémécanique et la Téléphonie sans fil*, contient les renseignements les plus précis sur l'œuvre de Branly et sur l'historique de la T. S. F.

donné naissance aux courants dynamiques; jusqu'à un certain point on pourrait encore dire que la télégraphie par fil est née de ses œuvres, tandis que Hertz n'a pas inventé les ondes qui existaient avant lui, car l'on connaissait depuis longtemps le transport à distance des vibrations résultant de la décharge de la bouteille de Leyde. L'œuvre de Hertz, dont les conséquences favorisèrent grandement le perfectionnement de la T. S. F., consiste à avoir réalisé, dans les limites d'un laboratoire, le phénomène des interférences électriques.

Comme on ne disposait pas alors de récepteur sensible, il fallait faire l'expérience à courte distance, dans un espace restreint; et, de fait, Hertz n'utilisa que des ondes de 6 décimètres à 6 mètres de longueur, ondes inutilisables en télégraphie sans fil. Dès 1858, par conséquent trente années avant les travaux de Hertz, le savant danois Feddersen avait réalisé des ondes de 1.000 mètres, susceptibles d'être employées en radiotélégraphie.

L'œuvre capitale de Hertz fut plutôt d'avoir démontré que l'on pouvait produire avec le rayonnement électrique, ce que l'on produit avec le rayonnement acoustique : le phénomène de la résonance. C'est ce qui permit, lorsque le principe de la T. S. F. fut trouvé par Branly, de le perfectionner en tenant compte des travaux du savant allemand; mais ce qu'il importe de bien préciser, c'est que jamais Hertz ne songea à utiliser les oscillations électriques qu'il réalisait à la transmission de signaux. C'est Branly qui, le premier, en inventant son radioconducteur à limaille en 1890[1], fit les premières expériences de télégraphie sans fil. Ce qu'il n'est pas moins intéressant de signaler, c'est que l'on considère généralement le professeur russe Popoff comme l'inventeur de l'antenne; or, en lisant le compte rendu de

1. *Compte rendu de l'Académie des sciences* du 24 décembre 1890; *Journal de la lumière électrique*, 16 mai 1891. Branly n'a jamais donné à son tube à limaille le nom de *cohéreur*, c'est Lodge qui lui a donné cette appellation d'ailleurs impropre.

l'Académie des sciences du 13 janvier 1891, et un grand nombre d'autres publications[1], on verra que pour ses premières expériences, Branly se servait déjà d'une antenne qui est encore fixée au plafond de son laboratoire.

Voici d'ailleurs une note de M. le professeur Branly lui-même, qui explique d'une façon saisissante, comment est née la télégraphie sans fil, en dehors des magnifiques découvertes de Hertz, dont elle profita ensuite.

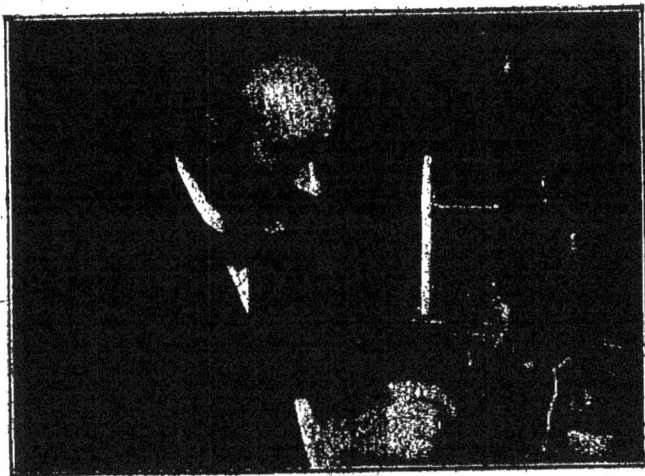

M. le professeur Edouard BRANLY dans son laboratoire.

Les deux étapes de la Télégraphie sans Fil
par M. Edouard BRANLY.

« On dit souvent que la télégraphie sans fil a eu pour origine la connaissance de la propagation ondulatoire du rayonnement d'une étincelle électrique. Pourtant, per-

1. Cosmos, 14 mars 1891, Bulletin de la Société internationale des Electriciens; mai 1891, Journal de la Lumière électrique, 16 mai et 13 juin 1891.

sonne ne conteste que pour utiliser la lumière, il n'a pas été nécessaire de soupçonner sa nature vibratoire et sa transmission par ondes; il suffit qu'une source de lumière soit et que notre œil la reçoive. Or, l'étincelle électrique de décharge d'une bouteille de Leyde qui donne le rayonnement électrique du poste d'émission de la télégraphie sans fil, existait pour nous depuis plusieurs siècles avant Feddersen, Maxwell et Hertz, mais un organe de réception sensible à ce rayonnement manquait ; le tube à limaille a joué le rôle de cet organe comme l'aurait fait un œil électrique.

« Comme l'œil électrique complet, dont le tube à limaille est la partie sensible, consiste en un petit circuit qui comprend simplement un élément de pile, un galvanomètre et un tube à limaille, ce circuit aurait pu être formé intégralement dès la découverte d'Œrsted en 1820. Si l'on avait reconnu alors l'action particulière qu'une étincelle électrique exerce à distance sur ce circuit, la télégraphie sans fil aurait pu, dès cette époque, être réalisée ; la portée aurait été graduellement augmentée avec les antennes et les étincelles d'énergie croissante, ces deux éléments de renforcement dont l'inventeur du tube à limaille et de son circuit avait lui-même indiqué expérimentalement le rôle dès 1891. Ainsi, ce qui n'a été fait que dans les dernières années aurait pu être fait soixante-quinze ans plus tôt. La télégraphie sans fil aurait alors précédé la télégraphie ordinaire à fil de ligne, et cela sans connaître la nature vibratoire du rayonnement électrique et sa transmission par ondes. Il ne fallait rien de plus et il n'a rien fallu de plus, pour la première étape de la télégraphie sans fil.

« Cela n'aurait pas suffi, bien entendu, pour le développement actuel de la télégraphie sans fil, l'idée de l'accord par résonance du poste d'émission et du poste de réception se présente en effet comme une conséquence directe de la nature vibratoire du rayonnement électrique, aussi les expériences de Hertz sont-elles interve-

nues d'une façon heureuse pour accroître considérablement la distance des communications et assurer leur
secret.

« EDOUARD BRANLY. »

Après la découverte de Branly, et ses expériences
retentissantes, des chercheurs se mirent à l'œuvre, et
c'est encore en France que les travaux furent continués
et poussés avec le plus d'activité. Dès 1894, c'est-à-dire
deux ans avant les essais de Popoff et de Marconi,
M. Turpain, en utilisant son résonateur à coupure, dans
la section duquel il insérait un téléphone, réalisait lui
aussi d'intéressantes expériences de communication[1].
Quant à Marconi, c'est lui qui, en répétant les expériences de Branly, en les poursuivant et les étendant de
kilomètre en kilomètre jusqu'aux plus grandes distances,
fit passer la T. S. F. dans le domaine de la réalité pratique. Sa persévérance et son talent l'ont conduit, d'après
le propre jugement de Branly, à établir des postes d'une
rare perfection et, pour y arriver, il ne recula devant
aucun sacrifice ; son nom doit donc être cité parmi les
créateurs de T. S. F. avec ceux de Branly et de Hertz,
mais il faut rendre à César ce qui est à César et considérer
Branly comme le premier inventeur, suivant en cela
l'exemple de *Marconi* lui-même qui, après ses belles
expériences entre Douvres et Wimereux, adressa le
29 mars 1899, avec une loyauté qui lui fait honneur, au
grand savant français, son premier radiotélégramme
dans les termes suivants :

« *M. Marconi envoie à M. Branly ses respectueux*
« *compliments par le télégraphe sans fil à travers la*
« *Manche, ce beau résultat étant dû en partie aux*
« *remarquables travaux de M. Branly.* »

C'est donc bien en France qu'est née la T. S. F.

1. *Société des sciences physiques et naturelles de Bordeaux*, 4 avril
1895.

comme je le disais plus haut et c'est la France qui devrait être à la tête des nations en cette matière ; son génie national, son intelligence la désignait naturellement pour jouer ce rôle, mais comme cela arrive malheureusement trop souvent, notre pays a ouvert la voie mais il ne s'y est point engagé lui-même avec l'ardeur qui convenait.

Le progrès en matière radiotélégraphique.

Une stagnation s'est produite chez nous pendant que l'étranger, perfectionnant nos premières découvertes, se lançait à fond dans la voie du progrès. Au dehors, au lieu de chercher à monopoliser, on a encouragé les chercheurs et favorisé l'extension de grandes sociétés industrielles privées pour le plus grand bien de tous : rien de tel ne fut fait en France et nous n'avons pas chez nous de sociétés similaires aux *sociétés Marconi* ou *Telefunken*. Mais, non seulement notre industrie radiotélégraphique n'a pas l'ampleur à laquelle elle pouvait prétendre, mais l'exploitation commerciale de la T. S. F. elle-même, n'est pas ce qu'elle devrait être[1].

Stations publiques de T. S. F.

Une statistique toute récente, dressée par le bureau international de Berne, montre que la France, patrie de la télégraphie sans fil, se trouve actuellement reléguée au neuvième rang, pour le nombre des stations radiotélégraphiques mises à la disposition du public.

C'est le Canada qui compte le plus grand nombre de postes de T. S. F. ouverts au trafic général. Le Canada

---

1. Voici en quels termes un des personnages les plus marquants de la radiotélégraphie, en Belgique, m'écrivait récemment : « D'ici, en Belgique, je constate que la France qui a été la première à l'œuvre pour établir un réseau de T. S. F. n'est plus en première ligne aujourd'hui, par le nombre et la qualité de ses postes. Vous ne vous faites pas une idée de la quantité de postes allemands et anglais qui me parviennent ici, avec des ondes admirablement syntonisées. Vos dirigeables transmettent parfaitement : en particulier celui qui signe n° 62. Mais, des postes comme Dunkerque, Rochefort, les Saintes-Maries-de-la-Mer et d'autres sont de vrais parasites à côté de la plupart des postes étrangers. Oran me parvient fort et se syntonise bien. »

en a trente-deux. L'Angleterre occupe le second rang,
avec vingt-cinq postes. Viennent ensuite la Russie,
vingt-deux; l'Allemagne, vingt; l'Italie, vingt; le Brésil,
seize; les Indes anglaises, onze; l'Espagne, neuf; la
France, huit; le Danemark et la Norvège, chacun huit;
le Japon, sept, etc., etc.

N'est-il pas attristant de voir la France placée au
neuvième rang parmi les nations du monde, après les
Indes Anglaises, après l'Espagne, et ne pense-t-on pas
qu'il y a mieux à faire que de tracasser les particuliers
qui, s'adonnant à la T. S. F., conservent une partie du
patrimoine scientifique de leur pays et cherchent à
l'augmenter.

Il faut encourager l'étude et la pratique de la radiotélégraphie.

Ne faut-il pas, au contraire, pour que notre patrie
regagne le terrain perdu, encourager chez nous la
T. S. F. sous toutes ses formes et dans toutes ses manifestations. En favorisant de nouvelles découvertes, on
ouvre la porte à de nouveaux espoirs.

Le progrès a besoin du concours de tous et oserait-on
prétendre que le travail des particuliers est nécessairement stérile! La science et le génie ne sont pas, Dieu
merci! le seul apanage des officiels et des diplômés;
l'histoire en fournit la démonstration péremptoire : sans
remonter trop loin, je rappellerai que Morse, qui inventa
l'appareil et l'alphabet télégraphiques, était peintre;
qu'Edison, petit employé sur le chemin de fer américain
Transpacific, y vendait des oranges et des cigarettes, et
que notre grand Branly encore, bien qu'il ait toujours été
physicien, était également docteur en médecine!

Problèmes à résoudre.

La T. S. F. n'est qu'à son début, il reste de grands problèmes à résoudre, de grands progrès à réaliser; la
transmission secrète et la direction des ondes, l'enregistrement automatique et pratique des dépêches, notamment, ouvrent un vaste champ à toutes les investigations. Il y a encore beaucoup à faire et ce n'est pas

en prohibant ou en entravant l'étude de la radiotélégraphie que l'on favorisera les grandes découvertes qui doivent couronner l'édifice.

La vraie science est libérale.

D'ailleurs, toute restriction apportée à cette étude ne pourrait être suggérée que par des esprits à conceptions étroites, que par des gens à mentalité déformée par un fonctionnarisme mal compris ou un caporalisme prêt à tout régenter : les grands, les vrais savants, les esprits fermés aux mesquineries mais largement ouverts au rayonnement de la science et du progrès, qui en tout, voient le but, sans s'arrêter aux détails du chemin, ont une opinion très nette sur le point qui nous occupe : quand on leur parle des dangers ou des inconvénients de la libre réception, ils haussent les épaules.

La Conférence internationale de l'Heure de 1912 a exprimé le vœu de voir protéger l'étude de la T. S. F.

Je disais plus haut que les illustrations scientifiques, qui avaient pris part à la première Conférence internationale de l'Heure de Paris, du 15 octobre 1912[1], avaient émis des vœux qui, somme toute, engagent moralement les gouvernements qui y étaient représentés. Or, parmi ces vœux, sous le titre VI (*Etudes scientifiques des ondes hertziennes*) figure le suivant :

« ART. 28. — La Conférence émet le vœu de voir les
« pouvoirs publics protéger ce genre de recherches, dont
« les résultats promettent d'être d'une importance capi-
« tale, non seulement au point de vue de la théorie pure
« et de la météorologie, mais aussi à celui du développe-
« ment de la T. S. F. »

Ainsi donc la Conférence s'est prononcée, elle n'a fait aucun *distinguo* d'une façon générale, elle a dit aux différents gouvernements : « Nous estimons que vous devez protéger l'étude de la radiotélégraphie. »

1. J'ai donné plus haut la composition de son bureau et l'indication du *Bulletin de l'Académie des Sciences* où se trouve son compte rendu.

Cela ne veut pas dire que les différents Etats adhérents devront monopoliser cette science, sa pratique, son enseignement, et protéger l'étude des ondes qu'ils feront eux-mêmes, sinon la Conférence aurait dit que les gouvernements devraient instituer des études des ondes hertziennes. La formule employée montre bien la pensée des savants qui l'ont rédigée, ce qu'ils ont voulu c'est la protection des recherches entreprises dans l'intérêt de la science, par qui que ce soit.

Ce serait donc aller à l'encontre de la décision rappelée de la Conférence de l'Heure que de prohiber ou même d'entraver le droit de réception, car pour étudier les ondes hertziennes il faut avant tout les recevoir.

L'enseignement de la T. S. F.

Cela n'empêchera pas l'Etat d'encourager et de favoriser l'étude de la T. S. F. dans les lycées et autres établissements d'enseignement et de créer même des établissements spéciaux.

Il y aurait, dans cet ordre d'idées, beaucoup à faire. L'on ne saurait trop louer, en ces cas, les professeurs de sciences qui, comme M. H. Fraudet au lycée de Moulins[1], et M. Adam au lycée de Charleville s'ingénient à initier leurs élèves à la radiotélégraphie. Mais pour que les professeurs de science puissent l'enseigner utilement, il faut non seulement qu'eux-mêmes soient libérés de tout entrave, pour pouvoir acquérir la pratique indispensable, mais que leurs élèves puissent eux aussi répéter, pour leur plus grand profit, les expériences auxquelles ils auront assisté.

Radiotélégraphistes de la marine marchande.

Dans un remarquable article paru le 4 mai 1913, dans *La Défense maritime*, M. Marcel Courtois, Président de l'*Union nationale des radiotélégraphistes français*, a exposé sous le titre : « Ce que devront être les Radiotélégraphistes de la marine marchande, » quels

1. *Bulletin de l'Union des Physiciens*, n° 62, avril 1913. Le récepteur de T. S. F. du Lycée de Moulins.

devraient être leur recrutement et leur situation. Sa thèse vient à l'appui de mon argumentation car il se plaint du manque de candidats. Voici, d'ailleurs, quelques fragments de cette intéressante étude :

La Situation du personnel.

« On rend donc la T. S. F. obligatoire, on réglemente son usage par des conventions internationales, mais presque partout, et particulièrement en France, où l'existence de l'inscription maritime rend la question plus complexe, on omet de s'occuper du personnel, des opérateurs chargés de faire fonctionner ces appareils délicats : *les radiotélégraphistes.*

« Or leur situation, généralement peu brillante, est fort mal définie et leur recrutement paraît devoir devenir difficile en un moment où l'extension de la T. S. F. amène une demande de personnel considérable. Voyons pourquoi.

« Qu'est-ce théoriquement qu'un radiotélégraphiste ?

« Un jeune homme ayant l'âge de raison (à cause de la responsabilité) qui devra connaître :

« 1° suffisamment d'électricité générale, électricité et mécanique pratique, fonctionnement des appareils de T. S. F. pour conduite, réglages, entretien et même, au besoin, réparations de sa station ;

« 2° la réception des radiotélégrammes au son à la vitesse de 100 lettres par minute ;

« 3° au moins une langue étrangère nécessaire pratiquement pour la facilité des communications à la mer ;

« 4° les règles de service, comptabilité, en un mot toute la paperasserie d'une station télégraphique internationale.

« Enfin, ce qui n'est pas le moindre, on lui demandera, en cas de danger, d'appeler du secours jusqu'à ce que cela soit possible, ce qui signifie, dans bien des cas, qu'il sacrifiera sa vie, comme quelques-uns l'on déjà fait.

« Que lui offre-t-on en échange actuellement ?

« Une situation mal définie, sans avenir, sans garanties :

« *A bord il est considéré comme officier (souvent bien à regret). N'est-il pas responsable de son quart (quelquefois de 12 heures et plus)? Mais la loi ne le considère que comme un matelot, puisque après avoir subi des retenues proportionnelles à sa solde (supérieure à celle du matelot) il touchera une retraite de matelot 364 francs par an au bout de 25 ans de navigation effective.*

« Or, ces 25 ans, les atteindra-t-il? La T. S. F. est trop jeune pour que nous puissions le savoir.

« Personne n'ignore les perturbations physiologiques causées par l'emploi continu des appareils électriques à haute fréquence. Le port du casque téléphonique, 12 heures par jour, n'aura-t-il pas un effet funeste sur ses facultés auditives? Or une bonne ouïe étant indispensable, que deviendra-t-il? Sa solde elle-même est bien minime, certaines compagnies osent offrir 100 francs par mois en échange d'un dur contrat et au bout de quelques années cessent de l'augmenter et au besoin, pour le remercier de ses services, le remplacent par un jeune qui coûte moins cher. Il perd donc sa situation et tout ce qu'il a versé pour sa retraite. »

M. Courtois examine ensuite les réformes à faire et conclut en ces termes :

« La solution qui me paraît devoir le mieux satisfaire aux exigences du moment, serait :

« Amélioration de la situation, pour faciliter un recrutement de choix garanti par un examen judicieusement approprié aux nécessités de l'emploi et avec minimum d'âge.

« Inscription pour tous avec rang et pension d'officier, mais avec compensation pour les radiotélégraphistes non inscrits déjà, ayant fait leur service militaire et appartenant à la corporation depuis plusieurs années.

« On pourra également prévoir que, par suite d'un manque momentané de personnel ayant les aptitudes nécessaires, la marine de guerre n'en fournissant pas assez[1] et les écoles de T. S. F. étant actuellement imparfaites, des jeunes gens ayant fait leur service dans la T. S. F. de l'armée de terre pourront être, pendant quelques années, admis à passer l'examen et à se faire inscrire.

« La question est complexe et l'importance que prend la T. S. F. rend de plus en plus digne d'intérêt cette corporation maritime qui naît et qui place ses espoirs dans l'attention que les pouvoirs publics voudront bien lui apporter. »

Ainsi donc, en dépit du petit nombre de navires français ayant jusqu'ici installé à bord la T. S. F., le recrutement du personnel radiotélégraphique est déjà difficile ; on se plaint également de ce que les conditions actuelles de recrutement tendent à baisser le niveau des opérateurs.

Le meilleur remède à cet état de choses, n'est-il pas la vulgarisation de la T. S. F. et ne serait-ce pas aller à l'encontre du but à atteindre que de restreindre, par des mesures tracassières, le nombre des candidats éventuels ?

La science profitera des observations de tous.

Si la pratique, au surplus, a démontré qu'il n'était résulté aucun inconvénient de la liberté qui, en fait existe, et que tous les graves inconvénients qui devraient en découler sont purement imaginaires, par contre, la science a déjà profité de la collaboration de tous et si de grandes découvertes sensationnelles n'ont pas encore été enregistrées, nombreux sont les perfectionnements de détails et les améliorations résultant des travaux particuliers ; l'enregistrement des radios a notamment fait, grâce à eux, de grands progrès.

---

1. NOTE DE L'AUTEUR : On n'ignore pas que les marins de l'active qui sont opérateurs dans les stations maritimes ne sont pas initiés aux règlements de la T. S. F. et quand ils quittent le service, après cinq ans d'exercice, ils ont toutes les peines du monde à passer l'examen pour l'obtention du brevet qui leur donnera le droit de prendre un engagement comme télégraphiste sur un navire de commerce.

Plus il y aura de chercheurs s'intéressant pratiquement à la T. S. F., plus nombreuses seront les observations, et de leur concordance, on arrivera plus facilement à établir des lois exactes. Un grand savant anglais qui a su reconnaître ce que l'avancement de la science doit à l'amateur n'a-t-il pas dit :

« There is no use in trying to ignore the amateur. « He has already established himself in a meritorious « way along many lines because he has brains, initia- « tive and the optimistic enthusiasm of youth. »

Trad. : Il n'est pas permis d'ignorer l'amateur, quand on se livre à des essais. Dans de nombreuses branches, il a, en effet, acquis une place méritoire, car il a l'esprit, l'initiative et l'enthousiasme de la jeunesse.

Il faut fermer la porte de l'arbitraire.

On objectera, sans doute, qu'il n'a jamais été question d'entraver le progrès par une prohibition générale, que de larges autorisations seront données aux savants, aux industriels pour leur permettre de faire des recherches et des découvertes. En pratique, on sait ce que cela donnera : si l'on déduit des errements actuels ce qui se passerait dans l'avenir, il y a eu lieu plutôt d'être inquiet; n'a-t-on pas jusqu'ici systématiquement refusé l'autorisation de posséder un poste horaire à tous les horlogers, à un grand nombre de fabricants spécialistes et à tous les simples particuliers? On autorisera les savants et les industriels? quels savants et quels industriels? où sera la ligne de démarcation entre le savant, assez savant pour être autorisé, et celui qui ne le sera pas? quels industriels pourront être autorisés, dans l'intérêt de la science, quels autres ne le pourront pas?

Et les commerçants?

Ne voit-on pas que se laisser entraîner dans cette voie, c'est instaurer le régime de l'arbitraire, c'est étouffer le progrès. Pour le favoriser, je l'ai dit, il faut le concours de tous, il faut l'émulation et la concurrence, il faut surtout laisser ceux qui ont des dispositions spéciales donner libre cours à leurs recherches, ceux-là sont plus intéressants même, travaillant par amour de la science, que ceux qui ne travaillent que dans l'espoir de tirer un profit de leurs découvertes, en tout cas, ils offrent autant de garantie que les autres au point de vue des conséquences et des résultats de leurs travaux.

Ce sont les particuliers qui ont fait l'automobile et l'aéroplane.

Que serait-il arrivé si, pour des motifs analogues à ceux que l'on met en avant aujourd'hui, on avait au début de l'automobilisme, de l'aéronautique et de l'aviation, décrété que telle ou telle catégorie de citoyens auraient seuls le droit de parcourir les routes et de sillonner l'espace, sous prétexte de sécurité nationale et de discrétion !

Les arguments étaient bien plus forts cependant, car il n'est pas contestable que les indiscrétions provenant de ce que l'on peut voir d'en haut sont autrement à craindre que celles résultant de ce que l'on peut entendre d'en bas ; aucune prohibition cependant ne fut édictée et des découvertes admirables furent réalisées grâce au concours de tous. Et ces particuliers, ces amateurs qui ont donné leur temps, leur argent et même leur vie pour le progrès ont doté la nation de plusieurs branches d'industries nouvelles, en même temps qu'ils constituaient d'admirables engins de défense nationale.

Commerce et industrie de la T. S. F.

Il faut suivre cet exemple et ne pas monopoliser l'étude de la radiotélégraphie, pas plus qu'on n'a monopolisé l'étude de la photographie qui, elle aussi, est née des œuvres des amateurs. Il est d'ailleurs trop tard pour le faire : grâce à la tolérance que l'Etat a montrée jusqu'ici, des milliers de particuliers s'adonnent à la T. S. F., une industrie, un commerce nouveaux sont nés qui déjà ont à se défendre contre la concurrence étrangère et emploient un grand nombre d'ouvriers ; des maisons anciennes ont modifié leur outillage, de nouvelles firmes ont surgi. On ne se fait pas une idée du chiffre des affaires résultant de la radiotélégraphie. La C. G. R. (Compagnie générale radiotélégraphique) encore bien qu'elle se soit spécialisée dans la construction des gros appareils pour les stations d'Etat et pour l'étranger ainsi que pour

Récepteur électrolytique.

les compagnies de navigation, dans la construction des postes d'aéroplanes et « à dos de mulet, » est assaillie de commandes par les particuliers; il en est de même de la S. F. R. (Société française de radiotélégraphie). La maison Ducretet et Roger qui fut, en France, le berceau de la T. S. F. puisque, dès 1898, M. E. Ducretet indiquait déjà l'emploi en télégraphie sans fil des dispositifs d'accord à réglages, par bobines de self et par résonateur Oudin, ajoutés dans le circuit antenne-terre[1], est engloutie par l'engouement radiotélégraphique; depuis juillet 1910, par exemple, elle fabrique des téléphones sans interruption par séries de 100 et ses stocks sont toujours épuisés. Elle construit actuellement l'appareil enregistreur Morse de l'abbé Tauleigne.

La maison Pellin qui a construit les appareils du capi-

Poste d'étalonnage pour l'étude des contacts rectifiants.

taine de frégate Tissot, s'est fait une spécialité des appareils de précision. C'est le sanctuaire du détecteur à cristaux, le temple de la galène; c'est elle qui créa le détecteur à contact galène-platine, dont elle conserve jalousement le brevet; elle a, d'ailleurs, construit un dispositif qui facilite singulièrement le contrôle et l'étalonnage des détecteurs rectifiants.

La très ancienne maison de télégraphie Darras s'occupe

---

1. *Bulletin de la Société d'Encouragement pour l'industrie nationale*, 8 juillet 1898, tome III, p. 1627; *Revue scientifique et industrielle*, 1898-1899, « Télégraphie sans Fil, » p. 35; *Télégraphie sans Fil*, E. Monier, p. 141.

maintenant activement de radiotélégraphie. De nouvelles sociétés se fondent chaque jour pour exploiter les nouveaux procédés qui naissent de l'esprit inventif des Français.

A côté des grandes firmes, des fabriques d'appareils de précision, la maison Péricaud qui a inauguré une véritable œuvre de vulgarisation scientifique, en créant le commerce des pièces détachées et des appareils à bon marché rendant la T. S. F. accessible aux collégiens, aux petits horlogers, aux ouvriers, aux mécaniciens, mérite une mention toute particulière. C'est elle, d'ailleurs, qui construit le nouveau détecteur électrolytique sans pile (brevet Jégou) et le relai sensible de l'abbé Boulage.

Tout cela est intéressant, et doit être encouragé; tout cela fait vivre des milliers d'ouvriers et contribue à l'augmentation de la richesse nationale[1].

Concurrence étrangère.

Il ne faut pas se dissimuler que si l'on ruinait cette industrie naissante, ce serait pour le plus grand profit de l'industrie étrangère et notamment de l'Allemagne qui cherche déjà à inonder notre place de ses produits à bon marché, ce serait évidemment une besogne bien peu patriotique; ne renouvelons pas pour la T. S. F. le scandale des briquets dont la fabrication est réservée, par la réglementation actuelle, à l'industrie étrangère. Ne vient-on pas de découvrir qu'à la frontière allemande on pouvait se procurer des briquets estampillés pour un mark (1 fr. 25[2]).

1. Il existe un grand nombre d'autres maisons spéciales françaises telles les maisons Ancel, Jégou, Picard, Chaudet, Radiguet, Cochet, le Bazar de l'Hôtel de Ville (Antonia), etc., dont je n'ai pu parler, non pas qu'elles soient moins intéressantes que d'autres, car elles aussi ont contribué à la création de la nouvelle industrie et du nouveau commerce radiotélégraphiques, mais parce que le cadre de cet ouvrage duquel j'ai banni toute réclame commerciale ne le comportait pas.

2. Les journaux ont publié récemment, à ce sujet, la note suivante :
« Voici une association nouvelle : c'est celle de l'industrie et du commerce des accessoires et pièces détachées du briquet. Elle demande

dicat de défense des intérêts professionnels.

La liberté réceptionnaire intéressant au plus haut point le commerce et l'industrie nationales qui seraient gravement atteints par une loi prohibitive ou restrictive, on peut s'étonner que les commerçants et les industriels spécialistes, déjà si nombreux, n'aient pas jusqu'ici songé à prendre les mesures de protection que les lois mettent à leur disposition en fondant un syndicat de défense de leurs intérêts professionnels. A l'abri de la légalité, profitant des dispositions tutélaires de la loi du 21 mars 1884, ils pourraient faire entendre leur voix, agir sur les pouvoirs publics et éclairer l'opinion grâce à la presse, ce grand levier, qu'on a toujours trouvé au service des bonnes causes et auprès de laquelle les caprices de M. Lebureau ne trouvent pas grâce.

Autres commerces et industries intéressés.

Mais, ce ne sont pas seulement les fabricants d'appareils de T. S. F. et les commerçants qui les vendent qui tirent des profits du régime de liberté ; il y a des ramifications nombreuses qui s'étendent en tous sens, sur les industries les plus diverses. La métallurgie, la tréfilerie bénéficient en première ligne de l'accroissement de la consommation du cuivre et des fils conducteurs, car si la radiotélégraphie permet de communiquer d'un poste à un autre sans fil entre ces deux postes, par contre, dans chaque station, elle fait une consommation énorme de fil pour les antennes et les bobinages ; l'industrie de la gutta-percha, de l'ébonite, de la paraffine, de la soie, la menuiserie, la quincaillerie, etc., profitent également de l'augmentation de la consommation que produit la T. S. F. sans parler d'un grand nombre d'autres répercussions insoupçonnées.

On vend maintenant, dans les grands magasins et

la revision de la loi de 1910, réglementant la fabrication et la vente de ces appareils.

« Il paraît que cette loi paralyse la fabrication française, réglementée avant d'avoir eu le temps de s'organiser, alors que l'Autriche et l'Allemagne inondent la France de leurs produits. »

les grands bazars des postes de télégraphie sans fil, comme on vendait autrefois une bergerie ou une arche de Noé.

Horlogerie.

L'horlogerie est une industrie qui, plus que tout autre, peut-être, réclame la liberté de la réception des signaux. Les horlogers, si l'incertitude existant encore aujourd'hui était dissipée, auraient certainement tous des dispositifs de réception, car il leur est indispensable de con-

Poste horaire par induction (détecteur à galène).

naître l'heure précise, et de pouvoir régler leur chronomètre; d'autre part, il serait vraiment excessif que les horlogers du monde entier[1] puissent recevoir l'heure et régler leurs appareils sur les battements pendulaires d'Eiffel alors que cela serait interdit aux horlogers français.

Ce serait mettre nos fabricants d'horlogerie de précision de Besançon, du Jura et autres centres, en état d'infériorité vis-à-vis de leurs concurrents suisses de Neufchatel et compromettre notre industrie nationale. Dans nos écoles d'horlogerie, au surplus, on enseigne la

1. La Tour a aujourd'hui une portée de plus de 5.000 kilomètres pendant le jour et d'environ 15.000 kilomètres pendant la nuit; cette portée sera très prochainement fortement augmentée.

télégraphie sans fil[1], à quoi servirait cet enseignement s'il ne devait pas en sortir une réalisation pratique[2]?

Topographie et T. S. F.

On ignore généralement que c'est l'heure de la Tour Eiffel qui a permis de délimiter la frontière franco-espagnole du Maroc et la frontière franco-allemande du Congo et du Cameroun, la frontière franco-libérienne en Guinée avec une précision qui ne laisse place à aucune contestation et c'est également par la T. S. F. que seront déterminées prochainement les frontières franco-italienne en Tunisie et celles du Congo belge. Comme on le voit, la Télégraphie sans fil tend à devenir d'un usage courant pour la topographie « expédiée. »

Applications diverses de la T. S. F.

Les applications de la télégraphie sans fil sont trop nombreuses pour que je les passe toutes en revue et que j'en tire des conclusions favorables à la thèse que je soutiens. Je les rappellerai pour mémoire seulement.

Sauvetages maritimes.

Grâce à elle, la lutte est entreprise contre les sinistres maritimes ; les navires peuvent faire entendre leurs appels de détresse, demander et obtenir du secours, ils peuvent recevoir le réconfortant avis du sauvetage prochain ; par elle, des centaines de vies humaines sont arrachées chaque année de l'abîme, le récent naufrage du Volturno en est la démonstration ; c'est sa plus noble, sa plus féconde application : il est donc utile de développer le goût de la T. S. F. et de favoriser la formation des

1. Tous les touristes qui ont remonté la merveilleuse vallée de l'Arve pour se rendre à Sallanches et à Chamonix, ont pu admirer la magnifique antenne de l'Ecole nationale d'horlogerie de Cluses.

L'enseignement de la T. S. F. est également donné à l'Ecole de Besançon et à l'Ecole de Paris.

2. Le *Bulletin chronométrique* de l'Observatoire de Besançon, pour 1913, a publié une intéressante étude de MM. M. Moulin et R. Gondey, sur l'*Heure et la Télégraphie sans fil*, contenant de très utiles indications pour les horlogers voulant régler leur chronomètre sur les signaux de la Tour Eiffel.

futurs télégraphistes de bord qui, en s'exerçant, préparent les sauvetages de l'avenir.

Navigation. Aviation. Dirigeables.

Les navires marchands peuvent rester en communication avec la terre ferme et recevoir d'utiles indications ; les ballons dirigeables[1], les aéroplanes[2], les hydro-aéroplanes peuvent recevoir d'utiles avertissements et rendre

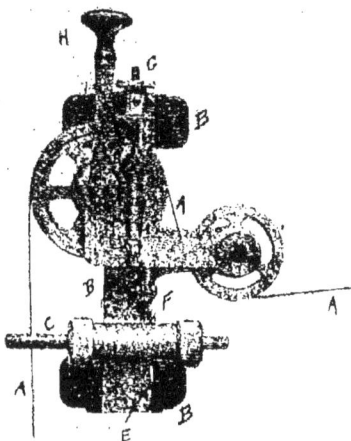

Cisaille automatique coupant l'antenne des aéroplanes.
(Cliché de la Revue T. S. F.)

grâce à la T. S. F. d'immenses services comme éclaireurs des armées ou des flottes en campagne[3].

Sous-marins.

Il faut espérer que, dans un avenir prochain, nos sous-

1. La T. S. F. est particulièrement délicate en ballon, à raison du danger d'explosion des gaz qu'elle comporte.
2. La C. G. R. a exposé cette année, à Gand, un dispositif permettant aux antennes traînantes des aéroplanes de se couper et de tomber automatiquement dès qu'elles subissent la moindre traction anormale.
3. *Applications de la Télégraphie sans fil* de M. Jégou, Desforges, éditeur, 1912, et les *Applications de la Télégraphie sans fil* de M. Rothé, Berger-Levrault, éditeur.

marins seront enfin pourvus de la T. S. F. comme l'avait
fait espérer l'amiral Boué de Lapeyrère, après les expériences concluantes de 1912, entre le *Prairial* et le *Bou-
vines* dans la baie de Saint-Vaast-la-Hougue. La C. G. R.
construit bien en ce moment des appareils de T. S. F.
pour sous-marins, mais c'est pour les Japonais !

Radiophares ou phares hertziens.

Les ondes hertziennes peuvent, dans la brume, se sub-
stituer aux rayons lumineux inutilisables et diriger les
navires du haut des radio-phares[1]. Un phare de cette
nature a été établi en 1913 à l'*île de Sein*, un autre aux
environs de *Brest*, un troisième sur le bateau-feu *La Ville-
du-Havre* ancré dans les parages de cette dernière ville ;
la longueur d'onde des radio-phares est de 150 mètres,
elle empêche toute confusion avec les postes côtiers ou de
bord. Ces phares donnent déjà d'excellents résultats,
mais le nombre des navires pourvus de dispositifs radiotélégraphiques qui peuvent en tirer profit, est encore très
au-dessous de ce qu'il devrait être.

Comme l'a fait très justement observer M. J. Valoris
dans une remarquable étude sur *La Direction des Navires
dans la Brume*[2], où il signale les importants perfectionnements dont il est l'inventeur, « la triste et longue
nomenclature des sinistres maritimes montre la nécessité
de faire tout ce qu'il est possible pour munir les navires
et les côtes de tous les appareils susceptibles d'assurer
non seulement la sécurité des passagers, mais encore
celle du bateau et de sa cargaison. »

Les Compagnies d'assurances et la T. S. F.

« C'est aux grandes compagnies d'assurances maritimes
à prendre l'initiative, en refusant d'assurer ou en augmentant la prime de tout navire non muni d'engins aussi
nécessaires que les engins de sauvetage. » Le 10 fé-

1. *Applications de la Télégraphie sans fil* de M. Jégou, Desforges,
éditeur, 1912, et les *Applications de la Télégraphie sans fil* de M. Rothé,
Berger-Levrault, éditeur.
2. *Revue T. S. F.*, n° 5, p. 25 et n° 8, p. 48.

vrier 1913, M. Houbé déposait sur le bureau de la Chambre des Députés une proposition de loi (proposition n° 2520), tendant à rendre la T. S. F. obligatoire, sur

Radiophare (voir page précédente).

tout navire abritant 50 vies humaines : il faut espérer que cet excellent projet aboutira.

Télégraphie sans fil en montagne.

Il est une autre application de la T. S. F. qui ne semble pas avoir été jusqu'ici envisagée et qui, cependant, est intéressante puisqu'il s'agit encore de solidarité humaine.

On sait le nombre considérable de victimes que fait chaque année *l'Alpe homicide*. Des savants, des touristes, des guides, en escaladant les montagnes, y trouvent souvent une mort affreuse; avalanches, crevasses recouvertes de neige, glissades, chutes de pierres, orages, sont pour les hardis alpinistes des dangers constants. Ce qui est le plus à craindre, lorsqu'un accident se produit, c'est que le supplice de la mort lente ne soit infligé aux malheureuses victimes. On a retrouvé, parfois après de longues recherches, des voyageurs morts de faim dans des régions inaccessibles où ils s'étaient engagés, où ils étaient tombés sans se blesser; il est arrivé que des caravanes d'explorateurs ou de touristes sont restées dans l'impossibilité de porter secours à l'un des leurs tombé dans une crevasse ou un abîme quelconque, faute de moyens d'action suffisants, et quand on revenait quelquefois de longs jours après, ramenant enfin les secours qu'on était allé chercher au loin, il était trop tard.

Alpinisme.

Dans tous ces cas, la télégraphie sans fil serait de la plus grande utilité. Au pied de chaque montagne dont l'ascension est le plus souvent tentée on devrait installer au siège du syndicat, ou au poste des guides, par exemple, une petite station radiotélégraphique, l'électricité en montagne ne coûte pas cher, et la force à employer serait infime. Une bonne antenne serait édifiée. D'autre part, quelques antennes seraient établies, sur le flanc de la montagne, à des altitudes différentes, en des endroits soigneusement repérés, notamment près des huttes et des abris. Ces antennes et celle du poste des guides seraient accordées pour éviter, autant que possible, l'emploi d'un dispositif d'accord.

Sur la montagne, une simple table de planches constituerait l'emplacement des appareils, un fil de terre

20

serait préparé, mais aucun appareil de transmission ni
de réception ne seraient laissés sur place.

Lorsqu'une ascension aurait lieu, un appareil de transmission au moins serait emporté par l'un des voyageurs,
et le groupe entier serait muni de petits appareils réceptionnaires de poche.

On peut concevoir un appareil transmetteur de faible
poids et de dimensions très réduites car la distance à
parcourir étant très faible, la force électromotrice peut
être très faible. Je connais le cas d'un amateur arrivant à
correspondre à 1.200 mètres de chez lui avec une simple
bobine de moteur d'automobile et un accumulateur[1].

Accidents de montagne.

Si un accident se produisait au cours d'une ascension,
les voyageurs indemnes n'auraient qu'à se rendre en
hâte à l'antenne la plus proche et, s'ils ne peuvent télégraphier d'une façon complète, ils pourraient, en tout cas,
lancer un signal d'alarme simple dont l'indication serait
affichée près de chaque antenne. Ils pourraient, d'autre
part, dans le cas où ils seraient trop éloignés d'une
antenne, ou dans l'impossibilité de la retrouver ou de la
rejoindre, établir en quelques instants une antenne de
fortune en suspendant du fil de cuivre entre plusieurs
piolets fichés dans le sol. Un service d'écoute étant
pratiqué au pied de la montagne pendant les ascensions,
il serait toujours facile de porter un secours immédiat
aux victimes.

Orages en montagne.

Ce n'est pas d'ailleurs seulement après que les accidents
seraient arrivés que la T. S. F. interviendrait utilement.
A chaque étape, les ascensionnistes pourraient se mettre
en relation avec le poste des guides qui leur donnerait
quelquefois d'utiles indications pour éviter des erreurs
ou des dangers, leur enverrait du renfort ou du matériel,

1. On trouvera, infrà, des renseignements sur les appareils de
poche.

Mais il est un autre péril que la pratique de la télégraphie sans fil pourrait conjurer. Tous ceux qui ont escaladé les montagnes et pour qui le vertige des cimes est une jouissance, savent que le principal danger pour eux, c'est l'orage. Si l'on est entouré de nuages orageux, il n'y a rien à faire, sinon se débarrasser des objets métalliques dont on peut être porteur, surtout des piolets dont la pointe acérée attire la foudre, et se coucher le plus souvent dans la neige ou la glace; mais cela n'a pas toujours suffi et des caravanes entières d'ascensionnistes ont été quelquefois victimes de l'orage. Un accident survenu en Suisse, il y a déjà longtemps, au sommet du Wetterhorn, où deux Anglais et deux guides trouvèrent la mort, est resté dans le monde de l'alpinisme présent à toutes les mémoires. Pour éviter ce danger, les voyageurs, à leur passage près des antennes dont je demande l'édification, s'arrêteraient quelques instants et mettant leur petit appareil récepteur de poche en contact avec le fil d'antenne et celui de terre qui seraient à leur portée, se rendraient compte si un orage est imminent[1], s'il s'approche ou s'éloigne; cela serait d'autant plus intéressant que souvent en montagne, il est difficile de prévoir l'orage. Quelques vapeurs spéciales au sommet des plus hautes cimes et le ramollissement de la neige fournissent bien une indication, mais elle est insuffisante. Une fois fixés, les ascensionnistes prendraient leurs dispositions en conséquence et pourraient gagner un abri avant le danger. Une loi peut permettre la transmission dans ce cas déterminé.

Le champ des applications de la T. S. F., on le voit, est infini, et peut, chaque jour, s'étendre davantage. On peut tout imaginer, tout espérer d'elle : demain l'on télégraphiera d'un train en marche aussi facilement que d'un bureau de ville[2], demain la T. S. F. empêchera le retour

---

1. On trouvera plus bas, d'utiles indications sur les avertissements d'orages.
2. Le *Wireless World* d'octobre 1913, publie un article *Railways of the Future* sur la T. S. F. en chemin de fer qui est déjà expérimentée au Canada. Les expériences de la Compagnie Marconi sur la ligne de

d'aussi terribles catastrophes que celle de Melun et aidera au sauvetage des mineurs ensevelis, demain les relations télégraphiques entre les divers continents seront régulièrement assurées ; dès lors n'est-il pas antisocial de nuire à l'extension de cette science merveilleuse, en reléguant son étude au fond des laboratoires. Insister me paraît inutile, je dois cependant consacrer encore quelques lignes aux services que peut rendre la télégraphie sans fil à l'agriculture.

§ 3. — Intérêt de l'Agriculture.

Prévision du temps.

Il n'est contesté par personne que la prévision du temps intéresse au plus haut point les agriculteurs, les viticulteurs et les maraîchers. S'ils pouvaient prévoir les cataclysmes qui vont fondre sur leurs récoltes, ils prendraient certaines précautions, les pertes qu'ils éprouveraient seraient beaucoup moins fortes et la richesse nationale subirait du même coup une moins grave atteinte. Il sera peut-être difficile d'arriver à une précision absolue, mais les résultats obtenus jusqu'ici fondent déjà les plus grands espoirs.

Prévision des orages.

La prévision des orages a fait depuis peu l'objet d'un grand nombre d'observations intéressantes. MM. Turpain, Jégou[1] et Flajolet, notamment, se sont spécialisés dans l'étude de ces phénomènes et il est aujourd'hui dé-

Lackwonna donnent d'excellents résultats. Lorsque le système sera au point, les gares pourront aviser les conducteurs de trains des dangers qui les menacent et, de même, les conducteurs pourront informer les gares des avaries survenues en cours de route, demander, par exemple, qu'on leur tienne prête une machine sous pression ou indiquer les réparations qu'il sera nécessaire d'effectuer. Deux trains qui se suivent ou ont des horaires très rapprochés pourront établir entre eux la communication constante, faire connaître à tout instant leur position : les dangers de collision seront ainsi réduits à l'extrême minimum.

1. Dans son livre sur Les Applications de la Télégraphie sans fil, M. P. Jégou consacre un chapitre spécial aux parasites et troubles divers dans les récepteurs.

montré qu'une manifestation orageuse un peu intense peut être prévue, grâce aux appareils de réception radio-télégraphique, 24 heures à l'avance. A ce point de vue on lira avec intérêt le document suivant :

Note de M. Flajolet sur la Contribution à l'application de la télégraphie sans fil à l'étude et à l'annonce des orages, présentée par M. J. Violle à l'Académie des Sciences, en sa séance du 11 mars 1912 (1912, tome 154, n° 11, p. 729).

Dans cette note, M. Flajolet expose les expériences auxquelles il s'est livré à l'Observatoire de Lyon. Après avoir utilisé le détecteur électrolytique pour l'étude des manifestations orageuses et leur prévision à aussi longue échéance que possible, il renonça à son emploi à raison de la polarisation des piles qu'il fallait laisser constamment en circuit et de leur affaiblissement empêchant le fonctionnement d'un relais à sonnerie, et eut recours au détecteur à cristaux.

Voici comment il décrit lui-même son installation :

Fabrication du sulfure de plomb.

Dans une petite coupelle de porcelaine, fermée par un bouchon de même matière, on chauffe quelques (2 à 4) minutes 5 grammes de plomb et 1 gramme de soufre. On a ainsi du sulfure de plomb pulvérulent contenant un assez fort excès de soufre qui le rend moins friable. Ce corps est serré dans une pince métallique qui forme l'une des prises de contact, l'autre est constituée par quelques brins de fils de cuivre fins portés par une lame ressort.

Le détecteur ainsi obtenu, constituant un couple thermo-électrique très énergique, a une résistance qui reste, pour tous les échantillons que j'ai étudiés, comprise entre 200 ω et 300 ω; sa sensibilité est, dans la plupart des cas, égale ou supérieure à celle des détecteurs électrolytiques et pour les signaux de la Tour Eiffel (460 kilomètres), les courants qu'il envoie dans un circuit de 800 ω de résistance valent 1/5 de microampère. Avec lui, on monte les appareils récepteurs en dérivation aux bornes du condensateur. Mais il arrive souvent que les courants qu'il envoie ne sont plus assez intenses pour actionner un relais (cependant dans le violent orage qui, le 19 février 1912, a sévi sur le département du Gard, orage relativement assez proche de nous (200 kilomètres), l'enregistrement s'est bien fait avec notre relais); on a pensé alors à l'enregistrement photographique. C'est celui qui est en service actuellement. Le circuit qui part du détecteur comporte un galvanomètre à miroir de Nädler, étalonné de façon à donner l'intensité du courant qui le traverse; on fait varier la sensibilité en shuntant plus ou moins. Dans le cas d'orages rapprochés (200 kilomètres au plus), on règle la sensibilité de façon qu'un microampère corresponde sur la feuille d'enregistrement à 6 millimètres; pour les orages éloignés, un microampère est amené à donner une dérivation de 50 millimètres. Dans la nuit, les courants résultant d'une transmission de la Tour Eiffel donnent, avec la première sensibilité, 2 millimètres de déviation environ et, avec la seconde, 10 à 15 millimètres.

M. Flajolet examine ensuite les courbes représentant les résultats obtenus par lui et conclut en ces termes :

De ce qui précède il résulte que toute manifestation orageuse un peu intense sera enregistrée ici, dès qu'elle ne sera plus distante que de 500 kilomètres; c'est-à-dire, étant donné la vitesse moyenne de translation des dépressions orageuses, 24 heures avant qu'elle ait pu y arriver.

Reste à pouvoir discerner, parmi elles, celles qui ont chance de nous atteindre; c'est dans cette voie que mes recherches continuent.

Code de prévision du temps.

D'autre part, des chercheurs ont noté au jour le jour les observations météoro-statiques qu'ils faisaient dans leurs appareils; c'est l'embryon d'une science nouvelle et ces observations, si elles étaient contrôlées, formeraient la base d'un *Code de prévision du temps domestique*, dont l'utilité n'échappera à personne.

Voici, tout d'abord, les observations faites au Mont Saint-Aubert, près de Tournai (Belgique), de mai à septembre 1912, par M. Delval :

Parasites nuls ....Beau temps.
Les signaux s'entendent très fort
　　dans les écouteurs...........Signe de pluie ou de brouillard
　　　　　　　　　　　　　　　　　pour le lendemain.

Les signaux s'entendent faible-
ment .... Soleil et beau temps (Sans
doute à cause de l'influence
des ultra violets sur les
ondes).

Petits craquements précipités... Signe de grêle ou de forte pluie.

Craquements éloignés .... Beau temps.

Craquements nombreux et pro-
longés .... Temps orageux.

Bruit prolongé dans les écouteurs imitant l'eau descen-
dant d'une gouttière .... Changement brusque de temps.

Bruit prolongé et chantant semblant d'abord lointain et se
rapprochant avec force peu à
peu .... Orage violent ou tempête.

Les signaux sifflants, surtout
ceux de Norddeich, rendent
un son crachant .... Temps brumeux ou pluie.

Ces observations doivent être faites avec un détecteur à cristaux car, avec l'électrolytique, le crachement des piles peut être
confondu avec les bruits ci-dessus.

De son côté, M. Franck Duroquier a publié, dans le
journal *La Nature*, du 1er mars 1913, les observations ci-
dessous que j'ai résumées en un tableau, pour les rendre
plus saisissables.

Craquements violents.......... Indice d'un orage voisin :
Qui approche : si les craque-
ments se font de plus en plus
fréquents;
Qui s'éloigne : s'ils deviennent
plus espacés ou s'affaiblis-
sent.

Petites étincelles blanches et
bruyantes entre les pointes
d'un peigne parafoudre relié
à l'antenne .... Indice d'un temps favorable à
la grêle.

Léger sifflement.............. Indice d'une forte nuée de grêle,
passant à proximité de l'an-
tenne, dont les grêlons électrisés s'entrechoquent.

Amélioration des communications radiotélégraphiques......	Indice de l'approche de la pluie, de la neige ou du brouillard.
Diminution de rendement des appareils réceptionnaires......	Indice de froid et de sécheresse.
Claquements secs espacés assez faibles......................	Indice d'un abaissement de température, d'une gelée printanière.
Parasites de faibles longueurs d'onde semblant s'égrener en chapelets....................	Indice d'un changement de direction du vent.
Crépitements nombreux avec craquements forts et fusants intervenant régulièrement.....	Indice de grandes dépressions barométriques ; avertissement de tempête.

Ainsi donc, les orages s'annoncent longtemps à l'avance ; les dépressions barométriques, avec leur centre de localisation ainsi que les changements de direction et de vitesse du vent, peuvent, en outre, être l'objet d'avis radiotélégraphiques et l'on peut en tirer déjà, si l'on possède quelques notions météorologiques, de sérieuses déductions ; mais les agriculteurs ne sont pas forcément des savants et ils préfèrent que des prévisions formelles et régionales leur soient données.

Service officiel de météorologie agricole.

Ils auront certainement satisfaction dans un avenir qu'il faut espérer prochain car déjà, depuis le 1ᵉʳ septembre 1913, le Bureau central météorologique envoie, par le poste de la Tour Eiffel, d'utiles probabilités et, d'autre part, le Ministère de l'Agriculture s'intéresse à la question et étudie l'organisation d'un service de prévision du temps. Comment fonctionnera ce service ? nul ne le sait encore. L'ouvrage de M. Rothé sur *les Applications de la Télégraphie sans fil*[1] contient de très inté-

1. Berger-Levrault, éditeur.

ressants renseignements sur ce sujet et l'on pourra s'y reporter, mais je crains, après sa lecture, que la prompte réalisation du projet ne soit entravée par les complications qu'il entraîne et les dépenses qu'il nécessite. Un plan d'organisation du service de la météorologie agricole aurait été conçu par M. Pierre Rey, directeur de la station de météorologie agricole de Montpellier.

Ce service comprendrait :

1° Un comité directeur assisté d'un service technique ;

2° Des stations régionales de météorologie agricole ;

3° Des stations d'avertissements agricoles ;

4° Des postes météorologiques agricoles.

Les stations régionales de météorologie agricole seraient, autant que possible, rattachées à un centre scientifique. Chaque matin, le bureau central enverrait directement aux diverses stations régionales un télégramme contenant les renseignements sur la situation générale de l'atmosphère ainsi que son avis sur le temps probable.

En cas d'urgence et pendant l'après-midi, le bureau central météorologique adresserait à ces mêmes stations un télégramme supplémentaire. Les stations régionales interprèteraient ces données et transmettraient immédiatement aux stations d'avertissements agricoles les renseignements les intéressant.

Réception des avertissements agricoles (projet).

Tout cela est très bien, mais cela ne dit pas comment les particuliers seront avertis ; M. Rothé y supplée et expose sa conception en ces termes :

« Dans chaque département le président de la Commission météorologique serait chargé de l'organisation des postes de réception. Il en contrôlerait l'installation et délivrerait à chacun des intéressés une self convenable, dûment prononcée par l'Administration des Postes et accordée sur la source à entendre, pour une antenne déterminée, par exemple un simple fil de 25 mètres. De tels postes permettraient la réception des télégrammes météorologiques sans permettre de suivre les exercices militaires ou d'écouter des stations destinées à des échanges de correspondances. Après avoir accordé libéralement les autorisations pour ces petits postes, le gouvernement pourrait se montrer d'autant plus sévère pour les installations clandestines susceptibles de nuire à la sûreté de la défense nationale ou au secret des correspondances. Si facile que soit la réception des signaux de FL, si simples que soient les dispositifs employés, les Français doivent s'habituer à respecter la loi sur la télégraphie sans fil, comme toutes les autres lois du pays. »

M. Rothé est un savant, un chercheur et un observateur, ses études sur les antennes réduites ou autres sont tout à fait remarquables, son livre est bourré d'observations scientifiques du plus haut intérêt, mais je ne suis plus du tout d'accord avec lui quand il fait des incursions sur le domaine législatif et administratif. Où est donc la loi défendant aux Français de recevoir FL et de construire une antenne ?

M. le professeur Rothé est vraiment terrible en requérant sérieusement des peines sévères contre les malheureux sansfilistes qui ont la même passion que lui. Il fait de la télégraphie sans fil depuis longtemps, il a dû déchiffrer de nombreux radios, est-il bien sûr d'avoir jamais reçu dans ses postes une confidence qu'il eut été malhonnête de révéler, a-t-il jamais connu un secret pouvant intéresser la sûreté de la défense nationale.... Sûrement non, alors ?

Mais, je m'éloigne du sujet, j'y reviens en hâte pour dire que l'organisation préconisée par M. Rothé est trop complexe. Que l'on envoie de Paris ou des stations régionales des bulletins de prévision, c'est parfait, tout le monde en reconnaît l'utilité ; mais de grâce, sous prétexte de favoriser l'agriculture, ne la gratifiez pas de faveurs irrecevables, ne compliquez pas tellement les choses que vous en éloignerez les mieux disposés.

Il ne faut pas tracasser l'agriculture sous prétexte de lui être utile.

Quel est le cultivateur, le viticulteur qui s'astreindra

à toutes ces exigences, quand il saura surtout qu'il peut jouir des mêmes avantages sans s'y soumettre. Pourquoi voulez-vous lui imposer une self spéciale quand il peut en acheter ou en fabriquer une lui-même qui lui conviendra mieux et lui donnera certainement de meilleurs résultats. Pourquoi lui imposer une antenne unifilaire s'il préfère avoir 2 ou même 3 fils pour mieux entendre, pourquoi lui imposer un contrôle sous prétexte de l'empêcher d'entendre FL qui ne dit rien dont il puisse être fait mauvais usage et, qu'au surplus, il entendra même sur son antenne de 25 mètres et sur sa self spéciale s'il n'est pas par trop éloigné de Paris. Tout cela est inutile et si l'on veut vraiment agir dans l'intérêt de l'agriculture, qu'on laisse les agriculturs profiter au mieux de leurs intérêts, des avantages qu'on veut leur faire.

Hypothèse.

Enfin, pour terminer ce sujet, j'ajouterai qu'il est permis de concevoir des dispositifs avertisseurs d'orage, ne fonctionnant que sous l'influence des ondes atmosphériques généralement qualifiées de parasites, défendra-t-on également pour ceux-là l'établissement d'antennes sous prétexte de secret des correspondances ?

Avis de crues et inondations.

Les avertissements agricoles pourraient être utilement complétés par des avis de *crues* et d'*inondations* subites, et cela éviterait, dans bien des cas, des désastres tant aux agriculteurs qu'aux riverains[1]. Mais pour qu'ils puissent en profiter, il faut que le régime de liberté réceptionnaire soit instauré, sinon tous ces avis seraient illusoires.

§ 4. — *Intérêt de l'État. Défense nationale.*

On sait que le gros argument contre la liberté réceptionnaire est qu'elle compromettrait la sûreté de l'État,

1. Voir sur ce sujet la *Revue T. S. F.*, n° 3, p. 17.

qu'elle entraverait la défense nationale; j'ai dit plus haut
ce qu'il fallait en penser. On a vu qu'au fond, il n'y a
rien de sérieux dans cette affirmation qui ne résiste pas
à la discussion, mais ce que l'on n'a peut-être pas envisagé, c'est que loin d'être susceptible de nuire à l'Etat, le
régime libéral que je préconise doit, au contraire, être
adopté pour le plus grand bien du pays et pour augmenter ses moyens de défense nationale.

Deux situations sont à envisager : le *temps de paix* et
le *temps de guerre* ou d'insurrection.

En temps de paix, l'Etat a tout intérêt à ce que les
jeunes gens ayant des aptitudes spéciales pour la télégraphie s'y adonnent et se perfectionnent pour assurer les
cadres de sa radiotélégraphie militaire.

Préparation militaire en temps de paix.

Aujourd'hui, tout est, chez nous, à la préparation militaire. Tous les jeunes gens sont plus ou moins entraînés
avant leur entrée au régiment, suivant leurs dispositions,
et l'administration de la guerre tient compte, pour le
choix du régiment, du brevet d'aptitude militaire.

Pourquoi certains ne se prépareraient-ils pas à entrer
dans la télégraphie, et à servir utilement la France dans
ses cadres? Pour mon compte, je les trouverais beaucoup
plus intéressants que ceux qui cherchent à s'embusquer
dans la musique.

Eclaireurs français.

Depuis quelques temps d'admirables groupements se
sont constitués en France pour permettre aux nobles
sentiments de patriotisme, d'honneur, de dévouement,
d'initiative et de solidarité de la jeunesse de se donner
libre cours et de se développer, pour le plus grand bien
des jeunes hommes et du pays. Les sociétés de gymnastique prospères sont nombreuses chez nous, mais il est
une association nouvelle intéressante et originale entre
toutes, je veux parler des *Eclaireurs de France*[1]. Sous la

1. Siège social des *Eclaireurs de France*, 146, rue Montmartre,
Paris.

patriotique, paternelle et intelligente impulsion de son président, M. André Chéradame, cette société, de création récente, puisqu'elle fut constituée vers la fin de 1911, compte déjà 15 sections à Paris, 17 en banlieue et 41 en province. Ce n'est pas une société de préparation militaire proprement dite, car tous les exercices rigides en sont exclus, mais il est certain que ce groupement prépare une génération forte et, par voie de conséquence, des défenseurs au pays. Voici en quels termes son président définit le but et la raison d'être du *scoutisme français* :

Scoutisme.

« Chez nous, il n'y a ni riches ni pauvres, il n'y a que de jeunes Français qui se réunissent pour mieux servir leur pays. Notre œuvre est avant tout une œuvre d'union nationale.

« Nous nous proposons, par des exercices très variés au grand air, de débrouiller physiquement nos jeunes gens, afin qu'ils soient rapidement en mesure de tenir leur place dans la vie pratique. C'est ainsi que nous nous efforçons de leur apprendre à connaître pratiquement les plantes, les arbres, les insectes, à courir, à nager, à construire un radeau ou un pont rustique, une hutte, à retrouver et à suivre une trace, à s'orienter le jour et la nuit, à faire la cuisine en plein air, à camper, à soigner les blessés, à éteindre les incendies, etc. En outre, conformément aux bases du scoutisme, l'éclaireur doit agir suivant les règles de l'honneur formulées en un bref serment et un code très court qui l'aideront à régler sa conduite dans toutes les circonstances de la vie. »

On voit par ce programme de quel secours peut être la T. S. F. pour les *Eclaireurs de France*; ils doivent, en campagne, en montagne, sur mer, partout, pouvoir « se débrouiller, » n'est-il pas tout indiqué qu'il faut leur enseigner à capter les ondes par des moyens de fortune et des appareils portatifs, afin qu'ils puissent connaître en

1. *Le Matin*, 28 juin 1913.

expéditions, non seulement l'heure mais encore la direction du vent, les variations du baromètre, qui les ren-
seigneront sur le temps probable. Ils pourront, en outre,
recevoir dans leurs appareils les avertissements d'orage,
et tous ceux qui ont pratiqué l'alpinisme savent, comme
je l'ai déjà dit, combien, en montagne, ce renseignement peut être précieux.

Ce n'est pas tout; j'ai démontré plus haut, que si la
T. S. F. était le mode de sauvetage le plus efficace pour
les navires en mer, il y avait un autre terrain sur lequel
elle pouvait rendre également de grands services en mé-
nageant bien des vies humaines. J'ai exposé comment
je comprenais les rapports de la télégraphie sans fil et
de l'alpinisme. N'est-il pas vrai de dire que les *Eclaireurs de France* seraient les premiers à bénéficier d'une
telle organisation pour se retrouver en montagne,
s'orienter, recevoir des instructions, demander des
secours urgents; que d'accidents pourraient ainsi être
évités.

Mais pour que ce résultat soit acquis il faut que tous
ces jeunes gens puissent librement, et quand ils en ont le
loisir, s'exercer pour devenir non seulement des télégraphistes mais peut-être des sauveteurs.

Télégraphie militaire.

Le ministère de la guerre possède un service de radiotélégraphie militaire précisément pour pouvoir former en
temps de paix des soundcristes et des manipulants susceptibles d'assurer en campagne un service utile, et tous
les officiers sansfilistes diront quelle peine ils ont à
dégrossir un novice, un débutant, alors qu'au contraire
leur tâche est très simplifiée lorsqu'ils ont affaire à une
recrue sortant de l'administration des P. T. T. ou de la
télégraphie industrielle ou commerciale privée. Il était
presque impossible en deux ans de former de toutes
pièces un bon radiotélégraphiste; avec la loi de trois ans,
ce sera encore difficile; nul n'ignore, au surplus, que
rentrés « dans le civil » les sansfilistes, s'ils peuvent con-

server longtemps leurs aptitudes à la manipulation, perdent au contraire très rapidement la faculté de la lecture au son; pour toutes ces raisons, j'estime qu'il faut encourager la pratique de la T. S. F. afin de préparer des soldats à la France.

La radiotélégraphie en temps de guerre.

On ne peut se dissimuler l'importance capitale que prendraient en temps de guerre, les services radiotélégraphiques; mais, pour que l'on puisse en tirer tout le profit désirable, il faudra que les autorités militaires aient à leur disposition, non pas des radiotélégraphistes quelconques, mais des hommes de toute première force, entraînés à fond, prêts à toutes les prouesses de l'oreille et du poignet.

On peut, en effet, tout attendre et tout craindre des émissions hertziennes en temps de guerre. L'ennemi cherchera bien évidemment à tromper en lançant de faux radios, il faudra pouvoir les distinguer des vrais; de plus la réception sera gênée systématiquement par des émissions parasitaires constantes sur toutes les longueurs d'ondes, afin d'empêcher toute transmission et réception. Comment se débrouiller dans ce chaos, si l'on n'est pas très entraîné et, pour l'être, il faut la pratique et l'habitude.

Utilisation des postes privés en temps de guerre, d'insurrection ou de cataclysme.

En temps de guerre ou d'insurrection, une ville, une région même toute entière, peut se trouver occupée par l'ennemi quel qu'il soit, et dans ces circonstances pénibles, par suite de la destruction ou du sabotage des lignes télégraphiques et de l'arrêt de tout trafic, cette ville ou cette région sera complètement isolée; le gouvernement ne pourra plus communiquer avec ses représentants; il peut en être de même, dans les pays de montagne, à la suite d'un cataclysme ayant détruit tous moyens de communication. C'est alors que la télégraphie sans fil pourra être utilisée et rendre les plus grands services. Grâce à

elle, les habitants de la partie du territoire investi ou
isolé pourront, recevoir des avis ou des encouragements ;
eux-mêmes pourront, dans certains cas, faire entendre leur
voix par-dessus les obstacles ; mais d'une part, l'État ne
peut couvrir la France d'antennes comme d'une vaste
toile d'araignée pour parer à la suppression possible de
son service télégraphique par fil, et d'autre part, le
ferait-il, que ses antennes seraient en temps de guerre
ou d'insurrection détruites ou sabotées tout aussi facilement que les réseaux télégraphiques, ou tomberaient
entre les mains de l'ennemi, c'est alors que l'on serait
heureux de recourir aux antennes établies de côté et
d'autre par l'initiative privée. Ces antennes, soigneusement repérées par l'Administration, rendraient les plus
grands services[1].

Elles ne seraient pas seulement utiles mais indispensables. Pour que ce prodigieux résultat puisse être
acquis, pour que, dans les moments difficiles, le pays
puisse, malgré tout, rester homogène, pour qu'en dépit
de l'étreinte étrangère, ou de l'égarement passager de
quelques-uns, il sente néanmoins passer sur lui le souffle
de la Patrie qui fera vibrer ses espoirs, il ne faut pas
seulement que ce merveilleux outillage soit toléré, il
faut qu'il soit encouragé, il faut que tous les postes édifiés
librement par les particuliers soient déclarés et classés
pour pouvoir être utilisés le moment venu. Qui sait si
l'espoir de contribuer un jour à la défense du sol n'encou-
ragera pas grand nombre de sansfilistes à perfectionner
leurs moyens d'action.

Surveillance des postes clandestins.

Ce régime de liberté si utile pour tout et pour tous
permettra, au surplus, en temps de paix, de faire porter
tous les efforts de l'Administration et de la police sur
la recherche et la poursuite des postes clandestins et de
déjouer ainsi les calculs de l'espionnage.

1. Voir suprà antennes secrètes.

CHAPITRE IV.

Toute mesure restrictive de la liberté serait illusoire et par conséquent inutile.

Les lois doivent être applicables.

Une loi n'est pas un vœu.

Lorsque l'on fait une loi, c'est dans la pensée de la voir appliquée.

Dans l'état de nos mœurs, les lois civiles sanctionnant les lois morales sont assez facilement observées, mais il n'en va pas de même des lois uniquement basées sur l'ordre social ou les nécessités financières ; les statistiques criminelles démontrent avec quelle facilité on les transgresse.

Une loi prohibant la liberté réceptionnaire serait un coup d'épée dans l'eau.

Au regard de celles-là, la crainte du gendarme est déjà le commencement de la sagesse, mais si cette crainte n'existe pas, on peut désespérer de tout. Il est donc nécessaire, pour qu'une loi soit viable, qu'elle soit accompagnée de sanctions suffisantes et que ces sanctions soient possibles. Or, si par hypothèse, l'on venait en France à décréter l'interdiction de recevoir les signaux hertziens, il est permis de dire que la loi qui prétendrait l'imposer serait caduque et sans valeur ; pour cette raison, qu'il serait impossible au législateur d'édicter des mesures de nature à en assurer le respect, à en contrôler

21

l'exécution. Ce serait un coup d'épée dans l'eau et un législateur avisé ne le donnera pas.

Quel serait le texte d'une loi prohibitive.

Il serait, tout d'abord, intéressant de savoir comment on pourrait formuler une interdiction d'une façon assez précise, pour que le fait de l'enfreindre puisse être sanctionné par une pénalité.

On ne dira pas : « La réception des ondes hertziennes ou le captage des signaux radiotélégraphiques est interdit, » parce que ces ondes et ces signaux se rendant à domicile, il n'y a aucun moyen pratique de vérifier si je reçois ou si je capte chez moi.

Éléments constitutifs d'un poste.

On ne dira pas : « Il est interdit de posséder des appareils à radiations électriques (ou encore) des dispositifs de réception radiotélégraphique (ou encore) d'édifier une antenne, » parce que tout cela ne veut rien dire, tout cela ne désigne rien de particulier. En effet, tout peut être une antenne, comme nous le verrons bientôt, depuis un simple lit de fer[1], jusqu'à la plus colossale charpente métallique ; tout peut être une bobine d'accord depuis le fil de sonnerie enroulé autour d'une caisse d'emballage[2] jusqu'aux zigzags établis avec ce même fil sur l'arrière d'une armoire[3]. Tout peut être un détecteur, une pointe métallique au contact d'un morceau de papier buvard imbibé d'eau salée, ou bien encore deux aiguilles enfoncées à des profondeurs inégales dans une pomme de terre[4], ou simplement un doigt posé sur une arête métallique avec une pression

1. *Les Applications de la Télégraphie sans Fil*, E. Rothé, p. 81.
2. « Au lycée Louis-le-Grand, la self est constituée par une caisse de « bois à section carrée de 25 centimètres de côté. Du fil de sonnerie « enroulé sur cette caisse forme une bobine de 50 spires, on cherche « par tâtonnements la spire à laquelle il faut attacher le fil de sol pour « obtenir la meilleure réception. » (*Les Applications de la Télégraphie sans Fil*, E. Rothé, p. 81.)
3. *Télégraphie sans Fil* (D⁻ Pierre Corret, p. 44).
4. *Même ouvrage* (p. 42).

convenable[1]. On peut même utiliser comme détecteur une ampoule électrique dont le filament de charbon est cassé, en faisant légèrement toucher les deux extrémités de ce filament, ce qui constitue, d'autre part, un microphone assez sensible. Quant au récepteur téléphonique il n'a rien de particulier, il y en a partout et, d'ailleurs, on peut même s'en passer.

Aucun organe n'est essentiel.

Il est permis de dire qu'aucun de ces organes, suivant les cas, n'est indispensable. On peut recevoir sans antenne quand on n'est pas trop éloigné du poste émetteur ; et même, en employant certains dispositifs, aux plus grandes distances : on a reçu récemment *sans antenne* FL et Nauen (Allemagne) dans le midi de la France et en Bretagne (*Journal officiel*, 22 sept. 1913. *Supplément*, p. 1280).

A Poitiers, M. Turpain a reçu dans une cave, *sans antenne* (*même référence*).

Pendant son séjour à Tripoli, Marconi a constaté que, dans le désert, on peut transmettre, par télégraphie sans fil, des télégrammes, *sans que les postes soient munis d'antennes*. Les fils des deux stations sont posés sur le sol dans la direction de la droite qui les joint (*Electrotechnische Zeitschrift*, 8 février 1912).

Au moyen d'un dispositif de réception *sans antennes*, avec fils posés sur le sol (*Brevet Zehnder*) on a reçu les signaux du Canada à Berlin (*Office impérial d'essais de Berlin*, janvier 1912).

On peut également recevoir avec une antenne, mais sans bobine d'accord[2], il n'est pas nécessaire d'utiliser

---

1. Ce procédé a permis d'entendre à la Tour Eiffel, les télégrammes de Clifden et de Norddeich à plus de 1.000 kilomètres (J. Boulanger et G. Ferrié, *la Télégraphie sans Fil et les Ondes électriques*, p. 274).

2. Les signaux d'FL sont reçus jusqu'à 300 kilomètres sans accord. Les harmoniques 7 et même 9 donnent encore de bons résultats. Or la longueur d'onde de la Tour étant 2.200, $\frac{2.200}{9} = 250$ mètres, longueur d'onde obtenue facilement avec une antenne de 40 mètres, si elle a plusieurs fils. Pour l'entendre, il n'est même pas nécessaire d'avoir un rapport numérique exact : A Boulogne-sur-Mer, on a pu la recevoir avec une antenne unifilaire de 15 mètres sans accord (réception de nuit).

un condensateur, c'est préférable mais non indispensable. J'ai exposé plus haut, le cas d'un laboratoire qui a reçu sans détecteur ; enfin le téléphone lui-même n'est pas obligatoire, car on peut, dans certains cas, recevoir « à la vue » ou « au son » sans récepteur. Au fort du Mont-Valérien dont l'antenne en V est composée de deux fils de 150 mètres, j'ai pu lire « au son » facilement, un BCM,

Détecteur « Savary ».

grâce au crépitement intense des étincelles qui jaillissaient dans le liquide même du détecteur électrolytique Ferrié, au milieu des bulles gazeuses, à la façon d'un interrupteur Wehnelt, et « à la vue » sur les étincelles brillantes qui crépitaient entre la pointe d'un détecteur improvisé et une pyrite de fer que j'avais appertée[1].

1. On peut également lire « à la vue » la dépêche, en suivant les déplacements produits par les ondes dans les milliampèremètres ou électromètres.

On ne peut interdire la possession des appareils de réception.

De plus, tous ces organes peuvent avoir des applications domestiques, médicales ou industrielles et on ne peut songer à en interdire la simple possession, comme on interdit celle des engins de chasse prohibés ; il serait malaisé, d'ailleurs, de la contrôler, vu le faible volume de la plupart (*Voir figure de la page précédente.*) Etant donné qu'on ne peut défendre de posséder ces appareils, il est tout à fait inopérant de décréter qu'on ne pourra s'en servir.

Cinq millions de Français peuvent recevoir FL sans antenne.

J'ajouterai, en ce qui concerne les antennes, qu'il serait non seulement inefficace de les interdire, mais que cela serait en outre injuste, puisque les 4 à 5 millions d'habitants de Paris et de ses environs dans un rayon de 100 à 150 kilomètres peuvent recevoir FL sans antenne : de même que tous ceux qui habitent dans le voisinage d'un poste côtier peuvent entendre ce poste sans se munir de cet organe. Mais en admettant même que l'on veuille faire une loi pour le reste de la France et que l'on trouve, ce qui est douteux, une formule suffisamment précise pour ne pas prêter le flanc à la discussion et à l'équivoque, la question ne sera pas avancée d'un pas, car il ne suffit pas de bien déterminer ce que l'on veut empêcher, il faut pouvoir imposer sa volonté, pouvoir démasquer et punir les délinquants et encore une fois cela n'est pas possible.

Postes réceptionnaires de poche.

Un poste réceptionnaire, en effet, n'est pas une chose encombrante et compliquée[1], l'ingéniosité des construc-

1. Ce n'est d'ailleurs pas d'hier que l'on a construit des postes simples et portatifs; dans son très intéressant ouvrage sur la *Télégraphie sans Fil*, p. 180, M. E. Monier cite le cas d'un amateur qui, le 12 avril 1909, assis sur un banc du jardin des Tuileries, un appareil récepteur sur les genoux, une petite antenne se dressant fièrement au-dessus de son chapeau, la prise de terre sous le pied et le téléphone à l'oreille, suivit les expériences de téléphonie sans fil, faites entre la Tour Eiffel et Melun, par les lieutenants de vaisseau Colin et Jeance et entendit distinctement le discours que M. Colin adressait de la Tour Eiffel au ministre de la marine placé au poste récepteur de Melun.

teurs s'est donnée libre cours, et si l'on ne veut pas, ce qui est on ne peut plus facile, construire soi-même un poste complet[1], on peut trouver dans le commerce, à des prix insignifiants, des dispositifs fonctionnant admirablement et ne présentant aucun encombrement. Ces appareils, par leurs faibles dimensions, échapperont toujours à tout contrôle et à toute réglementation.

Dans cet ordre d'idées, je citerai : le *Récepteur d'ondes de poche de Varret;* le *Détectophone J. Landry;* le *Radio-Combiné de Savary ;* l'*Appareil de poche de Delval.*

Ces appareils fonctionnent avec des détecteurs soit électrolytiques, soit à cristaux; à Paris, et dans la banlieue, il suffit, pour entendre FL, de relier le pôle antenne à une installation de sonnerie électrique, ou de gaz, à un balcon ou à quelques mètres de fil tendus à l'intérieur d'un appartement, et le pôle terre à la canalisation d'eau.

Plus loin, l'antenne sera facilement constituée d'après les données que l'on trouvera dans cet ouvrage.

Le Récepteur d'ondes de Varret.

La caractéristique de cet appareil est de fonctionner avec un détecteur électrolytique étanche et sans bobine d'accord incorporée au dispositif lui-même. Il comprend, en dehors du détecteur, une pile sèche, un condensateur et un récepteur téléphonique. Le tout est contenu dans un étui dont les dimensions sont les suivantes : $23 \times 72 \times 120$ millimètres, pour le poste mural; $27 \times 75 \times 160$ millimètres, pour le modèle à fiche.

Le modèle mural est établi pour pouvoir comporter l'adjonction d'une bobine d'accord ou pour être relié

---

1. Les ouvrages suivants : *Télégraphie sans Fil pour Tous* de F. Duroquier et *Télégraphie sans Fil* du D' P. Corret fournissent à cet égard toutes les indications utiles. Le second de ces ouvrages donne même les adresses des commerçants chez lesquels on trouve tous les accessoires dont on peut avoir besoin.

au secondaire d'un montage en Tesla par une simple connexion.

Le propre poids de l'appareil coupe le circuit lorsqu'il est accroché.

Ce dispositif bénéficie des qualités inhérentes à son détecteur : il est de tout repos, ne nécessite aucun réglage et peut durer longtemps sans nécessiter le changement de la pile sèche (6 mois environ). En dépit de

Récepteurs d'ondes de Varret.

(Modèle à fiche).   (Modèle mural).

l'absence de potentiomètre, son réglage moyen et la sensibilité du récepteur permettent de recevoir FL, à proximité de Paris, sur toutes les antennes naturelles qui peuvent se présenter, et à une assez grande distance, avec une bonne antenne : je l'ai reçu moi-même à Amiens (131 kilomètres de Paris) avec assez de netteté et on l'aurait reçu à Anvers. Avec une bobine de self, cet appareil se comporte comme un bon électrolytique doublé d'un écouteur sensible. A Paris et aux environs, sans aucune adjonction, il donne FL, avec une grande intensité de sons et une pureté absolue.

Le Détectophone J. Landry.

L'apparition de cet appareil, construit par Lemardeley, a marqué un grand progrès dans l'outillage de la T. S. F.

C'est, en effet, le premier dispositif dans lequel on a *combiné* la sensibilité du récepteur avec les merveilleuses qualités détectives des cristaux. Une particularité intéressante est que le fil de terre du détecteur est relié à la masse métallique (couvercle) de l'écouteur, de telle sorte que lorsqu'on le tient à la main, le propre corps de celui

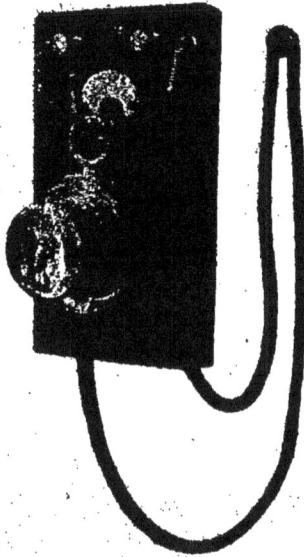

Détectophone « J. Landry » et son condensateur mural.

qui s'en sert forme prise de terre, ou si l'on préfère contrepoids au système. Somme toute, l'appareil se compose uniquement d'un récepteur téléphonique de 200 ohms, dans lequel se trouve un petit détecteur à cristaux. Il n'offre donc aucun encombrement et se différencie à peine d'un récepteur ordinaire. Le récepteur et le détecteur sont montés en parallèle et non en série comme on a l'habitude de le faire dans les postes fixes, mais l'inventeur a eu soin, ce qui est négligé généralement, d'assortir la résistance des cristaux avec celle du récepteur. Le cristal employé est un sulfure synthétique assez sensible dans son ensemble pour que la pointe puisse, à la rigueur, bouger sans que le détecteur soit pour cela déréglé. Une molette faisant pivoter le cristal sur lui-même permettrait, en tout cas, de trouver d'une seule main les points de sensibilité optima; toutefois, à moins de chocs particulièrement violents, il n'y a pas de déréglage. On voit la simplicité de cet appareil.

Ce petit dispositif est bien ce que l'on peut imaginer de plus ingénieux; il constitue, en même temps, l'argument le plus péremptoire, la démonstration la plus décisive de l'inanité d'une réglementation prohibitive de la réception radiotélégraphique. Le *Détectophone*, en effet, ne tient pas plus de place dans la poche qu'un trousseau de clefs et, sous ce volume restreint, c'est cependant un poste réceptionnaire suffisant, pour les plus grandes distances. A Paris, dans le voisinage immédiat de la Tour, il suffit de le porter à l'oreille pour percevoir, en pleine rue, malgré le bruit des voitures, cela sans rien toucher, le cordon servant d'antenne. Plus loin, et dans la banlieue, jusqu'à plus de 50 kilomètres de Paris, on n'aura qu'à toucher, avec la pointe exploratrice vissée à l'extrémité du cordon, un tuyau d'eau, ou de gaz, une installation de calorifère, un fil de sonnerie électrique d'un certain développement, une gouttière de zinc, un balcon métallique, un garde-fou isolé d'un pont de bois, etc., pour obtenir le plus souvent une réception satisfaisante, sans prise de terre, par conséquent sans aucune complication, puisqu'il n'est besoin que de l'unique contact d'une pointe avec l'antenne de fortune dont je viens de parler[1]. Avec une prise de terre par contact avec une canalisation d'eau ou simple fiche dans un sol humide, et encore mieux, avec un condensateur, l'intensité de la réception sera dou-

---

1. A Etampes (60 kilom.), on a reçu FL sans prise de terre, par le seul contact du détectophone avec une gouttière et des fils de fer d'espaliers.

blée[1]. Au delà de 100 kilomètres de Paris, cette prise de
terre est indispensable. Dans la France entière, le contact
d'un écrou d'un appareil du réseau téléphonique donne
presque toujours de bons résultats[2] améliorés encore, si
l'on adjoint à l'appareil, en plus d'une prise de terre, un
petit condensateur; c'est ainsi qu'on a pu recevoir FL
à Perpignan; on l'a reçu également à Montpellier, sur
antenne de 100 mètres, sans accord. Avec une antenne,
d'ailleurs, et une self, ce n'est plus seulement la Tour,

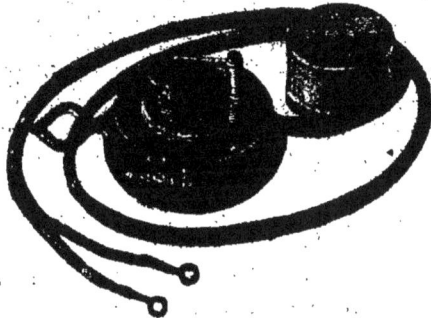

Détectophone « J. Landry ».

mais bien tous les grands postes de l'ouest de l'Europe
que l'on peut entendre[3]. On entrevoit les services que
pourrait rendre ce dispositif en temps de guerre.

Dans ces conditions, comment pourrait-on assurer
l'exécution d'une loi interdisant la réception? Elle
échappe à toute surveillance. Perquisitionnera-t-on au

1. La marque Antonia fabrique des condensateurs en rouleau dont
le volume est le même que celui d'une cartouche Lebel et la capacité
de 001 mf., et également des bobines de self plates à plots n'offrant
aucun encombrement; il est donc possible d'affirmer que l'on peut
transporter un poste réceptionnaire complet de T. S. F. dans une
même poche.

2. J'ai reçu nettement FL à Amiens (131 kilom.), sur téléphone, sans
prise de terre.

3. On a pu cependant recevoir Norddeich, à Paris, rue des Plantes,
sur une antenne de huit fils de 50 mètres sans accord avec terre et
sans terre avec accord.

domicile de tous les Français, fouillera-t-on toutes les personnes portant leur main à l'oreille? On voit à quelles difficultés se heurteraient les agents chargés de la surveillance, et je n'ai qu'esquissé *grosso modo* les collecteurs d'ondes naturels sur lesquels le *Détectophone* peut fonctionner, sa sensibilité le rend cependant capable de bien d'autres prouesses. Il permet, en effet, les constatations les plus inattendues, les expériences les plus bizarres ; avec le *Détectophone*, on a reçu lisiblement FL sur des arbres pris comme antennes, en y enfonçant un simple clou, sans prise de terre, jusqu'à plus de 25 kilomètres de Paris ; plus loin, un couteau enfoncé dans le sol et relié à l'appareil par une connexion volante, constituait une prise de terre excellente ; mais ce qui n'avait pas encore été démontré et que le *Détectophone* vient de mettre en lumière, c'est qu'un vulgaire parapluie métallique à manche de bois, tenu ouvert à la main, dans les conditions ordinaires, et à la tige duquel on relie un des fils de l'appareil, donne les meilleurs résultats, constatés pour FL, sans prise de terre, à plus de 20 kilomètres de Paris. Voilà, je pense, un mode assez singulier de réception qu'il serait, en tout cas, bien difficile d'entraver.

Le Radio-combiné de Savary.

Le *Radio-combiné* de Savary est de la même famille que le *Détectophone* J. Landry puisqu'il associe le récepteur et le détecteur à cristaux ; mais le brevet de M. Landry [1], ne permettant pas de combiner intimement ces deux organes en mettant le détecteur soit à l'intérieur du récepteur soit sur ce récepteur même, le détecteur fut placé à peu de distance du récepteur sur le cordonnet même. Ce détecteur de forme oblongue est presque microscopique puisque sa longueur est d'environ 3 centimètres avec 1 centimètre de diamètre. Son

1. N° 450.211, du 7 novembre 1912.

indéréglabilité serait telle qu'aucun dispositif n'a été ménagé pour remédier aux dérangements qui ne doivent pas se produire, son fonctionnement étant d'ailleurs garanti et la réparation que nécessiterait sa remise en état, après un long service, étant des plus simples. Cet appareil a été essayé à titre purement obligeant, dans un de nos grands postes radiotélégraphiques côtiers et, sur ma demande, voici l'opinion qui a été émise par le chef de service de ce poste : « Détecteur « indéréglable et par cela même très « utile aux personnes peu initiées « aux réglages des appareils de T. « S. F., aux horlogers ou aux com- « munes qui assureront avec un per- « sonnel de fortune la réception des « signaux horaires de la Tour. Sen- « sibilité un peu inférieure aux bon- « nes galènes naturelles. La diminu- « tion passagère résultant des atmos- « phériques est moindre que dans les « autres synthétiques essayés. Durée « des essais : environ trois mois, « sans changement. »

Radio-combiné de Savary.

L'inventeur de cet appareil a fait, en l'utilisant, d'intéressantes expériences, avec cerf-volant porte-antenne et en dirigeable, au parc Clément-Bayard à Lamotte-Breuil. Pour les ballons, où des postes complets de T. S. F. sont utilisés, le détecteur Savary constitue un appareil distinct du récepteur (*Voir figure, page 324.*)

L'appareil de poche de Delval.

Cet appareil possède comme particularités intéressantes : 1° un système de syntonisation comprenant plusieurs bobinages de fil émaillé d'une longueur de 120 mètres, avec réglage par plots ; 2° un détecteur à cristaux inréglable (deux cristaux spéciaux à surfaces planes, serrés l'un contre l'autre, avec une force de 8 kilogrammes et enfermés dans une gaîne de cire dure entourée d'ébonite). L'appareil comporte, en outre, un condensateur et un récepteur téléphonique, il est de forme tubulaire et ses dimensions extrêmement réduites sont les suivantes : 0 m. 12 cent. de longueur sur 0 m. 06 de diamètre.

Appareil de poche de Delval.

Le récepteur téléphonique se trouvant à l'intérieur même du tube qui contient les appareils, il suffit d'approcher ce tube de l'oreille pour percevoir.

L'appareil *Delval* donnerait une audition très nette à de très grandes distances.

Postes portatifs.

A côté de ces appareils de poche minuscules, il existe déjà un grand nombre d'autres appareils constituant de véritables petits postes complets de T. S. F. portatifs qui, par leurs dimensions restreintes, pourraient eux aussi échapper à toute espèce de réglementation. Ne voulant pas sortir du cadre que je me suis tracé je n'en citerai qu'un seul :

Le poste portatif Péricaud.

Cet appareil n'est pas plus encombrant ni plus lourd qu'une boîte de 100 cigares, puisque les dimensions du coffret qui le renferme sont les suivantes : $22 \times 13 \times 9$ centimètres.

Il comporte une bobine de self en fil émaillé à un curseur, un détecteur à cristaux à pointe d'or, ingénieusement construit, permettant un réglage facile et sûr, un condensateur et un écouteur.

Un modèle de quelques centimètres plus long contient, en outre, un détecteur électrolytique et un com-

Le poste portatif « Péricaud ».

mutateur permettant d'utiliser l'un ou l'autre des détecteurs ou de mettre à la terre.

Ce dispositif, on le voit, constitue une petite station réceptionnaire avec laquelle on peut entendre non seulement FL, mais avec une bonne antenne la plupart des grands postes européens. J'ai reçu moi-même avec un de ces postes, Norddeich à Saint-Cloud et à Amiens, dans d'excellentes conditions; j'ai reçu également Eiffel à Saint-Gingolph (Haute-Savoie), à 620 kilomètres de Paris, derrière le Jura, au bord du lac de Genève, sur une modeste antenne de 4 fils de 25 mètres, avec la plus grande facilité[1]. A Samoens (Haute-Savoie), à 640 kilo-

1. La T. S. F. m'a paru faire une impression profonde sur les populations savoyardes et suisses de la frontière, à en juger par les nom-

. mètres de Paris, au fond d'une vallée encaissée, j'ai reçu, en prenant la ligne téléphonique comme antenne, Nord-deich et Cleethorpes de façon très perceptible.

Rien n'est plus simple que d'établir un poste récepteur.

Comme on le voit, rien de compliqué dans les différents appareils que je viens d'étudier; on peut les emporter sur soi, en voyage, en automobile, à bicyclette et partout à l'intérieur comme à l'extérieur, dans la France entière, recevoir l'heure, les dépêches météorologiques et autres de la Tour Eiffel.

En excursion, on tend un fil entre deux arbres ou deux poteaux; dans la montagne, on l'étend simplement à terre sur une route, où l'on établit une connexion volante sur les fils d'enclos d'un pâturage et l'on a une antenne; un second fil noyé dans l'eau d'une rivière à l'aide d'une pierre, ou enfoncé dans le sol au moyen d'une fiche, constitue une excellente prise de terre. On peut également utiliser la façon d'opérer de M. Landry qui, pour faire fonctionner le détectophone dont il est l'inventeur, enfonce un clou dans un arbre pour avoir une antenne, et son couteau dans le sol pour avoir une terre.

A l'intérieur, on touche un des pôles d'un appareil téléphonique et l'on reçoit admirablement.

Comment contrôler ces agissements qui peuvent échapper à toute espèce d'investigations?

Et même avec des appareils beaucoup plus volumineux et compliqués, avec de véritables postes réception-

breuses visites dont mon modeste poste de Saint-Gingolph fut l'objet pendant les vacances de 1913. *La Tribune de Genève* du 19 août, le signala en ces termes : « T. S. F. Un poste de télégraphie sans fil vient « d'être installé à Saint-Gingolph à l'Hôtel de France où chaque jour « on enregistre l'heure de la Tour Eiffel, les renseignements météoro- « logiques et des dépêches. » — Les journaux de Vevey, Montreux et Lausanne, publièrent des avis analogues. Quant au *Confédéré*, journal du Valais du 20 août 1913, il imprima gravement : « Saint-Gingolph et « la T. S. F. — Le petit village de Saint-Gingolph, situé sur les riantes « rives du Léman, est relié directement avec Paris par la télégraphie « sans fil : L'on peut avoir à l'Hôtel de France où l'on vient d'in- « staller un récepteur communiquant avec la Tour Eiffel (!), heure, ren- « seignements météorologiques, dépêches du jour. »

naires munis de tous les perfectionnements et de tous
les accessoires possibles, qui pourrait jamais empêcher
tous ceux que cela pourra intéresser de recevoir chez
eux, dans le silence du cabinet, sous la protection d'une
bonne serrure, toutes les dépêches radiotélégraphiques
qui voudront bien venir jusqu'à eux.

La réception échappe à tout contrôle.

Un fil dissimulé derrière une armoire amènera à l'intérieur de cette armoire le courant de l'antenne qui sera,
comme nous le verrons, bien facile à constituer; un
second fil y établira également une relation à la terre
par contact avec la canalisation d'eau, de gaz ou le calorifère. Lorsque vous voudrez recevoir, vous commen-
cerez par fermer votre porte à clef, et par ouvrir votre
armoire; les fils seront mis, en un instant, en relation
avec le poste réceptionnaire par un œillet analogue à
ceux des appareils médicaux et le captage (le terrible
captage !) commencera. La séance terminée les fils
seront décrochés, le poste rangé en lieu sûr, l'armoire
fermée à clef, la porte ouverte : personne, même dans
votre entourage le plus direct, ne pourra soupçonner
que vous venez de compromettre la sûreté de l'Etat
et puis, si cette histoire vous amuse, vous pourrez la
recommencer.

Qu'objectera-t-on à cela? Par quel moyen l'éviter?
Avant de le trouver, on aura résolu le problème de la
direction des ondes, et ce qu'il y a de plus cruel dans
cette situation, pour les fiscaux, c'est qu'ils n'entrevoient
même pas la possibilité d'astreindre ces appareils fan-
tômes à la formalité de l'estampille qui a si bien réussi
pour les briquets au ferro-cérium.

Action de la nuit sur les ondes.

Tout semble d'ailleurs conspirer pour rendre le contrôle et la surveillance absolument impossibles. N'est-ce
pas la nuit que les ondes se laissent capter avec le plus de
complaisance? Ces jeunes personnes qui craignent la lumière du jour ont, la nuit, une vigueur plus que doublée,

elles se livrent, à la faveur des ombres, à des transports inusités, et échappent à toute surveillance. L'action de la nuit, si elle est peu sensible sur les postes de faible portée qui font usage de petites ou moyennes longueurs d'ondes (600 mètres) est, au contraire, très accentuée sur les postes puissants à grandes longueurs d'ondes (1.500 mètres à 4.000 mètres[1]) et ces postes sont, précisément, ceux que les particuliers cherchent le plus à recevoir. Il est juste de dire, par contre, que les ondes très puissantes d'une longueur de 6.000 et 8.000 mètres ont, généralement, une portée plus grande le jour que la nuit[2].

Ayant été amené à parler de l'influence de la nuit sur les ondes, je suis excusable de sortir de mon sujet quelques instants, pour examiner en passant les autres influences qu'elles peuvent subir.

Influence de la lune.

M. Curtis, qui s'est spécialisé dans la télégraphie sans fil, vient de signaler le fait curieux de l'influence de la lumière de la lune sur les signaux : il a fait, à ce sujet, des observations intéressantes à la station de T. S. F. d'Amazonas, au Brésil.

« Il a observé que, cinq à quinze minutes après le lever de la lune, l'intensité des signaux reçus diminue de *un trentième* environ, pour remonter ensuite au chiffre normal, puis redescendre, et ainsi de suite. Les ondes conservent une intensité légèrement inférieure à la normale jusqu'à ce que la lune se soit levée au poste transmetteur : elles reprennent alors leur valeur normale et, parfois même, la dépassent un peu.

« Les services de télégraphie sans fil pourront donc, dans l'avenir, au point de vue de la régularité et de la netteté de leurs transmissions de signaux, avoir à tenir compte de l'influence lunaire comme de l'influence solaire, et l'on trouve là un témoignage nouveau de la prodigieuse

---

1. *Applications de la Télégraphie sans Fil*, P. Jégou, p. 62.
2. *Revue Scientifique*, 10 février 1912. Expériences de Marconi. On en trouvera plus loin le texte.

influence des vibrations lumineuses et autres, qui s'entre-croisent dans l'espace[1]. »

Influence de la latitude et de la longitude.

D'autre part, pendant la nuit, les ondes se propagent beaucoup plus loin du nord au sud que de l'est à l'ouest[2]. Tout cela n'est pas fait pour permettre d'édifier une théorie rationnelle sur la façon dont les oscillations électriques se comportent, ni sur les causes susceptibles de les modifier.

Bien des phénomènes sont encore inexpliqués.

Influence des taches solaires.

Les phénomènes d'activité solaire qui se traduisent par l'apparition de taches, ne doivent pas être sans effet, non plus, sur les ondes hertziennes, à en juger par les pertur-

---

1. Les *Annales* du 7 septembre 1913, n° 1576, p. 225.
2. *Revue Scientifique*, 10 février 1912. Expériences de Marconi. Voici d'ailleurs en quels termes Marconi lui-même a décrit ses observations :
« Bien qu'en règle générale des messages puissent être envoyés à toute heure du jour et de la nuit entre Clifden et Glace-Bay, il y a toutefois des périodes qui se présentent assez régulièrement tous les jours, pendant lesquelles l'intensité des signaux reçus est minimum. Ainsi, le matin et le soir, alors qu'en conséquence de la différence de longitude, la lumière du jour ou l'obscurité ne règnent que sur une partie de l'Océan, les signaux reçus sont le plus faibles. Ces variations semblent moindres dans une direction Nord-Sud que dans une direction Est-Ouest. J'ai quelques diagrammes qui ont été préparés avec soin, et qui montrent les variations quotidiennes moyennes des signaux reçus, à Clifden, de Glace-Bay. Je dépose ces diagrammes, et si la Commission le désirait à n'importe quel moment, je serais heureux de les expliquer (Diag. 2 et 3).
« Normalement, l'intensité des ondes reçues reste constante pendant le jour. Peu après le coucher du soleil à Clifden, elles deviennent graduellement plus faibles. Environ deux heures plus tard, elles sont le plus faibles. Elles commencent alors à redevenir plus intenses et atteignent un maximum élevé vers l'heure du coucher du soleil à Glace-Bay. Puis elles retournent graduellement aux environs de l'intensité normale, mais sont variables pendant toute la nuit. Peu avant le lever du soleil à Clifden, les signaux commencent à augmenter d'intensité d'une façon constante et atteignent un autre maximum élevé peu de temps après le lever du soleil à Clifden. L'énergie reçue décroît alors d'une façon constante jusqu'à atteindre un minimum très nettement marqué peu de temps avant le lever du soleil à Glace-Bay. Après cela les signaux reviennent graduellement à leur intensité normale diurne. »

bations énormes qu'ils produisent dans la charge terrestre. La méthode de M. Albert Nodon, pour mesurer les variations de la charge superficielle du sol, lui a permis de constater, dans son observatoire de Bordeaux, que le 2 octobre 1908, à 8 heures du matin, les perturbations électriques concordant avec un passage d'activité solaire, ont été de 150 volts par seconde et, qu'à midi, elles ont atteint 300 volts en moyenne. Des perturbations magnétiques étaient en outre enregistrées, le 3 octobre, à 2 heures du matin, par le sismographe de l'Observatoire du Parc Saint-Maur, et de graves désordres étaient constatés sur les lignes télégraphiques et téléphoniques françaises[1].

L'hypothèse que la télégraphie sans fil peut être, elle aussi, fortement influencée, dans des circonstances analogues, a donc quelque fondement.

Influences telluriques.

Au Canada, deux postes, distants de 1.600 kilomètres, et séparés par les Montagnes Rocheuses, dont l'altitude atteint 4.000 mètres, communiquent entre eux, tandis qu'une troisième station, identique aux deux précédentes, ne peut échanger le moindre signal ni avec l'une, ni avec l'autre, bien qu'en pays plat et à 120 kilomètres de la plus rapprochée[2].

Aujourd'hui, on le voit, l'anomalie est à chaque pas, parce que les lois certaines qui régissent la matière ne nous sont pas encore connues, parce que des facteurs insoupçonnés viennent contredire les hypothèses les plus savantes, mais un jour prochain viendra où des règles définitives pourront être établies.

Qui sait si la terre n'exerce pas une large influence sur la propagation des ondes? qui sait si les filons métalliques du sous-sol n'ont pas une action directe sur elles,

1. *Cosmos*, 24 octobre 1908.
2. *Journal officiel*, 22 septembre 1913, p. 1260 (Rapport de M. Bouctot à la Chambre des députés, séance du 17 juillet 1913, sur le projet d'établissement d'un réseau intercolonial de T. S. F.).

et n'est-il pas permis d'imaginer que le jour où cette action sera nettement définie on pourra utiliser les courants hertziens comme mode de prospection.

Cette parenthèse fermée, je puis dire qu'en ce qui concerne la réception, le contrôle est impossible à l'intérieur des maisons, la surveillance impossible la nuit; que resterait-il donc à faire, si l'on voulait quand même décréter une prohibition? Absolument rien, car on n'aurait même pas la ressource de rechercher les antennes, seuls signes révélateurs extérieurs, et de poursuivre leurs propriétaires, car le jour où un texte enlèverait aux antennes toute existence légale, toutes disparaitraient comme par enchantement, pour se reconstituer à l'intérieur, sous les formes les plus inattendues. J'ai dit que tout pourrait être une antenne, en voici la justification.

Tout peut être une antenne.

Il existe un certain nombre de types classiques d'antennes; l'expérience a démontré que certains dispositifs rendaient mieux que d'autres, néanmoins, il est permis de dire que les conditions de milieu, d'orientation, de voisinage, influent d'une façon considérable[1], et quelquefois tout à fait inattendue, sur le rendement des antennes.

Quoi qu'il en soit, *tout corps bon conducteur isolé, mis en relation avec un appareil réceptionnaire, constitue une antenne.*

Antennes proprement dites.

Les fils métalliques isolés et tendus dans l'espace représentent tous d'excellentes antennes.

On voit par là, combien il est facile d'établir une antenne, à un ou plusieurs fils dissimulés sur un toit, entre deux cheminées ou dans une cheminée, notamment dans une cheminée d'usine inutilisée, ou à l'intérieur d'une

---

1. Consulter sur les antennes, les études de M. Rothé (*Antennes réduites, antennes excitées par influence*) et de M. Jégou (*Antennes basses*).

cour, ou à la campagne entre deux arbres, ou entre un arbre et une maison, ou entre deux maisons.

Construction des antennes.

Les traités spéciaux donnent les détails les plus circonstanciés sur l'isolement obligatoire et absolu des antennes. Théoriquement ils ont raison, plus une antenne est isolée mieux elle rend, mais pratiquement, pour les antennes uniquement réceptrices, l'isolement se trouve réalisé par bien peu de choses. Une antenne en fils de cuivre étamé, de 2 millimètres de section, supportés par un bambou dont ils sont isolés par de petites poulies de porcelaine, ledit bambou étant lui-même fixé par un train de corde paraffinée, agrémentée d'isolateurs spéciaux, avec cette circonstance que les fils se trouvent en tous lieux, éloignés des murs, des gouttières, des arbres d'au moins 1 mètre, et pénètre dans le poste, par un fil fortement isolé au milieu d'un carreau, ou même d'un entonnoir de verre[1], est évidemment une excellente antenne, mais tout d'abord, au point de vue qui nous occupe, elle décèlerait inévitablement la présence d'un poste et, d'autre part, elle peut être construite bien plus simplement.

Simplifications dans la construction des antennes.

Elle peut être constituée d'un seul fil de cuivre ou de bronze silicieux non étamé d'un millimètre de section qui sera isolé à un mètre de son point d'attache par une poulie de porcelaine unique; si la présence de cette poulie peut encore être trop révélatrice, il suffira de terminer le fil de cuivre, un mètre avant son point d'attache, par un morceau de corde paraffinée ou simplement passée au goudron de Norvège, qui sera attaché, autant que possible, loin d'une partie métallique, à un simple clou maillé pour sonnerie. J'ai vu une antenne fonctionner très normalement avec un fil accroché directement contre un mur à un clou de fer!

Cette antenne unifilaire donnera d'excellents résultats,

1. Voir *Revue T. S. F.*, avril 1913, p. 31, pour l'emploi de l'entonnoir de verre.

mais si l'on peut la doubler, en forme de V, en ayant soin d'utiliser deux fils de même longueur pour chaque branche, afin d'éviter les phénomènes d'interférence, on aura une antenne de premier ordre, surtout si les fils ont quelque longueur.

Mais si l'on ne veut pas édifier l'une ou l'autre de ces deux antennes, on n'aura que l'embarras du choix pour établir un collecteur d'ondes de fortune, ou pour utiliser à cet usage, des objets qui n'y semblaient pas destinés.

Antennes de fortune. Collecteurs d'ondes divers.

Un séchoir à linge composé de gros fils de fer galvanisé couronnant des échalas disposés en lignes ou en quinconce, tel qu'on en trouve dans un grand nombre de blanchisseries, constitue une antenne excellente et, dans ce cas, les agents de répression ne seraient pas au bout de leurs investigations s'ils voulaient rechercher les séchoirs stabilisés à leur seule fonction domestique et les différencier de ceux élevés à la haute fonction d'antenne.

Une cheminée métallique avec ses fils de fer en éventail lui servant de haubans, constitue également une antenne de bon rendement; j'ai reçu FL, à Saind-Cloud, sur une antenne de ce genre, avec une intensité remarquable

Il ne faudrait pas croire, au surplus, que le collecteur d'onde ait besoin d'être haut placé. M. Jégou a démontré que l'on obtenait de bons résultats avec des antennes à hauteur d'homme; il y a mieux, avec 2 fils de 80 mètres distants de 30 centimètres, *posés sur le sol*, le même M. Jégou a reçu à Saint-Brieuc les signaux de la Tour Eiffel[1]. Avec un fil d'une longueur variant de 15 mètres à 35 mètres placé sur des potelets, à 15 centimètres du sol, M. Rothé a obtenu une réception parfaite des signaux de la Tour à Saint-Dié[2].

1. *Revue T. S. F.*, avril 1913, p. 9 et *note* de M. Jégou, présentée à l'Académie des Sciences, par M. Lippmann, séance du 21 octobre 1912. (1912, tome 155, n° 17, p. 773).
2. *Note* de M. Rothé, présentée à l'Académie des Sciences, par M. Lippmann, séance du 4 novembre 1912.

L'antenne peut donc être *portative*, se monter et se démonter en quelques instants et échapper à tout contrôle.

Il y a mieux, un fil de fer de séparation entre deux jardins, un grillage, une clôture de chasse, etc., etc., peuvent servir d'antennes ; toutefois, moins haute sera l'antenne plus elle devra être longue. Le Dʳ Corret, dans

Antenne portative.

son ouvrage *Télégraphie sans fil*, indique qu'un fil horizontal de 100 mètres placé à une dizaine de mètres du sol permet d'entendre la Tour jusqu'à 1.000 kilomètres. A une distance moindre, on peut compter 10 mètres de fil par 100 kilomètres de l'éloignement de FL.

Il a fait, d'autre part, d'intéressantes expériences en étendant simplement un fil nu à terre, sur le bord d'une route, c'est ainsi qu'il put recevoir les télégrammes de la Tour à 300 kilomètres de Paris avec environ 300 mètres de fil.

Ceux que ce genre d'expériences peut intéresser, n'ont que l'embarras du choix pour trouver des antennes : voici à leur intention l'indication d'objets métalliques oscillant au passage des ondes hertziennes :

Armatures.	Fils de fer séchoirs intérieurs
Balcons.	(greniers) ou extérieurs.
Balustrades de ponts.	Fils de fer des espaliers.
Câbles métalliques raidisseurs	Gouttières.
d'arbres ou de mâts.	Grillages d'enclos, etc., etc.
Cadres métalliques de tentes.	Grilles de fenêtres ou de portes.
Charpentes.	Haubans métalliques divers.
Cheminées métalliques et leurs	Kiosques.
haubans.	Lit de fer.
Colonnes.	Poêle ou cuisinière.
Consoles.	Rampes à gaz.
Descente d'eau en zinc ou en	Réverbères.
fonte.	Statues en métal.
Devantures.	Toits de zinc ou de tôle.
Echelles de fer des toits.	Tuyaux de poêles.
Faîtages.	Volets, etc.

Les conducteurs isolés des paratonnerres peuvent également servir d'antennes à condition de couper pendant la réception la communication à la terre. Ils peuvent également être utilisés pour influencer un fil tendu parallèlement et sur lequel on peut recevoir.

Les canalisations et conducteurs métalliques à quelque usage qu'ils servent forment souvent d'excellentes antennes.

C'est ainsi que l'on a pu recevoir :

sur *les canalisations de chauffage central,*
les installations de gaz d'éclairage[1],
les installations de lumière[2],
les installations de sonnette électrique.

1. Comme en matière de réception, c'est une sorte de contrepoids qu'il faut avant tout; telle installation qui peut servir d'antenne peut parfois également servir de terre comme contrepoids à une autre installation. C'est ainsi qu'à Paris, pour la réception d'FL, l'installation de gaz peut servir d'antenne avec la canalisation d'eau comme terre, et elle peut elle-même servir de terre avec l'installation de sonnerie électrique comme antenne.

2. Ce procédé est dangereux pour les personnes n'ayant pas de connaissances techniques suffisantes et nécessite l'emploi de condensateurs appropriés dont les diélectriques seront préférablement de verre.

Le réseau téléphonique est une antenne.

La dernière utilisation ci-dessus (*sonnette*), est parfois d'un très bon rendement, mais le procédé le plus simple de tous et donnant, le plus souvent, les meilleurs résultats, est mis généreusement et gratuitement par l'État lui-même à la disposition du public. En effet, tout abonné au téléphone a chez lui une antenne dont il peut se servir sans rien démonter et sans occasionner le moindre trouble ou le moindre dérangement dans le fonctionnement du réseau. Il lui suffit de toucher avec un fil conducteur la borne de ligne de l'appareil téléphonique, pour pouvoir percevoir les émissions souvent les plus lointaines[1]. M. Dosne, ingénieur électricien, à Paris, a fait connaître ce procédé dans le journal *La Nature* du 15 juin 1912 et M. Jégou a présenté, sur le même objet, une note à l'Académie des sciences, en sa séance du 21 octobre 1912 (1912, t. 155, n° 17, p. 773), indiquant que pour éviter les « fritures » il intercalait un petit condensateur. M. Leimer, ingénieur électricien à Nancy, de son côté, a même fait connaître dans le *Bulletin de l'Union des Physiciens* (mars 1913, n° 61, p. 140) une méthode de « *captage* » des ondes hertziennes sur une ligne téléphonique, sans toucher à cette dernière.

Lorsque l'installation téléphonique comporte un fil de terre, on ne peut rien imaginer de plus simple, car il n'y a, pour que le poste réceptionnaire portatif soit complet, qu'à établir une connexion entre sa borne d'antenne et celle de ligne et sa borne de terre à la borne de terre du réseau.

Si le retour de ligne se fait au bureau, il n'y a qu'à disposer dans le voisinage de l'appareil téléphonique un fil relié à la terre par la canalisation d'eau, le calorifère, le gaz ou par tout autre moyen.

Quant aux connexions elles-mêmes, entre les appareils téléphoniques et ceux de T. S. F., il ne faut pas oublier

---

1. J'ai vu recevoir à Amiens, Norddeich, sur réseau téléphonique, avec une grande netteté.

que pour n'être pas contraires à la légalité, elles doivent
être faites dans certaines conditions particulières que
suggère l'étude des textes suivants :

Instruction générale sur le Service téléphonique.

Art. 186. — Il est formellement interdit aux abonnés de greffer
aucun fil sur les lignes d'abonnement affectées à leur service, de
démonter ou de déplacer les organes essentiels et accessoires,
et, d'une manière générale, de modifier en quoi que ce soit les
installations téléphoniques dont l'usage leur est concédé; tout
changement qu'ils désireraient faire apporter à ces installations
doit être exécuté par le personnel de l'administration ou être
agréé par elle, s'il s'agit d'installations avec postes supplémentaires concédés aux conditions des tarifs B.

Art. 187. — *Vérification des installations.* — Afin de s'assurer qu'il
n'est pas contrevenu à l'interdiction visée à l'article précédent,
les agents et ouvriers chargés de l'entretien et du renouvellement
des piles, de l'entretien des appareils, du relèvement des dérangements, etc., doivent avoir constamment à leur disposition les
renseignements utiles pour leur permettre de reconnaître, au
cours des visites qu'ils font chez les abonnés, les modifications
ou installations nouvelles qui auraient été faites dans des conditions irrégulières.

Le Téléphone et la Loi.

On le voit, il ne faut rien démonter, ni dévisser, ni
déplacer, ni modifier, il ne faut établir aucune connexion
fixe ni soudée, car *il ne faut rien greffer*, et greffer : c'est
unir si intimement deux corps qu'ils ne font plus qu'un,
que la vie de l'un anime l'autre. Par contre, il n'est pas
défendu de toucher simplement un écrou ou une borne.

Le moyen le plus simple pour obtenir un contact suffisant... et légal, est de l'établir au moyen d'un fil de lai-
ton ou de bronze silicieux, enroulé en ressort à boudin et
terminé par un anneau que l'on passe dans la borne ou
l'écrou de l'appareil téléphonique à l'endroit voulu. La
tension du ressort assure un excellent contact qui peut
être pris ou rompu avec la plus grande facilité. Ce contact ne prend rien à la ligne, ne crée aucun préjudice et

ne modifie en rien l'installation, il ne constitue pas une greffe, car il n'y a pas contact intime et moléculaire; par conséquent il n'est pas défendu et tout ce qui n'est pas défendu est permis.

On comprendrait mal, d'ailleurs, l'Etat mettant une si bonne antenne à la disposition du public et lui défendant de s'en servir, mais on comprendra mieux que si cette hypothèse se réalisait, le public s'en soucierait peu, pour la raison que personne ne pourrait même s'en apercevoir et, qu'en conséquence, la défense serait purement platonique.

Téléphones privés.

L'Etat d'ailleurs, en cette matière, est vraiment débonnaire, un peu malgré lui, il faut le reconnaître ; on sait qu'il autorise l'établissement de téléphones privés à l'intérieur des propriétés, sous la seule réserve qu'ils ne traversent pas la voie publique. Toute personne ayant une propriété à la campagne et désirant recevoir les signaux hertziens, n'aura donc qu'à faire installer chez elle un réseau téléphonique domestique et elle possèdera, en outre, une antenne de longueur voulue, soigneusement isolée, ne pouvant d'autre part prêter à aucune équivoque. D'un autre côté, moyennant une certaine redevance, calculée d'après la longueur de la ligne, toute personne propriétaire ou locataire dans la même ville de deux immeubles séparés, peut obtenir l'établissement, par l'administration des P. T. T., d'une ligne téléphonique spéciale reliée ou non au bureau, et pour laquelle elle utilisera les appareils de son choix ; ces lignes, on le comprend aisément, sont également d'excellentes antennes qui échappent aux inconvénients notamment de trop longue étendue des lignes téléphoniques ordinaires.

M. E. Leimer a publié dans le *Bulletin de l'Union des Physiciens*[1], de mars 1913, n° 64, un compte rendu très

1. *Bulletin de l'Union des Physiciens*, 16, avenue Ledru-Rollin, Paris.

documenté et très approfondi de ses recherches sur *les dispositifs qui peuvent servir comme antennes pour la réception des ondes hertziennes*. Voici quelques passages de cette intéressante étude :

Autres dispositifs pouvant servir d'antennes.

« Dans un rayon de 300 kilomètres, et peut-être plus loin encore, il n'est pas nécessaire de placer un ou plusieurs fils en dehors des maisons. J'ai obtenu une réception parfaite en fixant deux fils de 18 mètres en ligne droite sous les combles d'une maison, ces fils n'étaient distants des tuiles que de 0 m. 10. J'ai ensuite remarqué que, quand une averse tombait, la réception devenait meilleure au début pour s'affaiblir ensuite. Quand le toit était bien mouillé, la réception restait néanmoins toujours bien compréhensible. Il n'est pas nécessaire que ces combles soient surélevés; les combles d'un hangar de 7 mètres de hauteur, encerclé de maisons de trois étages, ne donnent pas de résultats nettement inférieurs. Il en est de même quand on dispose parallèlement au sol, à un mètre de hauteur seulement, même dans une cour, un ou deux fils de 20 à 30 mètres de longueur. A titre de curiosité, j'ajoute avoir vu employer un grillage de toile métallique fixé au mur par des crochets et servant pour sécher le linge, posé dans les combles d'une maison de trois étages, et que cette antenne permettait une réception quoique faiblement.

« Le câble d'un paratonnerre fixé à une cheminée de 18 mètres de hauteur, par des supports non isolés, a pu servir, en temps sec, comme antenne, en détachant ce câble de sa conduite enterrée. Chaque fois que le chauffeur mettait de la houille dans son foyer et que la cheminée fumait fortement, l'intensité de la réception augmentait considérablement. Il est incontestable que la fumée servait de prolongement à l'antenne, ici le paratonnerre.

« Dans un rayon de 1.300 kilomètres et dans des conditions atmosphériques favorables, jusqu'à 2.000 kilomètres, une antenne spécialement construite peut devenir nécessaire. Cependant, quand on se contente d'un rayon de 1.300 kilomètres autour d'une station d'émission à grande portée (ce qui n'empêche pas de recevoir par intermittence les émissions plus lointaines) on peut, en employant certains artifices, se passer d'antennes spéciales qui sont coûteuses et gênantes.

« Quand on place un fil parallèlement à une ligne aérienne de lumière électrique et sur une distance de 80 à 100 mètres de long, ce fil reçoit d'abord directement les ondes ; cette réception est augmentée considérablement par les ondes qui sont captées par la lumière et transmises (par induction) au fil antenne. Cette augmentation est incontestable, car le même fil placé dans les mêmes conditions, mais à dix mètres des fils de lumière, donne une réception beaucoup plus faible.

« Quand la ligne de lumière est chargée, et surtout quand ce courant est alternatif, les effets d'induction de ces courants se font désagréablement sentir dans le récepteur radiotélégraphique. On remédie à cet inconvénient en entreposant entre fils-antenne et appareil de réception un condensateur qu'on règle pour le minimum du bruit parasite.

« Une ligne aérienne de sonnerie ou de téléphone s'utilise admirablement comme antenne. Pour ne pas déranger l'usage normal de cette ligne, et pour éviter que pendant l'usage la réception ne soit influencée, on intercale entre la prise de la ou des lignes et de l'appareil un ou deux condensateurs réglables de faible capacité. On arrive toujours à régler ces condensateurs pour le maximum d'intensité de réception et pour le minimum de bruits parasites.

« Une fois que la longueur de la ligne (à double fil) dépasse 300 mètres, il me semble indifférent qu'elle soit au delà, en câble souterrain, qu'elle soit reliée ou non à une ou aux deux extrémités, aux appareils téléphoniques ou à la terre, qu'elle passe sur les toits, en ville ou à la campagne, qu'elle soit orientée ou non, pourvu qu'on dispose d'une bobine réglable et bien conditionnée pour parfaire l'accord.

« Avec une ligne téléphonique de 250 mètres de longueur et à double fil, on peut en tout temps entendre sans difficulté tous les postes à émission musicale et d'une longueur d'onde d'au moins 2.000 mètres, qui se trouvent dans un rayon de 1.200 kilomètres, rayon qui s'étend dans la nuit et dans des conditions atmosphériques favorables jusqu'à 2.000 kilomètres. »

Les arbres sont des antennes.

Ce n'est pas tout, un arbre même peut, dans bien des cas, servir d'antenne; c'est ainsi que récemment M. Justin Landry, ingénieur à Champrosay, a reçu FL à 30 kilomètres de distance, sans antenne métallique, en employant comme collecteur d'ondes, un sapin de hauteur moyenne, dans lequel il avait enfoncé un clou relié par un fil à un détectophone dont il est l'inventeur, sans terre proprement dite, puisque le retour à la terre s'effectuait par la masse métallique de l'écouteur et le corps de l'opérateur.

Depuis, l'expérience a été renouvelée et il est permis d'affirmer que les arbres peuvent, avec prise de terre, servir d'antenne pour la réception de jour d'FL jusqu'à 100 kilomètres de Paris et beaucoup plus loin pour la réception de nuit[1].

Le cerf-volant porte-antenne.

Voilà déjà de quoi défier la surveillance la plus vigilante, que serait-ce s'il fallait encore faire contrôler sur toutes les plages et dans toutes les villégiatures, en montagne et sur toute l'étendue du territoire, si les nombreux cerfs-volants qui constellent le ciel sont bien de simples planeurs ou s'ils ne sont pas des antennes? C'est qu'en effet, le cerf-volant constitue un porte-antenne de premier ordre et l'antenne qu'il soutient, qu'elle soit unie

1. Les conifères semblent donner de meilleurs résultats que les autres essences d'arbres.

ou multifilaire, est d'un rendement incontestablement supérieur à tout autre système. En Amérique, on a depuis longtemps utilisé les cerfs-volants porte-antennes; récemment Marconi se rendant en République Argentine, à bord de la *Princessa Malfada,* put communiquer à l'aide d'un cerf-volant porte-antenne lancé à 800 mètres de hauteur, à 4.000 milles marins, avec la station de

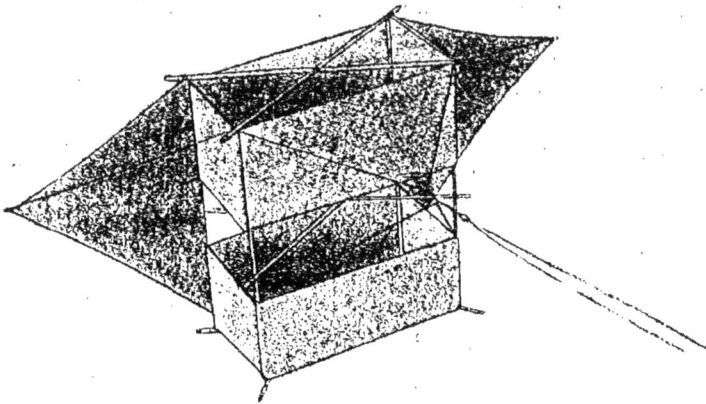

Cerf-volant porte-antenne en aluminium.

Clifden aux îles Britanniques et celle de Glace-Bay au Canada[1]. Chez nous, le cerf-volant était demeuré pendant longtemps un simple jouet, mais depuis quelques années un revirement s'est produit, le planeur a fait l'objet d'études, de recherches, de perfectionnements, il est devenu puissant, il enlève un ou même plusieurs observateurs et constitue un engin de défense nationale. Des cerfs-volants montés ont été utilisés aux manœuvres navales de la Méditerranée de 1913 sous la haute direction du capitaine Saconney, et tous les officiers supérieurs de l'escadre purent être portés sans incident à 140 et 200 mètres de hauteur; dans plusieurs centres mi-

1. *Revue du Cerf-Volant,* 1913, n° 4, p. 828.

litaires, les appareils Saconney sont utilisés. La photographie aérienne par cerfs-volants rend, dans certains cas, les plus grands services[1]; des sociétés de *cerf-volistes* se créent un peu partout, *La Ligue française du cerf-volant* est déjà un groupement important et *La Revue du cerf-volant*, sous la plume alerte et compétente de son directeur, M. G. Houard, renseigne chaque mois sur toutes les applications scientifiques du cerf-volant[2].

La T. S. F. en est une au premier chef et toutes les expériences faites dans cet ordre d'idées, relatées dans cet organe, démontrent de façon péremptoire, que les fils portés par un planeur constituent la meilleure antenne. Dès 1905 le capitaine Saconney, dans la Méditerranée, fit des essais de radiotélégraphie à bord d'un navire à l'aide d'un cerf-volant et les résultats furent excellents. Depuis, M. Flayelle, vice-président du Club d'aviation de Valenciennes et directeur de la *Revue T. S. F.*, a constaté la pureté absolue des sons obtenus avec cette antenne[3]. Dans le courant du mois d'avril 1912, MM. Brenat et Martin ont expérimenté un petit poste Chaudet destiné à de très faibles distances, ne comportant ni potentiomètre ni bobine d'accord. L'essai eut lieu à Aumale (Seine-Inférieure); soit à 160 kilomètres de Paris; grâce à une antenne d'une centaine de mètres, fixée à un cerf-volant, les signaux reçus par ce petit poste furent parfaitement nets.

Le docteur Corret, de son côté, put recevoir au concours de cerfs-volants de Spa, en août 1912, les radiotélégrammes de Glace-Bay (Canada)[4], soit à 5.000 kilo-

---

1. Le journal *La Nature* a organisé un concours de photographie aérienne en cerfs-volants, pendant les vacances 1913.

2. *Revue du Cerf-Volant.* Rédaction, 4, Boulevard Henri IV, Paris.

3. *Revue du Cerf-Volant*, février 1913, p. 327 et s.

4. Grâce à un nouveau dispositif on vient d'arriver (octobre 1913) à recevoir normalement *Glace-Bay* à *Leschaux-Champagneux* (Savoie), au nouveau poste édifié par l'Administration des P. T. T. où M. Galletti fait en ce moment ses expériences d'émission par courant continu. Il est à remarquer que ce poste de Glace-Bay n'a été créé au Canada, que pour communiquer avec Clifden (Irlande) et que Leschaux en est beaucoup plus éloigné. Malgré cela, Glace-Bay y est reçu avec facilité

mètres, à l'aide d'une antenne de 250 mètres portée par un petit *roloplan*[1] de 150 c/m × 150 c/m. Des essais comparatifs furent faits avec cette antenne aérienne et une antenne de 450 mètres fixée à 12 mètres de hauteur.

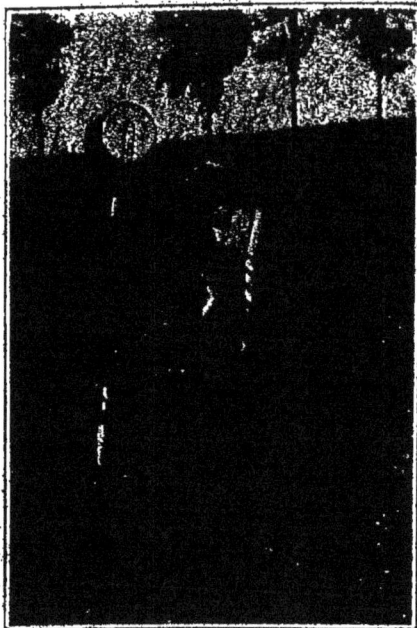

Réception par cerf-volant porte-antenne.

La première, d'une longueur bien moindre, fut nettement supérieure[2].

et l'on a pu y déterminer sa longueur d'onde à 9.000 mètres : c'est là un résultat remarquable.

1. Le *roloplan*, dont il est souvent question dans les concours ou expériences de planeurs, est un cerf-volant spécial construit par la *Revue du Cerf-Volant*.

2. Voir note 3, page 352.

23

Le cerf-volant est donc très intéressant au point de vue radiotélégraphique et rien n'est plus simple que constituer un poste muni de ce genre d'antenne, cela d'autant plus facilement qu'on trouve maintenant, dans le commerce, tous les accessoires nécessaires[1].

Voici d'ailleurs, en quels termes M. G. Houard décrit,

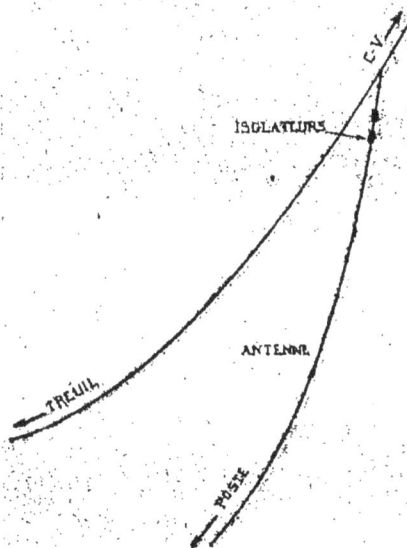

Fig. 1.

dans *La Revue du Cerf-Volant* de février 1913, l'installation d'un poste de T. S. F. par planeur :

« Le cerf-volant porte-antenne présente un défaut sur l'antenne fixe : la nécessité d'être favorisé par le vent, Mais si l'on possède plusieurs appareils de densités différentes, ce défaut est de beaucoup diminué, puisqu'à partir de 3 mètres à la seconde, un planeur de faible den-

1. *Revue du Cerf-Volant* et maison Savary.

sité peut prendre son essor. On pourra donc adopter un cerf-volant mixte pour les vents de 3 à 6 mètres, un cellulaire léger jusqu'à 11 mètres et, au-dessus, utiliser un robuste Saconney de forte densité.

« Quant à l'antenne elle-même, elle peut être constituée

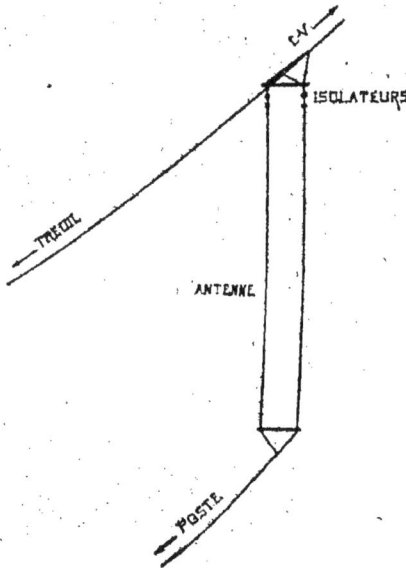

Fig. 2.

par un fil métallique quelconque, isolé ou nu, ce dernier de préférence, soit en cuivre, soit en aluminium, ou en bi-métal, en cuivre silicieux, etc.....

« On abandonnera naturellement les procédés du début, inutilement compliqués, et le cerf-volant ne portera aucune surface métallique destinée à recueillir les ondes électriques. Une fois lancé on adoptera seulement l'un des dispositifs que nous allons décrire.

a) « Dans les premières expériences, on s'attachait à obtenir une antenne aussi verticale que possible au-dessus du poste radiotélégraphique; cette condition entraînait certaines complications : il fallait, en effet, suspendre l'antenne (fig. 1) à la corde de retenue par un système isolant (corde paraffinée, poulie de porcelaine) et placer le treuil à une certaine distance du poste, distance variable avec la hauteur atteinte et dans une direction

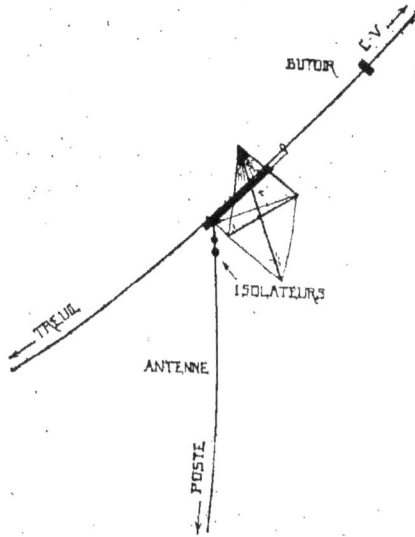

Fig. 3.

telle que le poste soit sous le vent, par rapport au treuil. Malgré ces précautions, à chaque variation du vent, soit en vitesse, soit en direction, l'antenne se trouvait dérangée de la verticale.

« On a reconnu que cette verticale n'était pas indispensable; c'est d'ailleurs, avec une telle antenne, formant une courbe considérable, que le docteur Corret a reçu les messages canadiens. C'est évidemment le dispositif le plus simple permettant, en outre, au fil d'être doublé si l'on juge sa longueur insuffisante (fig. 2, page 355).

b) « On a envisagé aussi le moyen d'élever l'antenne à l'aide d'une voile tractrice, montée sur un petit chariot et roulant sur le câble. C'est, certainement, l'une des solutions élégantes du problème et qui permet de plus, sans manœuvre fatigante, de régler la longueur de l'antenne (fig. 3).

c) « Enfin, on peut constituer l'antenne par la retenue

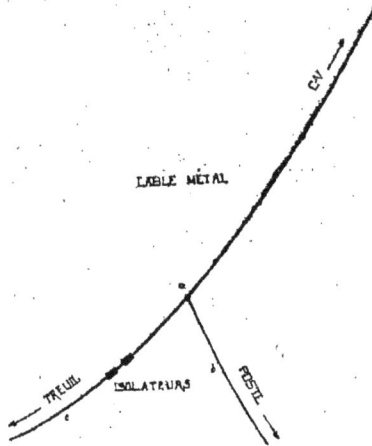

Fig. 4.

elle-même du cerf-volant, en remplaçant la corde par un câble métallique. Mais la traction directe du cerf-volant, si faible soit-elle (2 ou 3 kilos) sur la borne de contact du poste, peut être gênante; aussi beaucoup de télégraphistes ont-ils adopté le dispositif suivant :

« Le câble formant l'antenne est enlevé par un ou plusieurs cerfs-volants (fig. 4) et lorsque toute la longueur est développée, on relie un anneau *a* qui termine la ligne à une corde isolée *c* retenue au treuil. On détache alors le crochet qui réunissait précédemment le tambour à l'anneau du câble, et il n'y a plus qu'à relier celui-ci au

poste récepteur par un fil métallique b pour que l'installation soit prête à fonctionner[1].

« Il est bon et prudent de munir le poste d'un petit paratonnerre, car de telles antennes, développées au sein de
l'atmosphère, constituent d'excellents conducteurs d'électricité. On pourrait recevoir des secousses violentes, toujours désagréables et parfois dangereuses[2]. »

Le corps humain est une antenne.

Cette petite étude sur les collecteurs d'ondes serait
incomplète si je ne signalais l'antenne la plus originale
qui puisse exister, cette antenne c'est le corps humain. Il
est si conducteur, qu'au laboratoire, il peut arriver que si
plusieurs personnes forment rideau devant les appareils,
leurs corps absorbent la majeure partie de l'énergie émise
et nuisent aux résultats des expériences[3]. Si donc, vous
supprimez l'arrivée du fil d'antenne à la bobine de self
pendant une réception d'FL et que, coiffé de l'écouteur,
vous touchiez la borne d'antenne, vous pourrez percevoir
à nouveau et cela d'autant mieux que vous serez moins
éloigné du poste émetteur[4]. Qu'une personne vienne à
vous prendre la main, la perception augmentera, qu'une
seconde personne s'adjoigne à la première, l'augmentation sera plus grande encore et ainsi de suite.

Hypothèse.

Peut-être serait-il possible, en campagne, si l'on venait
à manquer d'antenne, d'en constituer une par la réunion
d'un certain nombre d'hommes reliés les uns aux autres
par la main, ou mieux par le canon de leurs fusils (ce
qui pourrait augmenter la capacité de ce collecteur original) en recherchant, en outre, des conditions suffisantes
d'isolement du sol.

---

1. Les Cerfs-volants, J. Lecornu.
2. On trouvera plus loin une étude sur les dispositifs parafoudre et
protecteurs des postes.
3. Cette constatation a été faite par Branly en son laboratoire de la
rue de Vaugirard.
4. Ce résultat a encore été obtenu à plus de 100 kilomètres de Paris.

Antennes intérieures.

Comme on l'a vu, les antennes peuvent prendre les formes les plus étranges et les particuliers ne seraient pas embarrassés dans le cas où on interdirait les antennes extérieures, mais je n'ai pas indiqué que tous ceux qui disposent de greniers, granges, hangars, remises, de combles d'églises ou de chapelles, en un mot, de locaux assez vastes, pourraient construire à l'intérieur de ces locaux, et même dans des caves, des antennes de toute forme et de toute capacité et se livrer à leur occupation favorite. Il est également évident que les milliers d'appareils répandus sur tout le pays ne seraient pas condamnés à l'inaction par une réglementation prohibitive, ils sont au château et à la chaumière et ils continueraient à faire la joie de leurs possesseurs qui sauveraient seulement les apparences ; le fruit défendu a toujours été si tentant ! N'a-t-on pas, sous les yeux, l'exemple du briquet au ferro-cérium ? Il faut donc que ceux qui rêvaient de défense et d'interdiction perdent toutes leurs illusions.

Si rien ne les convainc, s'ils ne sentent pas que celui qui établit ouvertement une antenne extérieure et attire sur lui l'attention, ne peut avoir d'intentions suspectes, qu'il ne doit pas, en conséquence, être tracassé ; que seuls les postes secrets sont dangereux ; s'ils ne comprennent rien de tout cela et tiennent à justifier le principe *errare humanum, perseverare diabolicum*, et s'ils triomphent, leur succès sera purement platonique, car rien ne serait changé et les ondes continueraient à rendre de discrètes visites à leurs adorateurs dont les amours contrariés ne seraient que plus tenaces.

Il vaut donc mieux se résigner à tolérer ce que l'on ne peut empêcher, mais si la liberté doit être consa-crée, il importe de la faire évoluer dans le cadre le plus favorable aux intérêts du pays, il faut la réglementer pour qu'elle ne dégénère pas en licence.

CHAPITRE V

Réglementation du Droit réceptionnaire.

———

Ainsi donc, les pouvoirs publics ne peuvent ignorer plus longtemps un état de choses provisoire qui n'a que trop longtemps duré; il faut que l'incertitude cesse, il faut que chacun connaisse la limite de ses droits et l'étendue de ses devoirs, il faut, en un mot, qu'une réglementation intervienne. Se faisant l'écho et « l'interprète de milliers de compatriotes désireux de bénéficier des avantages d'un service parfaitement organisé, » M. G. Flayelle a, dès le mois de février 1913, sollicité du Parlement la réglementation du droit de réception[1]. Jusqu'ici rien n'a encore été esquissé chez nous dans cet ordre d'idées, alors qu'en Belgique et en Angleterre la question est à l'ordre du jour; il n'était donc pas inutile d'étudier la question sous ses aspects les plus divers.

Après avoir démontré que seul un régime de liberté serait viable, il me faut maintenant rechercher dans quelles limites et à quelles conditions elle peut être octroyée.

Nature du droit réceptionnaire.

Il importe tout d'abord de bien préciser que la liberté dont les particuliers pourront jouir, ne devra être considérée que comme une *tolérance* de la part de l'Etat. Il ne peut être question en effet d'un droit absolu et sans réserves qui serait octroyé à tous, sinon ce serait aller à

1. *Revue T. S. F.*, n° 2, p. 18.

l'encontre de tous les principes admis et faire encourir à l'Etat une véritable déchéance.

Ce principe posé, il en résultera que tous les citoyens français pourront recevoir les radiotélégrammes sous certaines réserves, mais que le Gouvernement, sans être obligé de faire connaître les motifs de sa décision, aura le droit, en tout état de cause, de supprimer tous les postes qu'il jugera utile, pour des raisons de défense nationale ou sociale. Toutefois, afin d'éviter toute critique d'arbitraire, il serait prudent que cette mesure ne fût prise par le ministère des postes et des télégraphes, qu'après entente entre les ministères de la Défense nationale et celui de l'intérieur.

Pas de taxe.

. L'on sait avec quelle facilité on reçoit, on n'ignore pas que dans le voisinage des postes, cette facilité est plus grande encore et que, dans certains cas même, on n'a besoin d'aucun appareil; dès lors, la perception d'une taxe sur le droit de réception manquerait de base car l'impôt doit frapper tous les citoyens de la même façon, et en l'espèce, certains payeraient pour obtenir un avantage que d'autres auraient sans bourse délier. D'autre part, j'ai montré combien il serait facile de frauder, et je vois là encore un obstacle à l'établissement d'une taxe que seuls payeraient quelques honnêtes naïfs alors que la grande majorité recevrait sans payer.

On m'objectera vraisemblablement, qu'en Angleterre le principe de la taxe a été admis facilement et que le système de l'autorisation à tous (sous certaines réserves), moyennant redevance, y fonctionne sans inconvénient. Le fait est exact mais fausse la déduction que l'on voudrait en tirer. Tout d'abord la redevance de 75 francs qui a été imposée ne vise pas la seule réception, elle donne droit à la transmission, dans les limites permises. Il n'y a donc aucune comparaison à établir[1]. Ce serait faire erreur, au

1. Cette taxation fait actuellement l'objet d'une protestation adressée au post-master général par le commerce et l'industrie de la T. S. F. et de l'horlogerie. *Electrical Review*, 7 nov. 1913.

surplus, que d'assimiler les différents peuples et vouloir
les astreindre aux mêmes lois, il faut tenir compte de leur
tempérament spécial, de leurs conditions ethniques particulières ; en matière législative ce qui est vérité en deçà
des Pyrénées peut être erreur au delà. L'Allemand, l'A-
méricain, l'Anglais, l'Espagnol, le Français, l'Italien, le
Russe, etc., raisonnent différemment, ils ont une conception tout autre du principe d'autorité. Tous ont leurs qualités et leurs défauts. Chez certains on pousse le respect
de toute prescription législative, administrative ou de police, jusqu'à l'exagération, il suffit que telle ou telle chose
soit interdite ou simplement déconseillée pour qu'a-
veuglément tous s'y soumettent, en toute circonstance,
alors même qu'il pourrait en résulter les plus sérieux
ennuis pour des tiers dans des circonstances exceptionnelles. D'autres, au contraire, semblent éprouver un malin
plaisir à transgresser la loi, leur esprit est frondeur et ami
de la contradiction, c'est pour eux comme un point d'honneur de faire telle ou telle chose parce qu'elle est défen-
due, ils semblent rechercher la difficulté. La loi, vous
diront-ils ironiquement, est faite pour être violée ! C'est
là une mentalité détestable, qui engendre les pires désordres ! Sans mauvaises intentions, elle peut conduire à
de tristes résultats. L'habitude de tout mettre en discussion procède du même esprit. Il existe des gens qui dis-
cutent tout. Pour mon compte je préfère le précepte militaire français : exécutez-vous, vous réclamerez ensuite.

Mais tous les Français ne sont pas militaires, et je
crains fort qu'un grand nombre de civils, si l'on créait
chez nous une taxe, ne cherchassent le moyen de ne pas la
payer : l'on sait qu'il serait facilement trouvé.

Il résulte de tout cela, que si l'on institue une redevance on incitera par là même à la fraude et à la réception secrète que je considère comme un danger national.

J'ai démontré, en outre, qu'il faut par tous les moyens
favoriser l'étude et la pratique de la radiotélégraphie,
ce serait une singulière façon de l'encourager que de l'imposer : on aurait vite fait, par ce moyen, d'en éloigner un

grand nombre au détriment de la science et de la Patrie. La Belgique l'a compris et a rejeté la taxe de sa nouvelle réglementation.

Si ces considérations ne devaient pas prévaloir, pour atténuer dans la mesure du possible les résultats fâcheux de l'imposition d'une redevance, il serait sage qu'elle ne dépassât pas 10 francs. Cela n'empêcherait certainement pas les fraudes mais elles seraient moins nombreuses.

Pas d'autorisation.

Il est inutile, pour les mêmes motifs, d'exiger pour tous l'autorisation. Si l'on part de ce principe que la liberté ne peut être refusée, il est inutile d'en solliciter l'octroi. Ce serait une complication inutile qui nécessiterait la création de nouveaux fonctionnaires alors qu'il est permis de penser qu'il y en a assez en France.

A l'heure actuelle, encore bien que personne ne sache au juste ce qu'il peut ou doit faire en matière radiotélégraphique, des milliers de postes réceptionnaires se sont constitués sans autorisation et la Commission interministérielle est déjà débordée de demandes qu'elle ne peut examiner. Le nombre d'autorisations que l'on serait dans l'obligation de donner à raison de la légitimité des motifs qui les font demander serait considérable ; avec les applications de la T. S. F. qui s'étendront de plus en plus, il ne fera qu'augmenter pour devenir incalculable. Ce serait aller délibérément au devant de grosses difficultés.

Les étrangers doivent être autorisés.

Il n'y a pas de raisons pour que la tolérance dont j'ai parlé s'étende aux étrangers, et il y a, au contraire, quelques motifs pour qu'elle leur soit refusée. Un Gouvernement soucieux de ses obligations doit être de la plus extrême prudence dans ses rapports avec les étrangers. On conviendra qu'il est plus facile de refuser une autorisation, que de se voir dans l'obligation de la retirer.

Dans l'avenir, avec la manière de voir que j'ai exposée, on n'aurait donc à statuer que sur les demandes formées par les étrangers. Pour des raisons que l'on comprendra aisé-

ment, ces demandes devraient être adressées au Préfet
dans les départements, à Paris, au Préfet de police ; elles
seraient transmises avec avis à la Commission interministérielle qui donnerait également son avis sur la suite
dont elles paraîtraient susceptibles de la part de l'administration des Postes et des Télégraphes qui accorderait
ou refuserait l'autorisation.

Conditions d'aptitude pour les citoyens français.

Ainsi donc la réception et le captage des signaux radiotélégraphiques et des ondes hertziennes ne devraient,
à mon avis, être permises qu'aux seuls citoyens français
jouissant de leurs droits civils, civiques et de famille,
sous réserve d'une déclaration écrite à faire à la mairie
du lieu où seraient situés les appareils, déclaration accompagnée de la production du bulletin n° 3 du casier judiciaire. L'État a le droit de n'accorder sa tolérance qu'aux
personnes dont la probité et la moralité sont certaines.
Pour être renseigné, il n'a que deux moyens : l'*enquête*
et la *production du casier judiciaire*. Le premier moyen
est dispendieux, compliqué et incertain ; le second, au
contraire, est de la plus grande simplicité.

Déclaration.

Cette déclaration servirait tout d'abord à l'élaboration
d'une liste de recensement des postes en vue de leur
examen par les autorités compétentes et de leur classement pour leur utilisation possible en temps de guerre,
d'insurrection et de cataclysme. Elle serait ensuite
envoyée au Procureur de la République qui vérifierait si
les conditions d'aptitude sont bien remplies, et donnerait une injonction de démontage dans la huitaine au
cas où elles ne le seraient pas et, passé ce délai, exercerait
des poursuites. Il réprimerait également le défaut de
déclaration (pour les citoyens français) et de demande
d'autorisation (pour les étrangers) qui lui seraient signa-
lées.

Pénalités.

La déclaration est le seul moyen réellement pratique

qu'ait l'Etat pour arriver à connaître les postes réceptionnaires. On a proposé d'obliger les fabricants à apposer
sur leurs appareils des estampilles qu'ils recevraient de
l'Administration et à faire connaître à cette dernière le
nom de leurs acheteurs. Cette complication serait inopérante, car on peut construire soi-même un poste ou le
faire venir en pièces détachées de l'étranger, ou le faire
acheter par un prête-nom. L'estampille n'offre aucune
garantie.

En attendant que les appareils à transmission secrète
actuellement à l'étude soient entrés dans la pratique, et
pour donner satisfaction à ceux qui croient que tout
serait perdu si le secret des correspondances n'était pas
protégé, il sera loisible d'affecter d'une pénalité sévère,
le simple fait d'avoir communiqué à la presse ou à qui
que ce soit, une dépêche captée, comme cela se passe aux
Etats-Unis, où l'amateur coupable de cette indiscrétion
peut être puni d'un emprisonnement de 3 mois et d'une
amende de 1.250 francs ou de l'une ou de l'autre de ces
deux peines seulement.

Il ne peut être question enfin, de tolérer les postes
horaires et de défendre les postes réceptionnaires, parce
que ce serait contraire à trop d'intérêts et parce qu'il n'y
a pas de moyen pratique et réellement scientifique de
limiter un poste à la réception exclusive de telle ou telle
station. Les Allemands étaient entrés dans cette voie,
mais ils n'ont pas été longtemps avant de s'apercevoir
de leur erreur.

Voici d'après *La Revue T. S. F.*[1] quelles étaient, il y a
peu de temps encore, les conditions d'établissement d'un
poste récepteur en Allemagne :

L'ancien système allemand.

« L'amateur qui désire établir un poste récepteur doit
demander une concession. Celle-ci est accordée sans
difficulté, mais il doit employer un poste qui est accordé

1. *Revue T. S. F.*, n° 6, p. 27.

une fois pour toutes. Cet accord doit être tellement serré
que les ondes de 5 % de plus ou de moins ne puissent
être entendues.

« La position déterminée du dispositif de réglage doit
être rendue fixe au moyen de soudure, revêtue d'un
cachet officiel.

« Le fil d'entrée de l'antenne et celui de sortie pour la
terre sont introduits à l'intérieur du poste et soudés également.

« Le poste lui-même est rendu inviolable au moyen
de plombs officiels.

« A l'extérieur du poste un récepteur est suspendu à
un crochet commutateur.

« Ce crochet commutateur ferme le circuit d'antenne
sur la terre quand on ne se sert pas de l'appareil. De plus,
le même crochet, lorsque le récepteur est enlevé, met
la bobine d'accord en relation avec le détecteur à cristal
dont le réglage s'opère de l'extérieur, au moyen d'un
bouton.

« Le poste du type admis a la même apparence qu'un
poste téléphonique mural et sert principalement pour
la réception de l'heure. »

Critique du système allemand.

Ce qu'on ne dit pas, c'est si de semblables postes, dont
on règle le détecteur à cristal de l'extérieur, fonctionnent
régulièrement. En tout cas, il n'y a pas à craindre de
voir ce système compliqué s'introduire en France. Au
surplus j'ai tout lieu de penser qu'en dépit des précautions prises, un technicien expérimenté pouvait arriver
facilement à obtenir de son poste plombé un rendement
normal. Il pouvait, par un jeu de condensateurs montés
soit en série soit en parallèle et savamment placés en
dérivation, modifier complètement l'accord de son appareil et il avait toujours la ressource d'isoler la prise de
terre au-dessous du plombage, et, agissant comme si le
poste plombé n'existait pas, il pouvait prendre contact
avec l'antenne pour actionner un second poste libre de

toute entrave et reconstituer un deuxième fil de terre. J'ai dit plus haut que le gouvernement allemand avait constaté lui-même la faillite de ce système compliqué et inutile, puisqu'il venait de le modifier radicalement, on a vu dans quelles conditions.

Il ne faut donc pas s'engager dans cette voie que semblait avoir vaguement indiquée la première Conférence internationale de l'Heure.

Quelques membres de cette Conférence paraissant en effet, avoir envisagé la possibilité de ne tolérer que les dispositifs ne donnant pas les longueurs d'ondes de 300 et 600 mètres et, par conséquent, ne permettant pas de surprendre les dépêches particulières émises sur ces longueurs d'ondes. J'ai démontré que cette restriction était inutile et inopérante, car, par le jeu des condensateurs, il serait toujours possible de s'accorder sur les longueurs de 300 et de 600 mètres.

Conclusion.

La France qui est, avant tout, un pays de science, de progrès et de liberté se doit à elle-même de réglementer la T. S. F. de la seule manière qui convient, c'est-à-dire de façon libérale et scientifique.

Je crois avoir démontré que l'étude du côté scientifique de la question aboutissait nécessairement à la consécration du principe de la liberté réceptionnaire que la loi appellera tolérance. J'ai établi que l'application de ce principe, loin de comporter des inconvénients, présentait au contraire de nombreux avantages. La parole est maintenant au Parlement et comme il s'y rencontre un grand nombre d'esprits éclairés et pratiques, dépourvus des étroitesses de vues et des mesquineries que pourrait seul engendrer un fonctionnarisme mal compris, il est permis d'avoir toute confiance en l'avenir.

Une note alarmante.

L'étude que l'on vient de lire était terminée, quand parut au *Journal Officiel*, à la date du 17 septembre 1913 (Annexe 2904, p. 1165), le rapport de M. Bouctot fait à la Chambre des députés, en la séance du 27 juillet 1913, au nom de la commission des postes et des télégraphes.

Ce rapport très complet, dont on trouvera le texte plus haut[1], contient un exposé saisissant de la situation de la radiotélégraphie en France, il appelle lui aussi une réglementation nécessaire et l'on ne saurait trop l'en louer; pourquoi faut-il qu'au point de vue de la réception des radios par les particuliers, il se fasse, sans aucun argument à l'appui d'ailleurs, l'écho des récriminations de ceux qui sont hostiles au principe de la liberté? Ce rapport n'apporte aucun élément nouveau dans la discussion, il néglige, au surplus, l'argument de la violation du secret des correspondances particulières pour se rejeter uniquement sur le thème connu du *grave danger* couru par la défense nationale, de l'espionnage, etc., grands mots susceptibles d'impressionner une assemblée si elle est insuffisamment renseignée, mais ne résistant pas à la discussion. J'ai répondu par avance à cette argumentation toute de façade, je n'y reviendrai pas, me contentant de rappeler seulement, combien il est puéril de parler d'espionnage en cette matière.

Qu'est-ce donc que l'espionnage? C'est le fait de surprendre des documents ou renseignements intéressant la défense nationale et les remettre à une puissance étrangère qui, sans cet acte criminel, n'eût pu en avoir connaissance.

Partant de ce principe, quels sont donc les renseignements, les documents puisés dans les radiotélégrammes ignorés de l'étranger et susceptibles de lui être livrés, puisque l'étranger reçoit directement lui-même toutes les dépêches émises en France, puisque les radios de notre grand poste militaire de la Tour Eiffel font le tour du monde, puisque les Allemands entendent les moindres émissions de toutes nos places fortes de l'Est, puisqu'à notre porte, en Angleterre, en Belgique, la réception est libre et qu'il suffirait de traverser le détroit ou la fron-

1. *Rapport Bouctot*, p. 61.

tière, pour capter ce qui serait défendu en France? Que l'on perfectionne les codes secrets, c'est facile, en attendant la mise au point de la transmission inviolable, mais que l'on n'interdise pas aux seuls Français ce que peuvent librement faire les étrangers.

Où l'honorable rapporteur va peut-être un peu loin, c'est quand il déclare *qu'il est interdit à tout particulier d'installer chez lui une antenne réceptrice sans autorisation*. De quel texte légal résulte donc cette prohibition? L'arrêté ministériel pris le 22 juin 1911, par M. Chaumet, sous-secrétaire d'Etat aux postes et télégraphes, auquel il semble se référer, n'a pas force de loi.

On le voit, la question reste entière, et je ne puis que répéter : *la parole est maintenant au Parlement.*

QUATRIÈME PARTIE

CHAPITRE PREMIER

Résumé de la Législation générale à venir de la T. S. F. (Vœux).

En résumé, il paraît utile que l'attention du législateur se porte sur les points suivants :

1° — Modifier, dans le sens technique, la composition de la commission interministérielle ; y attribuer, en tout cas, plus de voix aux représentants des P. T. T.

2° — Restituer à la seule administration des P. T. T. le monopole de l'exploitation commerciale de l'Etat.

3° — Maintenir et rendre applicables à la radiotélégraphie toutes les dispositions compatibles du Décret-Loi de 1851.

4° — Réglementer le droit de dresser procès-verbal en cas d'infraction.

5° — Réglementer le droit de saisie des appareils et de perquisition en cas d'infraction aux lois et règlements en matière de T. S. F. notamment en matière de correspondance ou de transmission illicite ou d'installation clandestine (Désignation des agents compétents, nature et étendue de leurs prérogatives).

6° — Examiner s'il ne conviendrait pas d'attribuer aux agents des P. T. T. le droit d'assister à toutes les saisies ou perquisitions pratiquées en matière de T. S. F.

7° — Prévoir et définir le trouble apporté à la transmission ou à la réception radiotélégraphique; lui rendre applicables les pénalités de l'article 3 du Décret-Loi de 1851, tout au moins en ce qui concerne l'amende.

Affecter, notamment, de pénalités, en dehors du retrait d'autorisation, le fait par les postes autorisés de transmettre pendant que le poste de la Tour Eiffel émet ses signaux horaires et météorologiques et ses dépêches aux différents postes de l'Etat.

8° — Examiner s'il ne conviendrait pas d'autoriser la transmission sous certaines réserves.

9° — Reprendre les dispositions actuelles, pour les autorisations aux particuliers, spécifiées dans l'arrêté du 6 septembre 1911, mais déterminer les cas où l'autorisation sera nécessairement accordée. Prévoir des autorisations dans certains cas spéciaux (aviation, ballons, sociétés sportives, alpinisme, etc.).

10° — Créer le statut des radiotélégraphistes des navires de commerce.

11° — Consacrer le droit de réception libre résultant de la tolérance du gouvernement, au profit de tous les citoyens français jouissant de leurs droits civiques, civils et de famille, sous réserve d'une déclaration à réglementer.

12° — Astreindre les étrangers à la formalité de l'autorisation pour obtenir le droit de réception.

13° — Sanctionner par des pénalités très sévères le fait d'installation d'un poste réceptionnaire sans déclaration ou sans autorisation suivant le cas.

14° — Assimiler ce fait au délit d'espionnage, si l'installation revêt les caractères d'un poste dissimulé et secret susceptible d'être utilisé en temps de guerre. Etendre la pénalité aux constructeurs de ce poste.

15° — Affecter de pénalités sévères, le fait de publier ou de communiquer, par écrit ou de tout autre façon, à la presse ou à des tiers sans qualité pour en connaître, les dépêches publiques ou privées qui auraient été captées.

16° — Assimiler au délit d'espionnage le fait de déchiffrer ou de traduire les dépêches secrètes des autorités militaires ou maritimes, de les publier ou de les communiquer par écrit ou de tout autre manière à des tiers avant ou après déchiffrage.

17° — Organiser le recensement et la conscription de tous les postes privés transmetteurs ou simplement réceptionnaires.

18° — Examiner s'il ne conviendrait pas d'attribuer en temps de paix, pendant quelques heures chaque jour, l'usage de l'antenne de la Tour Eiffel, après création d'un poste spécial, à l'Administration des postes et télégraphes, pour l'exploitation d'un service commercial de Nouvelles de Bourse et de Presse, ou de créer, pour cet usage, à Paris, un poste spécial attribué aux P. T. T.

19° — Prévoir la franchise radiotélégraphique au profit des fonctionnaires ayant droit à la franchise télégraphique, avec priorité pour leurs communications [1].

20° — Rendre la T. S. F. obligatoire, comme engin de sauvetage sur tout navire abritant cinquante vies humaines, avec un service permanent d'écoute, en complétant les articles 1er et 53 de la loi du 17 avril 1907, concernant la sécurité de la navigation maritime [2].

1. La franchise n'existe pas en matière téléphonique et les fonctionnaires de l'Intérieur et de la Justice ne peuvent même pas, faute de texte, obtenir la priorité de leurs communications au téléphone. C'est là une lacune déplorable qui a souvent, surtout en matière criminelle, les plus graves inconvénients.
2. Ce vœu fait, en partie, l'objet d'une proposition de loi de M. Houbé, déposée sur le bureau de la Chambre des députés, le 10 février 1913. Proposition de loi n° 2520. Voir également, dans le *Parlement et l'Opinion* du 28 février 1913, p. 22, la communication de M. Guernier sur le même sujet.

21° — Encourager l'établissement de postes de télégraphie sans fil à bord des navires de pêche[1].

22° — Conserver, en dehors des signaux horaires internationaux, les anciens signaux horaires français créés par le commandant Ferrié, signaux qui, par leur clarté, présentent beaucoup plus d'intérêt pour l'horlogerie française.

23° — Création d'une caisse alimentée par des allocations de l'Etat ou des particuliers, notamment par les donations de ceux qui, ayant été sauvés d'un naufrage par la T. S. F., manifesteraient ainsi leur reconnaissance. Cette caisse serait destinée à subventionner des savants notoires pour favoriser de nouvelles découvertes.

1. Le 21 décembre 1911 M. Leboucq déposait sur le bureau de la Chambre des Députés un projet de loi tendant à l'ouverture au ministère du commerce, d'un crédit de 250.000 francs, destiné à subventionner les navires de pêche qui installeraient la T. S. F. à bord (proposition de loi n° 1517).

CHAPITRE II

Etude d'adaptation à la radiotélégraphie de la législation actuelle.

———

Cette étude n'a d'autre prétention que celle de montrer ce que pourrait être une loi sur la T. S. F. si le législateur s'inspirait des mêmes principes que ceux qui ont présidé à l'élaboration du Décret-Loi du 27 décembre 1851 sur la télégraphie et des lois relatives à la répression de l'espionnage et à la conscription, pour le temps de guerre, des choses utilisables par l'autorité militaire (telles que voitures, automobiles, chevaux, etc.).

Loi sur la Radiotélégraphie (Projet).

———

TITRE PREMIER

ÉTABLISSEMENT ET USAGE DES POSTES RADIOTÉLÉGRAPHIQUES

ARTICLE PREMIER. — L'Etat a le monopole exclusif de la radiotélégraphie. L'Administration des postes et des télégraphes est seule chargée de l'établissement et de l'exploitation des postes de télégraphie sans fil destinés à la transmission et à l'échange des correspondances officielles et privées. Toutefois, les divers services de l'Etat pourront, après entente avec l'Administration des postes et des télégraphes, établir et exploiter directement des postes de télégraphie sans fil, destinés exclusivement à la correspondance officielle.

ART. 2. — Aucune autre installation susceptible de pouvoir être employée à des transmissions ou échanges de correspondance par des appareils à radiations électriques, ne pourra être établie ou utilisée à ces transmissions ou échanges et, en général, à l'émission de signaux quelconques, sans une autorisation donnée par le ministre du commerce, de l'industrie, des postes et des télégraphes. Les arrêtés d'autorisation détermineront les conditions d'établissement et d'exploitation de ces installations.

Quiconque émettra des signaux radioélectriques quelconques et de quelque façon que ce soit, sans ladite autorisation, sera puni des peines portées en l'article premier, titre premier du Décret-Loi du 27 décembre 1851 (amende de 1.000 à 10.000 francs). Le Gouvernement pourra, en outre, faire pratiquer la saisie de tous les appareils ainsi que de tous les accessoires et documents s'y rapportant, dès qu'il aura eu connaissance du délit.

ART. 3. — Les saisies et perquisitions seront effectuées, dans tous les cas, par un commissaire de police assisté par un ou plusieurs agents de l'Administration des postes et télégraphes spécialisés dans les services radiotélégraphiques, ayant au moins rang d'inspecteur. Dans le cas où le délit sera flagrant et certain, lesdites opérations pourront être effectuées spontanément ; dans les autres cas, elles ne pourront l'être qu'en vertu d'un mandat du juge d'instruction, après ouverture d'une instruction régulière.

Ici : la réglementation de la commission interministérielle ou d'une commission technique de radiotélégraphie ; la réglementation des autorisations à donner à des postes d'expérience pouvant faire de la transmission, dans les termes de l'arrêté du 6 septembre 1911 ; détermination des cas dans lesquels l'autorisation sera accordée ; détermination de certains cas spéciaux dans lesquels des autorisations temporaires pourront être accordées (aviation, ballons, sociétés sportives, sociétés de gymnastique, scoutisme, alpinisme, etc.; réglementation des troubles volontaires, industriels ou autres; spécification des cas dans lesquels l'autorisation sera retirée, pénalités, etc.).

En ce qui concerne les postes autorisés, un article pourrait être utilement conçu ainsi qu'il suit :

ART. ... — Toute personne autorisée à installer un poste d'expériences, qui aura utilisé ce poste autrement que pour des essais d'échanges de signaux de réglage avec un autre poste également autorisé, notamment pour des échanges de correspondance privée, ou qui aura fait des expériences en dehors des heures prévues et spécifiées dans l'arrêté d'autorisation, sera punie d'une amende de 100 francs à 1000 francs ; si l'infraction a eu lieu pendant l'émission des signaux horaires météorologiques ou agricoles, pendant les exercices et transmissions du poste de la Tour Eiffel ou si les transmissions ont troublé celles de l'État, la peine ci-dessus pourra être portée au double, sans préjudice du retrait de l'autorisation qui pourra être poursuivi contre l'auteur de l'infraction. Cette infraction sera régulièrement constatée par le procès-verbal qu'en dresseront deux agents assermentés de l'Administration des postes et des télégraphes, spécialisés dans les services radiotélégraphiques, dont l'un ayant au moins rang d'inspecteur.

TITRE II

POSTES RÉCEPTIONNAIRES

ARTICLE PREMIER. — La réception ou captage des signaux radiotélégraphiques et des ondes hertziennes est permise aux seuls citoyens français jouissant de leurs droits civils, civiques et de famille, sous les conditions ci-après fixées.

Tout étranger résidant en France qui voudra recevoir ou capter les signaux radiotélégraphiques et les ondes hertziennes devra pour cela solliciter et obtenir l'autorisation. La demande sera adressée au Préfet de Département (à Paris, au Préfet de police) qui la transmettra avec son avis à la Commission interministérielle de télégraphie sans fil; ladite Commission, après avis, saisira le ministre des postes et télégraphes qui statuera sur l'octroi ou le refus de l'autorisation.

En tout temps, la tolérance accordée aux citoyens français et l'autorisation donnée aux étrangers pourront être retirées par le Gouvernement, pour des raisons de défense nationale ou sociale, ou pour toute autre cause, qu'il ne sera pas tenu de faire connaître. Toutefois, toute mesure de retrait d'autorisation, d'interdiction ou de suppression pure et simple d'un poste devra être concertée entre les ministères de la guerre ou de la marine (suivant le cas) et le ministre de l'intérieur, à la diligence duquel la décision sera exécutée de concert avec l'Administration des postes et des télégraphes et de l'autorité judiciaire, en cas de désobéissance, refus, rébellion, outrages, ou autres délits de droit commun.

ART. 2. — Tous les ans, du 1er au 15 janvier, dans chaque commune, sur la déclaration obligatoire et par écrit des propriétaires ou détenteurs, le maire dresse la liste de recensement des postes de réception radiotélégraphiques existant sur son territoire.

La liste mentionne tous les postes déclarés avec leur description sommaire, le nom et le domicile de leurs propriétaires ou détenteurs.

ART. 3. — Tous les postes radiotélégraphiques réceptionnaires quels qu'ils soient, qu'ils fonctionnent ou non avec une antenne extérieure ou intérieure, qu'ils soient ou non pourvus de dispositifs d'accord, en un mot, tous les appareils susceptibles de révéler le passage des ondes électriques, seront déclarés par écrit à la mairie par leurs propriétaires ou détenteurs chaque année avant le 31 décembre. Les pères et à défaut les mères, tuteurs, instituteurs, maîtres, patrons ou commettants, suivant les cas, seront tenus de faire pour leurs enfants, pupilles, élèves, commis ou apprentis mineurs, dont ils sont civilement responsables, la déclaration prévue au présent article.

ART. 4. — Tous les ans, du 1er au 10 décembre, le maire fera publier par affiches et, en outre, à son de trompe ou de caisse, s'il le juge utile, un avertissement pour rappeler aux intéressés qu'ils doivent faire parvenir à la mairie avant le 1er janvier la déclaration prescrite.

ART. 5. — Cette déclaration contiendra, outre les noms, prénoms, âge, profession et l'indication du domicile exact du déclarant, la désignation de la nature et de la longueur de l'antenne, la description sommaire du dispositif d'accord et des détecteurs. Elle sera accompagnée du bulletin n° 3 du casier judiciaire du déclarant, elle sera faite par écrit par les propriétaires ou détenteurs des postes à la mairie du lieu où se trouvent les appareils. Dans tous les cas, le maire devra délivrer aux intéressés un récépissé de leur déclaration.

ART. 6. — Lorsqu'un propriétaire ou détenteur aura fait une fois la déclaration prescrite il ne sera pas obligé de la renouveler ensuite chaque année.

ART. 7. — Personne n'est dispensé de la déclaration.

ART. 8. — Les déclarations après avoir été inscrites à la mairie, sur un registre spécial, seront transmises par les soins du maire, dans le délai de huitaine, au Procureur de la République qui vérifiera si les conditions d'aptitude sont remplies par les intéressés, fera toute diligence pour faire démonter les postes, dans les cas où le titulaire ne remplirait pas les conditions exigées et en cas de refus ou d'inobservation de ses instructions, huit jours après l'injonction donnée, il exercera des poursuites.

Dans le même délai, le maire transmettra pour la préparation des opérations de classement, copie de la déclaration du préfet au département.

Art. 9 — Le maire ou le commissaire de police dans les communes qui en sont pourvues, fera exécuter des tournées par les agents placés sous ses ordres pour s'assurer que tous les postes ont été déclarés.

L'Administration des postes et télégraphes, de son côté, fera également des recherches. Lorsque de simples indices seront relevés, des rapports seront adressés au Procureur de la République qui fera une enquête ou requiérera l'ouverture d'une instruction régulière.

Art. 10. — Des procès-verbaux seront dressés au fur et à mesure de la découverte des infractions par les gardes, agents, gendarmes ou préposés de l'Administration des postes et télégraphes, contre les propriétaires ou détenteurs qui n'auront pas fait la déclaration obligatoire ou auront fait une fausse déclaration.

Ces procès-verbaux seront individuels et dressés dans les formes ordinaires. Ils devront indiquer, à titre de renseignement, les motifs d'excuse qui peuvent être donnés par les intéressés. Ils seront, à l'exception de ceux dressés par la gendarmerie et les commissaires de police, affirmés à peine de nullité, dans les 3 jours, devant le juge de paix ou le maire du lieu de l'infraction ou de la résidence de l'agent verbalisateur et transmis, sans délai, au Procureur de la République.

L'infraction subsiste, encore bien que postérieurement, le propriétaire ou détenteur ait fait la déclaration.

Art. 11. — Chaque année il sera procédé, du 1er février au 15 mars, à l'inspection de tous les postes de réception et au classement de tous ceux susceptibles d'être réquisitionnés en temps de guerre, d'émeute ou de soulèvement insurrectionnel, ou en tout autre circonstance exceptionnelle.

ART. 12. — Les opérations d'inspection et de classement seront effectuées par des commissions mixtes composées, pour chaque département : 1° d'un officier du Génie, président nommé par le général commandant le corps d'armée; 2° d'un représentant du Préfet; 3° d'un représentant de l'Administration des postes et télégraphes, nommé par le Directeur départemental, ayant voix délibérative; 4° du maire ou de son délégué ayant voix consultative. Dans les départements du littoral, la Commission comprendra en outre un représentant du Ministère de la marine nommé par le Préfet maritime et ayant voix délibérative. Dans ce cas, la voix du Président sera prépondérante.

ART. 13. — Les propriétaires ou détenteurs seront avisés par les soins de la mairie et par lettre individuelle, 8 jours au moins à l'avance, du jour où aura lieu la visite de la Commission d'inspection. Un avis général sera en outre affiché.

ART. 14. — Le propriétaire ou détenteur de tout poste sera en contravention, par le fait seul que l'accès de son poste aura été interdit aux membres de la Commission, pour quelque motif que ce soit, à moins qu'il n'ait fait agréer une excuse par le Président de la Commission. Il devra, en outre, se soumettre à une autre visite au jour fixé par le Président de la Commission et dont il sera avisé par les soins de la mairie.

ART. 15. — Avis du classement sera donné aux intéressés par la mairie de la commune.

ART. 16. — Tout poste, qu'il soit classé ou non, pourra recevoir trois fois par an, au maximum, la visite des représentants de l'Administration des postes et télégraphes; s'il est classé, il pourra être visité en outre, sans que le nombre des visites soit limité, par un représentant de l'Autorité militaire, maritime ou administrative. Ces visites ne pourront avoir lieu, en principe, qu'après avis préalable avec indication du jour et de l'heure où elles auront lieu, mais elles pourront être également inopinées.

ART. 17. — Tout poste classé ne pourra être supprimé sans que l'autorité administrative du département soit avisée dans la huitaine de la suppression. Les autorités militaires ou maritimes seront avisées par les soins de l'autorité administrative. Toutes modifications apportées aux dispositifs des postes de réception depuis la déclaration, que ces postes soient classés ou non, devront être déclarées à la mairie par écrit. Ces déclarations seront transmises, sans délai par le maire, à la commission de classement.

ART. 18. — En cas de mobilisation, d'émeute, de mouvement insurrectionnel ou en tout autre circonstance grave et exceptionnelle, dont les autorités administratives, militaires et maritimes seront seules juges, les postes classés pourront être réquisitionnés et utilisés par lesdites autorités.

Les autorités militaires et maritimes pourront en outre, en cas de mobilisation, faire supprimer ou supprimer elles-mêmes tous les dispositifs radiotélégraphiques quelconques classés ou non, qu'elles jugeront utile.

ART. 19. — Les maires, propriétaires et détenteurs qui ne se seront pas conformés aux dispositions des articles 1, 2, 3, 4, 5, 8, 9, 13, 17, seront punis d'une amende de 25 francs à 1.000 francs. En cas de récidive ou en cas de fausse déclaration, la peine sera de 50 à

2.000 francs. La bonne foi ne pourra être invoquée à titre d'excuse, sauf dans le cas de fausse déclaration. Seul le cas de force majeure pourra être invoqué comme excuse.

ART. 20. — Tout étranger qui aura contrevenu aux dispositions de l'article premier sera puni d'une amende de 100 à 5.000 francs et d'un emprisonnement de 6 jours à 1 an ou de l'une ou de l'autre de ces peines, seulement. Si un poste non déclaré ou non autorisé, suivant les cas, qu'il soit susceptible d'être utilisé pour la transmission ou qu'il soit simplement réceptionnaire, revêt les caractères d'un poste dissimulé et secret susceptible d'être utilisé en temps de guerre, les peines encourues par les propriétaires, détenteurs et constructeurs seront celles qui affectent les délits d'espionnage et la complicité de ces délits.

ART. 21. — Quiconque étant propriétaire ou détenteur d'un poste classé aura refusé de mettre, en temps de paix, ledit poste à la disposition des autorités administratives, militaires ou maritimes, ou l'aura volontairement détérioré ou mis hors d'usage, sera puni d'une amende de 100 à 200 francs ou d'un emprisonnement de 6 jours à 1 an. La même peine sera prononcée contre ceux qui auront, en temps de paix, refusé de supprimer un poste toléré ou autorisé dans les termes de l'article 1er du titre II de la présente loi. En temps de guerre, les peines seront portées au double et l'emprisonnement obligatoire. Les mêmes peines seront encourues par ceux qui, en temps de guerre, auront refusé de supprimer leurs dispositifs radiotélégraphiques, sur la réquisition des autorités militaires ou maritimes. Dans tous les cas, les réquisitions, les suppressions et la saisie pourront être exécutées immédiatement par les autorités compétentes, sans attendre le jugement.

ART. 22. — Quiconque aura publié ou révélé oralement, en tout ou en partie, des dépêches officielles ou privées qui seraient parvenues à sa connaissance par la voie radiotélégraphique ou par quelque moyen que ce soit, sera puni d'une amende de 100 à 1.000 francs et d'un emprisonnement de 6 jours à 6 mois, ou de l'une ou de l'autre de ces deux peines seulement; si cette publication ou révélation a été faite dans le but de nuire à des tiers, ou de leur procurer un profit au détriment d'autrui, la peine ci-dessus sera portée au double; la même peine portée au double sera appliquée à quiconque aura communiqué par écrit, en tout ou en partie, lesdites dépêches pour quelque motif que ce soit et à qui que ce soit n'ayant pas qualité pour en connaître.

ART. 23. — Quiconque aura déchiffré ou traduit les dépêches secrètes ou de service des autorités militaires ou maritimes, ou les aura publiées ou reproduites, communiqué en tout ou en partie par écrit ou de toute autre manière à des tiers, avant ou après le déchiffrage, ou aura divulgué des renseignements qui y étaient contenus, sera puni des peines portées en l'article 2 de la loi du 18 avril 1886 (1 an à 5 ans de prison et amende de 500 à 3.000 francs).

ART. 24. — Lorsqu'il y aura suspicion d'un des délits prévus par les articles ci-dessus, le Procureur de la République de l'arrondissement sur la plainte d'une quelconque des administrations intéressées ouvrira une information; les opérations de perquisitions et de saisie devront toujours être faites en présence d'un ou plusieurs agents de l'Administration des postes et télégraphes, comme il a été dit à l'article 3 du titre I.

ART. 25. — L'article 463 du Code pénal relatif aux circonstances atténuantes est applicable.

La loi du 26 mars 1891 est également applicable.

ANNEXES

———✳———

25

CHAPITRE PREMIER

Dispositifs de réception les plus simples.
Conseils pratiques.

Ce livre dépasserait son but s'il devenait, tout à coup, un traité de télégraphie sans fil. Un grand nombre d'auteurs, d'ailleurs, ont déjà, avec une compétence à laquelle je ne saurais prétendre, exposé la théorie des oscillations électriques et défini leurs applications; je me garderai donc bien de faire rien de semblable, mais le sujet que j'ai traité touche, par certains côtés, de si près à la pratique, j'ai été si souvent amené à parler de la technique radiotélégraphique, que je serais incomplet si je n'exposais pas, comme complément de mon argumentation sur la liberté réceptionnaire, les dispositifs les plus simples qui peuvent permettre d'établir un poste de réception pour les signaux horaires ou météorologiques, avec la facilité que j'ai dite. J'ai parlé d'antennes, de détecteurs, de bobines d'accord, de condensateurs et de téléphones, je suis bien obligé maintenant de dire comment tous ces organes se groupent pour constituer une station réceptrice, et de donner, pour le meilleur fonctionnement de cette dernière, dans les conditions les plus simples, les conseils que peut me suggérer la pratique.

Cette annexe technique est donc le complément nécessaire de ma discussion juridique et législative qu'elle fera mieux comprendre. J'ai exposé qu'on ne pouvait s'op-

poser à la réception par les particuliers, les notions qui
vont suivre permettront de mieux saisir pourquoi on ne
peut le faire.

Ces considérations techniques me fourniront enfin
l'occasion d'exposer quelques méthodes simples (déduites
des mathématiques) pour calculer la longueur d'onde
des antennes, la capacité des condensateurs, leur groupement, la valeur des selfs, etc., qui n'ont pas encore été
données.

A. — AVANT D'INSTALLER UN POSTE RÉCEPTIONNAIRE

Bien des gens pensent que pour faire de la télégraphie sans fil, il n'y a qu'à acheter un appareil, et que cet
appareil, si je puis m'exprimer ainsi, marchera tout seul ;
ils entrevoient vaguement un récepteur Morse, dévidant
sur une bande bleue tous les radios du monde entier,
après les avoir avertis par une sonnerie retentissante. Ils
pourront, pensent-ils, lire ensuite les dépêches aussi facilement que le *Petit Journal*. La réalité est toute différente,
il existe bien des relais pouvant actionner des récepteurs
Morse à départ automatique mais ces appareils assez
coûteux ne donnent de bons résultats qu'à peu de distance de la Tour; sans doute, le progrès est en marche,
et dans un avenir prochain l'enregistrement des dépêches
s'effectuera à de longues portées et sans difficultés ; déjà
l'enregistrement photographique des radios est devenu
une réalité ; les récentes découvertes des PP. Lucas et
Wulf[1] et de M. Turpain[2] ont fait faire à l'enregistrement

---

1. Voir *Revue T. S. F.*, n° 5 (mai 1913) : la caractéristique du système est que les émissions radiotélégraphiques sont rendues visibles
et photographiées par l'intermédiaire de l'électromètre unifilaire de
Wulf.
2. Voir *Revue T. S. F.*, n° 7 (juillet 1913) : la caractéristique du
système est l'emploi d'un milliampèremètre dont l'aiguille, rendue
lumineuse par une minuscule lampe à incandescence qu'elle contient, inscrit ses déplacements sur une plaque photographique qui se
déroule.

radiotélégraphique un grand pas. Déjà, avec l'appareil de l'abbé Tauleigne[1], M. Ducretet, qui en est le constructeur, a pu inscrire sur Morse la Tour à Dijon, à 270 kilomètres, avec une antenne de 60 mètres placée à une hauteur d'environ 20 mètres et promet des résultats très supérieurs. Déjà, l'enregistreur (Morse) Ancel fonctionne normalement dans un rayon de 150 kilomètres d'Eiffel. Sous peu, le relai de l'abbé Boulage, dit « Relai Gébé » que construit Péricaud, avertira pratiquement par sonnerie à plus de 100 kilomètres de la Tour du passage des ondes et reproduira bruyamment les signaux horaires. Mais en attendant, il faut raisonner avec ce qui existe, et savoir que l'on recevra *au son* et que l'on s'expose à des déboires, si l'on n'arrive pas à la pratique radiotélégraphique avec un petit bagage scientifique suffisant. Sans doute, il existe dans le commerce d'excellents appareils mais faut-il encore savoir les faire fonctionner, pouvoir les réparer ou les améliorer. Il y aura lieu de se méfier des appareils trop fermés où aucune connexion n'est accessible, car s'il leur arrive le moindre accident, on est dans l'impossibilité d'y remédier.

Il ne faut pas s'imaginer non plus, que l'établissement d'un poste réceptionnaire est la chose la plus aisée du monde et que n'importe qui peut y parvenir. Pour réussir, il faut, comme je viens de le dire, avoir quelques notions sur l'électricité, sur la marche des courants, sur l'induction, sur les condensateurs, etc., en un mot il faut savoir ce que l'on fait, sinon ce n'est pas la peine de tenter l'essai, il serait malheureux.

Avec de la théorie, au contraire, on obtient avec rapi-

1. Voir le *Cosmos* du 21 août 1913 et la nouvelle édition de : *Télégraphie sans fil* du Dr P. Corret, les caractéristiques du système sont : montage spécial du poste, modification importante du détecteur électrolytique, relais sensible quoique robuste et annonce de la communication par sonnerie. Des essais se poursuivent à Hyères (700 kilomètres) (*Voir figure, p. 390*).

dité et facilité des résultats surprenants. Si donc on désire se lancer dans la T. S. F., la première chose à faire est de réouvrir les excellents traités de physique avec lesquels on a conquis ses diplômes. Ce premier travail effectué, il convient de lire un ouvrage de télégraphie sans fil, d'étudier les ondes hertziennes : les oscillations électriques. J'ai donné plus haut la liste presque complète de tous les livres parus sur cette matière : on n'aura que l'embarras du choix, ils contiennent tous d'intéressantes pages ; toutefois, si l'on veut un traité clair et précis, on pourra fort utilement consulter *La Télégraphie sans fil de MM. Petit et Bouthillon* : c'est le livre le plus complet que je connaisse et, en dépit de sa haute valeur scientifique, il est à la portée de tous. Sa lecture pourra être complétée par celle de l'ouvrage de *M. E. Rothé : Les Applications de la Télégraphie sans fil*, qui contient une très sérieuse documentation ; quant à ceux qui n'ont ni le temps, ni le désir d'approfondir la matière, et cependant qui veulent comprendre les principes de la radiotélégraphie, ils pourront trouver dans l'opuscule du Dr Pierre Corret : *Télégraphie sans fil*, de quoi les satisfaire ; car, en quelques pages, ils verront exposés

Spécimen des premières bandes d'enregistrement obtenues sur Morse avec l'appareil Tauleigne.

Cliché de la « Revue T. S. F. ».

Traduction : Londres. Londres. Les Bulgares continuent à porter leurs effectifs....

de façon saisissante, avec d'excellents enseignements techniques, le mécanisme des appareils de réception et d'accord et jusqu'à la théorie de l'accouplement, de l'amortissement et de l'induction. *La Télégraphie sans fil pour tous*, de M. Duroquier, leur fournira, elle aussi, d'utiles notions pratiques.

Ces connaissances acquises, on pourra se mettre à l'œuvre, mais auparavant, il sera bon, cependant, d'aller visiter une installation fonctionnant bien : cela évitera pour l'avenir, bien des tâtonnements, car on s'instruit beaucoup plus vite et de façon plus profitable par les yeux que de tout autre manière. L'on pourra également, de cette façon, en voyant les résultats obtenus, avoir une base d'appréciation sérieuse sur le rendement de ses propres appareils.

B. — Installation d'un poste

§ 1er. — *Circuit antenne-terre. Emplacement du poste.*

Avant toute chose, il faudra rechercher l'emplacement que l'on assignera à l'antenne, au poste proprement dit, et à la prise de terre ; car cet emplacement influera largement sur les résultats que l'on pourra tirer de l'installation.

Pour l'antenne, il faudra choisir l'espace le plus dégagé, la situation la plus élevée. Plus elle sera au-dessus du sol, mieux elle recevra ; avoir donc soin de la mettre plus haute que les maisons ou les arbres ; éviter leur voisinage, ainsi que celui de masses métalliques importantes et des fils de lumière.

L'orientation ne devra pas non plus être négligée ; si l'on en a la possibilité, il ne faut pas établir les fils de l'antenne dans un sens perpendiculaire à la droite tirée vers la station que l'on veut surtout entendre, mais bien dans la direction même de cette station ; le poste sera installé à l'extrémité qui en est la plus rapprochée.

Quant à ce poste lui-même, il conviendra de l'établir le plus près possible du sol : entre la cave et le grenier, il ne faut pas hésiter. C'est la cave qu'il faut choisir, car plus le poste sera près de la terre, meilleur sera son rendement.

L'antenne.

L'emplacement trouvé, on construira l'antenne ou collecteur d'ondes.

Je me suis suffisamment appesanti plus haut sur les éléments constitutifs de cet organe, pour n'avoir pas à y revenir longuement ; j'ajouterai toutefois que, pratiquement, les dispositifs les plus simples sont : 1° *l'antenne unifilaire*, composée d'un seul fil tendu et isolé dans l'espace ; 2° *l'antenne en V*, à deux fils et 3° *l'antenne en rideau ou en gril*, à trois, quatre, cinq ou six fils suivant l'espace dont

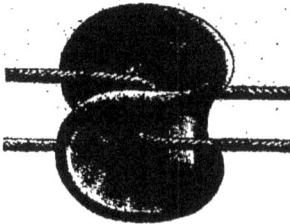

Isolateur spécial pour antenne.

on dispose. Quelque soit le modèle adopté, on se servira de préférence de fils de cuivre recuit ; les fils en bronze silicieux sont excellents comme capteurs d'énergie et leur solidité est plus grande, mais ils ont l'inconvénient grave de faire ressort et d'être, par cela même, d'un maniement plus difficile ; ils se tendent également moins facilement, conservant la forme arrondie qu'ils avaient dans le rouleau. Le diamètre du fil importe peu ; il est bon qu'il ait au moins un millimètre de section ; le fil de 1 millim. 5 est excellent mais il est tout à fait inutile de dépasser 2 millimètres ; le rendement ne serait pas meilleur. Plus l'antenne est longue, plus le fil doit être fort pour résister à la force du vent et au poids du givre. Au bord de la mer, ce fil pourra être étamé, mais c'est presque du luxe, si surtout on prend le soin de souder à l'étain tous les raccordements des fils. Quant aux fils qui serviront de tendeurs ou de haubans, on recommande généralement qu'ils soient en corde paraffinée. C'est évidemment une précaution excellente et cela assure un isolement parfait, mais c'est au détriment de la solidité, de la durée et de la facilité de construction. Je connais des antennes dont le rendement est excellent et dont les fils tendeurs sont en fil de fer galvanisé, seul un mètre (ou 1, 50) de la partie la plus voisine des parties portantes est en corde passée au goudron de Norvège à chaud, ce qui assure la conservation et l'isolement de ce câble[1]. Quant aux tendeurs en fil de fer ils sont coupés d'isolateurs et de poulies ou d'œufs de porcelaine et cela est très suffisant. Il va de soi que plus l'antenne est grande, meilleure elle est ; mais l'énergie du poste de la Tour Eiffel est telle, qu'on peut la recevoir à de très grandes distances, avec de faibles antennes. Jusqu'à 150 et même 200 kilomètres : 15 à 50 mètres de fils ; jusqu'à 600 kilomètres : 50 à 100 mètres de fils peuvent suffire.

L'antenne unifilaire.

L'antenne à un fil est évidemment la plus simple et la plus facile à construire, mais elle a moins de capacité que les antennes multifilaires. Néanmoins, si l'on dispose d'un très grand emplacement pour tendre un fil unique, cela sera encore préférable à une antenne multifilaire plus courte. Enfin, lorsque le poste n'est pas trop éloigné de Paris, et si l'on ne veut recevoir que les signaux d'FL, l'antenne unifilaire est amplement suffisante.

L'antenne en V.

Si l'on construit une antenne en V, il suffira de tendre dans l'espace deux fils qui se réuniront en un seul, un peu avant leur arrivée dans le poste.

Avoir bien soin, dans ce cas, de donner aux deux bras du V la même longueur, afin d'éviter les phénomènes

1. Il est bien entendu que je ne me place qu'au point de vue de la réception, car pour la transmission, surtout avec une certaine énergie, l'isolement ainsi réalisé pourrait être insuffisant.

d'interférence; si l'un des supports est plus rapproché du

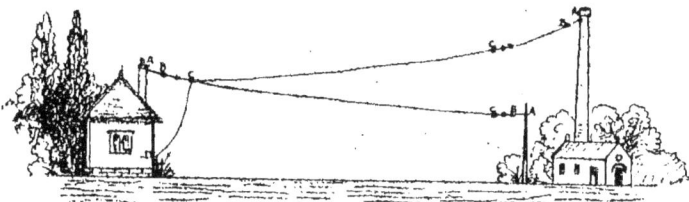

Antenne en V.

BC. — Fils quelconques entrecoupés d'isolatours.
CC. — Bras égaux de l'antenne.
AB. — Corde paraffinée ou goudronnée.
CD. — Fil collecteur.
D. — Entrée du poste.

poste que l'autre, on y remédiera en donnant à la partie
isolante de l'autre bras plus de longueur[1].

L'antenne en gril ou en rideau.

L'antenne en gril ou en rideau est formée par la suspension dans l'espace d'un certain nombre de fils paral-
lèles à l'aide de tiges de bambou.

Il faut choisir de bons bambous d'une seule pièce et
rejeter les cannes à pêche, avec raccords de cuivre. La
figure ci-contre me dispensera d'amples explications sur
son montage; toutefois une bonne précaution supplémentaire est d'isoler les fils du bambou lui-même, en les
faisant passer dans le centre de petites poulies en porcelaine que l'on fixe à la tige avec du fil de fer. Sans cet
isolement, lorsque la pluie mouille le bambou et le rend
conducteur, on pourrait avoir une diminution de rendement. Les fils seront espacés d'au moins 0 m. 80;
l'écartement de 1 mètre à 1 m. 50 est une bonne mesure.
Généralement les fils à l'extrémité du côté opposé au
poste sont laissés libres. J'ai essayé de les souder entre

1. En d'autres termes, on donne plus de longueur à la corde goudronnée ou paraffinée du côté où le bras est plus long. On peut donner à cette antenne, 3, 4 ou 5 bras à la condition de les faire égaux.

eux et n'ai obtenu aucune modification dans le rendement de mon antenne.

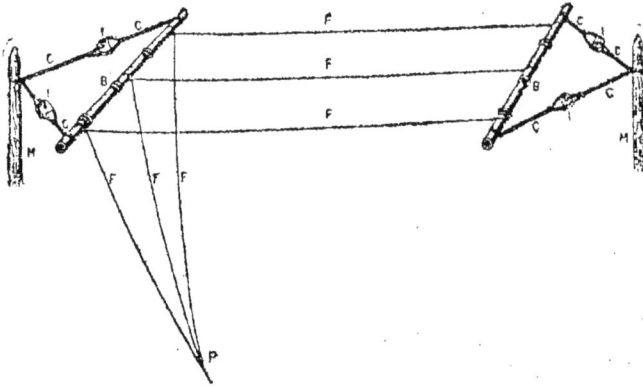

Antenne en gril ou en rideau.

BB.   — Tiges de bambou.
FFF. — Fils de cuivre.
CC.   — Cordes paraffinées ou passées au goudron de Norvège chaud.
II.   — Isolateurs.
Les parties des tendeurs C en cordes, situées entre l'isolateur I et le support M,
peuvent être remplacées par des fils de fer; dans ce cas il est bon d'ajouter
un autre isolateur entre leurs points de jonction et le support.

Longueur de l'antenne.

La longueur de l'antenne n'est pas indifférente, car son
rendement est intimement lié à sa dimension. Afin de
bien faire comprendre cette vérité, je me vois dans l'obligation d'exposer un peu de théorie ; je n'en abuserai pas
autrement, mais j'y suis entraîné d'autant plus volontiers
que la plupart des auteurs n'ont pas, à mon avis, insisté
comme il convient sur le mécanisme général de la
T. S. F. ni fait toucher suffisamment du doigt la magnifique harmonie qui règne entre toutes les lois physiques.
Si les ondes, en effet, sont soumises dans l'éther cosmique
aux lois de l'optique, dans l'antenne elles se conforment à
celles de l'acoustique ; le collecteur d'onde n'est pas autre
chose qu'une grande corde de harpe ou de violon qui vibre
en même temps que l'antenne d'émission : c'est un principe
sur lequel je veux insister un peu, car lorsqu'on en sera

pénétré, cela simplifiera considérablement l'entendement
de tous les phénomènes radiotélégraphiques et puis cela
conciliera à la T. S. F. les sympathies des musiciens,
n'est-ce pas là déjà un résultat appréciable[1]?

Les harmoniques.

Toute antenne vibre avec sa longueur d'onde propre et
indépendante de celle de l'antenne du poste transmetteur,
quel qu'en soit le mode d'excitation (émission chantante
ou à étincelle rare). Si donc l'on dispose d'une antenne
unifilaire de 75 mètres, elle donnera toujours une longueur d'onde de $4 \times 75 = 300$ mètres (en admettant que
$\lambda = 4$ fois la longueur de l'antenne). Si l'on veut augmenter la longueur d'onde de cette antenne, on ajoutera une
self, mais, sans cette adjonction, l'antenne de 75 mètres
vibrera toujours en 300 mètres, qu'elle soit actionnée par
des ondes de 300, de 600, de 2.500, de 4.000 mètres, etc.,
et même par des ondes inférieures à 300 mètres.

D'autre part, le rendement est maximum lorsque les
deux antennes (transmettrice et réceptrice) sont à l'unis-
son, ce qui arrive quand elles donnent le même nombre
de vibrations dans l'unité de temps, en d'autres termes,
lorsqu'elles ont la même longueur d'onde.

C'est ainsi qu'avec l'antenne de 75 mètres dont je viens
de parler, vibrant en 300 m., on recevra mieux les ondes
émises par une antenne donnant également 300 m. de λ.

Mais le rendement sera encore excellent dans les
octaves et les rapports harmoniques.

Pour mieux comprendre cette affirmation, supposons
un poste transmetteur ayant 2.500 mètres de longueur
d'onde et utilisant une énergie fixe ($\lambda = AB = 2.500$ m.) :

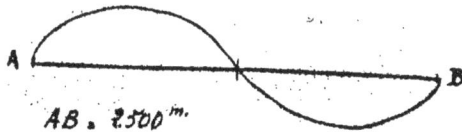

AB . 2500 m.

1. Le mécanisme du rendement de l'antenne pourrait également être
assimilé à celui d'un tuyau d'orgue vibrant acoustiquement.

Les signaux émis par ce poste sont reçus par des antennes que nous supposerons toutes situées à égale distance du poste transmetteur.

Pour fixer les idées, prenons 4 antennes de réception A, B, C, D, rayonnant autour du poste T, qui émet, nous venons de le voir, avec une antenne de $\lambda = 2.500$ mètres.

Donnons à nos postes A, B, C, D, les λ suivants :

■ A. . . . . . . λ 2.500^{m}.

■ B. . . . . $\lambda \dfrac{2.500^{\mathrm{m}}}{2} = 1.250$.

T

$\lambda\, 2.500^{\mathrm{m}}$ ■ C. . . . . $\lambda \dfrac{2.500^{\mathrm{m}}}{3} =$ 833.

■ D. . . . . . . $\lambda \dfrac{2.500^{\mathrm{m}}}{5} =$ 500.

Le poste A qui a la même longueur d'onde que T recevra au maximum d'intensité. Le poste B qui a une longueur d'onde moitié moindre $\dfrac{2.500}{2} = 1.250$ mètres, se trouve accordé dans l'octave de T et recevra encore très bien. Il a, d'ailleurs, la ressource d'améliorer sa réception, en ajoutant à son antenne une self qui donnera à son onde la valeur de 2.500 et il tombera dans le cas du poste A.

Le poste C, lui, a une longueur d'onde trois fois moindre $\dfrac{2.500}{3} = 833$ mètres, il vibre dans l'harmonique 3 ; sa réception, quoique moins intense, sera encore bonne.

Enfin le poste D, avec sa longueur d'onde de $\dfrac{2.500}{5} = 500$ mètres, vibre en 5mo harmonique de T et il a encore des résultats satisfaisants.

Tout se passe, en résumé, comme en acoustique, et il sera plus aisé de comprendre le travail de l'antenne en opérant sur des cordes.

Soit donc une corde ABC fixée à ses deux extrémités :

Si l'on pince cette corde vers le milieu, elle vibre en donnant des vibrations qui sont fonction de sa longueur.

Si maintenant nous prenons une corde AB égale à la moitié d'ABC, et si nous la faisons vibrer, nous obtenons des vibrations deux fois plus courtes et, par conséquent, deux fois plus nombreuses dans le même temps. Le rapport des vibrations de $\dfrac{AB}{ABC}$ étant 2, on dit que AB donne l'octave de ABC.

Continuons à diviser notre corde et prenons-en une AD ayant le tiers de ABC. Cette corde, 3 fois plus courte que la première, donnera des vibrations 3 fois plus petites et, par conséquent, 3 fois plus nombreuses dans le même temps.

Le rapport des vibrations de $\dfrac{A\ D}{ABC}$ étant 3, on dit que AD vibre en 3ᵉ harmonique de ABC et ainsi de suite.

En résumé, une corde qui donne 3, 5, 7 ou 9 fois plus de vibrations qu'une autre, vibre en 3ᵉ, 5ᵉ, 7ᵉ ou 9ᵉ harmonique de cette autre.

Or, dans le cas des vibrations sinusoïdales, on voit que chacune de ces divisions en 3, 5, 7 ou 9, donne encore des ventres et des nœuds, mais, comme on peut le constater par le graphique ci-dessous :

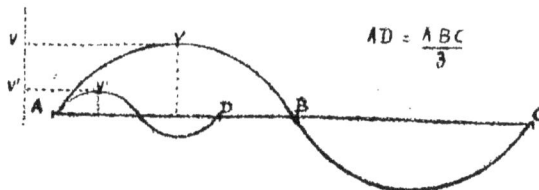

$$AD = \frac{ABC}{3}$$

le ventre V' de l'harmonique 3 est moins intense que le

ventre V de la première onde. Donc plus grand sera le rapport de ABC par le nombre de divisions de la 1re corde, plus faible sera le rendement, et pour les antennes de réception, par analogie : plus petites elles seront par rapport à l'antenne de transmission, plus faible sera la réception. D'autre part, plus leur dimension rapprochera leur longueur d'onde propre d'une harmonique du poste que l'on veut recevoir et moins élevé sera le chiffre de cette harmonique, plus la réception sera intense. On a donc intérêt à rechercher des multiples ou sous-multiples entiers, pour les rapports entre les deux antennes.

Si l'on applique ces principes à la Tour Eiffel, comme les harmoniques 7 et même 9 donnent encore de bons résultats et que la longueur d'onde de la Tour est 2.200 mètres, l'harmonique 9 en est $\frac{2.200}{9} = 250$ mètres, longueur d'onde facilement obtenue avec une antenne de 40 mètres si elle a plusieurs fils.

Pour entendre la Tour, il n'est même pas nécessaire d'avoir un rapport numérique exact, à raison de son énergie qui constitue un facteur important, dont on doit également tenir compte.

Il est, en effet, facile de comprendre que les valeurs de V et V' varient suivant l'énergie qui produit la vibration.

Pour terminer, je rappellerai que si la sensibilité de l'antenne croît avec sa longueur, il ne faut cependant pas exagérer, car une antenne trop longue est également sensible à tous les parasites atmosphériques et donne une réception extrêmement troublée.

Calcul de la longueur d'onde (λ) d'une antenne à plusieurs fils.

Il n'y a pas de règle absolue pour calculer le λ d'une antenne multifilaire ; on la déduit d'une mesure directe à l'ondemètre, mais les résultats prouvent que la longueur d'onde, tout en étant plus grande que 4 fois la longueur de l'antenne, est loin d'atteindre la mesure que l'on obtiendrait si l'antenne était constituée par un fil unique ayant la longueur de tous les fils réunis. La longueur d'onde varie avec l'écartement des fils du rideau.

C'est ainsi qu'une antenne en gril de trois fils de 25 mètres donnera des résultats différents suivant l'espace existant entre chaque fil.

Supposons une distance régulière de 1 mètre entre chaque fil, voici une méthode de calcul du λ qui donnera une approximation assez grande avec la mesure directe.

Au nombre 4, par lequel il faudrait multiplier 25, si l'antenne était unifilaire, on ajoutera 1,41, c'est-à-dire la $\sqrt{2}$, autrement dit, la racine carrée de la distance qui sépare les 2 fils extrêmes; cela donnera un λ de 130 mètres environ, résultat que l'ondemètre confirmerait à 4 ou 5 mètres près. Pratiquement, pour les entrefils de 0 m. 75 à 1 mètre, cette méthode empirique est exacte. Il faut noter que la longueur d'onde n'est que légèrement augmentée par les fils en rideau et non pas en fonction de la longueur totale des fils.

En effet, une unifilaire avec la longueur des trois fils aurait :

$$3 \times 25 = 75 \text{ mètres, et le } \lambda \text{ serait : } 75 \times 4 = 300 \text{ mètres,}$$

tandis que, réellement, avec les trois fils en nappe, on a une longueur d'onde très voisine de 130 mètres.

Fil collecteur.

L'antenne construite, il faudra amener le fil collecteur dans le poste. Ce fil peut être nu jusqu'à environ un mètre de l'entrée à l'intérieur; on l'éloignera le plus possible des murs, des gouttières, des pièces métalliques et des arbres.

Parafoudre.

Si l'antenne a une certaine capacité, il est prudent d'établir, avant l'entrée à l'intérieur du poste, un parafoudre. A raison de l'importance de ce dispositif, je lui ai consacré un chapitre spécial que l'on trouvera plus loin.

Entrée du poste.

Dès que le fil approchera des murs, il devra être isolé.

Le fil pour le transport de la lumière, à fort isolement, convient bien à cet usage; il en est de même, *a fortiori*, des fils de bougies pour automobiles.

Un peu avant l'entrée, on fera sur l'enveloppe du fil un renflement en gutta-percha que l'on ramollira à l'eau chaude pour empêcher l'eau qui coulera le long du fil de pénétrer en suivant la pente jusqu'à l'intérieur du poste et pour la forcer à tomber sur le sol. Un simple trou dans l'encadrement de bois d'une fenêtre formera une entrée suffisante, le percement d'un trou au milieu d'un carreau et quelques autres précautions exagérées sont complètement inutiles; si l'on aime les raffinements on pourra insérer dans le trou, un tube de verre par lequel le fil isolé fera son entrée solennelle.

A l'intérieur et jusqu'aux appareils le fil sera rigoureusement isolé et éloigné des murs, des fils de sonnerie, de téléphone et de lumière; on pourra le suspendre dans le vide à l'aide de fils de soie. On évitera la traversée des murs, surtout des murs humides, et, si l'on est obligé d'y recourir, on le fera à travers un tube de verre. On soudera soigneusement tous les raccords de fils[1] et l'on arrivera ainsi jusqu'aux appareils.

Prise de terre.

Je décrirai plus loin les appareils de réception composant le poste proprement dit; auparavant, je dois parler de la prise de terre, car il est préférable, en pratique, d'établir tout d'abord convenablement le circuit antenne-terre complet et d'y intercaler ensuite le poste récepteur. J'ai dit qu'il fallait placer ce dernier le plus près possible du sol. Le conducteur reliant le poste au sol sera donc très court, c'est une condition essentielle de bon fonctionnement. Ce conducteur sera en *fil nu* de grosse section ou en ruban de cuivre, comme ceux employés pour les paratonnerres, il aboutira à une plaque métallique (ou à un grillage serré), auquel il sera soudé. Cette plaque

---

1. La soudure en pâte dite *électro-soudure* convient particulièrement à ce travail.

sera enfoncée dans le sol, de préférence en un milieu humide à 1 mètre de profondeur, ou noyé dans un puits, une mare ou une citerne. En route, s'il rencontre la canalisation d'eau ou de gaz, il y sera avantageusement connecté.

La simple soudure du conducteur de terre avec la canalisation d'eau constitue déjà, à elle seule, une terre excellente. La canalisation de gaz peut également être employée, bien qu'elle soit d'un moindre rendement. Si l'on dispose du téléphone et que ce dernier ait une prise de terre, on pourra aussi souder le conducteur de terre au fil de terre du réseau. Une charpente métallique enfoncée dans le sol pourra servir de prise de terre. Un fil noyé à l'aide d'une grosse pierre au fond d'un fleuve, d'une rivière ou d'un lac formera aussi une terre parfaite.

Si l'on était obligé d'établir le poste récepteur assez loin du sol, il sera bon de constituer le conducteur jusqu'à la prise de terre par un fil isolé, mais il faut, autant que possible, éviter cette condition défavorable et y remédier en tout cas, par l'augmentation de la section du fil de terre.

§ 2. — *Poste récepteur.*

Lorsque le circuit antenne-terre est constitué, il ne reste plus qu'à intercaler le poste récepteur. Que sera ce poste? Quel montage adoptera-t-on? Choisira-t-on la *réception directe* ou *indirecte* et si l'on se décide pour la réception indirecte procédera-t-on *par dérivation* ou *par induction?*

Montage direct.

A mon avis, il faut rejeter la réception directe dans laquelle le détecteur étant placé directement sur l'antenne il n'y a qu'un seul circuit d'oscillations. Si ce montage a l'avantage de la simplicité, il a l'inconvénient d'être très amorti et sensible à toutes les longueurs d'ondes. Il n'y a donc, en l'employant, aucune sélection possible. A raison de son réglage à un seul curseur, et de l'absence de toute complication, il est cependant ample-

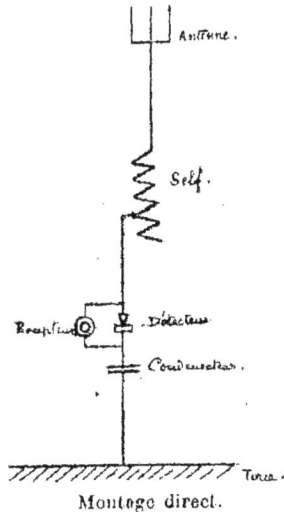

Montage direct.

ment suffisant pour ceux qui ne veulent recevoir que la Tour Eiffel, s'ils n'en sont pas trop éloignés.

Montage par induction.

Le montage par induction est, de tous, celui qui donne les meilleurs résultats. Le couplage du transformateur d'oscillation parcouru par le primaire étant lâche, il est facile d'arriver à une syntonie serrée[1].

Si donc on veut faire de la T. S. F. une pratique sérieuse, c'est un poste monté en induction qu'il faut choisir ou même construire soi-même si l'on a quelque aptitude[2] (Voir aussi p. 202).

1. On vient de faire au nouveau poste de l'Administration des P. T. T. à Leschaux-Champagneux (Savoie) où à l'aide d'une antenne spéciale de 10 fils, M. Galletti expérimente la T. S. F., avec émission par courants continus, la curieuse remarque suivante : On y a reçu FL à 600 kilomètres de Paris sur une antenne de 5 mètres, à peine élevée de 4 mètres du sol, en supprimant la terre au primaire d'un montage par induction.

2. Indications de construction, Télégraphie sans Fil, Dʳ Corret, p. 55.

Mais comme mon but n'est pas de décrire tous les appareils et tous les montages en laissant au lecteur le soin de faire son choix, mais seulement d'indiquer un

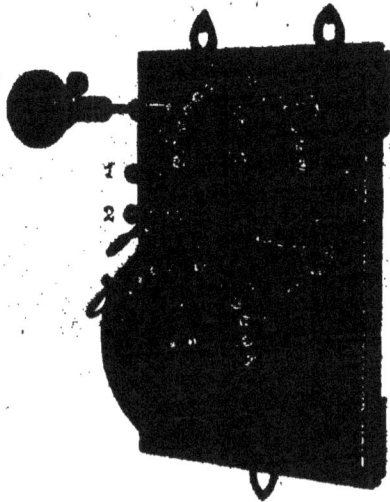

Dispositif de réception à spirales (par induction).

disposif simple et à la portée de tous, permettant d'entendre avec facilité les signaux horaires et météorologiques d'FL et les dépêches des grands postes européens, j'estime qu'il n'est pas nécessaire d'établir un poste par induction pour y parvenir et qu'un bon montage en dérivation beaucoup plus simple et moins coûteux donnera déjà d'excellents résultats.

Avec ce montage, la recherche des signaux est beaucoup plus facile qu'avec le montage par induction.

Cela est si vrai que nombre de postes montés en induction, possèdent également un montage en dérivation sur lequel on opère la recherche des ondes, et on n'utilise le montage en induction que lorsqu'on veut opérer une sélection, faire un triage entre plusieurs émissions concomitantes.

Montage par dérivation.

Le montage par dérivation est donc le plus à la portée de tous. Sans doute, on peut lui reprocher de ne pas permettre une sélection parfaite, son couplage trop serré produit dans le système des oscillations de deux longueurs d'onde, quand une longueur d'onde donnée tombe sur l'antenne; le dispositif réglé pour une longueur d'onde donnée, peut être encore sensible à des signaux d'une autre longueur d'onde[1], mais a-t-on réellement besoin de pouvoir opérer une sélection complète? Personnellement, j'ai été longtemps uniquement monté en dérivation et je n'ai jamais été gêné que dans la soirée vers 10 heures et demie ou 11 heures par les émissions de Madrid qui se confondaient à celles de Nord-deich que je voulais recevoir confusion, que le montage en induction n'arrive qu'avec peine à éviter.

Le montage en dérivation (ou en Oudin), comporte essentiellement : une *bobine de self*, appelée aussi *bobine de résonance* ou *d'accord*, un *détecteur*, un ou plusieurs *condensateurs fixes ou réglables* et un *récepteur téléphonique*.

Ces appareils sont trop connus et leur description a été faite par trop d'auteurs pour que j'aie à y revenir, je donnerai seulement quelques indications pratiques pour leur choix et leur montage et leur utilisation.

Ce qui peut dérouter bien des débutants, c'est le grand nombre de montages différents qui leur sont présentés dans les ouvrages spéciaux[2].

Après avoir décrit un montage, donné un schéma, les auteurs qui veulent être complets ajoutent que tel autre montage donne encore de bons résultats, qu'il est peut-être meilleur, à moins que ce ne soit un troisième ou un quatrième et l'on ne sait que faire, à quel saint se vouer. J'ai donc résolu de rompre avec ces habitudes et de

---

1. La *Télégraphie sans Fil* de MM. Petit et Bouthillon, p. 65.
2. L'ouvrage de M. F. Duroquier, la *Télégraphie sans Fil pour tous*, contient d'intéressantes combinaisons de montage d'appareil.

décrire un montage en dérivation éprouvé et qui donne d'excellents résultats, est-ce le meilleur ? Je n'oserais le prétendre, mais il est très bon, c'est déjà quelque chose.

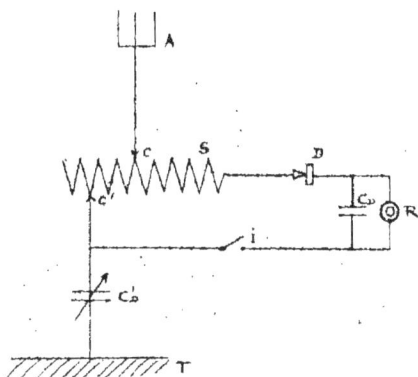

A. — Antenne.
S. — Bobine de self.
CC'. — Curseurs.
D. — Détecteur à cristaux.
Cᴅ. — Condensateur fixe.
R. — Récepteur téléphonique.
I. — Interrupteur.
Cᴅ'. — Condensateur réglable.
T. — Terre.

Montage par dérivation.

Le schéma ci-dessus me dispensera de m'expliquer sur l'ordre dans lequel seront groupés les appareils (*Voir aussi p. 201*).

Bobine de self.

La bobine de self, qui sert à parfaire l'accord de l'antenne, sera robuste ; il ne faut pas perdre de vue que ses curseurs, celui d'antenne notamment, fonctionnent continuellement ; les fils devront donc en être fortement serrés. On donnera au fil de la bobine une longueur de 150 mètres maximum. Plus serait inutile, car, même avec 200 mètres de fil, on n'entendra pas encore Coltano[1] à cause de sa

---

1. *Coltano.* — Ce poste militaire est situé à 10 ou 12 kilomètres de la mer, auprès de Pise.

Il comporte une antenne coudée Marconi magnifique supportée par deux rangées de pylones en fer.

Chaque rangée contient 8 pylones de 75 mètres de hauteur.

La transmission de Coltano est chantante et ressemble à Clifden, mais sa note est un peu moins dure. Sa portée atteint 6 à 7.000 kilomètres.

On a peu de renseignements sur le service de ce poste qu'on entend

grande longueur d'onde et, pour sa réception, il faut employer une seconde bobine dite *self d'antenne*. Un bobinage trop considérable donnera, en outre, naissance dans les spires inutilisées à des phénomènes d'induction qui nuiront à l'équilibre du système.

La section du fil de la bobine sera de 8 à 10 dixièmes de millimètre. Avec une section moindre et jusqu'à 4 et même 3 dixièmes de millimètres, on obtient des résultats, mais ces faibles sections ne peuvent convenir qu'aux appareils portatifs et de voyage, pour diminuer l'encombrement, mais non à des appareils fixes, quand on dispose d'un emplacement suffisant. Le curseur aurait vite fait, en frictionnant les spires de fils trop fins, de les user et de les court-circuiter; de plus, en réduisant la section du fil, on augmente la résistance au détriment du rendement.

La bobine de self la plus pratique est à deux curseurs.

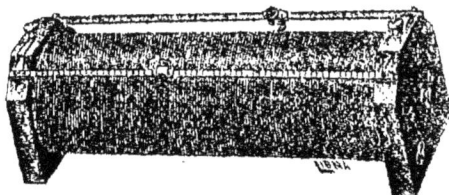

Bobine de self à deux curseurs.

Si l'on construit soi-même une bobine, employer de préférence le fil émaillé à raison de la facilité avec laquelle on le dénude pour faire les génératrices des curseurs.

Quel que soit le procédé employé, veiller à ce que le curseur soit doux et ne gratte pas la bobine, un curseur qui

surtout la nuit et qui échange de nombreux télégrammes chiffrés avec Tarente et la Tripolitaine (*Revue T. S. F.*, n° 7).

Depuis le mois d'août 1913 jusqu'à ce jour (fin octobre 1913) aucun poste français ne l'a plus entendu. La longueur d'onde de Coltano est de 10.000 mètres; son indicatif est CTO.

râcle est un mauvais curseur. Qu'il soit à ressort ou à roulette, ou à bille et ressort, le curseur devra, pour fonctionner utilement, ne toucher qu'un fil de la bobine à la fois. Il est essentiel, lorsque l'on reçoit, de ne pas faire chevaucher le curseur sur deux fils en même temps, car on n'ignore pas que chaque spire fait travailler par induction sa voisine en sens inverse ; si donc, on touche deux ou plusieurs fils à la fois, on nuit fortement au rendement. Enfin, le bouton du curseur sera en bois ou revêtu d'un isolant s'il est métallique, car la déperdition qui se produirait lors du réglage gênerait ce dernier.

La bobine d'accord peut être à trois curseurs, mais, si, dans certains cas, ce dispositif peut donner un meilleur rendement, notamment pour les émissions de très petite longueur d'onde (300 et 600 mètres), en permettant de supprimer pour ainsi dire une grande partie de fil inutilisé de la bobine, il est pratiquement inopérant pour la sélection des ondes.

Lorsque l'on a trois curseurs, le premier doit être relié à l'antenne et les deux autres forment les amorces du secondaire sur la bobine. Le circuit antenne-terre va de ce premier curseur à une borne fixe de la bobine (borne terre). Le secondaire est ainsi constitué : 2° curseur (le plus éloigné de la borne terre) : détecteur, condensateur sur lequel le récepteur est mis à cheval ; 3° curseur (le plus rapproché de la borne terre) (*Voir aussi figure, p. 201*).

Calcul de la self d'une bobine formée d'une seule couche.

Les bobines de self utilisées en T. S. F. sont de véritables solénoïdes à une seule couche.

Pour l'unité d'intensité, nous leur appliquerons donc la formule :

$$\text{Self} = \frac{4\pi N^2 S}{l},$$

dans laquelle N = nombre total des spires.
S = section ou surface couverte par une spire en centimètres carrés.
l = longueur du solénoïde en centimètres.

Cette formule peut être remplacée, pour le plus grand

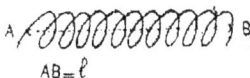

$AB = l$

avantage de la mémoire, par son équivalente plus simple : Self $= \dfrac{L^2}{l}$, dans laquelle L $=$ longueur totale du fil du solénoïde (en centimètres) et $l =$ longueur du solénoïde (en centimètres).

Ces deux formules, comme je l'ai dit, sont équivalentes ; en effet :

$$\frac{4\,\pi\,N^2\,S}{l} = \frac{L^2}{l}.$$

S, ou surface d'une spire $= \pi\,R^2$, remplaçons donc S par sa valeur :

$$\frac{4\,\pi\,N^2\,\pi\,R^2}{l} = \frac{4\,\pi^2\,N^2\,R^2}{l},$$

d'autre part, la longueur d'une spire est $\pi\,D$ ou $2\,\pi\,R$ et la longueur L de N spires : $2\,\pi\,N\,R$, donc $L = 2\,\pi\,N\,R$ et $L^2 = 4\,\pi^2\,N^2\,R^2$; nous pouvons donc remplacer $4\,\pi^2\,N^2\,R^2$ par sa valeur L^2 et nous obtenons : self $= \dfrac{L^2}{l}$.

En effectuant le calcul, l'on trouvera la valeur de la self en centimètres ; si l'on veut la traduire en henrys, il faudra diviser le résultat par 1.000.000.000 ou 10^9, un henry étant égal à 10.000.000 mètres.

Détecteurs.

Le choix du détecteur, qui est le révélateur du passage des ondes, sera encore une grosse question. Il existe deux sortes de détecteurs : les DÉTECTEURS D'AMPLITUDE comprenant les *cohéreurs* et les *détecteurs magnétiques*, et les DÉTECTEURS D'ÉNERGIE qui comprennent un grand nombre de types dont les principaux sont les détecteurs thermiques, les détecteurs à gaz ionisé, les détecteurs électrolytiques et les détecteurs à contacts solides.

C'est parmi ces deux derniers types qu'il faudra choisir. Prendra-t-on un détecteur électrolytique ou un détecteur à contacts solides?

Détecteur électrolytique.

Si l'on veut un appareil de tout repos, ne se déréglant pour ainsi dire pas, il faut choisir le détecteur électrolytique *Ferrié*. Ceux qui ne veulent entendre que la Tour et qui ne sont pas à l'autre bout du monde en auront toute satisfaction; pour les postes horaires, ce détecteur est tout indiqué, on en trouve dans le commerce un grand nombre de modèles, et l'on peut facilement en construire un soi-même[1]. Mais ce détecteur n'a pas la sensibilité maximum à laquelle on peut prétendre; si l'on désire entendre des postes très éloignés, il est souvent insuffisant, surtout si l'on ne dispose pas d'une antenne de grande capacité. De plus, ce détecteur exige, pour fonctionner dans les meilleures conditions, l'emploi: 1° d'une pile[2]; 2° d'une résistance fixe qu'il faut calculer; 3° d'un potentiomètre[3]; tout cela est un peu compliqué. De plus, cet appareil comporte de l'eau acidulée dont la manipulation est désagréable. Si le réglage n'en est pas parfait, on est fréquemment gêné par le bruit de l'électrolyse, enfin l'électrode à la Wollaston de cet appareil est souvent mise hors d'usage par les fortes décharges atmosphériques. Pour toutes ces raisons, on a souvent avantage à faire usage des détecteurs

---

1. *Télégraphie sans Fil* du Dr Corret, chapitre premier. — *Applications de la Télégraphie sans Fil* de M. Rothé, p. 60.

2. Le *détecteur électrolytique Jégou* que l'on trouvera prochainement dans le commerce (Péricaud) et qui, en dehors de l'eau acidulée, contient un amalgame d'étain spécial, fonctionne sans le secours d'une source électrique auxiliaire. Il serait plus sensible que les électrolytiques fonctionnant avec pile, d'une grande fixité et donnerait une clarté de sons remarquable, sur les émissions musicales.

3. *Réception des signaux radiotélégraphiques*, édité par le Bureau des longitudes Gauthier-Villars. (*Détecteur électrolytique*, p. 16).

à contacts solides, qui fonctionnent sans pile et sans potentiomètre, et qui, malgré les inconvénients inhérents à leur nature, sont d'un maniement plus aisé.

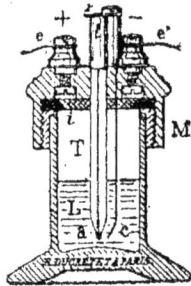

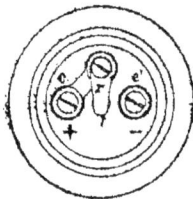

Quoi qu'il en soit, si l'on préférait le détecteur électrolytique, une bonne précaution à prendre est d'établir un modèle dans lequel l'électrode à la Wollaston serait mobile et d'avoir un certain nombre de ces électrodes de rechange. Avec un appareil ainsi constitué, on peut retirer et changer l'électrode à la Wollaston en un tour de main, comme on change la pyrite d'un détecteur à contacts solides, et remédier à bien des insuccès. Une électrode devenue défectueuse peut ainsi retrouver ses facultés perdues accidentellement, après quelques jours de repos, sans que l'on soit obligé d'user légèrement la pointe sur du papier d'émeri fin.

Détecteur électrolytique
« Ferrié ».

a. Électrode à la Wollaston mobile.
c. Fil de platine.
L. Eau acidulée au 10e.
T. Récipient de verre.
i. Ébonite isolante.
e. Pôle de l'antenne.
é. Pôle terre.
r. Interrupteur.

Détecteur à contacts solides ou à cristaux.

Suivant une règle fixe de progression, tous ceux qui se sont lancés dans la télégraphie sans fil ont débuté avec un détecteur électrolytique et ils ont ensuite adopté (la plupart du moins), le détecteur à cristaux. Peut-être pourrait-on éviter ce processus, en débutant avec ce dernier.

Pour le particulier qu'intéresse la science, c'est d'ailleurs le détecteur idéal parce qu'il est une mine inépuisable d'observations, d'expériences, de perfectionnements à faire. Chaque cristal a ses qualités, ses défauts. On peut y remédier par la manière de l'employer : tel détecteur qui convient à un cristal ou à un corps solide ne convient pas à un autre ; les dispositifs peuvent donc varier à l'infini, il doivent même varier à l'infini, car pour être

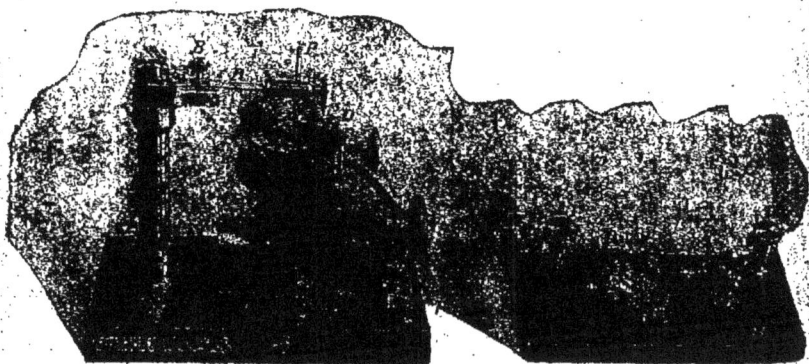

Détecteur à cristaux.

bien outillé, il faut avoir plusieurs détecteurs de systèmes différents.

Il faut avoir plusieurs détecteurs.

J'ai entendu soutenir par un constructeur, et non des moindres, qu'un seul détecteur devait suffire dans tous les cas, quand il était bon, et que si l'on a besoin de plusieurs détecteurs c'est que ceux que l'on emploie sont mauvais : c'est une erreur profonde. Lorsque, pendant des journées entières, on se consacre à l'étude des ondes, on arrive vite à reconnaître que tel cristal, tel contact excellent pour certaines émissions est mauvais pour d'autres et réciproquement ; que telle pyrite, bonne aujourd'hui, a comme une jolie femme, des caprices le lendemain, pour redevenir excellente le surlendemain. On a toujours dans sa collection, une galène qui révèle admirablement Norddeich et est mauvaise pour FL. Doit-on passer son temps à changer ses cristaux ? Assurément non, on risquerait de ne plus retrouver ultérieurement le point de sensibilité optima que l'on avait

découvert, on perdrait ainsi le fruit de patientes recherches, et puis, en a-t-on le loisir? S'il faut essayer
plusieurs contacts et opérer des réglages pendant une

Détecteur d'essai.

émission, on la manque. Il faut donc être prêt et, pour
l'être, il faut avoir une batterie de plusieurs détecteurs
tous différents et bien réglés, les uns à pyrite de fer,
d'autres à galène, etc., les uns à contact serré, d'autres
à contact lâche, les uns à pointe de cuivre, d'autres de platine ou de zincite, etc. Pour la même raison, il est préférable de posséder plusieurs détecteurs à cuvette unique,
plutôt qu'un seul détecteur à cuvettes multiples. Tous seront reliés à un commutateur, et en un clin d'œil on trouvera le détecteur qui convient, pour une émission donnée.
Ce commutateur sera pourvu d'un plot « à blanc » (c'est-
à-dire sans connexion avec aucun organe) sur lequel
reposera la manette en dehors des réceptions.

Détecteur d'essai.

Dans une installation bien comprise, il faut, enfin, un

détecteur spécial pour l'essai des cristaux, on trouvera ci-dessus un modèle que j'ai fait établir et qui est assez pratique. Ce détecteur d'essai comporte un levier pouvant être immobilisé par une vis de serrage. Sur ce levier est mobile une petite masse métallique, permettant de faire varier la pression qu'exercera sur le cristal une pointe métallique changeable. Les bornes sont doublées pour faciliter les connexions multiples. Le cristal est simplement posé sur une plaque métallique.

Dispositif du détecteur.

Quel dispositif adopter? La réponse n'est pas aisée, le meilleur est celui que l'on connaît le mieux et qui répond le mieux aux besoins de la situation. Presque tous les détecteurs sont bons quand on sait s'en servir. Un bon appareil doit, en tout cas, permettre une exploration facile et rapide, et se dérégler le moins possible. Mais il

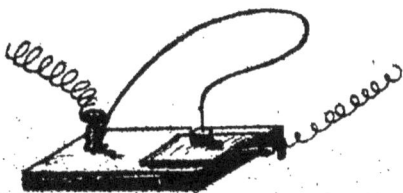

Un détecteur simple.

ne faut pas perdre de vue que le déréglage tient autant aux cristaux employés qu'au détecteur lui-même. Quand un cristal a une sensibilité générale, avec un détecteur quelconque, on n'a pas de déréglage, et l'on peut en avoir avec un excellent détecteur, si le cristal n'a que d'infimes points sensibles. On recherchera enfin un détecteur permettant de changer facilement la pointe.

On peut aisément faire un détecteur soi-même, tous ceux qui ont une certaine pratique de la T. S. F. ont inventé et construit leur détecteur. Les plus simples sont souvent les meilleurs. On trouvera ci-dessus le modèle d'un détecteur que n'importe qui peut construire et avec lequel j'ai obtenu des résultats excellents. Le fil recourbé d'un millimètre de section, auquel j'ai donné une forme en col de cygne, pour qu'il soit facilement maniable, doit être en bronze silicieux pour bien faire ressort, il est simplement fixé sous une borne, On en lime l'extrémité pour la transformer en pointe et on le pose sur le cristal. Ce détecteur convient admirablement aux pyrites de fer, il est moins bon pour la galène et les cristaux similaires, nous verrons plus loin pourquoi.

Réception par contact bimétallique.

Ce détecteur ultra simple m'a permis d'obtenir accidentellement, une réception parfaite, sans l'emploi d'aucun cristal rectificateur. En posant la pointe de cuivre sur la plaque également en cuivre, j'ai pu, à plusieurs reprises, recevoir Norddeich dans de bonnes conditions. Le hasard m'avait fait réaliser un détecteur à contact imparfait. Mais ces détecteurs qui fonctionnent également bien avec le contact acier-cuivre, donnent des résultats trop incertains pour pouvoir remplacer jamais les détecteurs à cristaux.

Interversion des pôles au détecteur.

Si l'on intervertit le sens du courant dans le détecteur, en connectant, par exemple, à ce dernier le fil de retour à la terre, à la place du fil d'antenne venant des appareils d'accord, et en reliant ce dernier à la borne où était fixé le fil de terre, on remarquera que les résultats obtenus sont nettement différents, et que cette différence varie avec la nature des cristaux employés. On recherchera donc de cette manière le meilleur rendement.

Choix des cristaux.

Les cristaux et les corps sensibles, susceptibles de révéler les ondes, sont extrêmement nombreux : La *galène*, la *pyrite de fer ou de cuivre*, la *bornite*, le *carborandum*, le *silicium*, la *smalite*, la *zincite*, la *molybdénite*, etc., etc., donnent d'excellents résultats et l'on peut, en les expérimentant, passer de bons et surtout de longs moments ;

mais, pratiquement, la *galène* (et cristaux similaires) et la *pyrite de fer* sont surtout à recommander. Pour les émissions rapprochées, ou intenses (telle la Tour Eiffel), et, dans tous les cas, si l'on dispose d'une antenne de grande capacité, la pyrite de fer fait merveille ; pour les émissions lointaines et musicales la galène semble préférable. Les cristaux similaires ou synthétiques sont également très bons pour ces sortes de transmissions. Il faut avoir manié un grand nombre de cristaux et de détecteurs pour se permettre de porter sur leur rendement, un jugement, en connaissance de cause, il faut surtout bien se garder de tirer des conclusions définitives d'observations qui, pour être nombreuses et concordantes, peuvent fort bien, à raison de circonstances particulières, n'être pas décisives.

Pyrite de fer.

Le meilleur contact avec la pyrite de fer est la pointe d'argent et la pointe de cuivre ; *ce contact peut être dur ou serré*, on n'a donc pas besoin avec les pyrites de fer d'user comme pointe d'un petit ressort à boudin fait d'un fil ténu ; un simple fil de cuivre rigide posé sur les parties sensibles constitue une pointe, j'ai reçu la Tour dans les meilleures conditions, avec un fil de bronze silicieux de 1 millim. 5 de section simplement coupé à la pince. La sensibilité se trouvant généralement sur des points en saillie, ce sont ces aspérités qui forment elles-mêmes pointe contre une partie quelconque du métal opposé. A la différence de la galène, la pyrite de fer supporte la pression, il semble même qu'il faille l'augmenter en raison directe de l'éloignement du poste à recevoir. En tout cas, *la pression influe sur la réception ;* telle pression qui convient pour la réception des émissions sur étincelles rares est mauvaise pour les émissions musicales.

Les pyrites de fer sont plus fixes, plus stables que les autres cristaux, mais elles sont plutôt un peu moins sensibles que la galène.

Certaines gagnent en vieillissant. La chaleur les améliore souvent ; il faut cependant éviter de trop les chauffer, car à raison de leur structure cristalline, elles éclateraient et pourraient projeter des éclats dangereux. Le courant passe du cristal à la pointe quand on opère avec les pyrites. On peut augmenter la sensibilité des pyrites ou rendre aux cristaux affaiblis leur sensibilité perdue en les rayant; leur dureté ayant le coefficient 6, il faut, pour les rayer, prendre un corps ayant au moins le coefficient 8, comme le diamant, l'émeraude, le corindon, etc.

On facilite également la découverte des points sensibles en attaquant à chaud les pyrites par les différents acides. Ces deux procédés ont sans doute, pour effet, de mettre à nu des axes de cristallisation sur lesquels le maximum de sensibilité semble résider. Enfin, pour trouver des points sensibles, on peut, après avoir chauffé un fragment de pyrite de fer, le tremper dans l'eau froide où il éclate suivant sa structure cristalline, mettant à nu des axes sur lesquels on pourra opérer d'utiles recherches.

Galène.

La galène semble être le cristal naturel le plus sensible mais les bons échantillons sont rares. Il faut souvent concasser des kilogrammes de ce sulfure pour en trouver un fragment réellement intéressant.

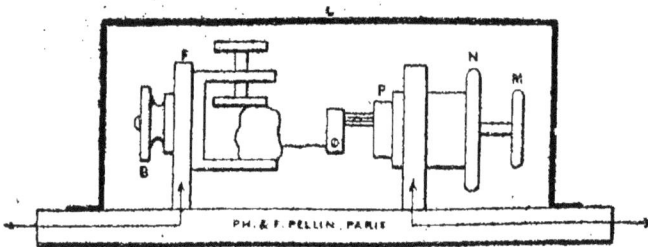

Détecteur à galène et contact platine.

Sa sensibilité est moins fixe que celle de la pyrite; les décharges atmosphériques ont sur elle, les effets les plus funestes. Elle convient à merveille pour révéler les émissions faibles ou éloignées.

27

Le contact ne s'effectuera pas de la même façon qu'avec les pyrites. Le meilleur est celui réalisé à l'aide d'un mince ressort à boudin d'or, d'argent, de platine ou simplement de cuivre, dont l'extrémité allongée effleurera à peine sa surface : *plus le contact sera léger et meilleur sera le rendement ;* on devra donc rechercher le fil le plus fin possible. Avec la galène, le courant passe de la pointe dans le cristal, c'est-à-dire en sens inverse de ce qui arrive avec la pyrite de fer.

On améliore également la sensibilité de la galène en la rayant, avec une simple pointe d'acier, ou en la sulfurant, mais une galène sulfurée dont la sensibilité est souvent éphémère, ne vaut jamais une bonne galène naturelle. Voici la manière de procéder :

Prendre un morceau de galène déjà légèrement sensible, le mettre dans une capsule réfractaire sur une goutte de mercure de la grosseur d'une goutte de rosée, le saupoudrer légèrement de soufre en fleur. Chauffer : le mercure enveloppant de sa vapeur la pyrite facilite l'absorption d'une partie de l'acide sulfureux produit ; quand il ne reste plus de soufre, éloigner du feu et mettre sur la galène un peu d'iode pendant le refroidissement[1].

Cristaux synthétiques.

La difficulté avec laquelle on se procure des cristaux naturels sensibles a, tout naturellement, amené les chercheurs et les industriels à créer des sulfures ou polysulfures synthétiques, dont quelques-uns donnent d'excellents résultats, mais dont la fixité ne paraît pas aussi grande que celle des cristaux naturels. Chaque maison de commerce a ses cristaux artificiels spéciaux, certains sont même assez répandus, tels le *cristal Gody*, le *cristal Navy*, le *synthétique Péricaud*, le *Radiolythe* et la *Mousse Antonia*. On peut aussi facilement faire soi-même de la galène artificielle. Le contact s'effectuera avec les

1. Prendre toute précaution utile pour les yeux, en cas d'éclatement du cristal (Même précaution à prendre pour la formule de la page 261).

synthétiques comme avec la galène; souvent, l'addition d'une minuscule gouttelette de plomb à l'extrémité du ressort à boudin formant pointe, comme cela est pratique dans le *détecteur Antonia*, donnera d'excellents résultats.

J'ai donné, plus haut, chapitre III, page 309, la formule de galène artificielle de M. Flajolet, on pourra s'y reporter. On trouvera également, supra, des formules de sulfuration et de préparation de galène[1] (*V. pp. 259 et 261*).

Avec les cristaux artificiels le contact sera doux comme avec la galène.

Montage des cristaux.

Quel que soit le cristal dont on veuille faire usage, il est utile de le noyer dans une masse conductrice pour le rendre stable et maniable et aussi pour éviter la formation d'un ou plusieurs autres contacts imparfaits qui nuiraient au premier. De cette façon, on évitera d'utiliser de gros morceaux de cristaux, de petits fragments étant, le plus souvent, d'un meilleur rendement.

On a préconisé pour cet usage le papier d'étain en boule, ou la cire à modeler entourée de papier d'étain; pour mon compte, je préfère enrober les cristaux dans une masse métallique fusible.

Rien n'est plus simple, d'ailleurs, que de faire une pastille. Voici comment on procède.

Essai des cristaux.

Avant d'enkyster le cristal, il faudra soigneusement rechercher la facette sur laquelle il présente la plus grande sensibilité. Comme on opère sur des fragments souvent infimes, il ne faut pas songer à utiliser les détecteurs à pinces ou à vis que le commerce met habituellement à la disposition des chercheurs. Il faudrait avoir une patience surhumaine pour fixer successivement dans

1. On m'a également indiqué la formule suivante comme donnant un excellent cristal, je la reproduis sous toutes réserves :
1 partie de sélénium noir fondu et pulvérisé;
1 partie de plomb pulvérisé;
1 partie de galène naturelle pulvérisée.
Le tout bien mélangé et fondu.

toutes les positions une minuscule pyrite et l'essayer comparativement, dans toutes ses positions. A défaut d'étalonneur (*Voir p. 297*), on peut agir plus pratiquement, en faisant usage d'un détecteur à levier (*Voir p. 413*) dont la pointe se lèvera et s'abaissera d'un simple coup de pouce, avec la plus grande facilité. Pour supporter la pyrite et lui faire prendre en un instant toutes les positions voulues, on remplira une petite coupelle métallique (tel un couvercle de tube pharmaceutique) avec un amalgame d'étain, auquel on donnera la consistance du mastic (cet amalgame s'obtiendra facilement en versant du mercure sur du papier d'étain[1]); on enfoncera la pyrite dans cet amalgame, on l'y retournera avec la plus grande aisance.

Lorsque la partie la plus sensible aura été ainsi mise en évidence, ou préparera un moule pour couler la pastille et l'on fera un alliage fusible.

Moulage des pastilles.

L'alliage employé devra présenter diverses qualités, notamment celle de ne pas se solidifier trop vite, afin de permettre l'insertion facile du cristal.

Le métal Darcet dont la composition est connue convient bien à cet usage. Voici deux formules de cet excellent alliage dont le point de fusion est très bas, puisqu'il peut fondre dans l'eau bouillante.

I

Bismuth (métal)...	8 parties	en poids
Etain	3 parties	—
Plomb...........	5 parties	—

II

Bismuth (métal)...	5 parties	en poids
Etain	2 parties	—
Plomb...........	2 parties	—

Mélanger à froid, faire fondre le tout ensemble en agitant avec une tige de fer.

1. Le mercure et l'amalgame détériorant sérieusement l'or et les

Quant à moi, j'ai employé jusqu'ici avec succès, la vulgaire soudure de plombier, à laquelle j'ajoutais du mercure, ce qui retardait considérablement la solidification et permettait un enrobage facile. Une cuiller de fer et une lampe à alcool complétaient l'outillage.

Pour faire le moule, on prendra un carré de craie à billard ; à l'aide d'un ciseau à froid ou d'un tournevis, on agrandira en tournant la petite cavité du milieu et quand elle aura la capacité voulue, on procédera au coulage. Il sera bon d'opérer une première fois « pour rien, » afin d'échauffer le moule. Lorsque l'alliage en fusion remplira la cuvette, on y insérera le cristal dans la position désirée à l'aide d'une petite pince pointue d'horloger.

Quand le refroidissement sera opéré, on fera la toilette de la pastille avec une bonne lime, si l'on ne dispose pas d'un tour.

Autres cristaux. Utilisation de pointes diverses.

Comme on le voit, le détecteur à cristaux offre des ressources à l'activité de ceux qui l'emploient.

J'ai insisté sur la pyrite et la galène parce que ce sont les cristaux les plus pratiques, mais l'on pourra varier les expériences à l'infini. On essayera notamment des contacts divers en remplaçant, par exemple, les fils métalliques dont j'ai parlé par des fragments de *tellure*, de *graphite*, de *bismuth natif*, de *mispikel* (sulfo-arseniure de fer), que l'on montera dans de minuscules coupelles à tiges de la même façon que j'ai indiquée pour la fabrication des pastilles. On constatera alors que tel corps n'ayant aucune sensibilité avec tel ou tel métal comme pointe, en acquiert avec une pointe formée d'un corps différent, que tel autre, avec la même modification, devient plus ou moins sensible suivant les cas.

C'est ainsi que la *bornite*, dont la sensibilité est plu-

bijoux, il conviendra d'éviter de les mettre en contact avec lui. Le seul remède, si cela se produisait, serait de chauffer fortement l'objet taché, même à l'aide d'un chalumeau, pour faire évaporer le mercure.

tôt faible avec une pointe de cuivre, en acquiert une assez grande avec une pointe de *zincite*. Il en est de même de la *chalcosine* (sulfure de cuivre Cu²S); des échantillons de *covelline* (sulfure de cuivre CuS, de Bor, en Serbie), insensibles avec les pointes métalliques, m'ont donné d'excellents résultats avec la *zincite* pour les émissions intenses; le *mispikel* (sulfo-arséniure de fer), et la *pyrite magnétique de fer* qui ne donnaient pas avec le cuivre, ont également accusé une certaine sensibilité, encore avec la zincite. Le contact *bismuth-zincite* m'a donné également des résultats appréciables; le contact *molybdénite-zincite* est excellent.

Je pourrais multiplier les exemples, mais ce qui résulte de tout cela, c'est que le champ des investigations est illimité; il dépasse la liste des oxydes et des sulfures, puisque la sensibilité se rencontre dans d'autres corps (tel le *carborandum*) et même celle des cristaux puisque certains corps amorphes sont sensibles (tel le *silicium*).

Si l'on joint cette observation de la *sensibilité relative et différente des corps suivant la nature du contact*, à tant d'autres, on se demande ce qui reste de toutes les théories ou plutôt de toutes les hypothèses sur le mécanisme de la conductibilité unilatérale et le fonctionnement des corps rectificateurs. On trouvera plus loin deux nouvelles hypothèses que leurs auteurs n'exposent d'ailleurs qu'avec une prudente réserve. On voit combien il y a encore à chercher, et surtout à trouver. Un grand nombre de phénomènes dans la matière qui nous occupe sont mystérieux : tel le son différent que donnent au téléphone deux cristaux de nature différente tout en fournissant une force électromotrice égale.

Radiateur d'essai.

Le détecteur à contacts solides comporte accessoirement un appareil qui facilite la recherche des points sensibles et peut servir également pour apprendre à lire au son. Cet appareil qui est très utile mais non indispensable, (à la rigueur, on peut régler un appareil sur les émissions, à heures fixes), ne figure pas sur le schéma de montage donné plus haut, car il ne fait pas partie intégrante du poste. Les radiations de ce dispositif à trembleur, que l'on peut même rendre oscillantes, en y adjoignant un petit condensateur, impressionnent les détecteurs placés dans leur voisinage et donnent l'illusion de la réception d'un poste de la T.

Radiateur d'essai.

S. F. On en trouve un grand nombre de modèles dans le commerce, mais rien n'est plus simple que d'en construire un soi-même, en utilisant une sonnette électrique dont on supprime le timbre, le frappeur et même l'armature en fer sur laquelle ce frappeur était fixé. Le ressort resté libre sera rapproché des pôles des aimants et réglé convenablement à l'aide de la vis micrométrique ; il vibrera si bien, qu'au téléphone on percevra un son analogue à celui des émissions musicales. Son bourdonnement sera provoqué à l'aide d'un manipulateur ou d'un interrupteur. L'emploi de ce radiateur d'essai comporte une pile, mais pour n'avoir ni encombrement, ni liquide à manier, on peut choisir une pile sèche. Le petit modèle pour l'éclairage des motocyclettes convient particulièrement pour cet usage, notamment en voyage.

Interrupteurs.

Il ne faut jamais, en dehors des heures de réception, laisser fermé le circuit antenne-terre, car les émissions des postes rapprochés, surtout si elles sont intenses, et les décharges atmosphériques auraient vite fait d'enlever aux cristaux tout ou partie de leur sensibilité. Il faut donc, en dehors de l'interrupteur, qui est constitué par le plot « à blanc » du commutateur dont j'ai parlé, avoir un crochet interrupteur pour l'écouteur téléphonique ; si l'on a oublié de prendre la première précaution, en donnant à la manette la position de repos, sur le plot « à blanc, » on y remédiera involontairement en accrochant l'écouteur ce qui coupera le circuit du secondaire.

Condensateurs.

Le montage en dérivation que j'ai indiqué plus haut comporte un condensateur fixe et un condensateur réglable. Le condensateur fixe est indispensable, quant au condensateur réglable, il améliore sensiblement la réception mais le système fonctionnerait cependant sans lui, sans donner, toutefois, son rendement maximum.

Le condensateur fixe sera formé par six feuilles d'étain de 6×8 centimètres, montées en parallèle (c'est-à-dire reliées la feuille une aux feuilles trois et cinq, la feuille deux aux feuilles quatre et six). Il est inutile d'avoir un condensateur fixe de grande capacité surtout lorsque le montage comporte un condensateur ré-

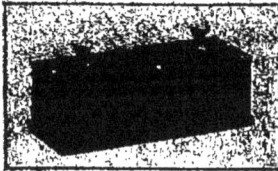

Condensateur fixe.

glable. Certaines émissions exigent un condensateur de très faible capacité.

On a déjà décrit les condensateurs et la façon de les construire[1] ; je n'y reviendrai pas. J'indiquerai toutefois, pour ceux qui veulent faire eux-mêmes leurs appareils, que l'emploi de minces feuilles de clinquant comme armatures, et de feuilles de mica comme diélectriques, au lieu de feuilles d'étain et de papier paraffiné, simplifiera grandement leur travail surtout pour les condensateurs réglables. On peut également, pour les condensateurs fixes, employer des feuilles d'étain pour les armatures reliées entre elles, et des feuilles de clinquant pour les armatures reliées à un fil conducteur. La connexion entre ce fil et l'armature sera beaucoup plus solide avec le clinquant qu'avec l'étain. On aura également avantage,

1. *Télégraphie sans Fil* du D' Corret, p. 76. *Applications de la Télégraphie sans Fil* de M. Rothé, p. 86. *Traité pratique pour le montage des appareils de réception* de M. Gody, p. 23.

dans ce cas, à employer comme conducteur un cordonnet souple.

Le condensateur réglable le plus simple est composé d'une plaque de clinquant ou de cuivre mince bien plane (de 0 m. 20 × 0 m. 30) sur l'une des surfaces de laquelle on collera sans le moindre pli une toile d'architecte, à l'aide de gomme laque dissoute dans l'alcool; on redonnera ensuite à cette toile une couche de gomme laque.

La seconde armature sera formée d'une plaque de cuivre semblable, mais nue, simplement posée sur l'isolant de la première. Une pince-borne recouverte d'un isolant et soudée aux extrémités de chaque plaque permettra, en déplaçant ces dernières, de faire varier l'étendue des surfaces mises en regard et, par conséquent, de modifier la capacité du condensateur.

Il ne faut pas perdre de vue, en construisant un condensateur, que sa capacité est en raison directe de l'étendue des surfaces en présence et en raison inverse de l'épaisseur du diélectrique. Quant à l'épaisseur des armatures, elle est sans effet. Les meilleurs condensateurs sont les condensateurs à air (comme diélectrique.)

Malgré la simplicité apparente de cet organe, on éprouve souvent des déboires lorsqu'on le construit soi-même, parce que l'on ne tient pas compte d'un grand nombre de facteurs infimes en apparence

Coupe schématique d'un condensateur réglable à air.

et cependant fort importants : telle l'humidité des matériaux employés ou leur étanchéité insuffisante pour l'humidité atmosphérique, le défaut de serrage, etc. Aussi, est-il souvent préférable d'acheter cet appareil dans une maison sérieuse. On ne perdra pas de vue, enfin, les propriétés des condensateurs, augmentant la capacité des circuits, si on les place en dérivation, et la diminuant, si on les monte en série, comme cela se produit avec le condensateur d'antenne.

Il n'est pas superflu d'ajouter qu'un bon condensateur réglable est le complément nécessaire de tout poste en vue d'obtenir son meilleur rendement. Sans lui, il n'y a pas d'accord absolu ; son réglage est aussi utile à la sélection et à la syntonisation que la bobine d'accord.

Emploi du condensateur à la réception pour réduire la longueur d'onde de l'antenne.

Les rares particuliers qui ont la bonne fortune de posséder une très grande antenne devront, afin de pouvoir accorder leur réception sur les petites ondes, intercaler un condensateur réglable entre l'antenne et sa jonction aux appareils de réception.

Il est évident que ce condensateur sera court-circuité, lorsque l'on voudra recevoir des ondes égales ou supérieures à l'onde propre de l'antenne.

Si, à priori, il semble logique d'ajouter une self pour augmenter la longueur d'onde d'une antenne, il peut paraître paradoxal que l'addition d'une capacité ait pour résultat l'effet opposé, les deux facteurs self et capacité amenant tous deux la variation de l'onde dans le même sens ; en effet, la longueur d'onde est fonction de $2\pi\sqrt{LC}$.

Il n'y a là, évidemment, qu'un paradoxe apparent, parce que, en réalité, en ajoutant à l'antenne un condensateur en série, on diminue la capacité résultante, ainsi que je vais le démontrer, pour les amateurs qui n'ont pas le temps de reviser les cours de physique, ni de faire des recherches parfois fort longues.

Capacité et groupement des condensateurs.

On sait, tout d'abord, que les condensateurs peuvent, comme les piles, se monter en série et en parallèle.

Dans le premier cas, montage des condensateurs en série, la capacité résultante est *plus petite que l'une des capacités en série.*

Il est aussi facile et utile de se rappeler que l'*inverse de la capacité résultante* est égale à la somme des *inverses des capacités reliées en série.*

Si donc on monte en série les trois capacités C, C_1, C_2, on posera :

$$\text{C} \qquad \text{C}_1 \qquad \text{C}_2$$

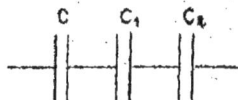

$$\frac{1}{\text{C}_r} = \frac{1}{\text{C}} + \frac{1}{\text{C}_1} + \frac{1}{\text{C}_2} \text{ et, en effectuant :}$$

$$\frac{1}{\text{C}_r} = \frac{(\text{C}_1 \times \text{C}_2) + (\text{C} \times \text{C}_2) + (\text{C} \times \text{C}_1)}{\text{C} \times \text{C}_1 \times \text{C}_2}$$

d'où $$\text{C}_r = \frac{\text{C} \times \text{C}_1 \times \text{C}_2}{(\text{C}_1 \times \text{C}_2) + (\text{C} \times \text{C}_2) + (\text{C} \times \text{C}_1)}.$$

Le calcul, bien que facile, est encore assez long, lorsqu'il s'agit de trouver la capacité donnée par plusieurs condensateurs en série.

Prenons maintenant le cas plus simple de deux capacités en série, au lieu de trois comme dans l'exemple précédent, et nous retiendrons facilement que dans le cas plus particulier de deux condensateurs C et C_1 montés en série, la capacité résultante est égale au *produit des capacités divisé par leur somme ;* cela découle d'ailleurs de la règle des inverses citée plus haut. En effet :

$$\frac{1}{\text{C}_r} = \frac{1}{\text{C}} + \frac{1}{\text{C}_1} \text{ ou } \frac{1}{\text{C}_r} = \frac{\text{C} + \text{C}_1}{\text{C} \times \text{C}_1}$$

d'où $\text{C}_r = \dfrac{\text{C} \times \text{C}_1}{\text{C} + \text{C}_1}$, formule simple et d'un calcul facile.

Dans le cas des trois capacités C, C_1, C_2, l'on pourrait d'abord calculer la résultante des capacités C et C_1 et l'on considérerait la capacité trouvée comme montée en série avec C_2, l'on n'aurait ainsi à calculer que des séries de deux capacités, opération facile puisque, ainsi que je l'ai dit plus haut, la capacité résultante est égale au produit des capacités divisé par leur somme.

Maintenant que nous savons que plusieurs capacités en série donnent toujours

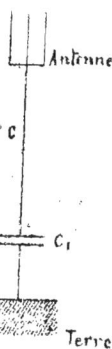

une capacité moindre que l'une des capacités, nous comprendrons facilement qu'en intercalant entre notre antenne et la terre un condensateur, nous ayons, du même coup, diminué sa longueur d'onde.

En effet, l'antenne a une capacité propre C et si nous ajoutons en série une autre capacité C_1, nous obtenons une capacité résultante $C_r = \dfrac{C \times C_1}{C + C_1}$. Or C_r est plus petite que C ; si donc nous remplaçons, dans la formule $2\pi\sqrt{LC}$, C par une quantité C_r plus petite, le produit $2\pi\sqrt{LC}$ sera lui-même plus petit.

Dans le montage en parallèle, la capacité résultante

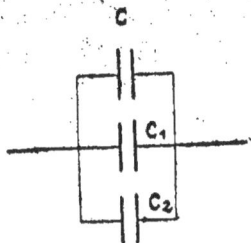

est égale à la somme des capacités connectées :

$$C_r = C + C_1 + C_2.$$

Capacité des condensateurs plans.

Enfin, pour terminer, voici la formule qui permet de calculer la capacité d'un condensateur plan :

$$C = K \times \frac{S}{4\pi e}$$

dans laquelle K est un coefficient spécifique dépendant de la nature du diélectrique, 1 pour l'air, 5 à 10 pour le verre, etc., S la surface en centimètres carrés et e l'épaisseur du diélectrique en centimètres.

En effectuant le calcul d'après ces données, l'on trouve la capacité en *centimètres;* si l'on veut la traduire en microfarads, il faut diviser le résultat par 900.000 puisque 1 microfarad égale 900.000 centimètres.

Récepteur.

J'arrive au dernier organe essentiel du système, le récepteur téléphonique, grâce auquel on percevra acoustiquement les oscillations des ondes transformées par le détecteur. Je n'en dirai pas grand'chose, sinon qu'il doit être excellent; on peut construire soi-même une antenne parfaite, une très bonne bobine, un détecteur pratique, un condensateur passable, on n'a pas le droit d'avoir un récepteur quelconque; si l'on veut avoir quelque satisfaction au cours de ses travaux, il est de toute nécessité de posséder un récepteur téléphonique supérieur. Il faut donc se méfier des récepteurs où la résistance est obtenue non pas par l'enroulement d'un mince fil de cuivre, mais par l'emploi de fil en constantan ou tout autre métal résistant analogue. Les téléphones incontestablement reconnus les meilleurs sont les modèles *Sullivan* et *Ducretet*. Ils ont une résistance de 4.000 ohms. Leur plus grande différence est que les premiers sont anglais et que les seconds sont français; en outre, les récepteurs Ducretet sont seuls réglables.

Récepteur téléphonique double

On a dit et écrit que la résistance des récepteurs téléphoniques devait être de 2. 3. ou 4.000 ohms avec les détecteurs électrolytiques et de 500 ohms seulement pour les détecteurs à contacts solides. Présentée sous cette forme, cette proposition est inexacte. Il faut l'entendre, en ce sens, qu'un récepteur de 500 ohms qui donnera déjà des résultats avec un détecteur à contacts solides est insuffisant pour le détecteur électrolytique, mais il est complètement faux de prétendre qu'il faille nécessairement employer le détecteur de 500 ohms avec les cris-

taux : dans tous les cas, le récepteur à forte résistance
est de beaucoup le meilleur[1]. Toutefois, il semblerait
qu'avec les cristaux, les récepteurs de 2.000 ohms
donnent de meilleurs résultats pour les émissions intenses de la Tour Eiffel que les récepteurs de 4.000 ohms
qui, par contre, rendent mieux pour les émissions musicales lointaines. Il faut aussi éviter l'écouteur unique ;
on ne peut suivre une émission, en tenant d'une main la
plume et de l'autre le téléphone, et si l'on coiffe le casque
qui me paraît indispensable, c'est un non-sens de se
mettre sur une oreille un tampon gênant au lieu d'un
deuxième écouteur qui augmente la perception dans des
proportions fort appréciables. On a souvent écrit que le
récepteur téléphonique devait être à cheval sur un condensateur fixe ; ce n'est pas une règle absolue. Bien au
contraire, l'emploi d'un condensateur réglable au téléphone améliorera, dans des conditions sensibles, la
réception ; c'est, en outre, le seul moyen de régler les
récepteurs non munis d'un dispositif de réglage[2].

Connexions.

Toutes les connexions électriques doivent être faites
avec soin et propreté, mais en matière de T. S. F., il
faut encore plus de soin et de propreté que partout
ailleurs, en raison du peu d'intensité des courants circulant dans les appareils. Toutes les parties connectées
seront donc soigneusement passées au papier d'émeri
avant leur rapprochement.

Une excellente pratique est celle de doubler les bornes
des condensateurs et des détecteurs, pour faciliter les
connexions souvent multiples établies sur ces appareils.

Amplificateur des sons.

Lorsque l'on reçoit dans le voisinage d'un poste puis-

1. M. *Jégou* construit des bobines de résistance transformatrices
qui, adjointes aux écouteurs téléphoniques de faible résistance, augmen-
tent leur sensibilité.
2. Pour le voyage, la marque *Antonia* a créé un modèle de casque
très pratique, dans lequel le serre-tête rigide et encombrant est remplacé par un simple élastique.

sant, que le montage est bien fait et les écouteurs de bonne qualité, les vibrations de ces derniers peuvent être si intenses qu'il devient inutile de coiffer le casque pour percevoir les signaux : on les entend quelquefois à une assez grande distance, les téléphones simplement posés sur

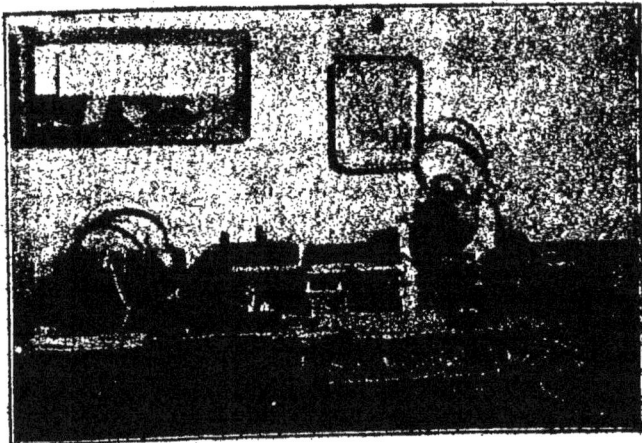

Poste d'amateur pourvu d'amplificateurs de son.

une table. On peut amplifier encore les sons, en logeant les écouteurs dans des récipients de forme parabolique. J'ai obtenu, aux environs de Paris, d'excellents résultats en logeant les deux écouteurs de mon casque dans deux calebasses de noix de coco sciées en forme de calice, et fixées par les pointes à l'aide d'écrous sur une planchette ; cet amplificateur que j'ai baptisé du nom pompeux de *cocophone* est, on le voit, de la plus grande simplicité[1].

Causes d'insuccès.

Avec une antenne et une prise de terre convenablement aménagées, si l'on possède de bons appareils, un cristal sensible et si le montage est régulier, le poste doit néces-

1. Le *renforçateur de sons Roussel et Chaudet*, fonctionnant avec un relai de 4 volts et un pavillon, m'est signalé comme faisant percevoir nettement à distance, les émissions les plus lointaines.

sairement fonctionner. S'il n'en était pas ainsi, il faudrait en rechercher la cause avec méthode et l'on arriverait facilement, avec un peu de perspicacité, à la découvrir. C'est la recherche de la panne pour les chauffeurs.

Il faut d'abord et avant tout, après s'être assuré que le montage est bien fait, voir si le *détecteur* est réglé, s'il fonctionne, car tout dépend de lui. On fera donc vibrer le radiateur d'essai et l'on écoutera. Si on l'entend dans l'écouteur, c'est que le détecteur fonctionne : il faut, par conséquent, chercher autre part. S'il ne fonctionne pas, on vérifiera l'*état* et la *position de la pointe;* si l'on se sert d'un mince fil ou d'un léger ressort à boudin, la pression peut l'avoir tordu, on le redressera; ensuite, on recherchera un point sensible; s'il est impossible d'en découvrir un sur une pyrite cependant bonne et connue comme telle, on changera de pyrite (ou d'électrode à la Wollaston, si l'on est monté en électrolytique). Si le détecteur s'obstine dans son insensibilité, c'est qu'il y a quelque part, une solution de continuité dans les circuits. On cherche quelquefois très loin et la panne est tout près :

Un curseur de la bobine peut ne pas toucher le fil de cette dernière;

Une vis d'un écouteur peut être *desserrée;*

Les conducteurs d'un écouteur peuvent être *court-circuités;* à l'une ou à l'autre de leurs extrémités, il suffira de les écarter;

L'écouteur que l'on a touché est *déréglé,* on trouvera plus haut (page 241), la manière de le régler;

La pointe de l'œillet du cordonnet d'un écouteur peut être mal reliée au conducteur métallique intérieur;

Une connexion peut être mal faite, on a démonté et remonté hâtivement son poste, on s'est trompé de borne, il faut revoir son schéma de montage;

Un contact peut être *oxydé, desserré,* un *fil* peut être *cassé.*

Il arrive quelquefois, qu'après avoir cherché longtemps, on s'aperçoit que l'on n'avait oublié qu'une chose, c'est de fermer le circuit avec la manette de *l'interrup-teur*.

Si, malgré tout, on n'arrivait pas à trouver la cause du mal dans le poste, il faudrait alors suivre de près le *cir-cuit antenne-terre* et rechercher si un fil n'aurait pas été accidentellement coupé. Lors de l'installation première d'un poste, l'insuccès provient souvent de ce que *la terre est trop éloignée* du poste ou que le conducteur du poste à la terre est de trop faible section.

Si la réception a lieu, mais n'est pas ce qu'elle devrait être, cela indique vraisemblablement que le détecteur est mal réglé, on y remédiera ; on pourra chercher ensuite du côté des curseurs et vérifier s'ils ne touchent pas plusieurs fils à la fois ; le cristal (ou l'électrode à la Wollaston, dans l'électrolytique) a pu être détérioré par des émissions voisines intenses ou les courants atmosphériques ; il est bon, lorsque le poste est situé près de la Tour, d'avoir un cristal spécial et fixe pour la recevoir, telle une bonne pyrite de fer ; si l'on possède une excellente galène donnant bien Norddeich, par exemple, elle sera bientôt hors d'état de le faire si l'on s'en sert pour recevoir FL.

Il peut arriver aussi, notamment avec ce poste de Norddeich, que la perception faiblisse[1] au cours même de la réception, sans que le cristal y soit pour quelque chose : les ondes semblent alors être trop faibles pour mettre en mouvement le mécanisme détecteur, on y remédiera en faisant vibrer le radiateur d'essai : le peu d'énergie fourni par cet appareil semble être la goutte d'eau qui fait déborder le verre, le système étant

1. On a essayé d'expliquer cette anomalie par des phénomènes atmosphériques, cette explication ne me paraît pas suffisante. Il serait surprenant que les influences atmosphériques n'aient d'action que sur ce seul poste de Norddeich à l'exclusion des autres, et il est beaucoup plus logique d'admettre que les affaiblissements qui se produisent au cours d'une même transmission, ont une cause purement mécanique, comme par exemple le déréglage du moteur. Les nombreux arrêts que subit la transmission, quelquefois au milieu même d'un mot, prouvent que les appareils de Norddeich sont l'objet de déréglages et de réglages constants.

434 ANNEXES

équilibré se remet à fonctionner dans les meilleures conditions.

En dernier lieu on vérifiera si l'écouteur n'est pas déréglé.

Lecture au son.

Il ne suffit pas d'avoir un bon poste, il faut pouvoir interpréter les signaux qu'il révèle, sinon, autant vaudrait posséder une montre sans aiguille. Comme le code international Morse est seul employé en T. S. F., il faut apprendre à lire ses signaux au son. Comment y parvenir, quelle méthode suivre ? A en croire certains auteurs, la chose serait des plus faciles, quelques semaines, quelques jours, quelques heures même, suffiraient avec des exercices de dictées réciproques. C'est un beau rêve, mais ce n'est qu'un rêve assez éloigné de la réalité. Au régiment, un radiotélégraphiste ne peut se former en moins d'un an, et encore doit-il avoir de bonnes dispositions et des connaissances préalables ; s'il en est autrement, deux années ne suffisent pas toujours. Est-ce à dire que la lecture au son ne soit pas à la portée de tous ? assurément non, car, à part quelques rares exceptions, chacun peut y parvenir ; mais ce qu'il faut dire, c'est que pour arriver à comprendre les signaux radiotélégraphiques il faut de la volonté et de la persévérance.

Voici les conseils que me suggère la pratique.

La première chose à faire est d'*apprendre le Code Morse*, de se pénétrer des différents signaux ; ce n'est pas bien terrible, puisque le code Morse comporte moins d'une centaine de signaux, nous ne sommes plus au bon temps de la télégraphie aérienne de Chappe qui comportait 36.864 signaux ! Pour débuter, on prendra un texte quelconque et on le traduira par écrit en Morse ; cet exercice formera un thème et ensuite on reconstituera le texte en clair, ce sera la version. On répétera ce travail jusqu'à ce que l'on se soit familiarisé avec les différents signaux représentant les lettres, les chiffres et la ponctuation. On apprendra également les signaux de convention. On pourra, pendant cette période, consulter utilement les différents schémas de lecture qui ont été établis et dont on trouvera plus haut des spécimens. On se pénètrera des principes qui ont présidé à l'établissement de l'alphabet Morse. On remarquera, notamment, que les signaux les plus simples sont ceux qui représentent les lettres les plus usuelles. Moins une lettre est fréquente dans les diverses langues usitées, plus elle comporte d'éléments et inversement. C'est ainsi que la voyelle *e* très souvent employée est représentée par un point ; de même la consonne *t* qui est figurée par un trait. Viennent ensuite les voyelles *i* et *a* et les consonnes *n* et *m* qui sont formées de deux signaux, et ainsi de suite. On classera soi-même les lettres et les différents signaux d'après leur composition en points et en traits. C'est ainsi que l'on pourra faire des tableaux comportant les signaux uniquement formés de points ou de traits ; ou formés d'un trait et de plusieurs points, ou d'un point et de plusieurs traits, etc., etc.

Après quelques jours de ces exercices, lorsque l'on possédera bien *mentalement* le code Morse, il faudra commencer à le posséder *acoustiquement*. Il ne suffit pas, en effet, de reconnaitre à la vue les différents signaux, on doit les identifier, sans délai, par l'ouïe. Il ne faut pas songer à débuter avec des émissions radiotélégraphiques, cela ne servirait à rien, elles sont trop rapides. On coiffera le casque et à l'aide du radiateur d'essai on se fera émettre ou dicter par un ami complaisant, tout d'abord des lettres séparément. Si l'on ne comprend pas, on fera répéter autant de fois qu'il le faudra, pour arriver à saisir, afin de forcer l'intelligence à travailler dans le sens désiré.

A l'usage de ceux qui n'ont personne pour diriger leurs premiers pas, il existe un curieux petit instrument : le *Morsophone*, imaginé par M. Schmid, de Bar-le-Duc, qui permet de faire seul et sans aide, l'éducation de l'oreille. C'est en somme un petit manipulateur automatique. Il se compose d'un coffret d'acajou contenant

un vibreur électrique dont le son est analogue à celui
des émissions de T. S. F. Par suite d'un ingénieux
dispositif, il suffit de passer sur ce coffret, en suivant une
directrice, une sorte de domino pour que la lettre que

Le Morsophone.

représente ce domino se fasse entendre comme si elle était
manipulée ; chaque lettre correspondant à un domino
peut ainsi être reproduite et comme son indication se
trouve en dessous du domino, il est facile de contrôler
ensuite si l'on a bien identifié les lettres que l'on a prises
au hasard.

Mais, si reconnaître isolément chaque lettre de l'alphabet lorsqu'elle est émise, constitue le premier élément
de la science de la lecture au son, cela ne suffit pas encore
et il faudra s'exercer, avant d'aborder les radios, à recevoir
des séries de lettres, puis des mots, afin de forcer l'esprit
à travailler vite et sans repos entre deux émissions, de
façon à se rapprocher peu à peu de l'effort qu'il aura à
accomplir dans la réception réelle.

On devra dès lors, de toute nécessité, avoir recours à
un tiers qui fera la dictée, en manipulant d'abord quelques mots puis des phrases entières, soit à l'aide du radiateur d'essai avec un manipulateur, soit en employant le
« morsophone » que je viens d'indiquer. Rien n'est plus
simple, en effet, que d'utiliser cet appareil comme on
emploie, au régiment, le *parleur*, et cela sans manipulateur ; il suffit de coiffer l'extrémité du majeur de la main
droite d'un dé à coudre, ou de l'envelopper de papier

d'étain pour le rendre conducteur, et de titiller en cadence
la saillie métallique extérieure de l'appareil formée par
les flotteurs pour obtenir facilement par la fermeture du
courant ainsi réalisée une manipulation parfaite et des
vibrations sonores. C'est une excellente extension d'application du morsophone que je signale à son inventeur qui,
n'en parlant pas dans sa notice, ne semble pas l'avoir
envisagée.

En commençant, on notera par écrit, au crayon[1], les
signaux que l'on perçoit tels qu'on les entend et l'on traduira ensuite. On remarquera les lettres que l'on entendra avec le plus de difficulté ou que l'on confondra, telles
les lettres *p* et *y*, ou les lettres *l* et *f*, et l'on se fera dicter des textes où ces lettres reviendront fréquemment,
pour se familiariser avec elles.

Cet exercice de lecture, sous une dictée, est des plus
profitables; c'est grâce à lui, par l'emploi du *parleur*,
qu'à l'Ecole de télégraphie militaire, nous faisions, en lecture, les progrès les plus rapides.

Mais, seul, je le considère encore comme insuffisant
et j'estime que pour bien se pénétrer du rythme, de la
cadence du Morse, il faut *manipuler* soi-même. On s'exercera donc, chaque jour, à manipuler un texte quelconque,
en insistant, non pas tant sur la composition des signaux
en traits et en points, que la mémoire seule peut rappeler,
mais bien sur leur cadence, sur leur valeur, en tenant
compte de la durée des émissions et des intervalles normaux que comportent les signaux. L'oreille a ici une
part aussi grande que la mémoire.

On tiendra compte de ce qu'*un trait a la valeur de
3 points;* on n'oubliera pas que *la séparation entre les
divers éléments de la même lettre ou du même chiffre a la
valeur d'un point;* que *la séparation entre les lettres ou
les chiffres a la valeur de 3 points* et qu'enfin, *la sépara-*

---

1. Le crayon est plus pratique que la plume, tout d'abord, parce
que son emploi supprime les arrêts que nécessite la prise de l'encre
avec une plume et aussi parce qu'il permet de prendre les points avec
beaucoup plus de facilité.

tion entre les mots ou les nombres vaut 5 points. En manipulant, on fredonnera en *ta* la valeur de chaque signal.
C'est ainsi qu'un *c* donnera le rythme suivant :

taaa ta taaa ta, etc.

C'est un peu comme en musique, lorsque l'on étudie la
langue des durées.

Lorsque l'on sera capable de prendre par écrit des
signaux ainsi émis en chambre, on commencera à *écouter les bulletins météorologiques de la Tour Eiffel* qui
sont transmis assez lentement. Pendant quelque temps
on se contentera d'*inscrire au crayon les signaux Morse*,
sans les traduire. On s'appliquera spécialement à bien
entendre la séparation des lettres et des mots. On fera
cet exercice quotidiennement sans chercher, surtout, à
s'attaquer aux dépêches de nouvelles, émises sur un
rythme beaucoup trop rapide pour des débutants. Peu à
peu l'oreille se fera et percevra beaucoup plus nettement
les signaux. On s'en apercevra à la traduction qui s'améliorera de jour en jour.

Pour ces débuts, on choisira un local isolé et, en tout
cas, on imposera un *silence absolu* dans le voisinage : un
craquement, un bruit de conversation, l'aboiement d'un
chien, sont extrêmement gênants pour un commençant
qui doit opérer dans une sorte de recueillement.

Après avoir travaillé quelque temps dans ces conditions, et lorsque l'on sera assez entraîné pour prendre
par écrit convenablement les signaux des bulletins
météorologiques, on s'attaquera aux *dépêches de nouvelles*, toujours de la même façon, c'est-à-dire, en notant
au crayon les signaux Morse, sans les traduire. On ne se
laissera pas rebuter par les premiers insuccès. Au début
on se contentera de consigner quelques signaux intelligibles ; il ne faut pas compter pouvoir traduire d'emblée,
avant quelques mois de travail, ce que l'on aura ainsi noté.
Avec le temps, on écrira plus distinctement les signaux
et bientôt, en les écrivant, on commencera à en traduire
mentalement un certain nombre. *C'est le moment psy-*

chologique pour *abandonner l'inscription servile des signaux et commencer la traduction directe*, sinon on ne pourrait plus se défaire de cette habitude qui entraîne par la traduction ultérieure qu'elle nécessite une perte de temps considérable. Les premiers jours, on n'écrira que les quelques lettres que l'on comprendra (toujours les mêmes, bien entendu), mais, petit à petit, le bagage des connaissances acquises augmentera, on entendra 5, 10, 15 lettres, on verra en relisant ensuite, que des mots entiers ont été reçus; avec de la persévérance, toutes les lettres de l'alphabet se caseront dans l'oreille et, à peine émises, seront écrites en clair. On aura bien soin de laisser un blanc à la place des lettres que l'on n'aura pas eu le temps de saisir et l'on marquera d'un point les lettres douteuses; tout cela facilitera l'intelligence du texte. Alors commencera une période vraiment intéressante, avec quelques retouches on pourra reconstituer une dépêche entière et l'on éprouvera la plus grande satisfaction à écrire sous cette dictée mystérieuse qu'est la transmission radiotélégraphique, on sera largement récompensé de sa patiente étude.

Mais pour arriver au résultat complet, que de soucis encore; il faut se méfier du demi-savoir et ne pas croire que l'on a tout conquis parce qu'accidentellement on a déchiffré quelques mots permettant, avec beaucoup d'imagination, de reconstituer un radio complet, c'est là que commencera, bien au contraire, l'étude la plus difficile.

En effet, enchanté de comprendre un certain nombre de mots directement, on sera tenté de suivre, en les transcrivant, les idées contenues dans les dépêches, et l'idée fera perdre le mot.

Le grand principe dont il faut s'inspirer au début, pour l'étude de la lecture au son, est qu'il *faut servilement consigner la traduction des signaux, en tenant compte des intervalles sans chercher à les comprendre.*

Pour obtenir ce résultat, il faut pour ainsi dire s'isoler, c'est-à-dire se détacher de toute préoccupation extérieure, ne songer ni à ce qu'on a fait, ni à ce qu'on doit

faire, et ne penser qu'à traduire brutalement l'un après
l'autre les signaux que l'on recevra.

Si l'on est pressé, préoccupé, on fera un médiocre
travail : les gens distraits sont de mauvais soundéristes.
Lorsque l'on reçoit bien un *poste étranger*, c'est un excellent exercice que de s'appliquer à la réception de ses
dépêches, car on n'est pas tenté, comme pour les postes
français, de suivre le sens des mots au lieu de s'attacher
exclusivement à la traduction des signaux.

On doit donc avoir la force morale de se détacher complètement de tout, sinon c'est l'insuccès. Si l'on suit les
idées émises, et non les signaux, on se verra entraîné
souvent à faux à compléter un mot commencé et quand
on s'apercevra de l'erreur, il se produira un moment de
brouille; on cherchera à se ressaisir, à corriger même, et
pendant ce temps, ou perdra la réception de plusieurs
autres lettres. C'est ainsi, pour prendre un exemple, que
lorsqu'on reçoit les lettres *aviat*, il ne faut pas penser
et encore moins écrire *aviation*, car c'est peut-être *aviateur* qui est transmis, et pendant que l'on constate son
erreur, qu'on la répare, le nom de l'aviateur qui suit est
perdu, ce qui enlève souvent à la phrase entière tout son
intérêt.

Au cours de la réception d'une dépêche, on évitera de
suspendre son attention, ne fût-ce qu'un instant, et surtout de reporter ses yeux en arrière pour interpréter ce
que l'on a écrit, sinon, c'est une lacune que l'on prépare.

Il ne faut pas non plus se démonter, si certains jours
on n'arrive à aucun résultat. Sans doute, la transmission
y est pour beaucoup, il n'y a pas que de bons manipulants, et quelquefois l'émission est défectueuse, mais
souvent l'état nerveux dans lequel on se trouve soi-même
influe également sur la réception. Si l'on s'énerve, inutile
d'insister : on s'arrête, et après une pause, on essaye à
nouveau, souvent avec plus de succès. Si le résultat est
toujours négatif, il convient alors de cesser complètement et de remettre au lendemain la continuation de ses
études. En tout cas, si les nerfs ne sont pas de la partie,

il vaut mieux consigner les seules lettres que l'on comprend que de ne rien prendre.

En suivant ces conseils, on arrivera peu à peu insensiblement, mais sûrement, à la lecture au son qui donnera les plus grandes satisfactions.

Quoi qu'on dise et quoi qu'on fasse, ce mode de réception permettant le déchiffrage immédiat des radiotélégrammes, sera, pour ceux qui y parviendront, incontestablement le plus simple, le plus pratique et le plus intéressant.

CHAPITRE II

Protection des postes de T. S. F. contre les courants atmosphériques et les courants à haute ou basse tension.

Ayant été amené à donner quelques indications techniques et à faire connaître un montage facilement réalisable, je serais incomplet si je n'indiquais comme un élément essentiel de tout poste un dispositif parafoudre. La plupart des ouvrages de télégraphie sans fil sont muets sur ce point. M. Galopin, directeur de l'Ecole des mécaniciens de la marine marchande, à la Rochelle, et M. Rothé, professeur à la Faculté des Sciences de Nancy, semblent seuls lui avoir consacré quelques lignes dans leurs ouvrages sur la télégraphie sans fil; les constructeurs d'appareils eux-mêmes paraissent avoir jusqu'ici négligé cette question qui, cependant, est fort intéressante. L'étude qui va suivre n'a pas la prétention de vider la question, son unique but est d'attirer sur elle l'attention qu'elle paraît mériter. Est-ce à dire que la T. S. F. soit dangereuse? assurément non, à la condition, bien entendu, de ne pas commettre d'imprudence, et de prendre les précautions élémentaires que comporte toute installation électrique exposée à de brusques sursauts de potentiel ou à des phénomènes de surtension. Ne protège-t-on pas, par un parafoudre, toutes les canalisations électriques aériennes, quelles qu'elles soient, jusqu'à la plus modeste ligne de sonnerie d'appel, chez les facteurs des bureaux municipaux; dès lors, pourquoi ne protégerait-t-on pas les stations radiotélégraphiques et les postes particuliers ? Sans doute, certaines grandes stations, telle la Tour Eiffel, sont pourvues de protections spéciales en rapport avec l'importance des phénomènes auxquels elles sont exposées ; le plus souvent les décharges atmosphériques s'écoulent dans des batteries de condensateurs par exemple, du système Moscicki. Ces appareils créent sur le fil d'antenne à l'entrée du poste un point zéro de tension pour tout ce qui est courant à haute fréquence atmosphérique ; en d'autres termes ils font le court-circuit à la terre pour ce genre de surtensions.

Mais, d'une façon générale, les grands postes ne sont pas assez protégés. En cas d'orage, on se contente de mettre l'antenne à la terre, soit en coupant sa communication avec les appareils, si l'orage est excessivement violent, soit en prenant une simple dérivation lorsque l'orage bien qu'intense est encore éloigné. La mise à la terre se fait le plus souvent rudimentairement en glissant une lame de canif entre les deux disques du sparkgap. On pourrait faire plus, on devrait faire mieux. Je n'en veux pour preuve que les accidents qui sont arrivés. Ce qui s'est passé au poste d'Ouessant, il y a quelques années, vaut la peine d'être conté. C'est en mars 1906, dans la matinée, vers 7 heures : un gros orage survient. L'employé met l'antenne à la terre en la séparant des appareils ; le ruban de terre est en bon état et l'on peut se croire en sécurité absolue. L'antenne unifilaire est fixée à un mât en bois de 42 mètres de hauteur. Les décharges se succèdent sans interruption. Tout à coup, illumination complète : la foudre vient de tomber dans le poste et de le traverser dans toute sa longueur, c'est-à-dire de franchir 6 mètres, pour aller se perdre à la terre par une cuve à eau extérieure. L'employé est heureusement assis sur son siège, debout c'était pour lui la mort certaine ; comme dégâts : les bobines du Morse volatilisées ! Et cependant, l'antenne mise à la terre offrait à la foudre une issue facile, mais cette mise à la terre était à l'intérieur. C'est là, qu'à mon sens, est l'erreur : la mise à la terre devrait toujours être extérieure ; cela était facile autrefois, lorsque dans les postes d'Etat l'antenne entrait par une vitre, à 1 m. 50 du sol, mais cette manœuvre n'est plus réalisable depuis que les antennes imitant le *Diable Boiteux* entrent par les toits.

Dans un poste de la marine (Brest-Parc-au-Duc), vers la même époque, la foudre tomba également dans le bureau de T. S. F. dans les mêmes conditions, et fit perdre connaissance au quartier-maître de service.

Quant aux tout petits postes, il est bien évident qu'ils n'ont rien à craindre, et partant, aucune précaution à prendre. Les antennes constituées par quelques mètres de fil tendus intérieurement ou extérieurement ne peuvent subir de changements de potentiel dangereux, leur capacité est trop infime, leur champ d'action beaucoup trop restreint. Mais il n'en est pas de même dès que l'antenne comporte un certain développement, ou est installée à une certaine hauteur. Tous ceux qui ont fait de la T. S. F. par cerfs-volants savent que, même en dehors du temps d'orage proprement dit, on tire fréquemment des étincelles des antennes soutenues par des planeurs. Avec 200 mètres de fil, on a obtenu des étincelles de 10 centimètres. La corde mouillée d'un cerf-volant ordinaire peut être un conducteur suffisant pour l'électricité atmosphérique. *La Revue du Cerf-volant*, rendant compte dans son numéro de septembre 1912, du concours de Spa, raconte à ce propos que M. Marc Pujo, expérimentant, le 20 août, son cellulaire sous la pluie et la rafale, reçut une violente commotion due à une décharge électrique, tandis qu'un énorme craquement assourdissait M. Poirier qui réceptionnait dans le voisinage, au poste de T. S. F.

On voit par là que l'antenne, étant donné surtout qu'elle correspond le plus souvent à la terre par le poste, se trouve exposée à des modifications de potentiel fréquentes et considérables.

En temps d'orage, notamment, les fils situés dans le voisinage d'un nuage électrisé statiquement, se chargent par influence, d'électricité contraire à celle de ce nuage (surtension induite) et, comme la tension électrique de ce dernier peut se modifier continuellement, à raison de ce qu'il est entouré de nuées différemment chargées, de ce qu'un éclair peut jaillir, entre lui et un autre nuage, ou entre lui et le sol (surtensions à haute fréquence induites par les décharges oscillantes des nuages), qu'il peut lui-même être subitement emporté par un coup de vent, l'électricité accumulée dans l'antenne n'y étant plus maintenue par l'influence qui l'avait développée, s'écoulera brutalement à travers les appareils. Les courants ainsi formés ont souvent une tension considérable et ils peuvent avoir, en plus de conséquences désagréables pour les personnes, des effets destructeurs sur les appareils et notamment sur les bobines de self et sur les téléphones, en les brûlant et les court-circuitant, sur les condensateurs, en crevant les diélectriques, sur les détecteurs électrolytiques, en détruisant les électrodes à la Wollaston, sur les détecteurs à contacts solides eux-mêmes, en détruisant ou en diminuant la sensibilité des cristaux.

Ces phénomènes ne se différencient nullement de ceux désignés sous le nom de *choc en retour*, dont les effets dus à la recomposition instantanée du fluide sont accompagnés d'ébranlements tels, qu'ils ont eu souvent des suites fâcheuses.

Les antennes qui sont, somme toute, des paratonnerres défectueux, ne se comportent pas autrement que le cerf-volant que Franklin lançait, vers 1752, dans les nuages orageux, ou si l'on veut une comparaison plus exacte encore, sans être moins classique, les antennes sont exactement dans les mêmes conditions que la barre de fer isolée de 14 mètres, que, pour réaliser une idée conçue par Franklin, Dalibard fit construire la même année (1752), près de Paris, au-dessus d'une cabane, et de laquelle il tira de nombreuses et fortes étincelles. Elles sont donc susceptibles d'être influencées, non seulement par les nuées orageuses, par la grêle, mais encore par suite de circonstances diverses. Le voisinage d'un toit, ou d'une charpente métallique, d'une ligne aérienne fortuitement en état de surtension électrique par suite d'un coup de foudre, d'une influence lointaine propagée par les conducteurs ou d'un court-circuit, peut modifier le potentiel de l'antenne et y produire des sursauts dangereux. On sait que l'air lui-même, lorsqu'il est serein, est chargé d'électricité attribuée à la végétation et à l'évaporation des liquides, mais cette électricité généralement positive semble confinée dans les régions supérieures de l'atmosphère et peut être sans effet appréciable sur les antennes. On ignore, par contre, que la pluie est fortement chargée d'électricité et que son action doit, par conséquent, ne pas être négligeable.

Il résulte d'une note de M. A. Baldit sur *les charges électriques de la pluie*, au Puy-en-Velay en 1911, présentée à l'Académie des Sciences, en sa séance du 11 mars 1912 (1912, Tome CLIV, n° 11, p. 731), par M. J. Violle, que les pluies sont souvent fortement chargées d'électricité, ce qui confirme les observations faites précédemment aux Indes par G. Simpson et à Postdam par K. Kahler. Les observations de M. Baldit ont, en outre, mis en évidence que l'intensité moyenne du courant électrique dû à la pluie pendant les grains, se rapproche de la valeur de l'intensité moyenne des courants électriques dus aux pluies d'orage et que des charges électriques plus fortes qu'au début ont été trouvées en arrière du grain, et enfin, qu'à la suite des éclairs, les charges électriques de la pluie subissent parfois, pendant un temps, une diminution appréciable d'intensité et changent même momentanément de signe. Le 24 août 1911, lors d'une chute de foudre voisine, la charge de pluie a passé, immédiatement après l'éclair, du signe positif au signe négatif qu'elle a gardé pendant environ cinq minutes.

La charge statique de l'antenne peut également provenir de différences soudaines de température, telles que celles se produisant en juillet et août, surtout au lever et au coucher du soleil.

L'électricité atmosphérique influence donc fortement dans de nombreux cas l'antenne. Mais il peut se produire des incidents plus graves : lorsqu'une décharge disruptive éclate entre nuages, ou entre nuages et terre, une grande partie de l'énergie qui se trouvait à l'état de potentiel, lors de la charge statique des nuages, rayonne dans l'espace environnant, sous forme d'ondes électromagnétiques[1]. Le champ électrique alternatif de ces ondes venant à rencontrer une antenne, induira dans celle-ci une oscillation dont l'amplitude sera proportionnelle à la composante du champ électrique dans le sens de l'antenne. Cette onde se propagera le long des fils et parviendra au poste où elle déterminera des ruptures si rien ne s'y oppose. De plus, si la foudre tombe dans le voisinage immédiat de l'antenne, trouvant en elle un conducteur parfait jusqu'au sol, elle peut la suivre et avoir tendance, par conséquent, à rentrer dans le poste. M. Turpain rend compte dans le journal *La Nature* (1911, p. 340) d'un singulier coup de foudre qui frappa son antenne. On n'a pas oublié les terribles effets que produisit la foudre, il y a une dizaine d'années à Zurich, en tombant à proximité du réseau téléphonique, elle suivit les fils, détruisit plus de 600 appareils d'abonnés et incendia le poste central. C'est d'ailleurs à la suite de cet accident que l'utilisation de dispositifs de protection se généralisa. Malgré tout, ces coups directs sont heureusement très rares, et en outre, le plus souvent, la foudre en tombant sur une antenne se contenterait d'en brûler les fils à raison de leur faible section. Par contre, si les accidents graves de personnes sont rares, nombreux sont les cas où des expérimentateurs tirèrent des étincelles de leurs appareils ou les virent parcourus par des traînées lumineuses, crépitantes et fusantes, nombreux également les appareils détériorés sans cause apparente.

---

1. *Parafoudres et limiteurs de tension* de MM. Chavannes et Lecoultre, ch. xiv, p. 157, *Encyclopédie électrotechnique*.

Il faut donc se garantir le mieux possible contre tous ces phénomènes, mais il y a lieu, en outre, de se mettre à l'abri de toute possibilité d'irruption dans le poste d'un courant de lumière à haute ou basse tension, il faut donc éviter que l'antenne se trouve dans le voisinage de fils de lumière, qu'un coup de vent ou toute autre cause accidentelle puisse la mettre en relation avec le secteur, ou puisse mettre ce dernier en contact avec un fil détaché ou brisé de l'antenne; il faut enfin veiller scrupuleusement à ce que les fils d'antenne à leur entrée dans le poste et jusqu'aux appareils, soient bien éloignés de tous les fils de lumière électrique et même de sonnerie; un court-circuit est si vite établi! et il y aurait, dans ce cas, un réel danger à toucher aux appareils, car au-dessus de 100 volts les courants ont souvent des conséquences mortelles. On connaît l'étrange accident arrivé, cette année même (1913), à Saint-Cloud, à une jeune femme électrocutée dans son bain, au moment où elle faisait fonctionner la sonnette électrique qu'un court-circuit avait mis en relation avec le courant du secteur de 110 volts alors que la tuyauterie de la baignoire et le liquide constituaient une terre parfaite.

Contre tous ces dangers, quels sont les remèdes?

Le premier, le plus simple, est comme je l'ai dit, la *mise à la terre à l'extérieur*, par un commutateur à grand écartement entre les plots ou par tout autre moyen, dès que l'on n'utilise plus le poste; on évite ainsi que l'écoulement prolongé de l'électricité atmosphérique, en agissant sur les aimants des récepteurs téléphoniques, ne les mette hors d'usage, on empêche également la détérioration des détecteurs dont j'ai parlé, et si un courant d'une tension ou d'une intensité excessive voulait, par suite de circonstances anormales, pénétrer dans le poste, il serait dérivé à la terre.

Comme on le voit, ce moyen efficace est insuffisant puisqu'il laisse subsister le danger pendant la mise en usage du poste, au cours de laquelle des phénomènes atmosphériques peuvent se produire; c'est, en outre, une

complication que d'être obligé après chaque utilisation
et en cas d'orage, de mettre son poste à la terre, à l'extérieur. Il ne faut pas non plus qu'un oubli puisse être
commis, c'est pourquoi, tout en reconnaissant la pratique de la mise à la terre excellente, j'estime qu'elle
doit être accompagnée de l'utilisation d'autres dispositifs automatiques.

Le coupe-circuit à ressort auquel on accroche souvent
les récepteurs téléphoniques, constitue une bonne précaution, mais cela ne protège qu'une partie du circuit.

Quelles sont donc les autres défenses réellement utiles?
Pour répondre à cette question, il faut, tout d'abord, bien
envisager le mécanisme et la nature des agents contre
lesquels on veut se protéger.

Que sont les courants atmosphériques? Ce sont des
courants à haute tension et à haute fréquence[1]; quant à
leur intensité, elle peut être très variable. Il faut donc
rechercher une protection contre la haute tension, la
haute fréquence et aussi contre l'intensité. Or, étant
donné les caractères et les effets bien différents des courants envisagés à ces différents points de vue[2], on est
logiquement amené à décider qu'un seul et même dispositif ne peut agir dans tous les cas et qu'il faut se pré-
munir par des appareils différents contre les risques
divers que l'on peut courir.

La conséquence de ce principe est que l'emploi d'un
fusible est insuffisant parce que les courants atmosphériques peuvent, dans certains cas, avoir une tension for-

1. Il est démontré que ces courants oscillants, comme ceux des condensateurs, émettent des vibrations dont les fréquences sont comprises
entre 100.000 et 1.000.000 de périodes et peut-être plus, c'est d'ailleurs
ce qui leur permet d'impressionner les postes de T. S. F., comme les
ondes employées en radiotélégraphie.

2. Un courant continu se propage uniformément dans toute la section du fil conducteur, comme l'eau coule dans un tuyau, tandis que le
passage du courant alternatif devient nul dans l'axe du conducteur et
s'accumule de plus en plus vers sa surface à mesure que la fréquence
augmente. Les courants à haute fréquence se propagent uniquement
en dehors comme s'ils glissaient sans résistance sur la surface du conducteur. *Télégraphie sans Fil*, E. Monier, p. 215.

midable avec une intensité infime et, dans ce cas, ils traverseront le fusible sans même l'échauffer et effectueront leurs ravages en arrière de lui, sans se soucier de sa présence.

Si l'on emploie ce procédé, il faut, en tout cas, ne pas se servir de plomb, car au passage d'un très fort courant, le plomb surchauffé se transforme en oxyde de plomb (litharge) qui est très volatil et dont les vapeurs essentiellement conductrices pourraient favoriser la formation d'un arc entre les deux points d'attache du fil, surtout à l'intérieur des petits dispositifs étanches en porcelaine employés pour la lumière.

Un fil d'aluminium serait préférable, car, au passage d'un courant d'une certaine intensité, il s'échaufferait et se transformerait en oxyde d'alumine, corps non conducteur, ne pouvant se volatiliser qu'à une température inaccessible et dont les vapeurs en dernière analyse, non seulement ne sont pas conductrices, mais sont assez résistantes pour éteindre un arc amorcé; le zinc, lui aussi, peut être employé comme l'aluminium, et peut être considéré comme un métal anti-arc[1], il faut, en tout cas, avec un fusible, préparer un fil de terre de grosse section, à très peu de distance de ce fusible, pour que le courant, au moment de sa rupture, puisse trouver de ce côté une issue. Mais, je le répète, ce dispositif ne protège pas contre les courants à haute tension de faible intensité, et de plus, rien ne prouve que le courant coupé sautera nécessairement sur le fil de terre et qu'il ne lui prendra pas fantaisie de pénétrer quand même dans le poste pour gagner la terre par cette autre voie, puisqu'aucun dispositif n'est là pour le dériver directement, automatiquement et obligatoirement à la terre et, qu'en outre, une des caractéristiques des courants à haute fréquence est de suivre le chemin de la plus petite distance linéaire au lieu de suivre celui de la plus faible résistance ohmique[2].

1. *Parafoudres et limiteurs de tension* de MM. Chavannes et Lecoultre, ch. II, p. 27. *Encyclopédie électrotechnique.*
2. Les courants à haute fréquence sont les plus destructeurs pour

J'éliminerai également presque tous les paratonnerres employés en télégraphie ou téléphonie avec fil, pour cette raison que les courants qui parcourent normalement les lignes télégraphiques ou téléphoniques sont de faibles courants continus, tandis que les courants radiotélégraphiques sont des courants alternatifs à haute fréquence. Il résulte de cette différence, que si en matière de T. S. F. on utilisait les paratonnerres ordinaires, on constaterait, dans la plupart des cas, un abaissement considérable du rendement, par suite des déperditions de fluide par les appareils de protection. Le paratonnerre Bertsch qui offre aux charges statiques un écoulement facile par ses nombreuses pointes, laisserait certainement écouler en même temps une partie des courants hertziens; il en serait de même du paratonnerre à pointes mobiles ou du paratonnerre à pointes ordinaires; quant aux paratonnerres à stries, à lames isolantes, à pointes et à lame isolante, ils ont l'inconvénient de former de véritables condensateurs et, par conséquent, de favoriser la perte d'une partie de l'énergie, la terre étant trop près et sur une trop grande surface, des pièces chargées des courants captés.

Le paratonnerre à bobine ou à fil préservateur qui est classique et protège tous les bureaux télégraphiques ne peut être non plus utilisé, malgré son ingéniosité, car il n'est pas possible de songer en T. S. F. à faire passer le courant de l'antenne dans un simple fil noyé au milieu d'une masse métallique, communiquant à la terre et dont il ne serait isolé que par un léger recouvrement de soie.

De tous les parafoudres employés en télégraphie ou téléphonie, je n'en retiendrai qu'un seul : le parafoudre à peigne, qui a, sur les autres, l'avantage de présenter des pointes moins acérées, des surfaces moins considérables de regard l'une de l'autre et, par conséquent, de moins

les premières spires des enroulements. On a vu dans l'industrie crever par la haute fréquence, à 2 ou 3.000 volts, un transformateur construit pour 50.000 volts.

On trouvera d'intéressants renseignements sur ce sujet dans La Lumière électrique 1909, nᵒˢ 24 à 31, sous la signature de M. Devaux-Charbonnel.

former condensateur. En réglant convenablement l'écartement du peigne de l'antenne et du peigne de terre, on arrive à n'avoir aucune déperdition appréciable et l'on se trouve protégé contre les phénomènes de haute tension, car les courants en surtension trouveraient une issue facile à la terre entre les pointes qui favorisent la décharge disruptive.

Ce paratonnerre offre, en outre, l'avantage de permettre de régler à volonté l'écartement des peignes suivant la saison et les circonstances. Ce parafoudre pourra donc être utilisé comme défense de deuxième ligne. Et pour conclure, je dirai qu'un poste, pour être protégé, devrait comprendre des *défenses extérieures* ou de première ligne et des *défenses intérieures* ou de seconde ligne, mais qu'il n'existe aucun dispositif de protection absolue.

Voici les défenses qui peuvent convenir à l'extérieur :

1° La mise à la terre, par un commutateur monté sur un fort isolant, cette défense paraît être la plus efficace;

2° Une petite self d'une vingtaine de spires de 8 à 10 centimètres de diamètre, constituée entre deux supports de porcelaine ou de verre espacés de 30 centimètres environ. Cette self sera préférablement formée par un fil de fer de 1 millimètre de section non étamé. Par suite du « Skin effect » le conducteur en fer présentera une

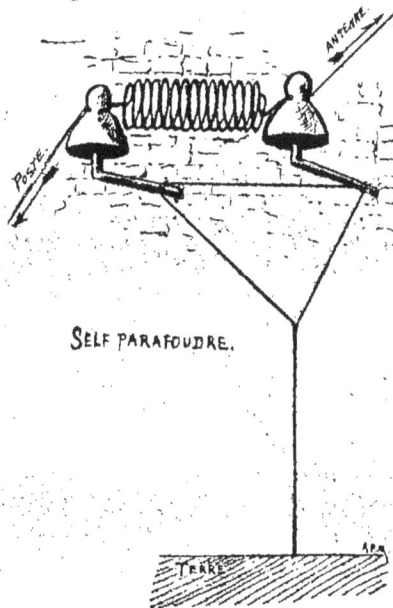

SELF PARAFOUDRE.

résistance considérable au passage de la haute fréquence et l'empêchera de pénétrer dans le poste[1]. Un fil nu de cuivre de 2 à 3 millimètres de section, réunira le long du mur les deux supports métalliques des isolateurs et ira directement à la terre pour permettre aux courants, dans le cas où la self n'aurait pas ruiné complètement leur violence, de se dériver vers le sol. En mettant une ou deux spires en court-circuit, on peut modifier le rendement de cette self, car, non seulement elle constitue alors une impédance importante pour les courants de haute fréquence, mais encore, elle produit un amortissement équivalent à une résistance croissante avec la fréquence[2]. D'autre part, on peut augmenter l'efficacité du système en resserrant les spires et en augmentant leur diamètre[3]. Ce dispositif parafoudre par self a été adopté par la Faculté des sciences de Besançon; toutefois, le fil de terre placé dans le voisinage de la self que j'ai décrit y est remplacé par un peigne relié à la terre; c'est un surcroît de précaution qui peut avoir son utilité.

3° Il existe un autre moyen de se protéger contre les surtensions qui a été proposé au Congrès d'électricité de Turin, par M. G. Campos, et qui pourrait être utilisé en T. S. F. Cet ingénieur, considérant que les surtensions de nature oscillante se propagent surtout par la surface des conducteurs, propose de les étouffer en les amortissant. Il suffirait pour cela de recouvrir les conducteurs d'une couche de métal de haute résistance. D'après MM. Chavannes et Lecoultre, dans leur excellent ouvrage *Parafoudres et limiteurs de tension* (*Encyclopédie électrotechnique*), l'effet ne serait pas complet, pour cette raison que l'amortissement par effet Joule n'est qu'une partie de l'amortissement, l'autre étant constituée par le rayonnement, mais l'essai vaudrait d'être tenté; ils pro-

---

1. Ainsi qu'on le verra plus loin, cette self pourrait également être constituée par un fil de cuivre nickelé.
2. *Parafoudres et limiteurs de tension* de MM. Chavannes et Lecoultre, ch. III, p. 59. *Encyclopédie électrotechnique*.
3. *Parafoudres et limiteurs de tension* de MM. Chavannes et Lecoultre, ch. XIV, p. 159.

posent d'avoir recours, aux points à protéger, à des conducteurs de cuivre étamé, zingué ou nickelé.

4° M. Rudhardt a imaginé un parafoudre industriel qui pourrait vraisemblablement trouver son application en T. S. F. Ce parafoudre, qui semble dériver des découvertes de Branly, sur la conductibilité des corps en poudre ou en limaille, utilise la propriété de la poudre de charbon mélangée à d'autres poudres isolantes d'être un cohéreur automatiquement décohérant au delà d'une certaine tension; cette poudre devient conductrice et laisse passer le courant, dès que la surtension disparaît la conductibilité reprend sa valeur primitive. La pression influe grandement sur le rendement. Le parafoudre se compose donc d'un tube de porcelaine contenant deux plaques métalliques en relation avec la ligne (antenne) d'une part et la terre d'autre part. Une vis à pression permet de régler expérimentalement la tension limite[1].

5° Enfin, un dernier moyen rationnel est de mettre en dérivation sur l'antenne, en reliant l'autre armature à la terre, un condensateur dont on calculera le diélectrique, d'une résistance suffisante pour qu'il ne puisse agir qu'en cas de charge statique considérable et qu'il soit sans effet pour les courants normaux.

L'emploi d'une ou de plusieurs de ces protections théoriquement devrait suffire, mais pratiquement, l'électricité a de tels caprices, que la prudence commande, comme je l'ai dit, l'établissement à l'intérieur du poste, à l'entrée même des appareils, d'une deuxième ligne de défense, pour parer à tous les courts-circuits accidentels pouvant provenir de l'intérieur et à tous les chocs en retour qui, quoique amortis à l'extérieur, pourraient avoir à l'intérieur quelques conséquences dues à la dérivation.

Ces défenses de seconde ligne peuvent être :

1° La mise à la terre (à l'intérieur), par la manette d'un commutateur, ou mieux par l'emploi d'un commutateur automatique;

1. *Parafoudres et limiteurs de tension* de MM. Chavanues et Lecoultre, ch. IV, p. 75.

2° L'emploi d'un coupe-circuit à ressort auquel le récepteur téléphonique sera accroché ;

3° Le parafoudre à peigne ;

4° Enfin l'emploi d'un fusible qui viendra s'ajouter aux autres dispositifs, sous les réserves que j'ai exposées plus haut.

C'est dans cet ordre d'idées que j'ai construit un parafoudre combiné (dont je puis parler d'une façon d'autant

Commutateur automatique parafoudre Perret-Maisonneuve.

plus désintéressée que j'en ai cédé le brevet)[1], réunissant différents éléments de protection efficaces et présentant ainsi une certaine garantie, tout au moins pour les postes moyens, alors même qu'il serait utilisé seul. Il comporte la mise à la terre par une manette qui permet également de court-circuiter l'appareil quand le para-

1. Delval, Comptoir international de Télégraphie sans fil, 188, rue du Hêtre, Bruxelles.

foudre est inutile, comme en hiver, ou pour vérifier si les
contacts sont bons et si aucune résistance n'a été intro-
duite dans le circuit. Lorsque la manette est sur appareil,
le courant de l'antenne, pour arriver au poste, doit traverser une petite self d'acier à laquelle est suspendu par
un mince fil de soie un martelet qui, en tombant sur un
plot, peut mettre tout le système à la terre. Par excès
de précaution, une dérivation, avant la self, amène le
courant d'antenne dans un parafoudre à peigne. Le fonctionnement de l'appareil est on ne peut plus simple. Exa-
minons ce qui se passe (en cas de réception) :

Si le courant d'antenne est normal, il passe par la self
d'acier et est reçu dans les appareils, sans que le dispositif de protection occasionne d'affaiblissement ou de déperdition appréciable. Si, au contraire, un courant anor-
mal veut entrer dans le poste, il est arrêté au passage,
et dérivé automatiquement à la terre, quelle que soit la
nature de ce courant.

Supposons un courant ayant une certaine intensité, provenant par exemple d'un court-circuit avec le
secteur ; au moment où il veut franchir la self d'acier, il
l'échauffe, la rougit et le fil de soie brûlant laisse tomber
le martelet sur le plot terre et ainsi se trouve fermé
le circuit antenne-terre, en dehors des appareils du
poste.

Si c'est un courant à haute tension et à haute fréquence provenant d'influences ou de phénomènes atmosphériques, il n'aura que l'embarras du choix pour s'écouler à la terre : trouvant sur son chemin la résistance de
la self d'acier il pourra préférer passer par les dents du
peigne pour gagner le sol, plutôt que de la traverser, sa
haute tension lui fera un jeu de cet exercice ; s'il persiste à vouloir franchir la self, il n'y parviendra pas car,
ou bien le fil d'acier sera brûlé par le courant s'il a une
intensité suffisante, ou il sera détruit par les effets de la
haute fréquence qui, nous l'avons dit plus haut, s'attaque
toujours aux premières spires des enroulements et les
détruit. Dans l'un et l'autre cas, le marteau tombera et

l'appareil se mettra automatiquement à la terre, supprimant ainsi toute possibilité de production d'un arc. Le summum de la garantie possible parait donc atteint par l'emploi de ce commutateur parafoudre automatique.

CHAPITRE III

Etude sur le fonctionnement des cristaux détecteurs.

Ce que l'on peut dire de plus certain sur le fonctionnement des cristaux détecteurs et des autres corps révélant les ondes, c'est qu'on ne sait rien de précis, c'est qu'aucune explication décisive n'a encore été fournie qui s'applique à tous les cas, résiste à toutes les objections. Jusqu'ici, l'on s'est contenté d'hypothèses savamment échafaudées. Ce qui est intéressant à noter, c'est que ces hypothèses expliquent toutes, jusqu'à un certain point, la plupart des phénomènes servant de base à la T. S. F. Malheureusement, une simple objection fait le plus souvent crouler tout l'édifice. C'est qu'en cette matière, il faut se défier de soi-même et ne pas se hâter de tirer des conclusions décisives d'observations qui, pour être précises et concordantes, peuvent être, malgré tout, viciées par des facteurs insoupçonnés. En fait d'observations, le temps est encore le grand maître. L'anecdote suivante qui m'a été contée par un ami observateur, travailleur de la première heure, montrera jusqu'où doit aller la circonspection. C'était au début de la T. S. F., il y aura bientôt 10 ans. A cette époque, on n'avait encore que le tube à limaille, dont le principal ennemi était la présence de forts parasites. Pour vaincre, si possible, cet adversaire, mon ami voulut mieux le connaître et, à cet effet, fit de nombreuses observations portant sur plus d'une année : courbes des parasites, de la pression atmosphérique, de l'état du temps, lever et coucher du soleil, de la lune et

de ses quartiers, rien n'y manquait, si bien qu'après
un labeur de dix-huit mois, il avait trouvé qu'une recru-
descence certaine et constante correspondait au premier
quartier de la lune. Heureux de sa découverte, et avant
d'en faire état, il voulut y ajouter les observations d'un
dix-neuvième mois. Il fut bien avisé : la première nuit fut
la plus calme qu'il eût jamais enregistrée : pas un parasite ! Dans la suite, la lune ne modifia pas ses phases pour
le tracasser, mais elle s'obstina à laisser dans les espaces
interplanétaires les parasites qui l'avaient accompagnée à
son premier quartier pendant dix-huit mois.

N'y a-t-il pas là une belle leçon de prudence. Pour
arracher leur secret aux détecteurs, il faut donc n'agir
qu'avec une sage réserve.

Quelle est la cause de la conductibilité unilatérale ?
Est-elle basée uniquement sur la *structure cristalline*
(*Braun*) ? Cependant, certains corps amorphes sont sensibles. La *théorie thermo-électrique* (MM. *Pickard et
Tissot*) d'après laquelle l'échauffement produit par les
ondes au point de contact donnerait naissance à un courant qui augmenterait la force électromotrice ou s'oppo-
serait à son passage, ne paraît pas plus exacte, car *Pierce*
a prouvé expérimentalement que la force électromotrice
était très supérieure à la force que la chaleur pouvait
engendrer.

MM. *Petit et Bouthillon* se demandent s'il ne faut
pas voir dans la rectification opérée par les cristaux une
simple manifestation du mode suivant lequel les électrons passent d'un corps dans un autre. Les électrons
veulent, depuis quelque temps, expliquer bien des
choses, peut-être y arriveront-ils, mais la théorie n'est
pas encore au point.

M. *Brenot* lui, suppose que l'on se trouve en présence
d'un phénomène de polarisation et que le cristal se comporte comme un électrolyte solide.

Comme on le voit, les hypothèses ne manquent pas,
mais ce ne sont que des hypothèses. On lira avec intérêt, sur ce sujet, les deux documents suivants qui

n'ont d'autre but que d'ajouter quelques éléments nouveaux dans la discussion, sans avoir la prétention de trancher la question. Le premier émane de M. Stoecklin, l'érudit Directeur du Laboratoire municipal d'Amiens, qui s'est consacré à de patientes études des ondes. Le second est dû à la plume d'une personnalité radiotélégraphiste connue, mais dont la modestie égale le savoir et qui a tenu à rester dans l'ombre, tout en faisant connaître une théorie hypothétique des détecteurs tout aussi raisonnable que les autres.

I

Le sens des ondes dans les détecteurs à cristaux et leur assimilation avec les ondes lumineuses.

Essais :

A. En intercalant un électromètre capillaire à vide de Luther, forme Ostwald, muni d'un fort grossissement microscopique, dans le circuit de résonance de notre poste récepteur de T. S. F., combinaison que nous avons utilisée dans le but de mesures d'intensités, nous constatons que le sens des ondes varie suivant la nature du cristal.

Dans le détecteur à pyrite de fer les ondes traversent le cristal dans le sens Antenne (+) → Terre (—), tandis que dans le détecteur à galène, ce sens est inverse, c'est-à-dire Terre (+) → Antenne (—).

Nous poursuivons l'étude de ce phénomène sur d'autres cristaux.

B. En plaçant dans notre circuit de résonance un détecteur à pyrite et un détecteur à galène, réglés à même sensibilité et accouplés en parallèle, les ondes provoquent une perception du son égale ou légèrement accentuée; accouplés en série, par contre, et placés indistinctement en série l'un derrière l'autre, leurs effets se neutralisent : il en résulte une extinction complète du son et l'électromètre n'accuse plus aucune déviation.

Hypothèse : Les ondes électriques, si comparables aux ondes lumineuses, ne se comporteraient-elles pas comme ces dernières dans leur passage à travers certains cristaux biréfringents et transparents, en produisant des phénomènes de polarisation semblables par leur passage, suivant certains plans en rapport avec les axes d'élasticité du cristal?

STOECKLIN.

II

Hypothèse sur le fonctionnement des détecteurs à cristaux.

Plusieurs hypothèses sur le fonctionnement des cristaux comme détecteurs d'ondes ont été soutenues, avec plus ou moins de bonheur pour leurs auteurs, sans qu'aucune d'elles puisse apporter une solution convenant à tous les faits observés; nous citerons notamment l'assimilation du cristal à une soupape électrolytique ou cathodique; la théorie des contacts imparfaits a ses partisans; d'autres accordent leur préférence à un phénomène thermique; la multiplicité des hypothèses tient, comme nous le disons plus haut, à ce qu'aucune d'elles ne satisfait entièrement les expérimentateurs, aussi, dans l'état actuel, est-il permis de rechercher la vérité en dehors des chemins déjà parcourus.

Le commandant Ferrié, pour expliquer la conductibilité des limailles métalliques sous l'influence des ondes, admettait que deux grains voisins jouaient le rôle de condensateur; des objections sérieuses ont été apportées à cette hypothèse du fonctionnement des cohéreurs à limailles métalliques.

Il appartient à l'auteur de cette hypothèse de lever les objections apportées contre son insuffisance pour expliquer le fonctionnement des détecteurs non « auto-décohérents. »

Nous nous bornerons, dans ce rapide exposé, à dire que les détecteurs à cristaux se comportent comme des *condensateurs qui crèvent*.

Sans entrer dans de plus longs détails, disons que cette hypothèse explique la plupart des observations faites :

Sens du courant toujours le même sur un point sensible, changement de sens, dans certains cas, amélioration du détecteur en entretenant dans son voisinage des vibrations de faible intensité au moyen du radiateur d'essai, etc., etc.

Expérimentalement, l'on peut d'ailleurs, en employant un petit condensateur, reproduire les observations faites avec un cristal détecteur.

Prenons un condensateur AB; ce condensateur a une capacité

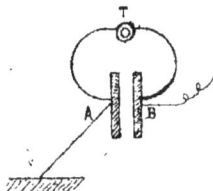

finie, fonction de la surface et de l'épaisseur du diélectrique, donc il ne peut supporter qu'une certaine charge; si on la dépasse, le condensateur crève et un téléphone T placé en AB fonctionne.

Comme type de cristal, prenons une pyrite composée de cristaux infiniment petits accolés irrégulièrement les uns aux autres; parfois les faces voisines de deux cristaux sont relativement grandes, dans ce cas, la surface du diélectrique qui les sépare est aussi grande. Si, au contraire, les faces voisines de deux cristaux sont excessivement petites, la surface de séparation est également petite et, dans ce cas, les deux cristaux voisins considérés forment un condensateur d'infime capacité : petite surface et petite épaisseur de séparation. Ce condensateur crèvera donc avec une charge insignifiante; pour le charger, nous mettrons une des faces en communication avec l'antenne, au moyen d'une pointe fine, et l'autre face en communication avec le sol, et, en dérivation entre les deux faces, un téléphone qui fonctionnera toutes les fois que le condensateur, sous l'influence des ondes, crèvera. Les points sensibles, sur un cristal, seraient donc les points où les cristaux forment des condensateurs de moindre capacité, c'est-à-dire plus faciles à crever; si nous nous éloignons de ces points sensibles, nous tombons sur des condensateurs de plus grande capacité qui nécessiteront une plus grande charge pour crever, c'est-à-dire que le détecteur n'enregistrera que les fortes émissions ou même n'en enregistrera aucune si le condensateur formé est trop grand.

Ce n'est, évidemment, qu'un aperçu d'une hypothèse qui comporterait d'autres développements pour expliquer la constance du sens du courant dans un cristal sensible (décharge directe), alors que la variation du sens du courant s'expliquerait par la décharge oscillante du condensateur formé par les deux faces voisines.

CHAPITRE IV

Utilisation des courants vibrés[1] pour la retransmission par fil des radiotélégrammes.

Ayant cherché, au cours de cet ouvrage, à me tenir, autant que possible, en dehors des chemins battus, je crois intéressant, en terminant, de signaler un ingénieux dispositif qui n'a été décrit nulle part et qui, installé à la station d'Ouessant, permet la retransmission par fil des radiotélégrammes transmis à cette station par les navires.

L'Ile d'Ouessant est reliée télégraphiquement au continent par un câble. Cette unique communication doit assurer, à elle seule, le service télégraphique entre Brest et les différents bureaux de l'île ; or, ces bureaux, en dehors de celui de la T. S. F., sont encore nombreux : Bureau municipal, bureau militaire, sémaphore du Stiff et l'important sémaphore du Créach.

Le câble, à la rigueur suffisant pour ces postes, devenait incontestablement insuffisant le jour où le service radiotélégraphique d'Ouessant acquérait, à lui seul, une importance beaucoup plus grande que tous les autres bureaux réunis de l'île.

La coulée d'un autre câble était trop onéreuse pour y songer un seul instant ; l'Administration des P. T. T. a solutionné plus économiquement la question, en assurant

1. Les courants vibrés sont des courants d'induction produits dans le secondaire d'un transformateur, par des interruptions rapides effectuées sur le primaire ; ainsi l'on obtient des courants vibrés dans le secondaire d'une bobine Rhumkorff ordinaire.

la transmission par câble à Brest, au moyen des courants vibrés.

Voici le schéma de cette installation :

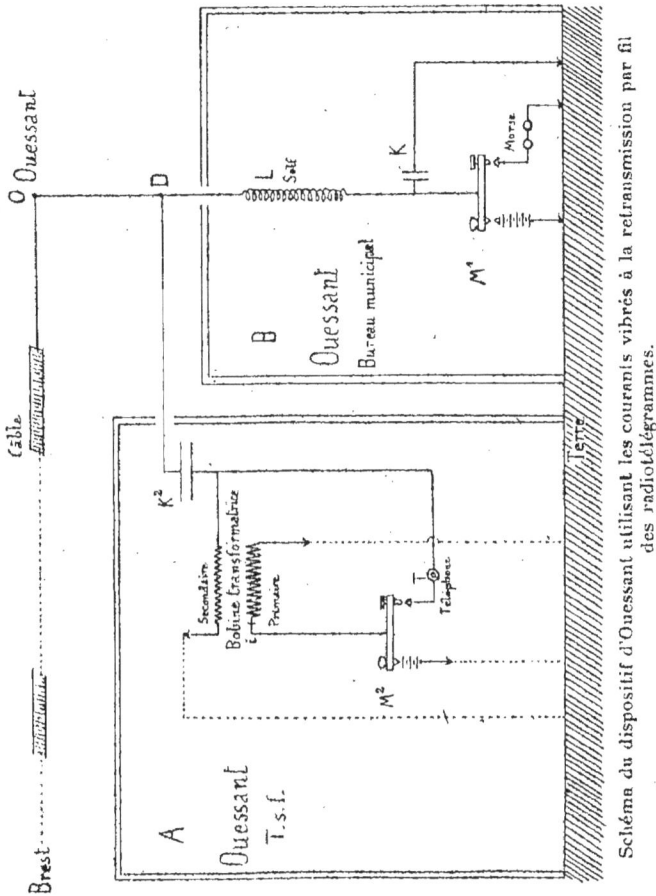

Schéma du dispositif d'Ouessant utilisant les courants vibrés à la retransmission par fil des radiotélégrammes.

L est une self destinée à fuser le courant continu, c'est-à-dire à modifier sa période variable pour éviter des tocs dans le téléphone de l'installation de la T. S. F.

K. est un condensateur de décharge pour cette self.

K² est un condensateur de séparation, empêchant les courants continus de passer alors que les courants vibrés passent.

Pour faciliter les compréhensions de la transmission Duplex, j'ai figuré dans le cadre A, l'installation faite au poste de T. S. F. et, dans le tableau B, celle du bureau municipal; nous allons supposer que ces deux postes reçoivent en même temps de Brest.

Le Bureau central de Brest utilise les deux installations A et B. Les courants continus qu'il envoie arrivent en D et, de là, se dérivent sur B et sur A, mais le condensateur K² les arrête; ils passent donc en entier en B, traversent la self, le manipulateur et se perdent à la terre après avoir circulé dans les bobines du Morse.

Les courants vibrés, envoyés en même temps que les courants continus, arrivent aussi, comme eux en D, pour se dériver en A et en B; mais, cette fois, c'est la self L qui s'oppose à leur passage en B, alors qu'ils passent librement le condensateur K², traversent le téléphone T, le manipulateur M² et se perdent à la terre par le primaire de la bobine transformatrice.

(Une partie infime, à cause de la différence des résistances, est aussi passée à la terre par le secondaire également relié au condensateur K⁴).

Ainsi donc, à l'arrivée, les signaux sont bien séparés et chaque poste ne reçoit que ceux qui lui sont destinés. Voyons maintenant le cas où A et B transmettent en même temps à Brest.

1° A appuie sur le manipulateur M², le courant passe dans le primaire de la bobine transformatrice et se perd à la terre; grâce au jeu de l'interrupteur i, des courants secondaires (courants vibrés) ont pris naissance dans le secondaire, une des extrémités du secondaire est à la terre, alors que l'autre est reliée au condensateur K² qui laisse passer les courants vibrés; ils arrivent en D et trouvent une dérivation sur Brest ou sur B; mais en B, ils sont arrêtés par la self L, ils se rendront donc à Brest où ils seront reçus dans une installation semblable.

Pendant ce temps, B transmet en continu, son courant fusé par la self passe en D et ne passe pas le condensateur K^2, il se rend donc directement à Brest où il ne peut être reçu qu'au Morse, comme nous l'avons vu dans l'explication de la réception.

Cette installation pourrait être généralisée dans toutes les stations où l'importance du trafic nécessiterait la suppression de l'intermédiaire du bureau de ville généralement relié au bureau de T. S. F.

CHAPITRE V

Expériences du poste de Leschaux

par Champagneux (Savoie)

Emission par trains d'ondes continues (Système Galletti)

L'été dernier, au cours d'une villégiature sur les bords du lac Léman, j'ai pu me procurer quelques renseignements intéressants sur les expériences de T. S. F. à longue portée, entreprises par M. l'ingénieur Galletti à la station de Leschaux, dans la commune de Champagneux, en Savoie.

L'antenne de cette station est tout à fait spéciale ; bien qu'elle ait 520 mètres de hauteur, l'on ne voit aucun pylône, c'est que M. Galletti a fixé les fils supérieurs de son antenne à des poteaux télégraphiques plantés au sommet d'une montagne de 520 mètres.

Cette immense antenne, d'une longueur totale de 850 mètres, se compose d'un rideau de 10 fils. Son élasticité de réception est suffisamment étendue, puisque les signaux de Fort-de-l'Eau (onde de 600 mètres), des postes marocains, ceux de Clifden (Irlande) et même ceux de Glace-Bay (Canada), environ 9.000 mètres de longueur d'onde, sont reçus avec une bonne intensité.

Sans entrer dans les détails de transmission qui ne seront entièrement publiés qu'après la mise en exploi-

tation de la station, je puis dire que des résultats pro-
bants ont été déjà obtenus.

Station radiotélégraphique de Leschaux (Savoie).

La caractéristique principale de ce système très syn-
tonisé est de donner des étincelles « primaires impul-
sives, » absolument différentes des étincelles plus ou
moins amorties des autres systèmes. L'usine de Leschaux
peut disposer d'une force de 120.000 volts, en courant
continu, pour alimenter directement les appareils de
transmission.

Une autre station, appartenant également à la « Galletti's Wireless, » est établie à Lausanne (Suisse). Des
expériences intéressantes avec appareils rapides (Wheastone) donnant 400 mots à la minute « sans photographie » ont pleinement réussi entre ces deux stations;
plus tard, on adoptera le système au Hughes et au Bau-
dot, mais le but principal visé est d'établir une communication entre Leschaux et l'Amérique et, s'il n'est
pas atteint, il ne saurait tarder à l'être.

On trouvera ci-dessous la reproduction d'un fragment
de bande de transmission « Wheastone » avec les si-

gnaux RRS qu'envoie pour ses essais la station de Leschaux. La traduction peut paraître compliquée; en réalité, elle est très simple. La ligne pointillée du milieu ne compte pas, elle sert simplement à diriger la bande. Le point Morse est représenté par deux trous placés en ligne droite, dans le sens vertical; le trait, par deux trous en oblique.

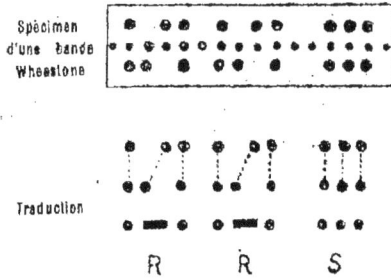

Spécimen
d'une bande
Wheatstone

Traduction

R R S

Les bandes sont perforées à l'avance; elles sont ensuite mises dans le transmetteur qui reproduit le texte en alphabet Morse, on obtient ainsi une très grande vitesse de transmission.

CHAPITRE VI

Une opinion autorisée sur la Télégraphie sans fil.

Avis du commandant Ferrié.

L'opinion sur la T. S. F. du technicien éminent, du savant érudit qu'est le commandant Ferrié, peut être utilement invoquée et l'on comprend aisément que la Commission des postes et des télégraphes chargée d'examiner le projet de loi portant approbation de la *Convention de Londres*, en ait fait état. Toutefois, la citation d'un passage d'une conférence faite par lui, en décembre 1912, à l'École supérieure des postes, des télégraphes et des téléphones, ne donne qu'une idée incomplète de l'opinion du commandant Ferrié (voir plus haut, *Documents parlementaires*, p. 63). J'ai pensé qu'il était utile de remettre les choses au point et de ne pas laisser supposer que le chef de la station radiotélégraphique de la Tour Eiffel, considérait d'une façon absolue et définitive la T. S. F. comme inférieure à la télégraphie avec fil; n'ayant vu dans la phrase citée qu'une spirituelle boutade, je l'ai prié de bien vouloir compléter sa pensée et voici en quels termes très aimablement il l'a fait :

. . . .

« Mon avis très net sur la T. S. F., et je le dis chaque « fois que j'en ai l'occasion, est qu'on ne doit l'employer « que s'il est impossible de faire autrement. C'est le

« cas pour les communications avec les navires, les liai-
« sons avec les colonies, les relations des places fortes
« assiégées avec l'extérieur, la distribution de l'heure
« simultanément à des milliers de personnes, etc., etc.

« *En l'état actuel de nos connaissances*, la télégraphie
« sans fil est incapable de remplacer la télégraphie avec
« fil, pour les besoins de la vie courante. *L'avenir est*
« *évidemment, entièrement réservé.*

« Je ne saurais, je crois, mieux comparer la télégraphie
« avec et sans fil, qu'au chemin de fer et à l'automobile.

« Le premier permet d'assurer un trafic considérable,
« dans des directions déterminées; l'automobile a un
« trafic très réduit mais va n'importe où. Les deux sont
« nécessaires, mais si l'automobile avait été inventée la
« première, ne pensez-vous pas que le chemin de fer
« serait considéré comme un perfectionnement ?

« La phrase qu'a retenue M. Bouctot et que vous
« qualifiez très aimablement de « boutade spirituelle, »
« ne doit évidemment pas être prise à la lettre, mais
« elle traduit néanmoins bien ma pensée, étant entendu
« que je reconnais aussi que la T. S. F. peut rendre
« de très grands services dans bien des cas où la télé-
« graphie avec fil est impuissante et ne peut pas être
« appliquée.

« . . . .

« FERRIÉ ».

INDEX ALPHABÉTIQUE GÉNÉRAL

A

34

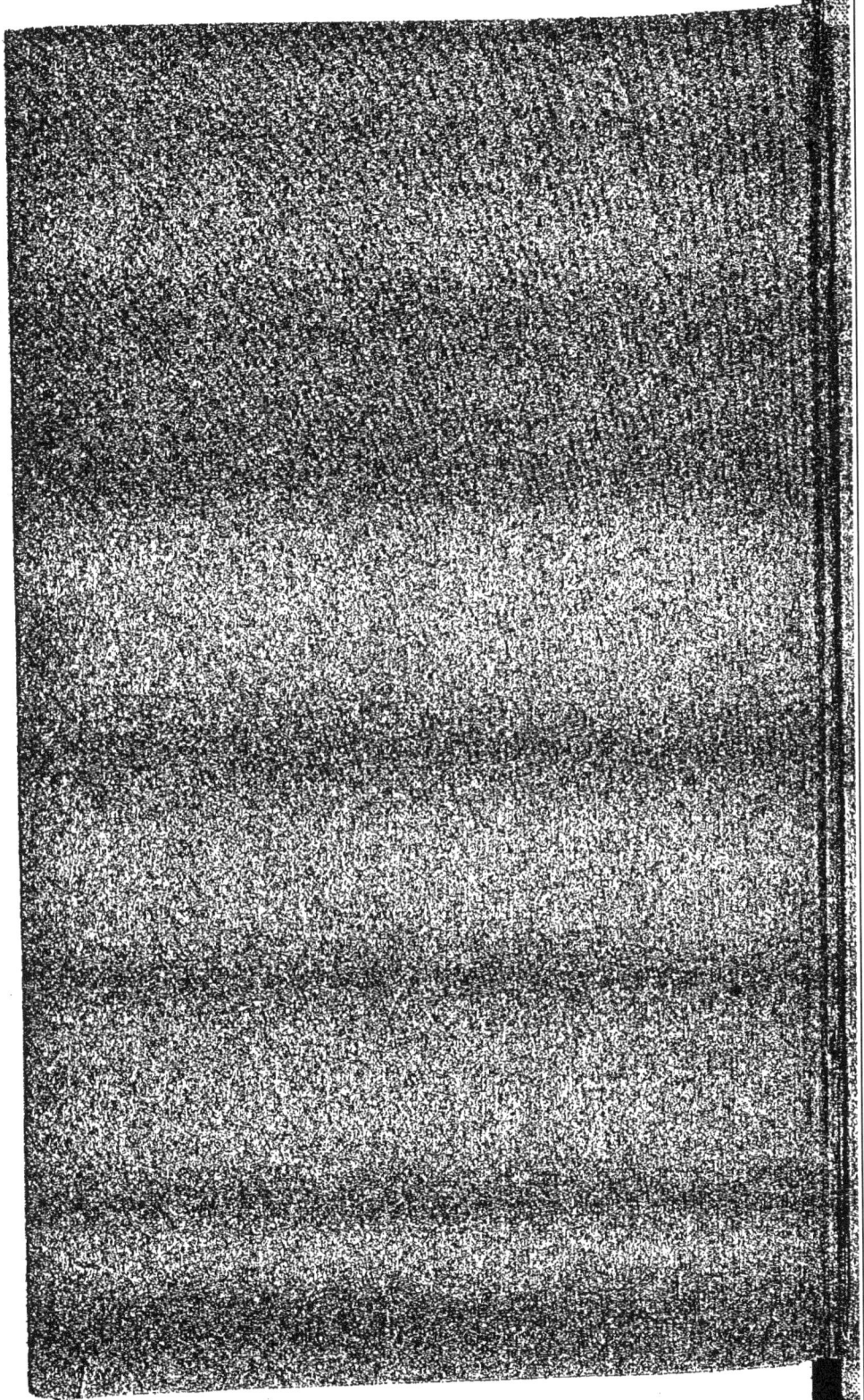

www.ingramcontent.com/pod-product-compliance
Lightning Source LLC
Chambersburg PA
CBHW060917220326
41599CB00020B/2991